【图解】

第三帝国空军综合事典

The Encyclopedia of Luftwaffe

1935-1945

著/丛丕

中国长安出版社

图书在版编目（CIP）数据

第三帝国空军综合事典 / 丛丕著. -- 北京：中国长安出版社，2015.6

ISBN 978-7-5107-0930-2

Ⅰ. ①第… Ⅱ. ①丛… Ⅲ. ①德意志第三帝国－空军－军事史 Ⅳ. ① E516.9

中国版本图书馆 CIP 数据核字 (2015) 第128027号

第三帝国空军综合事典

著/丛　丕

出版：中国长安出版社
社址：北京市东城区北池子大街14号（100006）
网址：http://www.ccapress.com
邮箱：capress@163.com
发行：中国长安出版社
电话：（010）85099947　85099948
印刷：重庆大正印务有限公司
开本：787mm×1092mm　16开
印张：21
字数：350千字
版本：2015年7月第1版　2015年7月第1次印刷

书号：ISBN 978-7-5107-0930-2
定价：79.80元

目录

前言 Foreword …… 1.

第一章 Introduction …… 3.

德国空军的基础知识

① 德国空军的历史分期 —— 一战逞威、傲视欧陆、卧薪尝胆、重振雄风
② 德国空军的编制和指挥 —— 从战术层面至战略层面的航空部队编制及指挥体系
③ 德国空军的作战飞机 —— 以夺取制空权和对地支援为中心的机种构成
④ 德国空军的飞机标识 —— 十字徽记和部队代码，德意志战鹰的身份名片
⑤ 德国空军的飞机涂装 —— 随战场环境不断变幻的战火霓裳
⑥ 德国空军的军旗标帜 —— 有别于陆海军的非传统新型标志
⑦ 德国空军的军衔和兵种 —— 独具特点的军衔辨识与兵种区分体系
⑧ 德国空军的军服及配饰 —— 采天之青为战衣、摘云之虹作戎甲
⑨ 德国空军的荣誉奖励 —— 资质的证明、荣誉的象征、种类繁多的勋奖体系
⑩ 德国空军的地面部队 —— 高炮、伞兵、野战部队，规模庞大之无翼空军

第二章 History …… 67.

德意志空军全史 1870–2015

● 空中战争黎明的初啼 —— 德国空军的起源与第一次世界大战（1870 ~ 1918）
从巴黎围城说起、一战前夕的德军航空兵、空中战争的发端、福克式灾难、挫折与重组、血腥的四月、齐柏林恐慌、衰落与战败

● 打碎枷锁、重铸铁翼 —— 德国空军的创建与西班牙内战（1919 ~ 1939）
伪装下的重建、纳粹上台与空军创建、建军战略之争、西班牙内战与秃鹰军团

● 霹雳炸响在欧洲天际 —— 战争初期“闪电战”中的德国空军（1939 ~ 1941）
闪击波兰、威悉河演习、横扫西欧、折翼不列颠、海峡最前沿

● 鏖战在烈日骄阳下 —— 德国空军在北非及地中海战区的作战（1941 ~ 1944）
巴尔干之鹰、沙海碧波间、保卫油田、从西西里往北飞

● 紧握波塞冬之戟 —— 德国空军的海上作战（1939 ~ 1945）
越俎代庖、大西洋之战、冰海苍鹰

● 红星与铁十字的碰撞 —— 德国空军在东线战场的作战（1941 ~ 1945）
质量与规模的对比、闪电战的巅峰与终结、搭建空中桥梁、斯大林格勒之殇、崩塌的堡垒、跌入无尽的深渊

Contents

● 迎战空中无敌舰队 —— 西线及本土防空战中的德国空军（1939 ~ 1945）
防空战略的短视、夜空不再宁静、火雨从天而降、激战无分日夜、空中屏障的崩溃

● 孤鹰斗群雄、铩羽徒悲鸣 —— 战争末期的德国空军及其灭亡（1944 ~ 1945）
当 D 日来临时、不惜血本的反击 、专家中队、荣辱随风而逝、审判与清算

● 穿越铁幕、拱卫欧洲 —— 二战后两德空军的建立、发展与统一（1945 ~ 2015）
铁幕下的复活、北约前卫、华约偏师、从统一走向未来

第三章 Warplanes ······ 183.
二战德国空军战机总览

【战斗机篇】
单发轻型战斗机：亨克尔 He 51、梅塞施密特 Bf 109、福克 – 沃尔夫 Fw 190、福克 – 沃尔夫 Ta 152
双发重型战斗机：梅塞施密特 Bf 110、梅塞施密特 Me 210/410、道尼尔 Do 335
夜间战斗机：亨克尔 He 219
喷气式战斗机：梅塞施密特 Me 262、亨克尔 He 162
火箭动力战斗机：梅塞施密特 Me 163、巴赫姆 Ba 349

【轰炸机、攻击机篇】
双发中型轰炸机：道尼尔 Do 17、道尼尔 Do 217、亨克尔 He 111、容克 Ju 88、容克 Ju 188
四发重型轰炸机：亨克尔 He 177
俯冲轰炸机：亨舍尔 Hs 123、容克 Ju 87
对地攻击机：亨舍尔 Hs 129
喷气式轰炸机：阿拉多 Ar 234

【侦察机、巡逻机篇】
海基侦察机：阿拉多 Ar 196、布洛姆 – 福斯 BV 138、道尼尔 Do 18、道尼尔 Do 24、亨克尔 He 115
陆基侦察机：亨克尔 He 46、亨舍尔 Hs 126、菲泽勒 Fi 156、福克 – 沃尔夫 Fw 189、福克 – 沃尔夫 Fw 200

【运输机、教练机、滑翔机篇】
运输机：容克 Ju52、阿拉多 Ar232、布洛姆 – 福斯 BV222、梅塞施密特 Bf108、梅塞施密特 Me321/323、杰贝尔 Si204
教练机：阿拉多 Ar 96、比克尔 Bü 131、比克尔 Bü 181、福克 – 沃尔夫 Fw 56
滑翔机：DFS 230、哥达 Go 242/244

附录：Ⅰ、1933–1945 年德国空军的飞机命名规则 ······ 239.
Ⅱ、二战德国空军的航空机枪和机炮 ······ 287.
Ⅲ、二战德国空军的航空炸弹及其他机载武器 ······ 311.

Foreword

在1939年9月至1940年6月这段时间里，如果有人问起世界上实力最强大、装备最精良、战术最先进、经验最丰富、战果最显赫的空中力量是哪一支，答案必定是德国空军。在1935年摆脱《凡尔赛和约》的桎梏后，德国人秉承优良的军事传统、严谨的专业精神，利用航空技术的飞速发展，在短短几年时间内打造出一支具有世界一流水准的空中武力。德国空军的高级指挥官大多具有上次大战的实际经验，飞行员早在魏玛时期就以各种隐蔽方式接受了基础训练，它的作战飞机几乎都是全新设计的先进机型，更为重要的是这支新生的空军在1936年至1939年的西班牙内战中经历了实战检验，从中总结出一套有效的战术原则，成为德军“闪电战”理论的重要组成部分，磨砺为一柄锐不可当的空中尖刀，其整体实力凌驾于除英国之外任何一个欧洲国家的空军。

自1939年波兰战役开始后，在二战最初的十个月中，德国空军横扫欧陆，所向无敌，为德国陆军装甲部队的地面突击提供了强有力的空中支援，“斯图卡”俯冲轰炸的矫健身姿和刺耳尖啸与德国坦克滚滚向前的履带一道成为闪电战最鲜明的象征。虽然在1940年夏季的不列颠空战中德国空军遭到了首次挫败，未能达成消灭英国皇家空军、促成登陆英伦的目标，但在随后两年时间内，德国空军依然是欧洲大陆天空的主宰，北迄挪威酷寒的极地冰海，南至撒哈拉炎热的沙漠戈壁，西起烟波浩渺的北大西洋，东到广袤无垠的俄罗斯原野，德国空军在各条战线上都取得了骄人的战绩。在战争中，德国空军产生了超过3000名王牌飞行员，诞生了诸如哈特曼、施瑙费尔、鲁德尔等传奇人物，他们创造了许多空前的历史纪录。在战争末期，德国空军为挽救危局开发出种种新颖的先进战机和尖端武器，深刻影响了战后世界范围内军用飞机和航空武备的技术发展。

尽管德国空军在战争初期取得了一系列胜利，但是随着战争规模的扩大和深入，其自身的缺陷也逐渐暴露出来，并最终难以避免覆亡的命运。受到作战思想和现有资源的限制，德国空军在战前的迅速扩张中选择了一条短期速成路线，发展成为一支以夺取战场制空权和对地支援为主要任务的战术型空军。德国空军没有大量装备四引擎重型轰炸机，也没有组建类似英美航空兵的战略轰炸机部队，缺乏攻击他国纵深目标，摧毁对手战争潜力的战略作战能力。虽然德国空军凭借精良装备和训练有素的人员能够获得暂时的优势，但盟国和苏联远居后方的工厂却能以数以万计的规模制造新飞机，不断投产性能更先进的机型，训练数量更多的飞行员。自1943年后，德国空军在数量上和质量上都丧失了优势，特别是英美盟军开始对德国本土实施大规模战略轰炸行动后，德国空军实际上已经无力应对多线作战的重任，兵力严重不足，在燃油供给和飞行员培训方面出现无法弥补的缺口，仅凭少量超级王牌的奋战无法挽狂澜于既倒，数以百万的德国空军官兵只能按照军人誓言的要求血战至帝国覆灭的最后一刻。诚然，德国空军的成功令世人惊叹，但它的失败同样值得深思和反省。

本书以第二次世界大战时期的德国空军为对象，以简明扼要的文字和丰富多彩的图片展示了德国空军的历史渊源、发展演变、组织编制、制服勋章、机型武备和作战历程，为读者提供一本综合了解德国空军基础知识的通俗历史读本。当然，由于德国空军组织体系庞杂、作战范围宽广、机型种类繁多，涉及的相关内容浩如烟海，在一本书中面面俱到是不可能的，所以本书在力求全面的基础上有所取舍、明晰脉络、突出重点，争取在有限的篇幅内将德国空军最具魅力的一面展现出来，使读者在阅读本书后能够对二战德国空军的概况有一个系统的了解，我们的目的也就达到了。无可否认德国空军进行的战争是非正义的，客观批判才是解读历史的正确态度，我们相信读者们的是非观念和辨别能力。时间有限，才疏学浅，难免挂一漏万，还请读者朋友和专家们批评指正。

丛 丕　2015年4月于广西柳州

Chapter 1
第一章

德国空军的基础知识

第二次世界大战中活跃于欧洲及北非战场的德国空军是德国武装力量三大分支中最年轻的一支，从其正式成立到最终解体前后不过十年时间。虽然历史非常短暂，但德国空军在二战中以令人惊异的表现给世人留下了极为深刻的印象，在人类空中战争的史册上书写了极为重要的篇章。在本书的开篇将以图文对照的方式对德国空军的历史、组织编制、军衔体系、机种类型等基础知识加以简要介绍。

德国空军的历史分期 1

一战逞威 傲视欧陆 卧薪尝胆 重振雄风

德国空军（Luftwaffe）作为二战时期德国武装力量中与陆军、海军并立的第三大独立军种，其成立的时间比较晚，直至1935年希特勒政府宣布废除《凡尔赛和约》之后，先前处于秘密状态的德国空军才得以公诸于世。不过，善战的德意志人早在十九世纪后期就已经注意到飞行器在军事上的实用价值，德国空中力量的起源甚至可以追溯到拿破仑战争时期，在德国空军作为独立军种存在之前十余年，德国人在空中战争领域就已经铸就了赫赫声威。

在19世纪初叶的拿破仑战争及中期的普法战争中，都有德意志邦国使用气球进行战场观测的记录，是为德国空军历史的最初萌芽。在普法战争中，普鲁士军队还组建了专门的反气球部队，堪称德军防空部队的源头。1871年德意志第二帝国成立后，普鲁士陆军在1884年组建了第一支气球部队，这是德国军队中飞行部队建制的肇始。1900年，德国航空界的先驱者齐柏林伯爵设计、制造的大型硬式飞艇首飞，使德国进入航空先进国家行列。1910年，在飞机发明七年后，这种新颖的飞行器第一次进入德国军队服役。1912年德意志帝国飞行队成立，航空兵正式成为德国武装力量的一部分。与当时很多国家的军队一样，德国陆军和海军分别拥有自己的飞行部队，它们最初使用飞机、飞艇、气球等航空器执行战场侦察、炮兵校射等辅助性任务。

在1914年一战爆发后，随着航空器在战场上的应用愈加普遍，交战领域也从二维的陆地和海

德国空军历史年表

一战之前

1870年 普法战争爆发，普军组建反气球部队
1871年 普法战争结束，德意志第二帝国成立
1884年 普鲁士陆军组建第一支气球部队
1900年 齐柏林飞艇首飞
1910年 飞机首次进入德国军队服役
1911年 德军首次在演习中使用飞机进行侦察
1912年 德意志帝国飞行队成立

1900年7月，齐柏林伯爵的第一艘飞艇LZ1号首飞。

一战时期

1914年8月 第一次世界大战爆发
1914年11月 德军历史上的首次空战胜利
1915年1月 齐柏林飞艇首次空袭英国
1915年夏 福克式灾难，德军夺取空中优势
1916年8月 德军组建专门的战斗机部队
1916年10月 德意志航空军团正式组建
1917年4月 血腥的四月：英德航空兵大规模交锋
1917年5月 德军大型轰炸机开始空袭英国
1918年4月 头号空战王牌里希特霍芬阵亡
1918年11月 一战以德国战败宣告结束

描绘一战时期英德飞机在西线上空激烈交战的油画。

魏玛共和国时期

1919年6月 《凡尔赛和约》签订，禁止德国拥有军用飞机并建立空军
1922年4月 《拉巴洛条约》签订，德苏两国展开秘密军事合作
1925年4月 苏联利佩茨克基地开始启用
1926年1月 德意志汉莎航空公司成立
1926年5月 《巴黎航空协定》签订，解除德国发展民用航空的限制

面扩展到三维的空中，飞行部队的作战范围和职能也大为扩大，空中格斗和空对地攻击成为常见的作战样式。在这一背景下，德国军队的航空力量蓬勃发展，部队规模日益扩大，飞机数量不断增加，在与对手争夺制空权的较量中一度占据上风，发挥的作用也愈加重要，在1916年帝国飞行队升格为德意志航空军团，开始作为一个独立兵种遂行作战任务。至战争末期，德国陆海军总共拥有飞机2300架以上，诞生了以里希特霍芬为首的大批王牌飞行员，波尔克、殷麦曼等人在空战战术上的创举和齐柏林飞艇空袭英伦的经典战例均具有深刻的历史影响。

鉴于德军航空兵的出色表现，战后《凡尔赛和约》严禁德国组建空军，不得拥有和制造军用飞行器及进行军事飞行训练。不过，德国人通过与苏联的秘密军事合作，在国外进行条约禁止的军事航空活动，并在民用航空和运动飞行的幌子下开展军用航空训练活动，设计制造新型飞机，为未来德国空中力量的复兴埋下种子，至30年代初期，德国国防军已经秘密重建了飞行部队。1933年纳粹党上台后开始重新武装德国，成立了航空部。1935年初，希特勒宣布废除《凡尔赛和约》，实行普遍义务兵役制，公开重新武装德国，处于秘密状态的德国空军也在同年正式宣告成立，并在随后几年内扩充为 支拥有数千架新型战机，囊括飞行、高炮、通信、伞兵等多兵种的强大作战力量，实力居于欧陆之冠，并且在西班牙内战的战场上初试锋芒，淬炼成钢。

1939年二战爆发后，德国空军再浴战火，雄风更胜往昔，在战争最初十个月里协同陆军部队横扫欧陆，所向披靡，其强有力的掩护和支援成为战争初期闪电战取得辉煌胜利的重要因素，在空降作战、防空作战、夜间空战等方面也获得了令人瞩目的成就，在1942年之前德国空军主宰着整个欧洲的天空。在二战中，德国空军产生的王

■ 在和约限制下，德国人依然通过滑翔机追逐飞行的梦想。

二战前夕

1933年1月　纳粹党夺取政权，加速发展军事航空
1935年3月　德国空军正式宣布成立，戈林出任空军总司令
1936年6月　空军总参谋长韦弗尔因飞机失事遇难
1936年7月　西班牙内战爆发，德国空军组建“秃鹰军团”参战
1937年4月　德意空军轰炸西班牙格尔尼卡镇，造成惨重伤亡

■ 1939年6月，从西班牙归来的“秃鹰军团”成员在柏林接受检阅，他们是德国空军的精华和骨干。

二战时期

1939年9月　第二次世界大战爆发、波兰战役
1940年4月　“威悉河演习”行动，入侵丹麦、挪威
1940年5月　西欧战役，德军伞兵空降荷兰、比利时
1940年7月　不列颠战役爆发，德国空军首次受挫
1941年4月　巴尔干战役，德军轰炸贝尔格莱德
1941年5月　克里特岛空降战役，伞兵损失惨重
1941年6月　“巴巴罗萨”行动，德军入侵苏联
1941年7月　德军轰炸机首次空袭莫斯科

■ 德国空军装备的He 111轰炸机，有力的空中支援是战争初期德军闪电战成功的关键。

牌数量远远超过其他交战国，战果在百架以上的超级王牌就有上百位。在航空技术领域，德国空军也引领世界之先锋，喷气式飞机、火箭动力飞机、制导炸弹等一系列尖端武器被德国人率先应用于实战。尽管如此，由于领导层的短视和国家整体实力的差距，德国空军在战争中期之后不可避免地陷入困境，英美盟军旷日持久的战略轰炸沉重打击了德国战争机器的基础和民心士气，在东线与苏联巨人的殊死角力不断消耗着德国空军有限的战斗力量。战略作战能力的缺失，后勤、训练与组织指挥上的缺陷，作战资源和人力资源的匮乏，诸多因素导致德国空军战斗力的不断萎缩，最终被拥有数量优势和雄厚后备力量的对手所击败。自1944年以后，德国空军在各个战场上都失去了决定战局的能力，虽然规模膨胀到百万之众，但在战争末期仅能以有限的行动支援地面作战，或者直接作为地面部队参与到陆地战斗中，负隅顽抗至战争的最后一刻，最终随着第三帝国的崩溃走向悲剧的结局。

二战结束后，德国由四大战胜国分区占领。随着冷战格局的形成，德国东西分裂，分别建立了联邦德国和民主德国，并各自重建了空军，分属于北约和华约，在冷战最前沿对峙长达四十多年。西德空军是在美国的扶持下组建的，大量引进装备了美制作战飞机，并与驻欧美军共享核武器的使用权，担负北约空防前卫的角色。东德空军则是按照苏联空军的模式建立的，用各种型号的苏式战机武装起来，充当华约空中突击集团的重要力量。

1990年，德国重新统一，东德空军并入西德空军。重新整合的联邦德国空军在冷战结束后在北约军事合作的框架内参与了巴尔干地区和阿富汗地区的空中作战行动，尽管受到政府裁军政策的影响，规模不断精简，但仍旧是当今世界上装备水平较高、作战能力较强的空中力量之一。

二战时期

1941年11月	空军军备总监乌德特大将自杀
1942年2月	迭米扬斯克空运行动，空袭马耳他
1942年夏秋	斯大林格勒战役
1943年初	英美开始联合实施对德战略空袭
1943年7月	库尔斯克战役，意大利战役
1943年8月	空军总参谋长耶顺内克大将自杀
1944年2月	宏大的一周，德国本土防空的崩溃
1944年6月	诺曼底战役，V1导弹投入实战
1944年9月	阿纳姆战役，V2导弹投入实战
1944年12月	阿登战役，德军垂死反扑
1945年1月	“底板”行动，德国空军最后大规模出击
1945年3月	JV44中队开始作战
1945年5月	德国战败投降
1946年10月	戈林在纽伦堡畏罪自杀

冷战时期

■ 东德空军的绝对主力战机：苏制米格-21战斗机。

1949年	联邦德国和民主德国先后成立
1956年1月	西德联邦国防军空军成立
1956年3月	东德国家人民军空军成立
1960年	美制F-104战斗机装备西德空军
1961年9月	西德F-84越界降落柏林事件
1962年	苏制米格-21战斗机装备东德空军
1966年	西德空军F-104危机爆发
1979年	“狂风”战斗机装备西德空军
1988年	苏制米格-29战斗机装备东德空军
1990年10月	德国统一，东德空军并入西德空军

统一之后

1995年8月	德国空军参加北约对波黑的空袭
1999年3月	德国空军参加科索沃战争
2003年8月	“台风”战斗机进入德国空军服役
2004年	德国国防部宣布空军精简计划
2005-08年	德国空军参加波罗的海防空警备行动
2006年	德国空军战机进入阿富汗作战
2014年	德国空军因经费削减陷入困境

■ 联邦德国空军第73战斗机联队的“台风”双机编队，该型战斗机是目前德国空军最先进的作战飞机。

德国空军的编制和指挥 2

从战术层面至战略层面的航空部队编制及指挥体系

在二战时期，各国的航空兵部队虽然存在差异，但在作战编制上大体相似，以3～4架飞机组成的飞行小队为最小的战术单位，而在战略层次上组建相当于陆军集团军的大规模航空兵团，作为最大的编制单位，由装备不同机种的多支航空部队构成，下辖数百架乃至上千架飞机，遂行多种作战任务。

德国空军在1935年成立后对航空部队的各级编制进行了研究，在二战之前基本确定了由低到高的三层六级编制结构。由3架轰炸机或4架战斗机组成的飞行小队（Schwarm）为基本作战单位，三个小队组成一个飞行中队（Staffel），三到四个中队组成一个飞行大队（Gruppe），三到四个飞行大队组成一个航空联队（Geschwader），各级建制相当于陆军的排、连、营、团各级单位。从飞行小队至航空联队的各级部队都由单一机种编成，执行特定的作战任务。

航空联队是德国空军最大的战术作战单位，也是作战行动的核心，原则上联队所辖的各部队

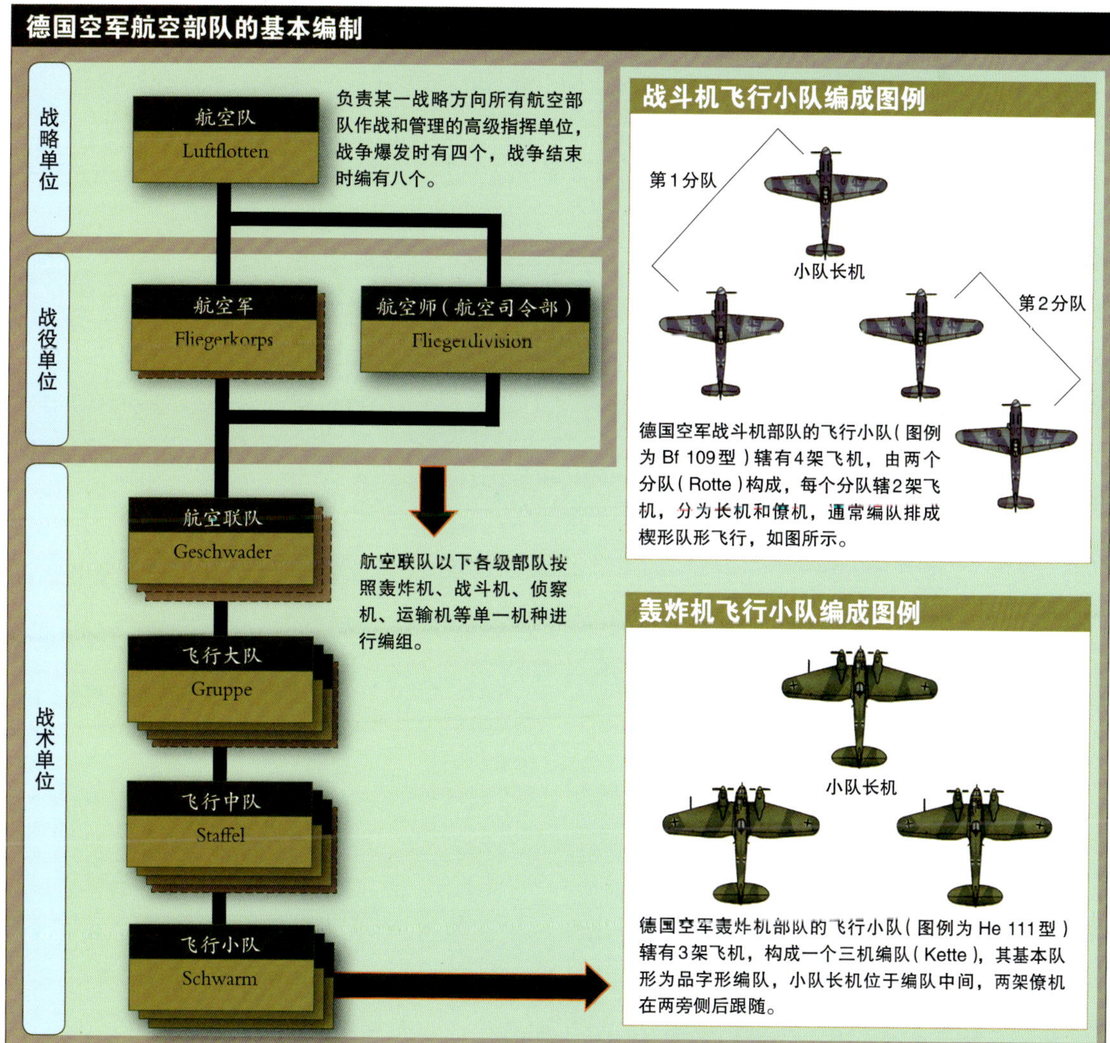

■ 德国空军飞行中队及小队的实例照片：（上图）从机场起飞出击的一个 Ju 87俯冲轰炸机中队，共计9架飞机（图中可见7架），摄于1941年8月的东线。（右图）一个 He 111轰炸机中队在进行编队飞行，由近及远可以看到三个品字形编队，每三架飞机构成一个小队，摄于1940年。（下图）一个 Fw 190战斗机小队，由两个双机分队构成，共计4架飞机，摄于1941年7月。

作为一个整体统一行动，但在战争中期以后，由于战线扩大，兵力不足，联队常常被拆散，以大队甚至中队为单位分散前往不同的战场作战。德国空军根据装备机型先后组建了14种航空联队（参见表格），其飞机编制数量依机种和作战任务的不同有所差异，比如轰炸机联队通常辖有80 ~ 90架飞机，而战斗机联队可达120 ~ 160架。

在航空联队之上，德国空军组建了航空军（Fliegerkorps）和航空师（Fliegerdivision）作为战役作战单位。值得注意的是，航空军和航空师为平级单位，只是规模上有所不同，都隶属于更高的航空队，每个军或师都辖有战斗机、轰炸机、侦察机、运输机等多个联队或大队，属于多兵种战役兵团，可以整体调动，负责具体的战役行动，其编制通常不固定，根据作战任务和兵力状况灵活编组。在1943年后，出于防空作战的需要，德国空军还组建了专门的战斗机军和战斗机师。

二战时期德国空军航空联队的类型

中文名称	德文名称	缩写	装备机型
战斗机联队	Jagdgeschwader	JG	单发轻型战斗机
夜间战斗机联队	Nachtjagdgeschwader	NJG	夜间战斗机
驱逐机联队	Zerstörergeschwader	ZG	双发重型战斗机
后备战斗机联队	Erganzungsjagdgeschwader	EJG	战斗机
轰炸机联队	Kampfgeschwader	KG	轰炸机
轰炸机教导联队	Kampfschulgeschwader	KSG	轰炸机
俯冲轰炸机联队 ★	Sturzkampfgeschwader	StG	俯冲轰炸机
对地攻击机联队	Schlachtgeschwader	SchG/SG	对地攻击机
快速轰炸机联队	Schnellkampfgeschwader	SKG	战斗轰炸机
特种轰炸机联队 ★	Kampfgeschwader zbV	KG zbV	运输机
运输机联队	Transportgeschwader	TG	运输机
侦察机联队	Aufklärungsgeschwader	AG	侦察机
滑翔机联队	Luftlandegeschwader	LLG	滑翔机
飞行教导联队	Lehrgeschwader	LG	多机种混编

注1：战争初期的俯冲轰炸机联队在1943年后大多改为对地攻击机联队
注2：特种轰炸机联队即运输机部队，在1943年5月改称运输机联队

二战时期的德国空军各航空队

航空队番号	组建时间	司令部所在地	作战区域或职责
第1航空队	1939年	柏林	德国北部及东部
第2航空队	1939年	不伦瑞克	德国西北部
第3航空队	1939年	慕尼黑	德国西南部
第4航空队	1939年	维也纳	德国东南部
第5航空队	1940年	汉堡	北欧及苏联北部
第6航空队	1943年	斯摩棱斯克	苏联中部
帝国航空队	1944年	柏林	本土防空
第10航空队	1944年	柏林	补充与训练

注1：各司令部所在地为航空队组建时的司令部位置。
注2：部分航空队的作战区域在战时有所变动。

德国空军的最高作战单位是航空队(Luftflotten)，负责指挥某一战略方向上的所有空军部队，通常配合陆军集团军群级别的大兵团作战，旗下辖有2～3个航空军或航空师，但也有航空队直辖各联队的情况。航空队下辖的各军、师、联队可以根据战况需要在各战区之间调动，而航空队作为一级战略单位，其作战区域通常相对固定，但是随着战线的扩展，作战范围越来越大，德国空军在战时曾多次调整航空队的作战方向，并且成立了新的航空队。在战争前夕德国空军建立了四个航空队，在战争期间航空队数量增加到八个(参见上表)。

在指挥体系上，德国空军同德国陆军、德国海军一样归属国防军最高统帅部(OKW)指挥，而在最高统帅部之上还有以希特勒为核心的元首大本营作为整个德军指挥体系金字塔的顶尖。在1935年正式成军之前，德国境内的所有航空活动和相关事务均由1933年成立的帝国航空部(RLM)管辖，包括军用和民用航空。在1935年德国空军成立了专门的军事指挥机构——空军总司令部(OKL)，分化了航空部的军事职能，负责空军部队的作战指挥和行政管理，但在很多方面仍然要受到航空部的管辖，比如飞机的研发和生产。在1945年4月之前，德国空军总司令和帝国航空部长的权柄始终由戈林把持，他主要依靠空军总参谋长、各兵种总监(战斗机总监、轰炸机总监、军备总监等等)以及航空部系统内的国务秘书来行使对德国空军及德国航空部门的指挥管理职责。值得注意的是，戈林作为政府部长和空军总司令的双重身份使他常常能够直接从希特勒本人那里获得指示，并越过国防军最高统帅部向部队下达命令。

空军总司令部是德国空军的最高指挥机构，其编制十分庞杂，下设总参谋部、作战参谋部、各总监部以及后勤、通信部门，在1939年时编制人员达25000人。空军总参谋部是整个德国空军的大脑，负责所有空军部队的管理及作战计划的制定与实施，下设八个部门：作战、组织、训练、调动、情报、后勤、战史和人事。在战时前线及后方的各航空队都要接受空军总司令部及总参谋部的命令展开行动，并指挥下辖的各军、师、联队实施作战。此外，与德国陆军相似，德国空军在德国境内及各占领区建立了若干空军军区(Luftgaue)，负责各地区与空军有关的行政、后勤、训练、维修等事务，在德国本土设有17个空军军区，以罗马数字序号命名。随着战争的推进，德国空军在各占领区也陆续建立了军区，多以占领地命名，比如巴尔干军区、比利时－法国北部军区等。在前线地带的具体指挥上，各级航空部队在夺取制空权、消灭敌方空中力量之外，最主要的任务是配合陆军作战，为地面部队提供支援，因此也常常受到陆军高级指挥部的节制，空军部队在陆军单位中派驻联络人员，以保证空地协同的有效进行。

德国空军历任总司令

赫尔曼·戈林 帝国元帅	1935.3.1–1945.4.24
罗伯特·冯·格莱姆 空军元帅	1945.4.29–1945.5.8

德国空军历任总参谋长

瓦尔特·韦弗尔 空军上将	1935.3.1–1936.6.3
阿尔伯特·凯塞林 空军元帅	1936.6.5–1937.5.31
汉斯－于尔根·施通普夫 空军大将	1937.6.1–1939.1.31
汉斯·耶顺内克 空军大将	1939.2.1–1943.8.19
京特·科滕 空军大将	1943.8.25–1944.7.22
维尔纳·克赖珀 空军上将	1944.8.2–1944.10.28
卡尔·科勒 空军上将	1944.11.12–1945.5.8

德国空军的作战飞机 3

以夺取制空权和对地支援为中心的机种构成

一战结束后，《凡尔赛和约》禁止德国拥有军用飞机，数以万计的飞机被销毁，但是德国航空专家仍然在秘密状态下坚持研发工作。在20年代中期国际上对德国航空界的限制松动后，德国人利用发展民用航空的机会从事军用飞机的开发，当时很多民用飞机在设计之初就考虑过改装军用飞机的要求，二战初期德国空军的几型主力轰炸机都是由民用客机发展而来。得益于长期的不懈努力和技术储备，德国在30年代初期创建空军时得以迅速装备各种型号具有世界先进水平的作战飞机，获得了强大的战斗力。

德国空军在战前确定的中心任务是夺取战场制空权，同时实施有效的对地支援行动，协助陆军地面部队的快速突击，因此战斗机和轰炸机受到特别的重视，构成德国空军作战飞机的主体。此外，为了适应其他类型的航空作战，德国空军还开发了多种类型的作战飞机，诸如侦察机、联络机、滑翔机、教练机、水上飞机等。在战争中，针对某些特定的作战样式，又衍生出夜间战斗机、对地攻击机、战斗轰炸机等新机种，特别是在战争后期，为了夺回空战中的技术优势，德国空军又着力研发了一系列领先于世界的新锐战机，如喷气式战斗机、喷气式轰炸机、火箭动力截击机等，不过大多数机型虽然技术先进，但不够成熟，加上后勤、训练方面的原因，难以形成有效战斗力，无力扭转战局的颓势。

战前德国空军的战斗机大体分为两类，一是单引擎轻型战斗机，也是最主要的战斗机类型，具有优秀的机动性和火力，但航程略短；二是双引擎重型战斗机，也称驱逐机，具有较强的武备和较快的速度，续航力大，但机动性欠佳，在与单引擎战斗机的较量中居于下风，相比执行昼间空战任务，它们更适合担任夜间战斗机或对地攻击机的角色。德国空军在战前没有研发夜间战斗机，在战争中为了应对英国空军的夜间轰炸才开发此类机型，最初是由昼间战斗机或轰炸机改装而来，后来也出现了专门研制的夜间战斗机。在战争末期还出现了多种类型采用新型动力装置的战斗机，但数量较少，单引擎战斗机始终是德国空军战斗机部队的核心

二战德国空军作战飞机的种类

机种名称	主要任务	代表机型
战斗机 Jagdflugzeug	进行空中格斗，消灭敌军飞机，夺取并保持战场制空权，阻止敌空中行动	梅塞施密特 Bf 109 福克－沃尔夫 Fw 190
驱逐机 Zerstörer	执行远程护航、渗透，兼用于对地支援任务	梅塞施密特 Bf 110 梅塞施密特 Me 410
夜间战斗机 Nachtjagdflugzeug	执行夜间防空或突袭任务，消灭敌夜航轰炸机	亨克尔 He 219
轰炸机 Kampflugzeug	以航空炸弹为主要武器，对地面或海上目标实施轰炸攻击	亨克尔 He 111 容克 Ju 88
俯冲轰炸机 Sturzkampflugzeug	以俯冲轰炸对地面或海上目标实施精确打击	容克 Ju 87
侦察机 Aufklärungsflugzeug	在前线地带或深入敌方纵深地带进行侦察、监视	福克－沃尔夫 Fw 189
运输机 Transportflugzeug	向前线运送兵员、物资、投送伞兵，实施空中补给	容克 Ju 52 梅塞施密特 Me 323
联络机 Ferbindungsflugzeug	在各部队之间传递信息或运送人员，兼具侦察功能	菲泽勒 Fi 156
教练机 Schulflugzeug	进行飞行训练，培养新飞行员	阿拉多 Ar 96
对地攻击机 Schlachtflugzeug	为地面部队提供低空近距离火力支援，消灭敌军地面目标	亨舍尔 Hs 129
滑翔机 Luftlandeflugzeug	运送部队实施空降突袭，也可用于物资运输	DFS 230

二战时期德国空军作战飞机的代表机型

■ 单发轻型战斗机：梅塞施密特 Bf 109型，主力制空机型。

■ 双发重型战斗机：梅塞施密特 Bf 110型，用于护航和对地支援。

■ 双发中型轰炸机：亨克尔 He 111型，空中进攻的中坚力量。

■ 俯冲轰炸机：容克 Ju 87型，长于精确轰炸，号称“飞行炮兵”。

■ 运输机：容克 Ju 52型，空降作战及空运行动的主要执行者。

■ 联络机：菲泽勒 Fi 156型，轻巧灵活的战场精灵，适应性强。

■ 侦察机：福克－沃尔夫 Fw 189型，探察敌情的“战场之眼”。

■ 对地攻击机：亨舍尔 Hs 129型，威力惊人的“坦克开罐器”。

力量，而且随着防空任务的日益繁重，战斗机在德国空军装备机型中的比重不断增加，制造数量远远超过其他机种。

轰炸机一向是各国空军最有力的攻击武器，德国空军自创立之初就非常青睐于双引擎中型轰炸机，将其作为轰炸机部队的主力装备。德国空军的中型轰炸机航速较快、载弹量适中，航程也能满足战术战役层面的作战需求，但对于大纵深战略打击任务则力不从心。相比传统的水平轰炸，俯冲轰炸具有更好的精度，由此衍生出的俯冲轰炸机成为德国空军在战争初期克敌制胜的利器，著名的Ju 87在闪电战中出色地扮演了“飞行炮兵”的角色，在对地支援行动中发挥了突出作用。不过，中型轰炸机和俯冲轰炸机都存在机动性差、防御薄弱的缺陷，只有在己方掌握制空权的情况才能充分发挥战斗力，否则就会在敌战斗机的攻击下蒙受惨重损失。在战争中期以后，随着德军逐渐失去战场制空权，轰炸机已经无法自由行动和作战，速度缓慢的俯冲轰炸机大多转为对地攻击机。德国空军始终没有大力发展四引擎重型轰炸机，虽然装备了He 177等重型轰炸机，但数量稀少。

在东线战场上，苏德两军展开规模空前的交锋，面对苏军庞大的攻击集团，特别是数量众多的坦克集群，德军地面部队迫切要求更加密切有力的空中火力支援，由此德国空军着力强化了近距对地攻击能力，尤其是反装甲能力，开发出专职的对地攻击机，这种战机具有良好的低空操纵性和装甲防护，配备大口径航炮，强化载弹能力，对地面目标有较大的杀伤力。由Ju 87发展而来的对地攻击型也在此类战斗中表现活跃。此外，Bf 109、Fw 190等单引擎战斗机也发展出强化武备、防护和载弹量的对地攻击型，实际上即后来的战斗轰炸机，不过德国空军并未将其列为正式机种类别。

值得注意的是，德国空军常常在一种机型基础上发展出多种不同用途的改型，比如Ju 88型轰炸机就有侦察机、驱逐机、夜间战斗机、对地攻击机等多种改型，如果用途发生改变，则装备该机型的航空联队的类别也会相应改变，比如原本装备Ju 87的俯冲轰炸机联队在换装对地攻击型Ju 87G后，就会改为对地攻击机联队。本节表格所列的各机种代表机型是指该机型的主要生产型号，而不包括该机型的全部改型。

德国空军容克 Ju 88型轰炸机的多用途改型

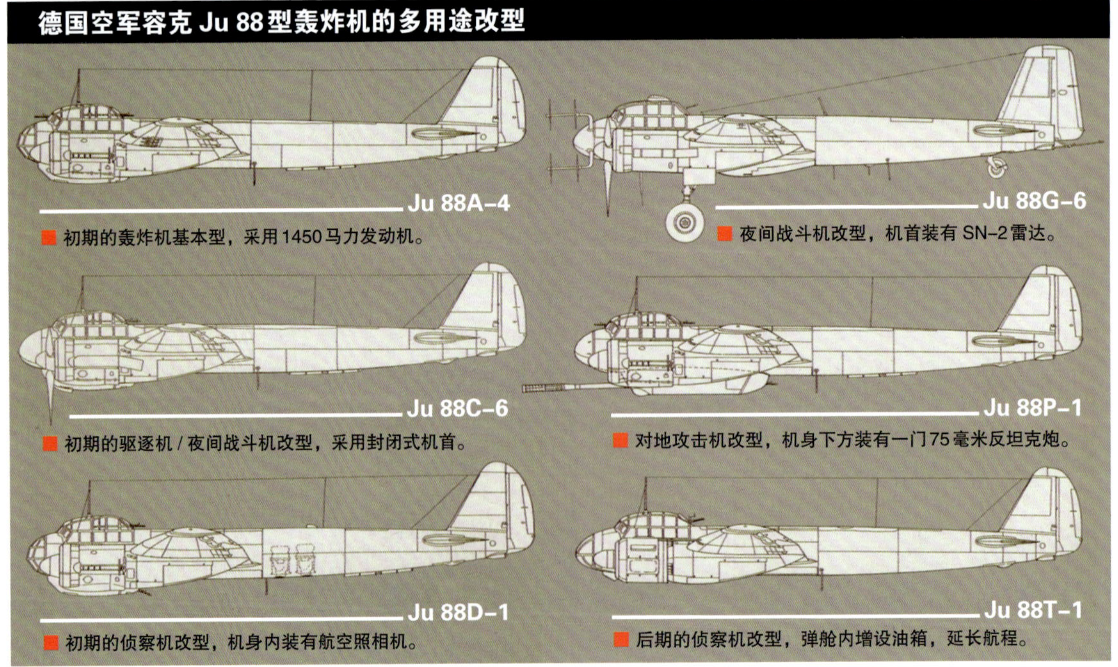

Ju 88A-4：初期的轰炸机基本型，采用1450马力发动机。

Ju 88G-6：夜间战斗机改型，机首装有SN-2雷达。

Ju 88C-6：初期的驱逐机/夜间战斗机改型，采用封闭式机首。

Ju 88P-1：对地攻击机改型，机身下方装有一门75毫米反坦克炮。

Ju 88D-1：初期的侦察机改型，机身内装有航空照相机。

Ju 88T-1：后期的侦察机改型，弹舱内增设油箱，延长航程。

德国空军的飞机标识 4

十字徽记和部队代码 德意志战鹰的身份名片

在机身上喷涂国籍标志和部队标识是空军战机进行身份识别和敌我识别的重要手段，德国空军在战前就制定了一套机身标识系统，并在战时不断加以修改。

1935年3月德国空军正式成立初期，其飞机国籍标志非常简单，仅在垂尾右侧喷涂黑白红三条水平色带，即第二帝国旧国旗的图案，而垂尾左侧采用红底白圆心黑色卐字的形象，即第三帝国和纳粹党的旗帜图案。仅仅半年后，德国空军决定重新启用一战时期的铁十字标志，喷涂在飞机左右主翼的上下两面和机身后部两侧，共有六处，这个规则一直保持到二战结束。1936年春季又取消了垂尾右侧的色带标志，喷涂与左侧相同

国籍标志、部队标识的喷涂位置及尺寸标准

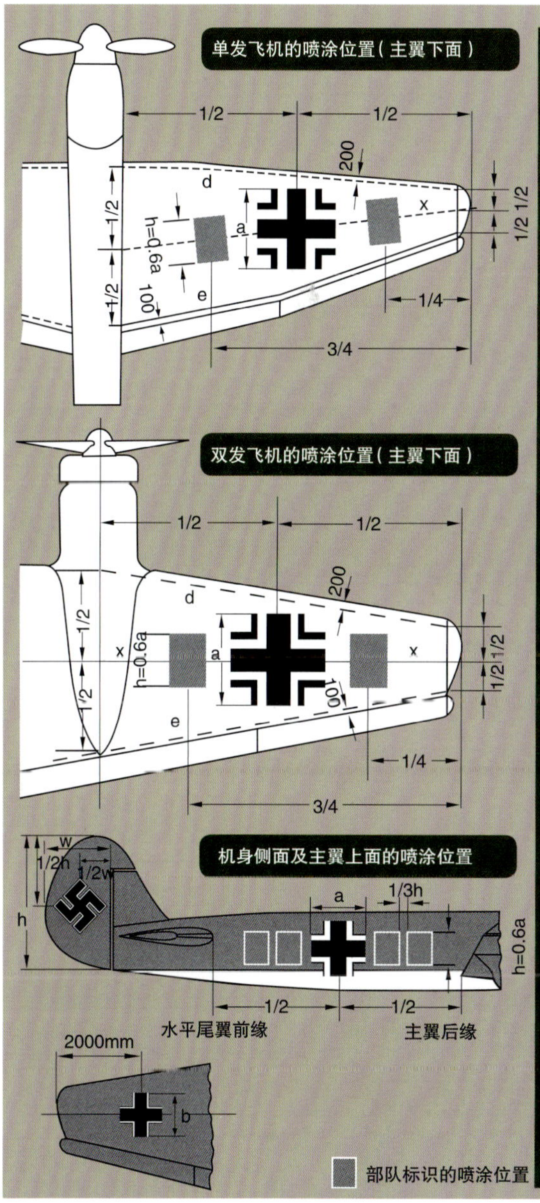

单发飞机的喷涂位置（主翼下面）

双发飞机的喷涂位置（主翼下面）

机身侧面及主翼上面的喷涂位置

水平尾翼前缘

主翼后缘

2000mm

部队标识的喷涂位置

战前属于JG132联队的He 51型战斗机，注意垂尾上的国籍标志，采用纳粹党党旗及第三帝国国旗的样式。

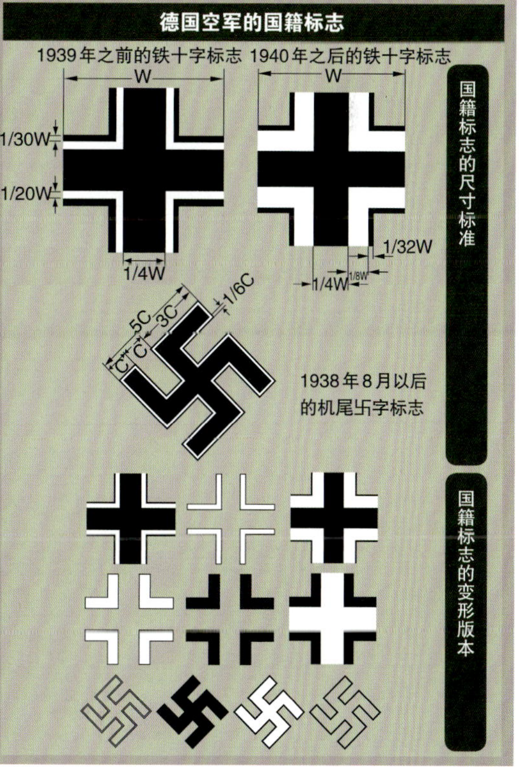

德国空军的国籍标志

国籍标志的尺寸标准

1939年之前的铁十字标志

1940年之后的铁十字标志

1938年8月以后的机尾卐字标志

国籍标志的变形版本

■ 德国空军的国籍标志喷涂于主翼上下表面、机身两侧和垂尾两侧，正如图中这架 Ju 87，由铁十字和卐字两种形式构成。

的图案。后来，垂尾国籍标志取消了显眼的红底和白圆心，仅使用旋转45度的黑色卐字。国籍标志的尺寸根据机身大小来决定，喷涂的样式也有明文规定。

战争爆发后，由于机身涂装的变化，国籍标志也产生了大量变形版本。最初机身和主翼上的铁十字标志均为黑色，带有较宽的白色内缘和一道极细的黑色外缘，战争中期后取消了黑色外缘，到1944年时，机身和主翼上面的十字标志连中间的黑色部分也取消了，仅留下白色边缘构成的十字轮廓，但主翼下面的十字保留黑色部分，到战争末期主翼下面的十字也采用边缘轮廓式十字，但颜色为黑色。垂尾国籍标志也有一些变化，最初为带有白色细边的黑色卐字，战争中取消了白色细边，改为纯黑色或纯白色卐字，也有白色或黑色的镂空卐字。

为了辨别飞机的所属部队或单位，德国空军还采用了一套复杂细致的部队标识系统——由字母、数字、图形和多种颜色构成的代码系统，主要有两大类，分别供单发昼间战斗机部队和其他部队（含夜间战斗机、驱逐机）使用。部队标识主要喷涂在机身后部两侧，国籍标志的前后位置，在体积较大的飞机上，有时也在主翼下面喷涂部队标识。

战斗机部队普通飞行员的座机通常在国籍标志之前涂以阿拉伯数字，表示该机在中队中的序号，之后涂以所属飞行大队的图形符号，每个大队的符号各不相同，而机身标志的不同颜色则显示所属中队，如第1中队为白色、第2中队为红色等，战争后期还在大队符号的位置增加一条色带，作为联队的识别标志，例如JG1为红色，JG27为绿色等，通过这些标志可以迅速识别出一架飞机是某大队某中队的几号机。对于联队长、大队长

战斗机联队各大队的识别标志

3

第1大队 无

第2大队

第3大队

第4大队

■ 隶属于JG27联队第1大队的Bf 109战斗机，没有大队识别标志，但有一条绿色联队识别色带，注意后方机首上的联队队徽。

■ 隶属于JG1联队第4大队的Bf 109战斗机，大队识别标志为一个圆圈，联队队徽涂绘在座舱侧面。

■ JG54联队联队长特劳夫特上校的座机，摄于1942年的东线，机身侧面喷涂的白色双折线箭头为联队长座机识别标志。

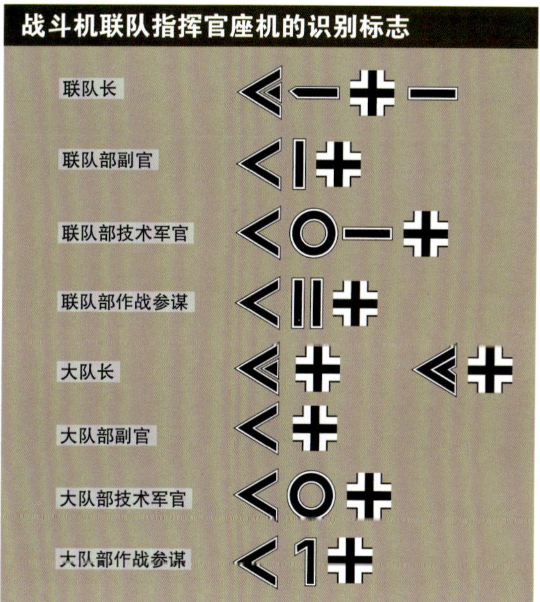

以及联队部、大队部的参谋和指挥人员，他们的座机则采用另一种特别的战术标志，由指向机首方向的箭头状折线、横线、竖线或其他图形组成，涂在国籍标志的前后位置。

轰炸机、夜间战斗机等其他部队的标识是一个四位字母和数字的代码组合，两个一组分别喷涂在国籍标志前后，国籍标志前方的字母－数字组合为黑色，表示所属联队，例如A1为KG53联队、B3为KG34联队等，国籍标志后方的第一个

■ 俯冲轰炸机部队机身识别标志范例：这幅彩色侧视图展示了一架Ju 87B型俯冲轰炸机在1941年4月参加巴尔干战役时的状态，由其机身侧面的部队标识S7+DK可知，这架飞机为隶属于第3俯冲轰炸机联队第1大队第2中队的4号机。

德国空军飞行大队、中队识别字母体系					
中队识别色	第1大队	第2大队	第3大队	第4大队	第5大队
蓝色	本部小队 B	本部小队 C	本部小队 D	本部小队 E	本部小队 F
白色	第1中队 H	第4中队 M	第7中队 R	第10中队 U	第13中队 X
红色	第2中队 K	第5中队 N	第8中队 S	第11中队 V	第14中队 Y
黄色	第3中队 L	第6中队 T	第9中队 P	第12中队 W	第15中队 Z

注：A 为联队司令部飞机的识别字母，G、I、J、O、Q 因为从远处观察容易与其他字母混淆而没有被用作识别字母，但在实用时有例外。

字母以识别色喷涂，不同的颜色对应该机所属中队在大队中的排序，而字母则表示该机的序号，第二个字母为黑色，为各中队的识别代码，联队下辖的各中队及本部小队（直属联队部、大队部的飞行小队）都有固定的字母代码，详细规则参见表格。上述只是德国空军部队标识的通常规则，不过在实际执行时要求并不十分严格，因此有很多变化，情况较为复杂，在此就不做详细描述了。

除了国籍标志和部队标识外，德国空军的联队、大队、中队还普遍自行设计了队徽，也被允许喷涂在机首或座舱附近，除了便于识别，也有助于提升士气，部分飞行员还可以在机身上喷涂个人标志。当某个飞行员或机组在战斗中击落敌机或摧毁地面、海上目标后，座机上还将增添一

■ 非单发昼间战斗机部队的飞机采用四位代码标识，涂绘在机身侧面（如上图的 Bf 110型），有时也绘在主翼下（如下图的 Ju 88型）。

德国空军航空联队队徽范例

■ 德国空军航空联队通常会采用自行设计的队徽，上方三个队徽自左向右依次是第2战斗机联队、第51轰炸机联队和夜间战斗机联队，左图为第51轰炸机联队的 Ju 88A 型轰炸机喷涂队徽的实例照片。

种特殊标志，以显示其战果。这种战果标志在战斗机部队中非常普遍，通常是在飞机方向舵左侧翼面上描绘出短小的白色竖杠，一条竖杠代表一个战果，在竖杠上方还会画上击毁敌机的国籍标志，比如红五角星为苏联飞机，三色同心圆为英国或法国飞机等，有时还会标明击落时间。当翼面已经不足以容纳不断增加的战果标志时，则会取一个整数，比如100架、150架、200架等，以数字形式描绘在方向舵上，通常还会用橡叶、勋带和骑士十字勋章的图案加以装饰，而多余的零头仍然以短杠形式表示。在轰炸机、对地攻击机等其他部队中，战果标志还会表现为坦克、舰船等形象，喷绘的位置也不局限于方向舵。

■ 1941年的东线战场上，一位德军战斗机飞行员兴致盎然地在座机垂尾侧面描绘战果标志，这种做法在德国空军中非常流行，有助于提升飞行员的士气和荣誉感。

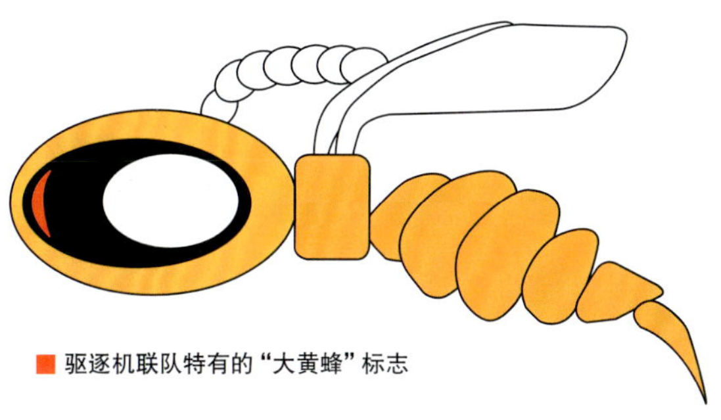

■ 驱逐机联队特有的“大黄蜂”标志

■ 战斗机部队机身标志范例：这架Bf 109F型战斗机是隶属于第52战斗机联队第3大队第9中队的黄色1号机，由赫尔曼 · 格拉夫上尉驾驶，机身上除了标准的部队标识外，还有其他徽标，包括大队队徽、中队标志和个人空战战果标志，以丰富的标志图案彰显个性是德国空军机身标识体系的一个特色。

■ 第3大队队徽

■ 第9中队标志

■ 战果标志（172架）

德国空军的飞机涂装 5

随战场环境不断变幻的战火霓裳

与陆军部队的车辆、军服和海军的舰艇一样，德国空军的作战飞机也需要施以适当的涂装迷彩，以适应战场环境的变化，降低飞机在空中和地面的可视特征，便于隐蔽或达到特定的战术目的。德国空军在创建之初就对机身涂装迷彩系统进行了系统研究，确立了一套航空器涂装标准色系，即RLM色系。RLM是Reichsluftfahrtministerium（帝国航空部）的缩写，所有归入该色系的颜色都获得一个由RLM加两位数字组成的编号，如RLM63为灰色，RLM21为白色等。德国空军所有飞机的涂装都由不同的RLM色彩组合而成，而对迷彩方案的改进一直持续到战争末期。

1935年3月德国空军创建初期制定的飞机涂装规则很简单，分为陆基飞机和水上飞机两类，前者整体喷涂RLM63（灰色），后者整体喷涂RLM 02（浅灰色）。次年，“秃鹰军团”参加西班牙内战，根据战场经验，德国空军认为有必要开发比单色涂装更具隐蔽性的迷彩涂装，于是在1937年开始使用两种新涂装，一种适应西班牙战场，由RLM61/62/63（暗棕、绿、灰）组成斑块状迷彩，另一种适合西北欧地区，由RLM70/71（墨绿／暗绿）组成碎片状迷彩，这两种迷彩喷涂于飞机上表面和机身两侧，而机腹、机翼下表面都统一涂以RLM65（天蓝色），机腹与机身迷彩的分界线位置很低，位于机身下表面转折处。新涂装的基本意图是从空中观察时飞机上表面颜色与地面颜色融合，而从地面观察时飞机下表面颜

■ 这架Bf 109C型战斗机采用绿色碎片迷彩涂装，摄于战前。

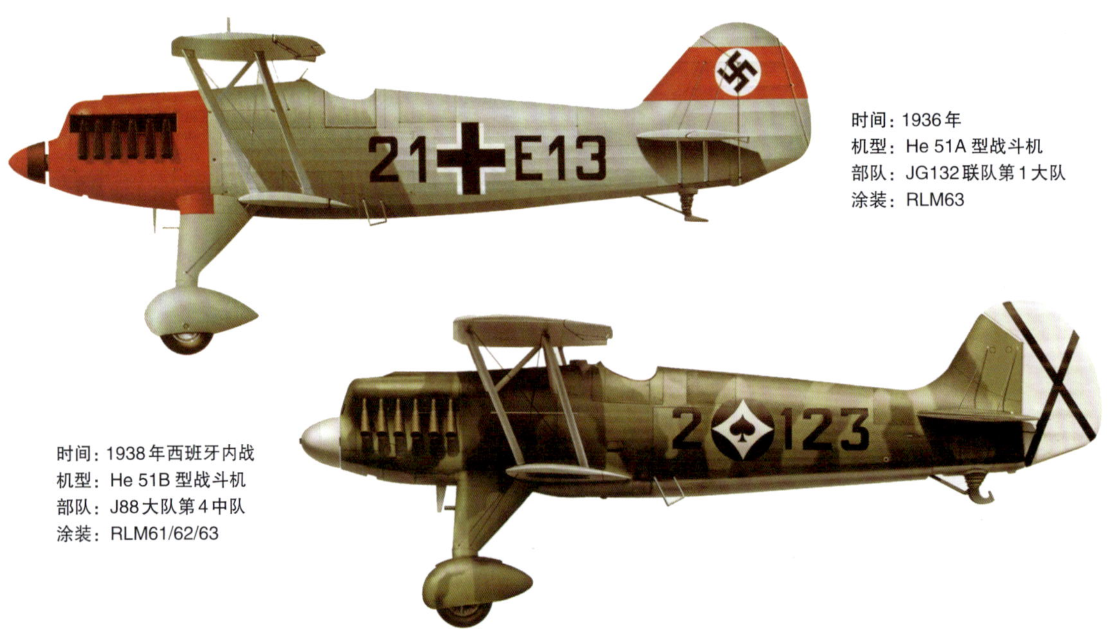

时间：1936年
机型：He 51A型战斗机
部队：JG132联队第1大队
涂装：RLM63

时间：1938年西班牙内战
机型：He 51B型战斗机
部队：J88大队第4中队
涂装：RLM61/62/63

色与天空背景接近。到1939年夏季，德国空军大部分飞机都统一为RLM65/70/71涂装，而水上飞机、飞艇、远程巡逻机等在海上作战的飞行器采用相近的RLM65/72/73（天蓝／暗海绿／浅海绿）。

二战爆发后，经过波兰战役和1939/40年冬季的空中作战，德国空军发现深绿色的碎片迷彩虽然在地面上具有良好的隐蔽性，但不适合空战，容易暴露，于是加以改进，将上下表面的涂装分界线提高到上表面转折处，在机身侧面涂以RLM65，降低机身侧面轮廓，同时用浅得多的RLM02代替RLM70，产生出一种效果明显的空中优势迷彩。经过多种迷彩方案的对比，德国空军最终确定以RLM65/02/71简化型碎片迷彩作为标准涂装，应用于1940年春夏的西欧战役中。

1940年夏季的不列颠战役中爆发了大规模的激烈空战，由于英德战斗机的轮廓接近，为了便于敌我识别，避免误伤，并使飞行员迅速把握空战形势，德国空军要求强化涂装的识别特征，弱化伪装性能。在几次试验后产生了著名的“黄鼻子”涂装，即在RLM65/02/71涂装基础上，将主翼前方的全部机首和尾部方向舵涂成RLM04（明黄色），很快成为海峡前线战斗机部队的标准涂装。此外，前线部队还自行用灰色系或绿色系颜料在机身侧面的天蓝底色上涂上斑点、线条，丰富迷彩图案。

■ 战争初期，为了提高空战中的隐蔽性，德国空军将战斗机涂装的上下分界线提高，机身侧面施以浅色涂装，图中这架 Bf 109E 型战斗机就是这种空战涂装。

■ 采用“黄鼻子”涂装的 Bf 109E 型战斗机，属于 JG26 联队第 3 大队，这种涂装产生于不列颠空战期间，便于在混战中识别敌我。

时间：1943年
机型：Bf 109G型战斗机
部队：JG 53联队第3大队
涂装：RLM78/79/04

时间：1942年
机型：Ju 87D型俯冲轰炸机
部队：StG2联队第3大队
涂装：RLM21

■ 一架属于JG27联队的Bf 109战斗机，在黄色热带涂装之上又添加了绿色斑点迷彩，这种涂装适用于北非及地中海地区。

■ 为适应东线冬季的冰雪环境，德军飞机多会采用白色冬季涂装。

■ 在植被繁茂的夏季，德军飞机在东线多采用绿色的“草地迷彩”。

1941年初，随着德国空军投入到地中海及北非战场，原来用于欧洲战场的绿色系涂装显然不合使用，于是在1941年秋季开始采用一种专门的热带沙漠涂装，在飞机上表面施以RLM79（沙黄色），下表面为RLM78（浅蓝色），部分飞机还在沙黄底色上用RLM80（橄榄绿）涂以条纹和斑点，构成迷彩图案。上下涂装的分界线则没有严格要求，由前线部队自行决定。

1941年6月，德国空军又开始采用一种灰色系迷彩涂装，主要使用RLM74（灰绿）、RLM75（紫灰）和RLM76（月白）构成，其中RLM74/75涂在飞机上表面，构成一些边缘模糊的斑点，下表面施以RLM76，上下涂装不再有明显的分界线，而是由深至浅，从机身向机腹逐渐过渡，因为这种涂装类似狗鱼的外表，被称为“狗鱼斑”。RLM74/75/76应用范围非常广泛，包括东西两线的空军部队，还产生了不少变型涂装，用其他颜色代替原方案中的某些颜色，使涂装更符合战地环境。东线战场的空军部队在使用灰色系迷彩的同时，根据俄罗斯地貌情况和季节变化还采用一些应急迷彩涂装，比较典型的是“雪地迷彩”和“草地迷彩”，前者用于冰雪覆盖的冬季，就是用白色速溶涂料覆盖机身原有涂装，造成通体雪白的效果，白色涂料的编号为RLM21。“草地迷彩”用于植被繁茂的夏季，使用RLM80（橄榄绿）在机身上喷涂大面积色斑，但不会将原有迷彩完全覆盖。

时间：1940年
机型：Bf 110C 型战斗机
部队：NJG1联队本部小队
涂装：RLM22

时间：1944年
机型：Ju 88G 型战斗机
部队：NJG2联队第7中队
涂装：RLM02/75

在战争期间，交战双方都进行了夜间空袭行动，随着夜间空战的不断升级，德国空军开始采用“夜间迷彩”，最初只是将机身下表面的浅色涂装更换为RLM22（黑色），后来也有将飞机整体涂成黑色的例子，这种涂装主要用于深入英国领空进行夜间轰炸的轰炸机，以便利用夜空背景躲避地面探照灯的照射。德国夜间战斗机最初的涂装和昼间战斗机一样，后来采用上表面黑色，下表面浅蓝色的涂装，也有使用全黑涂装的情况。在战争中期以后，德国空军更多地在本土和占领区上空进行夜间拦截作战，对夜间战斗机而言这种黑色涂装反而不利于敌我识别，容易遭到己方高射炮的误击。于是在1942年底使用新型夜间涂装，整架飞机喷涂以RLM02（浅灰色），考虑到昼间停放于地面的隐蔽性，又在机身上表面用RLM 75（紫灰）喷涂一些条纹斑点迷彩。

1944年中期之后，已经陷入困境的德国空军将大部分力量都投入到保卫帝国领空的战斗中，并且开始采用一种新的绿色系涂装取代先前的灰色系涂装，用RLM81（紫褐）、RLM82（浅绿）、RLM83（暗绿）三种颜色取代RLM02/70/71/74等颜色，在飞机上表面喷涂以斑块状迷彩图案，色块边缘模糊，线条圆润，上下涂装的分界线也不明显。飞机下表面仍然使用月白色，但也有使用RLM84a（浅灰黄色）的情况。不过，到战争末期，由于后勤供给情况混乱，油漆短缺，德国空军飞机的涂装已经很难遵循规范实施，大多数都由地勤人员根据现有资源自行创作，随意杂乱，千奇百怪，从另一个方面也显示出德国空军的衰败。

■ 这幅彩绘展示了JV44中队的Fw 190D型战斗机在1945年4月的涂装样式，可见涂绘相当粗糙。

时间：1944年
机型：Fw 190A 型战斗机
部队：JG3联队第4大队
涂装：RLM74/75/76

时间：1945年
机型：Me 262A-1a 型战斗机
部队：JG7联队第3中队
涂装：RLM81/82/83

德国空军的军旗标帜

6

有别于陆海军的非传统新型标志

在1933年1月纳粹党掌权后，全面推行法西斯化，作为德国武装力量的国防军也要适应新的政治气候，在形象方面做出某种变化，德国军队的传统象征物——红白黑三色旗和普鲁士黑鹰被凸现新政权特征的纳粹卐字旗和全新的帝国鹰所取代。当时，德国陆军和海军均采用与纳粹党标志相近的国家鹰徽作为军徽，即两翅平展或收起的雄鹰，爪下握着被橡叶花环围绕的卐字徽。然而，1935年德国空军正式成立后，空军总司令赫尔曼·戈林（Hermann Göring）认为国家鹰徽线条平直、形象呆板，不足以代表新生的"国家社会主义"的空军，于是命人为德国空军重新设计了一款鹰徽，采用更接近自然形态的雄鹰形象，双翅展开做飞翔状，线条圆滑，富于动感，羽翼细腻，一只鹰爪抬起，另一只向下探出，抓住一个45度旋转的卐字，相比陆海军鹰徽，空军鹰徽更为美观、立体、充满生气。戈林大为满意，遂命令在全军推行，这一形象不仅出现在德国空军官兵的军服军帽上，也全面融入其军旗体系。

■ 一位空军旗手高举战旗立于JG27联队的Bf 109战斗机之前，摄于1941年北非，左上方为金属制空军鹰徽，造型自然，富于动感。

德国空军的军旗大体仿效德国陆军的旗帜体系，多采用方旗或长方旗，也有三角旗，后者多为车辆旗。德国空军的高级领导和将领均有专属旗帜，比如爱慕虚荣的戈林身兼航空部长、空军总司令等要职，贵为帝国元帅，享受使用一系列特殊旗帜的权力。此外，空军总参谋长、航空部国务秘书、航空部军备主任、空军元帅、航空队司令、航空军/师、联队的指挥官以及航空部门的领导人都有专门设计的旗帜表明级别和身份。

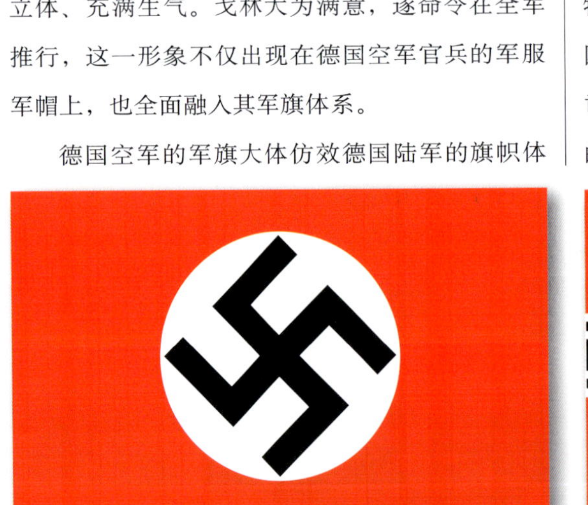

■ 第三帝国时期的德国国旗（1933～1945）

■ 第三帝国时期的德国空军军旗（1935 ～ 1945）

■ 帝国航空部长旗（1933 ~ 1935），于1933年5月5日启用，旗帜正面中央采用传统的德意志黑鹰，背面则以纳粹卐字为中心图案，旗帜两面都有“蓝色马克斯”—— 功勋勋章的图案，以显示戈林是这一至高荣誉的获得者，该旗帜另有一种变形版本。

■ 帝国航空部长兼空军总司令旗（1935 ~ 1938），于1935年底启用，正面中央为金色卐字，旗帜四角饰以金色空军鹰徽，背面中央为空军鹰徽，旗帜四角为卐字，并增加了功勋勋章图案，旗帜的金色镶边上有76个小型卐字。

■ 帝国航空部长兼空军总司令旗（1938 ~ 1945），1938年4月28日启用，由于戈林晋升元帅而在背面增加了一对交叉的权杖。

■ 帝国元帅旗（1940 ~ 1941），1940年7月19日戈林晋升帝国元帅后采用的私人旗帜，采用蓝色旗面，正面中央为金色卐字鹰徽和交叉的权杖，背面为大铁十字勋章图案，四角饰以空军鹰徽，旗帜边缘为月桂叶饰边，四角为铁十字图案。

■ 帝国元帅旗（1941 ~ 1945），1941年2月启用，正面的鹰徽改为收翅样式并增加了月桂花环，背面的大铁十字勋章图案尺寸缩小，并环绕以月桂叶，四角增加权杖图案，在很多场合下帝国元帅旗相当于空军总司令旗。

■ 空军元帅旗（1941 ~ 1945），1941年2月17日启用，正面中央为橡叶环绕的权杖，背面中央为金色空军鹰徽。

■ 航空部国务秘书旗（1937 ~ 1945），航空部国务秘书相当于航空部副部长，自1933年起由米尔希长期担任。

■ 航空部军备主任旗（1937 ~ 1944），该旗于1944年6月取消，在战争期间米尔希一直担任军备主任职务。

■ 空军总参谋长旗（1937 ~ 1940），于1937年9月1日启用，1940年7月13日停用，最后的使用者为耶顺内克大将。

■ 空军航空队司令旗（1937 ~ 1940），由担任航空队司令职务的高级将领使用。

■ 空军航空队司令旗（1940 ~ 1945）

■ 空军高级将官指挥旗（1937 ~ 1945），由担任航空军军长以上指挥职务的高级将领使用。

■ 空军将官指挥旗（1937 ~ 1945），由担任空军军区司令、航空师师长、海航部队指挥官等职务的将官使用。

■ 空军高级将官车辆旗

■ 国家社会主义飞行军团团旗

■ 空军将官车辆旗

■ 德意志航空运动协会会旗

■ 空军其他军官车辆旗

■ 空军战斗机部队战旗

■ 空军轰炸机部队战旗

■ 空军高炮部队战旗

德国空军的军衔和兵种 7

独具特点的军衔辨识与兵种区分体系

德国空军的军衔体系是以德国陆军的军衔体系为基础建立的，两者大体相仿，在军衔标志方面也有共同之处，均以肩章、领章、臂章辅以兵种色加以区分，但在细节上又有空军独有的特征。德国空军的军衔体系大体分为士兵、军士、尉官、校官、将官和元帅，但相比陆军增加了一级最高军衔——帝国元帅，专属于空军总司令戈林，共计7等25级。对于技术军官、行政军官及其他专业人员，德国空军也采用特殊军衔标志加以区别。

德国空军的领章为纵长横窄的平行四边形，以适应多为开襟设计的军服领口，这一点与配合立领军装的陆军领章有所差别。此外，陆军的领章在同一等级内样式较为统一，均为横置的权杖或矢车菊图案，仅在兵种色上有所差别，而空军的领章则增加了更具体的辨识功能，根据不同的等级领章图案也会有所变化。空军肩章的外观、样式与陆军肩章基本相同。空军将官以下的各级军衔标志都有兵种色的区分，而将官以上军衔标志统一采用白色作为兵种色。

士兵：德国空军的士兵军衔分为4级，由低到高分别为列兵、二等兵、一等兵和上等兵。在军衔标志上，所有士兵均佩戴领章和肩章，二等兵以上还配有V形臂章，列兵没有臂章。士兵领章底色及肩章的边缘采用不同的兵种色，通过领章上纵向排列的小型飞翼标志的数量和V形臂章上银线的数量来区分级别高低。上等兵的军衔名称及臂章在1944年进行了修改，V形臂章上采用两道银线和一颗四角星的形式。

军士：德国空军的军士军衔分为5级，由低到高分别为下士、中士、上士、军士长和参谋军士。军士也通过领章和肩章显示级别高低，但没有军衔臂章。军士的领章样式与士兵相同，但在军服衣领边缘增加一道银线以显示军士的身份。同样，军士的肩章边缘也饰以一道银线，其中下士肩章的底端银线不封口，其他军士则为银线封口。此外，上士以上的肩章上还配以不同数量的银色四角星加以区别。

军官：和德国陆军一样，德国空军军官的军衔也分为尉官、校官、将官和元帅，其中尉官和校官各分为少、中、上三级，而将官则有四级，分别为少将、中将、上将、大将，其中上将与德国陆军上将一样有兵种区分，如航空兵上将、高炮上将、伞兵上将、通信兵上将等。虽然从体系上说，德国空军的最高军衔是帝国元帅，但因为这一军衔的特殊性，空军元帅实际上是德国空军军官所

■ 一位德国空军军士长的肖像照，这幅照片显示了其领章和肩章的细节，领章底色和肩章镶边为黄色，表明他来自飞行部队。

二战德国空军的军衔标志

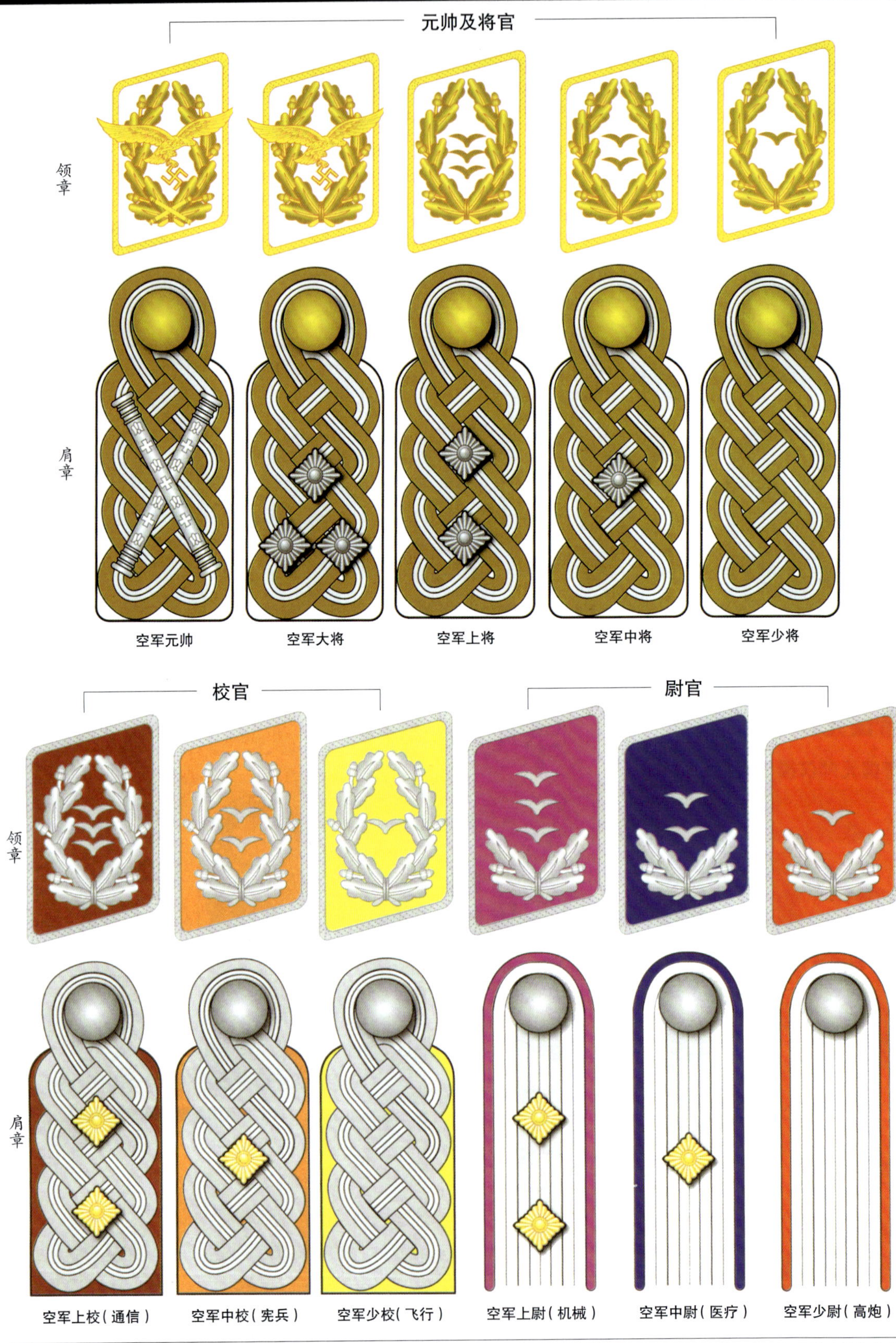

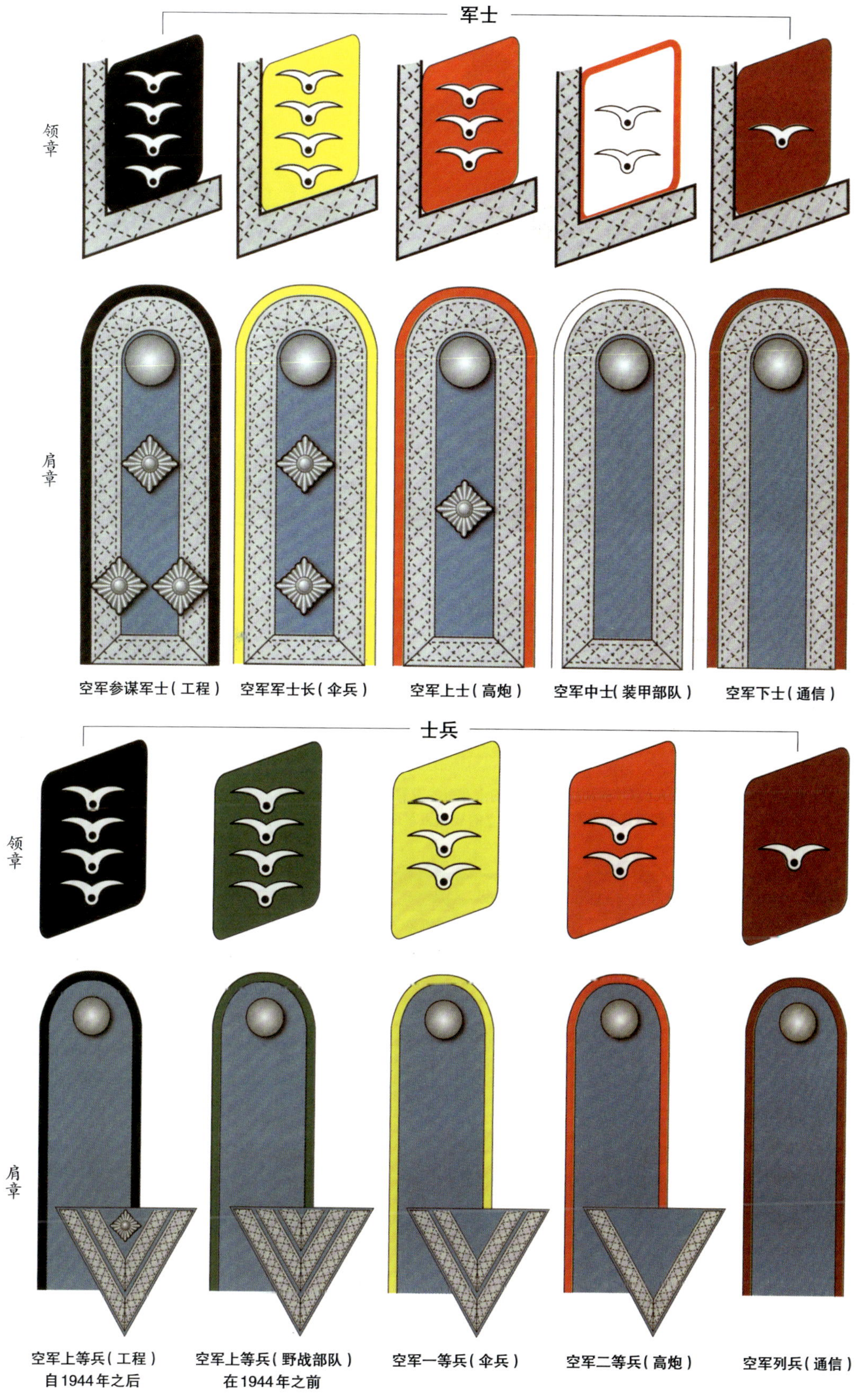

空军参谋军士（工程） 空军军士长（伞兵） 空军上士（高炮） 空军中士（装甲部队） 空军下士（通信）

空军上等兵（工程）自1944年之后 空军上等兵（野战部队）在1944年之前 空军一等兵（伞兵） 空军二等兵（高炮） 空军列兵（通信）

二战德国空军军衔列表

德国空军军衔	英国皇家空军对应军衔	中文名称
士兵		
Flieger*	Aircraftsman	空军列兵
Gefreiter	Senior Aircraftsman	空军二等兵
Obergefreiter	Senior Aircraftsman	空军一等兵
Hauptgefreiter	Leading Aircraftsman	空军上等兵
Stabsgefreiter	Leading Aircraftsman	空军上等兵
军士		
Unteroffizier	Corporal	空军下士
Unterfeldwebel	Sergeant	空军中士
Feldwebel	Flight Sergeant	空军上士
Oberfeldwebel	Warrant Officer 2nd Class	空军军士长
Stabsfeldwebel	Warrant Officer 1st Class	空军参谋军士
军官		
Leutnant	Pilot Officer	空军少尉
Oberleutnant	Flying Officer	空军中尉
Hauptmann	Flight Lieutenant	空军上尉
Major	Squadron Leader	空军少校
Oberstleutnant	Wing Commander	空军中校
Oberst	Group Captain	空军上校
Generalmajor	Air Commodore	空军少将
Generalleutnant	Air Vice Marshal	空军中将
General*	Air Marshal	空军上将
Generaloberst	Air Chief Marshal	空军大将
Generalfeldmarschall	Marshal of Royal Air Force	空军元帅
Reichsmarschall	——	帝国元帅

注1：空军列兵军衔的称呼根据兵种不同有所区别，如飞行部队称Flieger，高炮部队称Kanonier，伞兵部队称jäger等；
注2：空军上将军衔的称呼根据兵种不同有所区别，如航空兵上将称General der Flieger、伞兵上将称General der Fallschirmjäger。

能达到的最高军衔。

德国空军军官也佩戴领章和肩章，领章均为平行四边形，尉官、校官的领章以银线镶边，领章底色为兵种色，上面用银线绣以小型飞翼标志和橡叶图案，尉官领章上仅在飞翼标志下方饰以橡叶，而校官领章上则采用橡叶枝环绕飞翼的形式，其中小飞翼的数量多少决定了级别高低。将官、元帅领章的底色全部为白色，金线饰边，上将以下的领章图案与校官相同，但用金线绣成，而大将和元帅领章中央则是一个空军鹰徽，飞鹰的两翼甚至突出于领章边缘之外，元帅领章上橡叶花环的下端还增加了一对交叉的元帅权杖。德国空军军官肩章的基本样式和德国陆军军官肩章一样，尉官为银线直板肩章，校官为银线辫结肩章，而将官和元帅为金银线辫结肩章，通过上面金色（校尉官）和银色（将官）四角星的数量区分等级，而元帅肩章上则是一对交叉的权杖。

帝国元帅在整个德国武装力量的军衔体系中都是独一无二的，尽管其起源可以追溯到12世纪的神圣罗马帝国时期，但在1940年之前从未有一名德国军人获得此军衔。1940年7月19日，为了表彰西欧战役胜利的战功，希特勒为一批高级将领晋升元帅军衔，而对空军总司令戈林特别授予了唯一的帝国元帅军衔，在很大程度上是满足戈林个人的虚荣心和凸显他作为希特勒接班人的政治地位，很难被当作一项崇高的军事荣誉看待。帝国元帅的军衔标志是特别设计的，采用纯金线辫结大肩章，上面饰以金色的帝国鹰徽和交叉的元帅权杖，白色底面的四边形领章以金线镶边，中心图案为金色交叉权杖，周边饰以橡叶花环。

■ 帝国航空部长兼空军总司令赫尔曼·戈林独享第三帝国的最高军衔——帝国元帅，其军衔标志也是十分特殊，领章为白底金线镶边配金色交叉权杖，而肩章（左侧小图）为金色辫结饰以帝国鹰徽和交叉的元帅权杖。

特殊军衔标志：除了上述的常规军衔标志外，德国空军还采用一套简易的作战服军衔标志，用于飞行服、迷彩服等不便于佩戴常规军衔标志的特殊服装上，以臂章的形式佩戴于双臂外侧，但不能与常规军衔同时使用。士兵的作战服军衔与常规军衔臂章相同；军士的同类军衔由1～4个飞翼标志构成，其中参谋军士加缀一个四角星标志；军官的作战服军衔在飞翼基础上又增加了不同数量的横线，而上将以下将官的此类军衔为金色，大将和元帅的作战服臂章为椭圆形，上面是被橡叶枝环绕的空军鹰徽，元帅臂章上还增加了一对交叉权杖，帝国元帅没有作战服军衔标志。

值得一提的是，在德国空军中服役的专业技术人员也有自己的军衔标志，比如工程、导航、行政官员等，大多数此类人员都是军官或资深军士，他们的衔级也与普通军官或军士相对应，领章和肩章也与常规军衔相似，但技术军官的领章上以螺旋桨标志替换了小飞翼，以桨叶数量区别高低，而行政军官的领章上则变为不同数量的三角星，同时两者都有相应的作战服军衔，由螺旋桨或三角星配合横线组成，与常规作战服军衔相似。技术军官和行政军官的最高军衔为中将。

■ 空军作战服军衔标志实例图片：照片中飞行员的飞行服右上臂位置佩戴着空军上校的作战服军衔标志，这种标志也应用于迷彩服上，照片下方图片为作战服军衔标志（空军上尉）的实物。

■ 行政军官军衔标志实例图片：图中前排右侧这名空军官员的衔级为行政上尉，注意其领章的样式。

空军技术及行政军官常服领章

空军军官及军士的作战服臂章

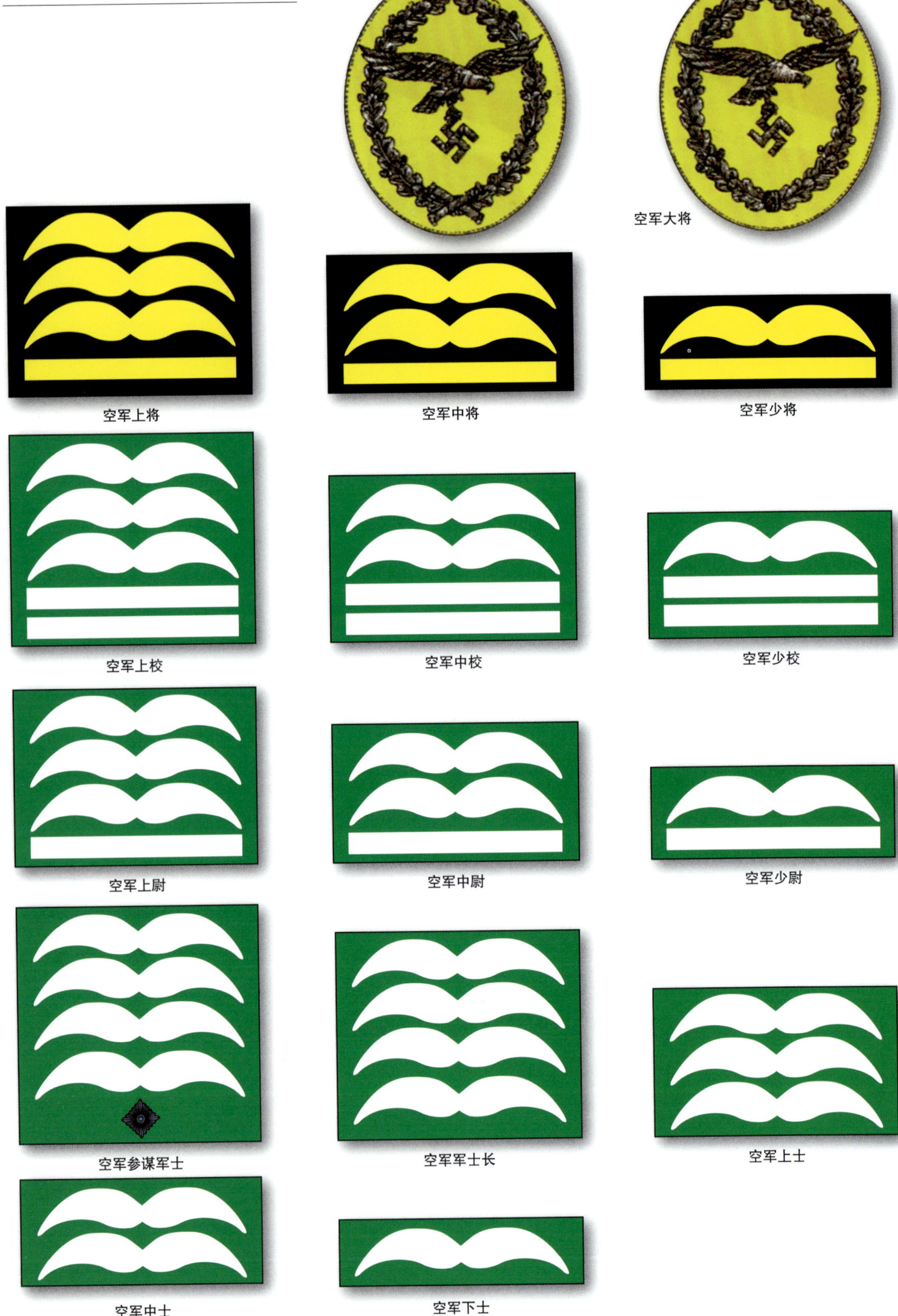

空军技术及行政军官作战服臂章

技术中将

技术上校

技术少尉

行政少将

行政中校

行政上尉

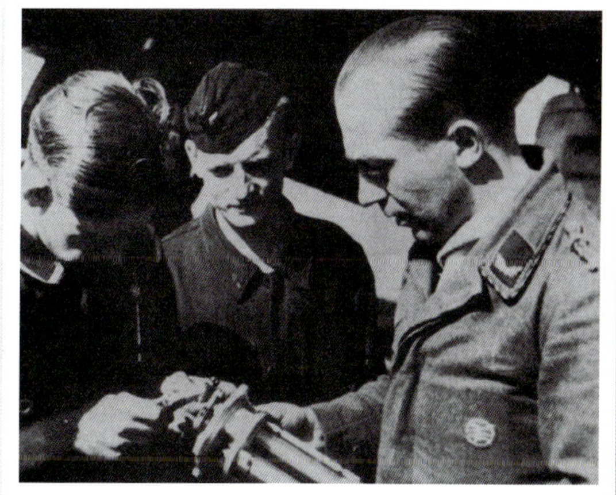
■ 技术军士军衔标志实例图片：照片右侧军士的衔级为技术下士。

兵种专业臂章：空军是一个高技术含量的军种，因此有很多技术兵种和专业勤务部门，德国空军也设立了一系列繁琐复杂的专业兵种臂章，作为不同业务的资质与身份证明。这些兵种臂章大多是圆形蓝灰色布章，但也有椭圆形或翼形的，上面用银灰色丝线绣以不同的图案，以表明兵种或专业技能门类，在那些业务娴熟的资深人员的臂章上还会增添一圈银灰色丝线镶边。专业兵种臂章佩戴在制服左下臂衣袖高于袖带的位置上，不过通常只有士兵和军士才佩戴，而军官不佩戴。

■ 一位空军一等兵在检查信号枪弹药，他的左臂佩戴有无线电操作员的专业兵种臂章。

德国空军的专业兵种臂章

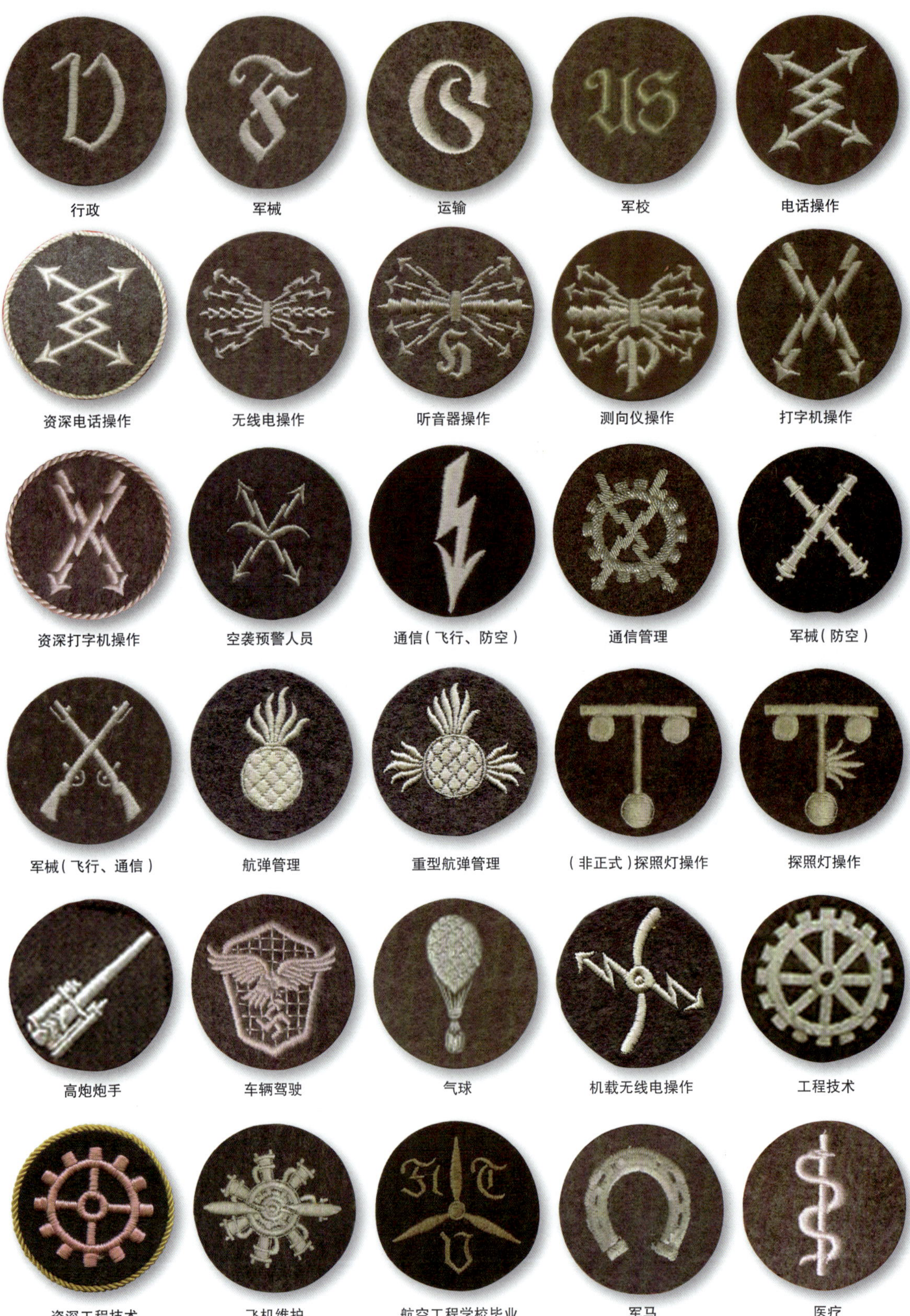

行政　军械　运输　军校　电话操作

资深电话操作　无线电操作　听音器操作　测向仪操作　打字机操作

资深打字机操作　空袭预警人员　通信（飞行、防空）　通信管理　军械（防空）

军械（飞行、通信）　航弹管理　重型航弹管理　（非正式）探照灯操作　探照灯操作

高炮炮手　车辆驾驶　气球　机载无线电操作　工程技术

资深工程技术　飞机维护　航空工程学校毕业　军马　医疗

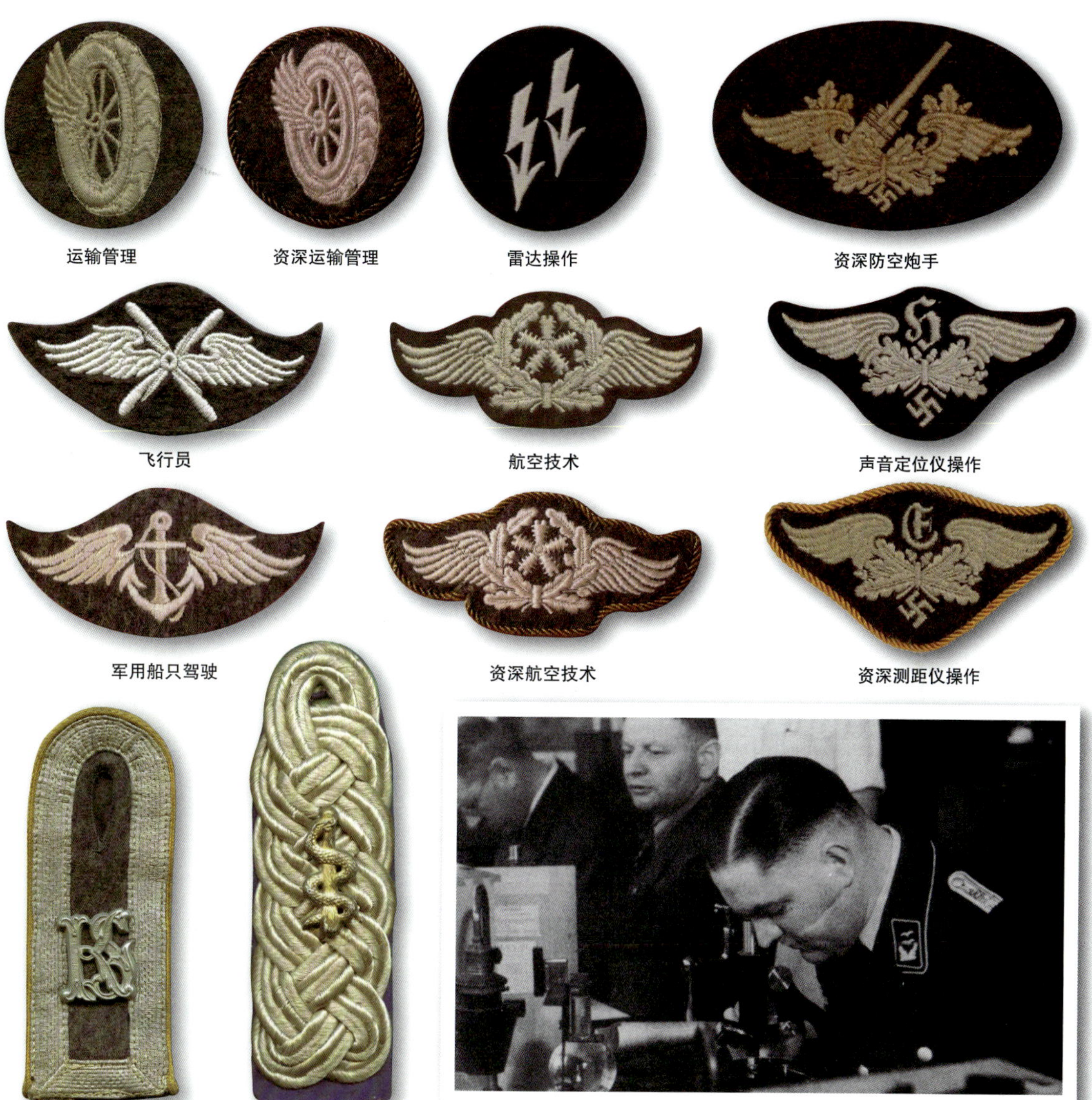

运输管理　资深运输管理　雷达操作　资深防空炮手

飞行员　航空技术　声音定位仪操作

军用船只驾驶　资深航空技术　资深测距仪操作

空战学校学员肩章标志　空军军医肩章标志

图中正在使用显微镜的空军中尉军医在肩章上佩戴有军医的专业金属标志。

二战德国空军兵种色列表

兵种色	兵种或部门名称
白色	将官、元帅★
金黄色	飞行部队、伞兵部队
橙黄色	宪兵部队
深红色	空军总参谋部
棕褐色	通信部队
红色	高炮部队
粉红色	航空机械
黑色	工程建设
深蓝色	医疗部队
浅蓝色	运输部队
浅绿色	雷达及导航部门
暗绿色	空军野战部队★

注1：含以“赫尔曼 · 戈林”命名的空军装甲部队。
注2：有资料称空军野战部队使用陆军的兵种色系统。

兵种色：与军衔标志相配合，德国空军还采用与陆军相似的兵种色系统进一步细化本军种的身份辨识体系。除了领章底色、肩章镶边或底衬使用兵种色外，士兵制服衣领镶边、军士大檐帽的顶缘和帽墙上缘以及船型帽镶边也使用不同的兵种色。德国空军共有12种兵种色（详见左表）。

肩章标志：在某些军士和军官的肩章上还会增添一些特殊的标志，以表明服役单位。这类肩章标志大多和各类训练学校或军法、行政、军乐、医疗等职能部门有关，通常为拉丁体字母，也有采用哥特体的，个别部门为特定的图案，比如军乐队就采用竖琴标志。初级军士的肩章标志为丝线绣成，而高级军士和军官的肩章标志则是金属制成。

德国空军的军服及配饰 8

采天之青为战衣 摘云之虹作戎甲

■ 1933年时在柏林参加集会的两位德意志航空运动协会官员，他们的制服样式与日后德国空军的制服非常相似。

德国人在军服设计上取得的成功不亚于他们在战争中获得的胜利，德式军装的美观在世界范围内都享有盛誉，而德国空军的制服在二战德军中尤其魅力独特，兼顾了美学上的观赏性和作战勤务的实用性，成为德国空军外在形象的重要组成部分。在战前及战争时期，德国空军为属下官兵配发了种类繁多的制服、作战服及相关配饰，十分复杂，受篇幅所限无法详细描述，这里仅选取其中最常见的服饰做简要介绍。

空军常服：空军制服的主色调不同于陆军的原野灰色和海军的深蓝色，而是以蓝灰色为主。德国空军常服源于之前德意志航空运动协会（DLV）的制服，该组织在德国空军公开前负责秘密训练飞行员。值得一提的是，航空协会制服在设计上极其接近英国皇家空军的制服样式。德国空军常服上装由一件蓝灰色四兜开襟外套、一件白色衬衫和一条黑领带搭配而成，外套正面配有四枚铝制或锌制麻面纽扣，有两个胸兜和两个下摆兜，均带有翻盖和纽扣，在右胸兜上方佩戴有银色或金色（将官）空军鹰徽。这款

■ 身穿全套制式常服的空军高炮部队上尉（正面及背面），开襟式制服上装搭配马裤，白色衬衫配黑色领带，头戴钢盔，手持佩剑，脚蹬长筒靴，是接受检阅的典型装束。

常服为官兵通用，但军官制服的鹰徽为手工刺绣，且衣领有银色（尉官、校官）或金色（将官）铝线镶边，士兵制服的鹰徽为机绣，衣领采用纱线制兵种色镶边。与常服外套搭配穿着的是蓝灰色直筒裤和黑色皮鞋或长筒靴，军官们也可以穿着蓝灰色马裤和黑色马靴。

■ 1941年8月，属于第1蓝色中队的西班牙飞行员向希特勒宣誓效忠，他们穿着后期版本的德军飞行夹克，有两个带翻盖的衣兜。

飞行夹克：1935年，德国空军采用了一款轻便的新式夹克上装，因为最初是配发给空勤人员而被称为“飞行夹克”。这是一款蓝灰色开襟单排扣夹克衫，采用暗扣设计，正面的四枚纽扣被前襟遮盖，加上最初版本没有任何衣兜，因此比常服显得简洁利落，从1940年起，后期的飞行夹克都增加了两个内置式下摆兜，个别版本还带有衣袋翻盖。飞行夹克的衣领可以竖起扣紧，袖口可以通过纽扣和布带调整松紧。军官版夹克的衣领有丝制镶边，士兵版夹克的衣领为兵种色镶边，而在后期版夹克上取消了衣领镶边。虽然飞行夹克最初是为飞行员设计的，但因为穿着方便、得体而极受欢迎，配发范围非常广泛，成为德国空军最普遍的常服之一。战争后期飞行夹克部分被作战服取代，但其生产和穿着一直持续到战争结束。

夏季常服：这款白色夏常服的样式与蓝灰色制式常服完全相同，但用轻质棉布面料制成，为了便于清洗，所有衣扣、标识都是可以拆卸的，并配有白色直筒裤或马裤，搭配以白色大檐帽。虽然配发了全套白色制服，但战时照片显示有人会把蓝灰色飞行夹克与白色夏装裤混搭，或者白色夏装上衣搭配蓝灰色裤子。

■ 上图左侧是飞行夹克与直筒裤、白色夏季军帽搭配的范例，这是一位参加过西班牙内战的空军少尉，右侧是身穿白色夏季常服的空军上尉，搭配蓝灰色马裤和黑色马靴。

■ 王牌飞行员特劳夫特上校身穿作战服的照片，作战服与旧款常服的最大区别是衣领可翻起扣紧，如图所示。

作战服：1938年11月，德国空军列装了一款作战服，作为新式常服，以取代先前的开襟常服和飞行夹克。作战服也是一件蓝灰色四兜外套，样式接近旧款常服，但它的衣领可以翻起扣紧。虽然作战服大量替换了旧款常服，但未能取代飞行夹克。

礼服：军官在正式场合穿着的礼服包括一条原野灰色长裤、一件白衬衫、一件蓝灰色马甲和一件蓝灰色晚礼服短夹克，搭配领结。这件夹克采用银色或金色衣领镶边、制式肩章和空军鹰徽，正面有两排各四枚装饰性纽扣，通过前襟的两枚纽扣和一条细金属链扣住。日常礼服夹克搭配一件蓝灰色马甲，后者有五枚纽扣，在较为重要的场合则搭配同款白色马甲。直筒裤裤线采用银色或金色铝线镶边，搭配穿着一双黑色皮鞋。

将官军便服：1935年采用，配发给高级将领的军便服为蓝灰色双排扣大翻领夹克，基于第二帝国时期的制服款式设计，正面有两排各三枚镀金铝纽扣，无胸兜，但有两个带外翻盖的下摆兜，右胸口处有金色空军鹰徽，衣领为金色镶边，翻领内衬、正面衣襟和袖口上的镶边采用兵种色（大多为白色，个别部门为兵种色，如空军工程部门的将官采用粉红色镶边），带有全套军衔标志。这款军便服与带有裤缝镶边的直筒裤搭配。

■ 空军将官晚礼服，为蓝灰色短夹克，搭配白色马甲和白色衬衫。

■ 戈林身穿蓝灰色将官军便服的照片，此款便服为双排扣大翻领设计，无胸兜，配有军衔标志，与带有裤缝镶边的直筒裤搭配穿着。

■ 这幅照片展示了德国空军几种不同的大衣样式，左侧的军官身穿一件橡胶防水大衣，中间的军官是一件标准版呢制军大衣，右侧的军官则是一件皮革制军大衣。

■ 空军热带制服实例，展示了1942年10月北非前线伞兵部队的着装，佩戴少尉军衔。这款制服采用黄褐色棉布裁剪。

■ 空军蓝灰色常服大衣的实物照片，采用大翻领双排扣设计，袖口为翻袖，带有上尉军衔标志。

大衣：德国空军的制式军大衣为双排扣蓝灰色羊毛大衣，正面有两排各五枚铝制麻面纽扣，衣领可以敞开，也可用纽扣扣紧。大衣背面有一条带两枚纽扣的半腰带可以调节腰围松紧度，自腰部以下还有一条长开褶，也可用六枚扣子扣紧。大衣下摆上有两个带外翻盖的内置衣兜。将官大衣采用金色纽扣，翻襟内衬采用白色或特殊兵种色。除了制式大衣外，皮大衣在德国空军军官当中也极为流行，通常用黑色或蓝灰色皮革制成，裁剪方式与制式大衣相同，私人定制的皮大衣还会根据客户要求增加毛皮衣领。

热带制服：1941年初，德国空军为在地中海及北非战场作战的部队配发一款轻便的黄褐色棉布夹克，作为热带制服使用，其裁剪方式与普通常服相似，单排扣四兜开领设计，四枚纽扣可以拆卸，胸口鹰徽有机绣版和金属别针版两种，前者用于士兵，后者多用于军官。这款热带制服搭配同样颜色的轻质棉布直筒裤，鞋子为矮腰靴或高帮鞋。

■ 一名 He 111 型轰炸机的机组成员在机首座舱内查看地图，他穿着一件皮革制飞行服，飞行帽也是皮制的。

飞行服：德国空军为空勤人员生产了多种款式的飞行服，主要有三种。第一种是夏季轻型飞行服，这是一款跨入式连体飞行服，由褐色轻质棉布制成，可以宽松舒适地套在蓝灰色制服外面，用一条从脖颈处向下延伸到左臂部的斜置拉链扣紧，大腿正面的裤腿上有大型口袋。与夏季飞行服配套的是一顶轻质亚麻布飞行帽，有两种版本，一种配有耳机和喉部麦克风，另一种是没有配备通信装置的版本，后者供无通讯设备的飞机的机组使用，例如滑翔机。这两种飞行帽都有固定氧气面罩的装置。此外还有一种更轻便的衍生版飞行帽，呈网罩结构，用于热带地区。

第二种是冬季重型陆用飞行服，其款式与夏季飞行服相似，但用厚重的带有羊毛衬里的蓝灰色布料制成，配有黑色羊毛衣领，斜置拉链固定，带有裤兜。与其搭配的飞行帽通常用棕色山羊皮配羊毛衬里制成，也存在有耳机和无耳机两种版本，可固定氧气面罩。第三种是冬季重型海用飞行服，供在海上飞行的空勤人员穿着，款式与陆用飞行服相同，但用棕色小牛皮制成。除了上述两种冬季飞行服外，德国空

■ 上图左侧是空军夏季轻型飞行服范例，采用连体服设计，双臂的作战服军衔标志为少尉。上图右侧是空军冬季重型飞行服范例，配有羊毛衬里和毛皮衣领，军衔标志为下士。

■ 空军飞行靴实物照片，由皮革制成，在靴筒上有拉链和松紧调节带。

■ 轰炸机飞行穿着救生衣及氧气面罩的范例照片，军衔为上士。

军还列装了一种电热保温服，可套在普通制服外面，飞行服里面，连接飞机上的蓄电池以获得电力，产生热量。与飞行服搭配的飞行靴由皮革制成，带有羊毛内衬，通过靴筒外侧的拉链和顶部的松紧调节带扣紧。

某些大型飞机（例如轰炸机）的机组成员在行动时还会佩戴钢盔，一般采用制式钢盔，有时会以后部护耳朝前的方式佩戴，二战后期开发出一种特殊的飞行钢盔，在两侧留有缺口，以容纳飞行帽上的耳机。

除了制式飞行服外，飞行员夹克也是非常流行的空勤服装，款式极多，有多种颜色，采用翻毛衣领或皮质衣领，大多用黑色、蓝灰色或棕色皮革制成，但也有用轻质奶白色布料制成的，大多配有正面拉链，衣袋也常用拉链封口。飞行员夹克上也会佩戴军衔标志，通常只有肩章和胸口鹰徽，但多数情况下会省略这些标志。

1943年德国空军还研发出一种两件式飞行套装，被称为“海峡”套装，用蓝灰色羊毛面料制成，包括一件带有松紧腰带、正面拉链和左胸兜的无袖短上衣以及一条外观独特的裤子，后者在裤筒正面有几个很大的口袋，右腿侧面还有存放手枪的武器袋，小腿内侧设有拉链，使裤腿能轻松地罩在飞行靴外面并扣紧。

■ 飞行员夹克多由深色皮革制成，但也有白色布制版本，如图所示。

■ 身穿“海峡”套装的德军战斗机飞行员，主要特征是无袖短上衣。

地面部队作战服：德国空军还拥有大量地面战斗部队，如伞兵部队、空军野战部队等，这些部队的官兵也配发有适合作战的特殊服装，比较重要的有以下几款：

为伞兵专门开发的伞兵作战服俗称“骨袋”，第一款伞兵服为跨入式连体服，穿在蓝灰色制服外，最初款式很简单，两条结实的长拉链从领口两侧延伸到裤筒底边，没有衣兜，但身体两侧下摆位置的拉链开口可以使伞兵将手伸入内侧制服的外套衣兜内。第二款伞兵服在正面有一条长拉链，并配有两个水平开口的下摆兜和两个斜开口的胸兜，均以拉链封口。第三款伞兵服已经不是跨入式连体设计，更像一件长大的罩衫，下摆可以通过纽扣收拢，形成两条裤筒。伞兵服右胸口处带有空军鹰徽，衣袖侧面的作战服军衔标志取代了常规的领章和肩章。这款伞兵服应用较广，有原野灰色或国防军碎片迷彩等版本。伞兵们还配发有特制的裤子，由原野灰羊毛面料裁剪而成，两侧及臀部均有带纽扣和翻盖的口袋，右裤腿膝部外侧设有收纳伞兵匕首的刀袋。

伞兵配发的伞兵靴有两款，第一款鞋带位于靴筒侧面，靴筒较高，橡胶靴底；第二款于1940年列装，接近于传统军靴，鞋带位于正面，靴筒较低，采用皮面皮底，靴底鞋钉与其他部队使用的长筒靴

■ 一名全副武装的伞兵一等兵，注意其伞兵服为迷彩样式。

■ 空军伞兵作战服范例，这款作战服为第三款，采用原野灰色布料制成，直接穿在蓝灰色制服外面，注意其下摆用扣子收紧，形成两条裤管。

■ 第一款空军伞兵靴的实物照片，注意其开口和鞋带位于靴筒侧面，靴底为橡胶材质，而第二款伞兵靴的设计更接近于普通军靴。

或矮腰靴相同。

迷彩野战夹克是专为空军野战师的成员生产的，是一款3/4身长的长夹克，用迷彩棉布制成，1942年列装，通过单排五枚纽扣扣紧，有两个带纽扣和翻盖的下摆衣袋，右胸口带有机绣空军鹰徽，无领章，可佩戴肩章，但多数情况下去除军衔标志。此外还有一款套头式迷彩作战服，罩在普通制服外，但配发数量极少。

1942年时，“赫尔曼 · 戈林”师曾得到少量党卫军迷彩服装备本师官兵，主要包括党卫军版迷彩作战服和迷彩盔罩，但次年被国防军版碎片迷彩服取代。党卫军迷彩服是一款有松紧袖口、腰带的套头罩衫，领口有细绳可系紧，装着时直接套在普通制服上，腰带、子弹盒等随身装备都佩戴在罩衫之外。迷彩盔罩的面料与作战服相同，通过钩子和金属弹簧夹固定在钢盔边缘上。

“赫尔曼 · 戈林”师的坦克兵们穿着的黑色装甲兵制服几乎与陆军同款制服完全相同，但右胸口采用空军鹰徽，衣领、领章、肩章的镶边为白色。该师装甲兵制服配有两种样式的领章，一为黑色底衬菱形领章配铝制髑髅徽标和白色镶边，一为空军版平行四边形白色领章，但用银色金属髑髅徽标取代小飞翼。髑髅徽标有时也会用别针直接固定在衣领上。空军装甲兵制服搭配一个皮质头盔，外罩一顶帽冠上带有空军鹰徽和三色帽章的黑色毛料贝雷帽。还有一款原野灰色装甲兵制服配发给坦克以外的其他装甲车辆的车组成员，其中部分还被染成原野蓝色以更清楚地表明为空军单位。战时照片显示，“赫尔曼 · 戈林”师还使用过黑色皮制装甲兵制服，无领章，金属髑髅徽标直接固定在衣领上。

空军野战师一等兵着装范例，身穿一件碎片迷彩野战夹克。

空军地面作战部队使用的M43式野战夹克与陆军同款夹克非常接近，单排扣设计，四个外置衣兜，领口可闭合，无领章，佩戴肩章，右胸口采用机绣空军鹰徽，通常用带有明显棕色阴影的原野灰色毛料制成。

几名“赫尔曼 · 戈林”装甲师的军官在交谈，他们身穿与陆军同款的黑色装甲兵制服，但佩戴空军军帽，右胸的鹰徽也是空军样式，兵种色镶边为白色。

帽装：德国空军中与常服搭配的军帽是一顶蓝灰色高冠大檐帽，配有黑色羊毛编织帽墙和亮黑色人造革真皮包缘帽檐，偶尔也会用柔软、易弯曲的纯皮帽檐。军官大檐帽的帽冠和帽墙上有银色或金色镶边，配以麻花状编织帽带，士兵大檐帽为兵种色镶边和皮革帽带。帽冠正面顶端为空军鹰徽，帽墙正面正中为空军特有的帽徽，主体是与陆军帽徽相似的由银色橡叶环绕的三色圆形帽章，但增加了一对飞翼。空军大檐帽也有用轻质白色棉布制作帽冠的夏季版本。

1935年，一款新型军便帽配发空军各部队，类似于陆军的野战便帽，以DVL版的飞行便帽为基础设计，使用蓝灰色毛料制作，折起压平时形似船形，也称船形帽。便帽正面配有空军鹰徽和三色帽章，军官便帽折起部分有银色或金色镶边。这款便帽还有供空军装甲兵和地勤机械师使用的黑色版，后者用轻质黑色棉布制成，且没有帽章。

1943年后，德国空军开始采用一款新型野战帽，仿自陆军山地部队的山地帽，两侧有可以向

■ 空军大檐帽也有白色夏装版，如图中这名空军少校所戴的军帽。

■ 空军军官大檐帽，配有麻花状编织帽带。

■ 空军士兵大檐帽，帽带为皮革制，帽冠和帽墙上有兵种色镶边。

■ 1935年后配发的空军船形军便帽，官兵皆可佩戴。

■ 1943年后配发的空军野战帽，款式源于陆军山地部队的野战帽。

空军特有的热带军帽“赫尔曼 · 迈尔”帽。

空军热带防晒帽为软木制宽檐头盔，外覆帆布盔罩，皮革帽带。

空军热带防晒帽佩戴实例图片，注意左侧士兵头盔侧面的盔徽。

下翻折的护耳，利于冬季保暖，平时通过纽扣固定于帽子正面，军官版带有银色或金色镶边，配有空军鹰徽和三色帽章。这款野战帽有原野蓝色、黑色和原野灰色等多种颜色。

军便帽和野战帽均有供热带地区使用的版本，使用黄褐色轻质棉布制成，但德国空军最独特的热带军帽是所谓的“赫尔曼 · 迈尔”帽，其基本设计与常服大檐帽相似，由黄褐色棉布制成，皮革或编织帽带，配有机绣空军鹰徽和三色帽章。空军部队还使用一种热带防晒帽，由软木宽檐头盔和帆布盔罩构成，盔罩采用黄褐色面料，也有蓝灰色和绿色版本。

钢盔：德国空军使用与陆海军相同的制式钢盔，但涂以蓝灰色，盔体左侧为空军鹰徽，右侧为三色盾形盔徽，在战争中上述标志均被取消。伞兵部队配发有专用的伞兵钢盔，盔体两侧及后部没有制式钢盔的护耳，内衬以螺栓固定，帽带更为结实耐用。

空军的 M35 钢盔，通常为蓝灰色，钢盔左侧有空军鹰徽。

空军伞兵部队特有的伞兵钢盔，没有制式钢盔的护耳结构。

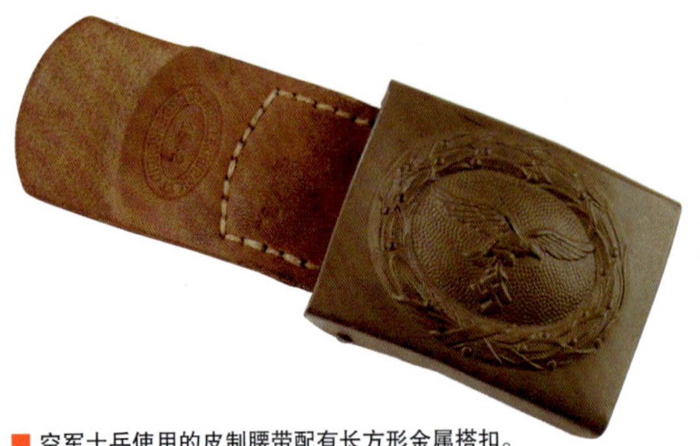

■ 空军士兵使用的皮制腰带配有长方形金属搭扣。

■ 空军军官礼服编织腰带，配用圆形金属搭扣。

腰带：德国空军士兵使用一款搭配长方形金属搭扣的皮革腰带，搭扣正面有椭圆形月桂花环和空军鹰徽图案。腰带最初为棕色皮革制，后改为与陆军相同的黑色皮革，腰带搭扣多为银色，也有暗蓝灰色的。在热带则使用编织帆布腰带和暗橄榄色的搭扣。在日常工作中德国空军军官多使用一款棕色双排孔皮质宽腰带，搭扣为矩形框架结构，但在正式场合佩戴一条带有黑红色带的银色编织礼服腰带，搭扣为圆形，图案与士兵腰带搭扣相同，上面的空军鹰徽为独立部件，通过铆钉或卡榫固定在搭扣上，校尉级军官是银色搭扣配金色鹰徽，而将官是金色搭扣配银色鹰徽。

随身武器：德国空军士兵的制式随身武器是刺刀，款式与陆海军使用的刺刀相同，蓝钢刀刃，黑色橡胶或棕色木制刀柄，配蓝钢刀鞘，在正式场合还要悬挂一条装饰性丝制绳结，不同颜色的绳结可以表明佩戴者的所属单位，也有人自费购买一款阅兵刺刀，材质更加考究，装饰也更加华丽。

德国空军官兵还可以佩戴一柄空军短剑，有两种款式，第一种被称作飞行短剑，1934年列装，双面开刃的刀身较长，木制刀柄包裹以蓝色皮革，用银色双绞线装饰，刀柄尾部为带有金色卐字徽的银色圆盘，护手上也有带卐字徽的方形银色底托，并向两侧延伸成飞翼造型。刀鞘外覆蓝色皮革，以朴素的圆环链吊挂在刀鞘挂件上。第二种短剑于1937年10月使用，刀身较短且窄，白色合金制螺旋刀柄，尾端装饰有橡叶和金色浮雕卐字徽，护手上有一个非常细致的变形空军鹰徽，刀鞘也为合金制，并有装饰花纹。采用铝线编织挂带。最初，刀装上的金属部件无论官兵都为银色，从1942年起将官短剑刀装部件改为金色。军官和高级军士的短剑还有一条23厘米长的银色剑穗。

■ 一名佩戴1934年款空军短剑的空军上等兵，用金属链挂在腰间。

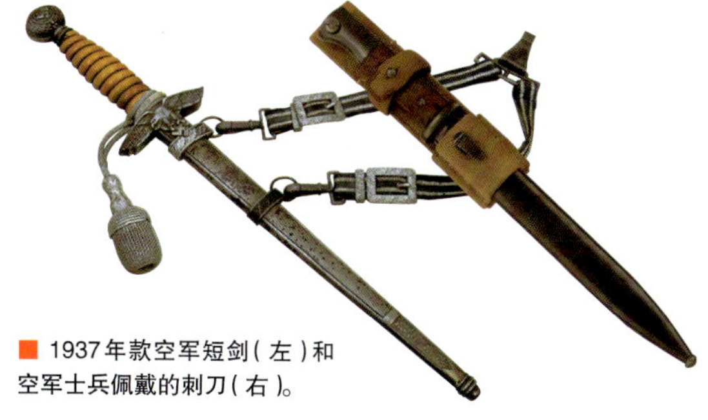

■ 1937年款空军短剑（左）和空军士兵佩戴的刺刀（右）。

上述两款短剑均有更为精致的私人定制版本。

从1944年12月24日起，所有短剑都被禁止佩戴，只有手枪可以被作为随身武器。

空军佩剑：德国空军军官和军士还配发一柄长剑作为佩剑。于1934年列装的佩剑与第一种飞行短剑的样式相似，但剑鞘两端银色包铜，一直使用到1944年底。将官佩剑要比中下级军官及军士佩剑精致得多，第一款将官佩剑于1935年启用，为宫廷轻剑样式，剑刃较长，笔直狭窄，球形柄首，D形护柄及贝壳形护手，有叶片状装饰图案，刀柄以银丝缠绕，镶嵌一个小型空军鹰徽，黑色皮革包裹的剑鞘两端金色包铜。1937年启用的第二款将官佩剑更为引人注目，同为宫廷轻剑样式，但刀柄采用赛璐珞材料制成，上有搭配绞合缠线的螺旋槽，贝壳形护手尺寸更大。

■ 1937年款空军将官佩剑的剑柄细节图片，其样式和制作工艺比普通佩剑要精细华贵很多。

■ 1934年款空军佩剑及其剑鞘，其形制与1934年款空军短剑相似，造型简洁。

■ 一位空军上士的结婚照，新郎腰间携带一柄1934年款空军佩剑，这种佩剑通常在正式场合佩戴使用。

■ 戈林向汉莎航空公司的雇员授勋，在其腰间佩戴一柄1937年款的将官佩剑，作为一种礼仪武器，在正式场合将官多佩戴此剑。

9 德国空军的荣誉奖励

资质的证明、荣誉的象征 种类繁多的勋奖体系

军人胸前五彩斑斓的勋表、光彩夺目的勋章、奖章是战功和资历的最佳证明，是军人荣誉感的直观表现。德意志军队历来重视对功绩的表彰，在二战期间更是设立了各种名目的勋奖章授予有功人员，激励士气，其中不仅有面向全军颁发的奖励，各军种还有各自的特殊奖励。下面就简要介绍一下二战德国空军的勋奖章和特殊奖励。

三军通行奖励：早在二战爆发前，德国空军就有过一次大规模的授奖活动。1939年4月，为了表彰“秃鹰军团”在西班牙内战中的战功，希特勒下令设立一系列勋奖章授予参战人员，其中最重要的是西班牙十字勋章，分为金、银、铜三个级别，但金质勋章还有更高级别的镶钻版，是授予军团成员的最高荣誉。由于“秃鹰军团”的主体是空军人员，因此德国空军也成为获得西班牙十字勋章最多的军种，最高级别的钻石金质佩剑勋章仅颁发了28枚，其中18枚授予空军，获奖者均为“秃鹰军团”的王牌飞行员和指挥官。

二战爆发后，随着战事进展，种类繁多的勋奖章被大量颁发给德国武装部队三军中的有功官兵，其中最具代表性的当属著名的铁十字勋章系列，特别是高级别的骑士十字勋章更被视为无上的荣誉。在战争期间德军中共有7316人获得骑士十字勋章，其中空军人员1785人，数量上仅次于德国陆军。由骑士十字勋章又衍生出的橡叶饰、双剑饰、钻石饰等更高级别的勋章，在赢得这类高级荣誉方面，德国空军的表现尤其抢眼，第一枚双剑饰、第一枚钻石饰的获得者均来自空军，

■ 上图是1939年6月凯旋归国的秃鹰军团成员，大多佩戴着西班牙十字勋章，左图为钻石金质佩剑西班牙十字勋章。

■ 上图是德国最高军事荣誉获得者汉斯·鲁德尔（左）及其机组成员，右图为钻石双剑橡叶骑士十字勋章。

■ 希特勒向数名德国空军王牌飞行员颁发骑士十字勋章，其中包括头号王牌哈特曼（左二）和头号夜战王牌施瑙费尔（左三）。

■ 纳尔维克盾章及其实例图片（右图）：一位曾参加纳尔维克战役的伞兵下士。

■ 迭米扬斯克盾章（左）和霍尔姆盾章（右），德国空军在这两场战役中均承担了空运补给和空中火力支援的重任。

在颁发数量仅有27枚的钻石双剑橡叶骑士十字勋章中，空军占据了12枚，居三军之首，其中9人是来自战斗机部队的超级王牌，而最高级别的金质钻石双剑橡叶骑士十字勋章仅仅授予了一个人，那就是德国空军斯图卡传奇王牌鲁德尔。至于其他诸如德意志十字奖章、战功十字勋章等通行奖励，德国空军也是成绩斐然。

在战争期间，德军还设立了几款战役盾章用于表彰在某些战役行动中表现优异的官兵，包括纳尔维克、霍尔姆、迭米扬斯克、克里米亚和库班五种，每一种战役盾章都有空军人员获得，其中与空军关系较为密切的是纳尔维克盾章和迭米扬斯克盾章，这两枚盾章在外观设计上都采用了飞机或螺旋桨的形象。在这两场战斗中，空军积极实施支援，包括投送伞兵和空运补给，为战役胜利做出了突出贡献。另外，库班盾章也凝聚了空军官兵的鲜血，在这一地区的艰苦防御战中，德国空军曾与苏联空军展开激烈战斗。

空军特别奖励：除了上述三军通行奖励外，德国空军还拥有属于本军种的特殊奖励，主要有两大类，一类是资质徽章，以官兵取得某兵种或专业的合格资质为标准，另一类是作战勋章，直接与官兵作战表现和任务执行情况挂钩，此外还有荣誉银杯、荣誉银盘、荣誉袖带等正式或非正式的奖励。

资质徽章：从1933年开始，德国空军陆续设立了9种资质徽章。

空勤成员徽章：第一种资质徽章是空勤成员徽章，其设立时间甚至比德国空军正式成立还早，1933年开始颁发，授予在1935年4月1日以前在德意志航空运动协会中服务的飞行员及机组成员，该组织实际上是德国空军的前身。空勤成员徽章的主体是一个水平椭圆形花环承托一只爪握卐字徽的展翅雄鹰，花环的右半部分为月桂枝，左半部分为橡叶枝，这一特点也被后来的部分资质徽章所继承。空勤成员徽章在1935年后被新的飞行员／观察员徽章所取代。

■ 德国空军最早的资质徽章：空勤成员徽章，1933年颁发。

■ 飞行员 / 观察员徽章　■ 镶钻版飞行员 / 观察员徽章

飞行员 / 观察员徽章还有一种非常珍贵的镶钻版本，设立于1935年夏，是德国空军最高级别的非战斗徽章，在徽章中央的雄鹰和卐字徽上镶嵌了多达104枚小钻石，璀璨耀眼。作为一种崇高荣誉，钻石飞行员 / 观察员徽章只颁发了大约40枚，获得者大多是德国空军的高级将领或超级王牌，比如戈林、米尔希、哈特曼、鲁德尔等，也有部分徽章颁发给外国元首或其他军种的杰出人物，比如墨索里尼、佛朗哥、邓尼茨、斯科尔兹内等，而最特别的获得者是德国著名女飞行员汉娜 · 莱契（Hanna Reitsch）。

■ 同时佩戴飞行员 / 观察员徽章以及飞行员徽章的实例照片，这是一位来自 KG100联队的上士，他还获得了骑士十字勋章。

飞行员 / 观察员徽章：1935年1月，戈林提出设立一种新的资质徽章以代替空勤成员徽章，两个月后在官方文件中正式确认了这一徽章的设立，即飞行员 / 观察员徽章。这一徽章的主体仍然是月桂 / 橡叶花环衬托卐字鹰徽，但花环为垂直椭圆形，徽章中央的鹰徽为银色，而花环为金色。正如徽章名称所示，只有在一年内同时拥有飞行员和观察员资格的空军人员才能佩戴这枚徽章。

飞行员徽章：1936年3月设立，授予德国空军中获得军用飞机驾驶执照的飞行员，外形与先前的飞行员 / 观察员徽章完全相同，但花环为银色，中央鹰徽经过特殊处理，呈暗银色。这项徽章的颁发标准非常严格，只有拿到军用飞行执照才能获得，比如一位来自俯冲轰炸机部队的骑士十字勋章获得者威廉 · 约斯维格（Wilhelm Joswig）自1939年就以民用飞行执照驾驶军用飞机，直到1943年得到军用执照后才得到属于自己的飞行员徽章。

观察员徽章：1936年3月设立，授予德国空军中获得空中观察员资格的机组成员，包括观察员、领航员和轰炸瞄准手，他们必须在指定岗位上服

■ 飞行员徽章　■ 观察员徽章

役两个月或进行五次战斗飞行。观察员徽章在外观设计上与飞行员徽章相似，银色月桂／橡叶花环配以暗银色的卐字鹰徽，只是雄鹰的形象与飞行员徽章有所差异，双翅略微弯曲，鹰首向前。

无线电操作员／航空炮手徽章：1936年3月设立，授予德国空军所有机组成员中的无线电操作员、机枪手、炮手等，相关人员必须完成两个月的专业训练或参加了至少五次战斗飞行，如果在某次飞行任务中受伤可以直接获此徽章。无线电操作员／航空炮手徽章的主体也是花环加鹰徽，但略有变化，卐字徽位于花环底端，而中央的雄鹰鹰首向左，双翅展开，鹰爪中握着一束闪电。

航空炮手／航空机械师徽章：1942年6月设立，其颁发对象除了机枪手、炮手外，还包括伴随飞行的机械师和气象员，获得标准也是完成两个月的专业训练或五次战斗飞行。这枚徽章的外观几乎与无线电操作员／航空炮手徽章相同，但取消了鹰爪中的闪电。航空炮手／航空机械师徽章还有一种特殊类型，1944年4月设立，授予那些没有获得航空炮手资格，但至少参加了十次战斗飞行的机组成员，在外观上唯一的变化是花环和雄鹰的颜色对调，即花环为暗银色，而雄鹰为银色。

滑翔机驾驶员徽章：1940年12月设立，授予德国空军中完成相关训练，取得军用滑翔机驾驶

无线电操作员/航空炮手徽章佩戴实例，这位下士隶属于轰炸机部队。

一位来自滑翔机部队的下士，左胸下方佩戴着滑翔机驾驶员徽章。

滑翔机驾驶员徽章

无线电操作员/航空炮手徽章

航空炮手/航空机械师徽章

非正式航空炮手/航空机械师徽章

执照的飞行员，不过实际颁发的范围要更大，除驾驶员外，滑翔机部队的管理人员、机械师以及其他辅助人员都可以获得。滑翔机驾驶员徽章也以垂直椭圆形花环为外框，雄鹰为中心图案，但是银色花环左右均为橡叶，底端带有卐字徽，中央是一只双翅平展呈滑翔状的雄鹰，鹰首向右，为暗银色。

■ 上图是飞行纪念徽章的实物照片，左图是佩戴实例，这位获得飞行纪念徽章的空军军士长是一名秃鹰军团的老兵，右胸下方的西班牙十字勋章说明了这一点。

伞兵徽章：1936年11月设立，授予德国空军伞兵部队官兵，他们必须成功完成六次跳伞和其他相关测试，才能佩戴此章，以证明自己是合格的伞兵。1944年5月，伞兵徽章的颁发范围和条件有所调整，伞兵部队中的医务、行政和军法人员在完成一次战斗跳伞后也能获得佩戴伞兵徽章的资格。这款徽章的设计风格有别于之前大部分资质徽章，月桂／橡叶花环被处理为暗银色，而中央的卐字鹰徽为金色。伞兵徽章上的雄鹰是所有空军资质徽章中最具动态和威慑力的，双翅收拢后掠，向左下方做俯冲状，鹰爪下握有卐字徽。

飞行纪念徽章：1936年3月设立，授予在德国空军中服役至少15年或在一战时期服役4年的退役空勤人员，如果在服役期间因公负伤或在战斗中负伤，上述年限条件可以缩短，如果阵亡则授予其家属，退役伞兵也有资格获得此章。飞行纪念徽章的主体是一只立于岩石上休息的雄鹰，两翼收拢，鹰首向左平视前方，安静又不失威严，周边饰以橡叶花环，底端有卐字徽。和其他资质徽章一样，花环为银色，雄鹰为暗银色。

■ 上图是伞兵徽章的实物照片，右图是佩戴实例，这位二等兵仅在左胸下方佩戴一枚伞兵徽章而无其他勋奖章，这说明他很可能是刚从伞兵学校毕业的新兵。

作战勋章：资质徽章很大程度上与职业技能或训练成果有关，带有非战斗奖励的性质，而作战勋章是对战斗功绩的直接奖励，德国空军特有的作战勋章主要有6种。

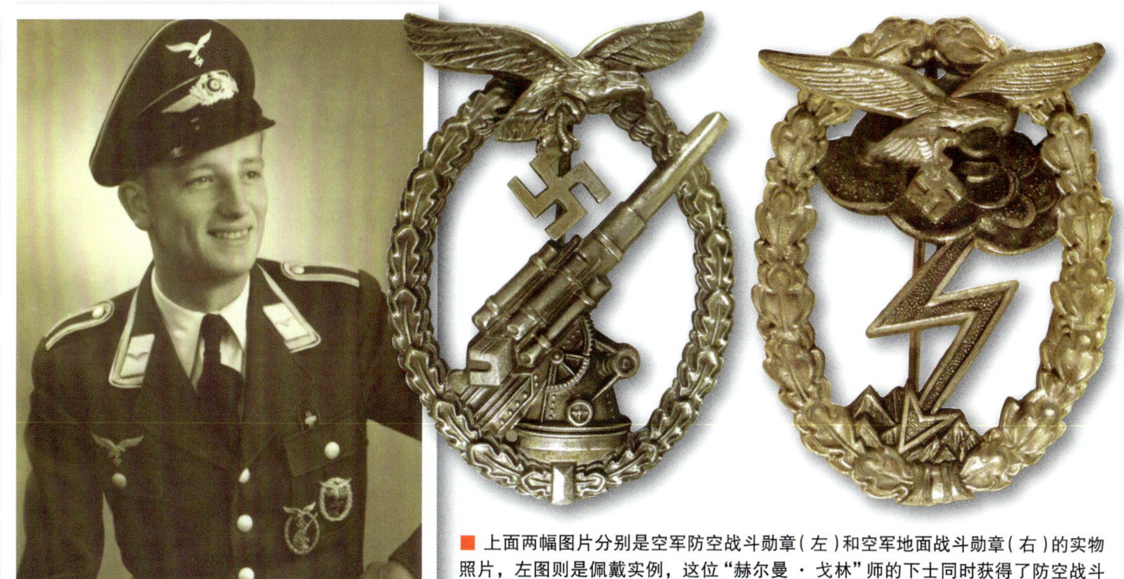

上面两幅图片分别是空军防空战斗勋章（左）和空军地面战斗勋章（右）的实物照片，左图则是佩戴实例，这位“赫尔曼·戈林”师的下士同时获得了防空战斗勋章和地面战斗勋章，这表明他与空中和地上的敌人都进行过较量。

空军防空战斗勋章：1941年1月设立，颁发给德国空军防空部队中的有功官兵，其颁发标准以德国空军的战果点数计算法为基础，一个高射炮炮组独立击落一架敌机可获4点，合作击落可获得2点，探照灯和对空听音机操作人员首先发现目标一次就可记为1点，如果一个防空单位在战斗中累计获得16点战果，其成员就有资格获得防空战斗勋章。上述标准也有某些调整，如果参加五次防空战斗但未能击落敌机，或在三次战斗中取得一架击落战果，或在某次战斗中有突出表现，都可以获得。此外，在空军地面战斗勋章设立前，那些参与三次地面战斗，使用防空武器攻击敌军坦克、碉堡或舰船的炮组成员也可得到防空战斗勋章。在地面战斗勋章设立后，这款勋章仅针对防空作战。防空战斗勋章整体呈银灰色，主体图案为一门炮管高高仰起的88毫米高射炮，周围饰以椭圆形橡叶花环，在勋章顶端有一个空军鹰徽。

空军地面战斗勋章：在战争期间，德国空军组建了规模庞大的地面野战部队，戈林认为有必要设立一款新勋章以奖励在地面战斗中表现出色的空军人员，于是空军地面战斗勋章在1942年3月成为空军勋奖体系的新成员。这款勋章授予那些至少亲自参加了三次地面战斗或相关支援行动的空军官兵，如果在战斗中阵亡则自动获得，空军突击炮部队和伞兵部队的成员在满足上述条件时也可获得。在此之前获得过陆军版步兵突击章、普通突击章和装甲突击章的空军人员都应更换为空军地面战斗勋章。

空军作战勋章的佩戴位置与资质徽章一样，正如图中这位高炮部队的一等兵将地面战斗勋章佩戴于左胸下方。

■ 上图是50次空军地面战斗勋章的实物照片，右图是一位久经战阵的伞兵上士，获得了地面战斗勋章和金质战伤勋章以及两枚独力击毁坦克臂章。

空军地面战斗勋章的主体图案为一道从乌云中射向地面的闪电，周围饰以椭圆形橡叶花环，勋章顶端是一个空军鹰徽，其中花环和鹰徽均为银色，而乌云和闪电处理为暗银色。在地面战斗勋章设立后，空军当局发现野战部队的作战强度远远超出颁发标准，于是在1944年11月又设立四级更高的地面战斗勋章，授予参与25次、50次、75次和100次地面战斗的空军官兵，并在勋章底部增加一个方形铭牌，上面注明参战次数。

空军装甲战斗勋章：1944年11月设立，授予空军下属的装甲部队或装甲掷弹兵部队中参与一线战斗的人员，授予标准是必须在不同的日期参与至少三次地面战斗。空军装甲战斗勋章的外观设计与陆军的装甲突击章相似，椭圆形的橡叶花环包围着一辆开进的坦克，但勋章顶部采用空军鹰徽。这款勋章最初有两个版本，颁发给装甲部队的勋章为银色花环、暗银色鹰徽和黑色坦克，而颁发给装甲掷弹兵部队的版本花环为黑色的。与地面战斗勋章的情况相同，空军装甲战斗勋章也发展出更高的级别，授予参加25次、50次、75次和100次战斗的装甲兵、装甲掷弹兵，同样也在勋章下方增加表明作战次数的小铭牌。

空军海上战斗勋章：1944年11月设立，授予在搜救汽艇、供应船和其他水面舰船上服役的空军官兵，由于德国海军没有独立的航空兵部队，海军中所有与航空有关的人员均来自空军。这款勋章的授予以官兵在海上执勤的天数为标准，通常至少出海10个小时才能算作一天，根据服役舰船类型和作战海域的不同，有10天、20天、60天三个标准，但它不能被当作一款海军勋章，也不

■ 空军装甲战斗勋章

■ 50次空军装甲战斗勋章

■ 空军海上战斗勋章

能被授予空勤人员。空军海上战斗勋章的中心图案是一艘在波涛中摇摆前行的船只正面形象，高耸的桅杆向右倾斜，勋章上方为空军鹰徽，周围饰以橡叶花环。也许是与海上战斗有关，这款勋章在设计上吸取了海军勋章的风格，花环为金色，而鹰徽和船只为银色。

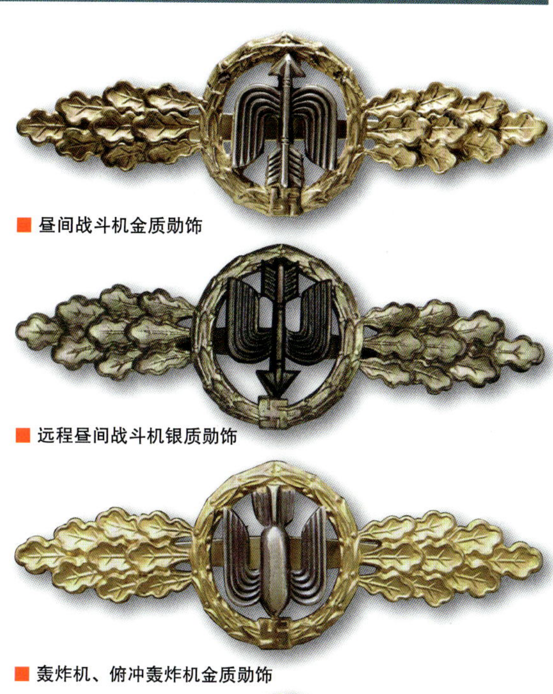

■ 昼间战斗机金质勋饰

■ 远程昼间战斗机银质勋饰

■ 轰炸机、俯冲轰炸机金质勋饰

■ 侦察机金质勋饰

空军战斗飞行勋饰：1941年1月设立的一系列战斗飞行勋饰是德国空军最具特色的勋章，是针对一线航空部队而设立的特别任务奖励。飞行勋饰颁授范围涵盖德国空军所有作战机种的勤务人员，包括飞行员、领航员、观察员、轰炸瞄准手、无线电操作员、枪炮手、机械师等等，除了空勤人员外，与航空任务直接相关的机械维护、导航、气象等部门的人员在满足一定条件后也可以获得飞行勋饰。空军飞行勋饰最初分为三个等级，以完成作战任务的次数为颁授标准。铜质勋饰需完成20次任务，银质勋饰需完成60次任务，金质勋饰需完成110次任务，不同机种的任务标准会有所差异，通常来说必须深入敌方战线30公里以上或与敌机遭遇才算是一次作战任务。

■ JG5联队的头号王牌海因里希·埃勒上尉，拥有208架战果，并获得了金质昼间战斗机勋饰和骑士十字勋章。

空军战斗飞行勋饰的外观设计与陆军的近战勋饰相似，中间是一个圆形的月桂花环，底部有一个卐字徽，由花环向左右延伸出一对各由9片橡叶组成的飞翼，飞翼和花环的颜色根据等级的不同分别呈金色、银色和铜色，而勋饰花环中央的图案为黑色，其形象根据颁授对象所属的部队类型而有所变化。飞行勋饰最初设有三种，分别为战斗机、轰炸机和侦察机，后来细分为八种，其勋饰中央图案各具特点，具体如下。

昼间战斗机部队：向上的带翼利箭；

远程昼间战斗机部队：向下的带翼利箭；

轰炸机及俯冲轰炸机部队：向下的带翼航弹；

侦察机部队及海空搜救、气象部门：面向左侧的鹰首；

运输机、滑翔机部队：小型空军鹰徽；

近程夜间战斗机部队：向上的带翼利箭，但花环颜色为黑色；

远程夜间战斗机部队：向下的带翼利箭，但花环颜色为黑色；

对地攻击机部队：一对交叉的利剑。

随着战事日趋激烈，德国空军一线战斗部队的出击频率不断增加，即使金质飞行勋饰的标准也不难达到，于是在1942年6月又在此基础上增设了垂饰，作为完成更多任务的标志。这个垂饰吊挂于金质勋饰下方，其主体是一个旭日状金星，两侧伸出各由三片月桂叶组成的飞翼。授予垂饰的标准依据机种类型有所不同：战斗机和运输机部队为500次任务，俯冲轰炸机、远程战斗机和对地攻击机为400次任务，轰炸机、海空搜救及气象飞行部门为300次任务，侦察机和夜间战斗机为250次。然而，至战争后期前线部队中完成上百次乃至上千次任务的飞行员不在少数，垂饰也很难

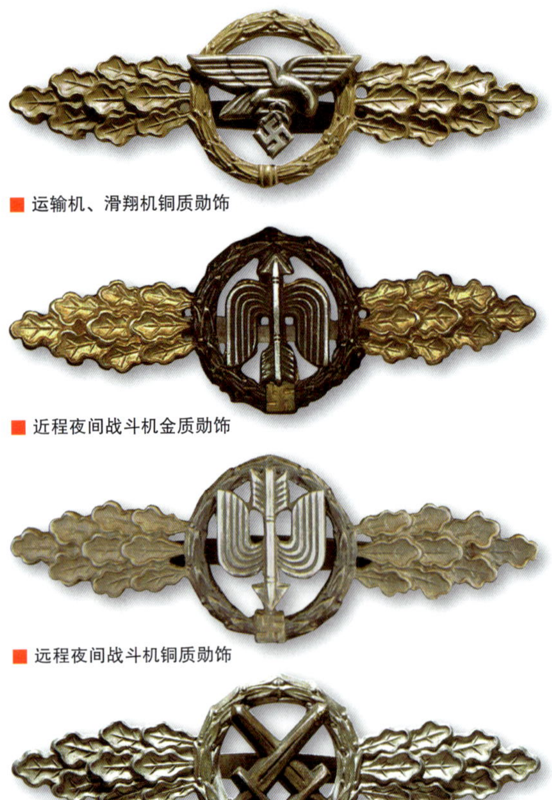

■ 运输机、滑翔机铜质勋饰

■ 近程夜间战斗机金质勋饰

■ 远程夜间战斗机铜质勋饰

■ 对地攻击机银质勋饰

■ 带有金星垂饰的战斗机金质勋饰

■ 带有1200次出击垂饰的轰炸机金质勋饰

■ 带有1800次出击垂饰的运输机金质勋饰

■ 轰炸机铜质勋饰佩戴实例：一位获得骑士十字勋章的上尉。

展现他们的成绩，于是德国空军在1944年4月将星状垂饰修改为一块两端带月桂束的长方形铭牌，上面以100为单位注明完成任务的次数，可不断累加。在所有战斗飞行勋饰中，以“坦克杀手”鲁德尔上校获得的对地攻击机勋饰最为特殊，独一无二，它由纯金和钻石打造而成，下方的垂饰铭牌中用细小的钻石拼成2000的数字，代表鲁德尔完成了2000次以上的作战任务，这也是所有垂饰中最高的任务纪录。

空军近战勋饰：1944年11月设立，也是德国空军设立的最后一种作战勋章，授予在地面与敌军展开近距离作战的空军人员，根据在前线参加近战的作战天数分为三个等级：铜质勋饰为15天，银质勋饰为30天，金质勋饰为50天。空军近战勋饰的外观延续了飞行勋饰的设计，均为月桂花环加橡叶飞翼，但中央图案有所差异，上方为小型空军鹰徽，下方为交叉的手榴弹与刺刀，而且所有等级的勋饰中央图案均为暗银色。

■ 堪称“斯图卡之王”的鲁德尔少校除了获得最高级别的金质钻石双剑橡叶骑士十字勋章外，还拥有一枚特别的镶钻版金质勋饰。

■ 鲁德尔独有的钻石金质勋饰及2000次出击钻石垂饰

■ 银质空军近战勋饰

■ 金质空军近战勋饰

■ 由于空军近战勋饰设立较晚，颁发数量少，实际上大部分空军地面作战人员获得的近战勋饰都是陆军版的，如上图这位伞兵上士。

■ 空军荣誉银盘正面，饰有帝国元帅的徽记。

■ 空军荣誉银杯，在杯身前后及底座都有精美的浮雕图案，是授予王牌飞行员的特殊奖励。

其他奖励：除了资质徽章和作战勋章外，德国空军还颁发过其他多种类型的奖励。荣誉银杯创立于1940年2月，用于表彰在空战中取得卓越成功的飞行员，这是一个高20厘米、经过抛光打磨的纯银高脚杯（后期采用银色合金制成），杯身前后雕刻以一级铁十字勋章和两只激烈搏斗的雄鹰的浮雕图案，杯子底座饰以橡叶并铭刻有“为了卓越的空战胜利”的铭文。与荣誉银杯相似的荣誉银盘设立于1942年6月，授予对象是空军地面部队的官兵，银盘直径大约为28厘米，以纯银或银色合金制成，盘底中央是帝国元帅的个人徽记——国家鹰徽与交叉的元帅权杖，在徽记周围环绕着几条卷轴，雕刻着获奖者的身份、履历等，银盘外缘饰以月桂叶和橡叶。由荣誉银盘又衍生出方形或圆形的空军荣誉铭牌，这类奖励在1944年12月被废止。

■ 圆形的空军荣誉铭牌，两面分别为空军鹰徽及戈林的浮雕头像。

与德国陆军、党卫军一样，德国空军也颁发过多种类型的袖带，作为荣誉象征或身份证明。德国空军的袖带主要有四种：荣誉袖带、纪念袖带、服役袖带和战役袖带。多用暗蓝色布料制成，上面的文字多为哥特字体，士兵版采用银灰色纱线机绣，而军官版为银线手工刺绣。荣誉袖带多授予获得过荣誉称号的个别空军部队，例如第2“里希特霍芬”战斗机联队、第51“莫尔德斯”战斗机联队等。纪念袖带则是对一战老飞行员的褒奖，有两款，分别授予曾在里希特霍芬中队和波尔克中队服役的老兵。服役袖带则表明某些特定部队或部门的身份，比如伞兵部队、宪兵、“赫尔曼 · 戈林”团、战地记者或元首大本营等。在特定战场服役或参加某次重要战斗的空军官兵还能得到战役袖带，比如非洲军袖带、克里特袖带、西班牙袖带等，也被视为一项荣誉。空军袖带主要佩戴在右臂袖口上，但战役袖带佩戴在左臂袖口上。

■ 秃鹰军团袖带

■ “波尔克”联队袖带

■ “赫尔曼 · 戈林”团袖带

■ 西班牙战役袖带

■ 克里特战役袖带

■ 来自“里希特霍芬”联队的空军少尉，右臂上佩戴着该联队的荣誉袖带。

■ 空军版非洲军袖带

■ 第1伞兵团袖带

德国空军的地面部队 10

高炮、伞兵、野战部队 规模庞大之无翼空军

二战时期的德国空军有别于当时各国空军的最重要特征就是除了常规的航空兵部队之外，还拥有数量众多、规模可观的地面作战部队，其中包括高射炮兵部队、伞兵部队、装甲部队以及空军野战部队，在战争中除担负防空、空降突袭等任务外，还与陆军部队一道进行各种地面作战行动，其中像伞兵部队、“赫尔曼 · 戈林”师等精锐部队的战斗力可以比肩德国陆军或武装党卫军中的一流王牌。至1944年中期，除高炮部队外，德国空军的地面作战部队编有8个伞兵师、1个伞兵装甲师和22个空军野战师，拥有兵力40万人。

高射炮兵部队：自从20世纪30年代中期以后，除了德国陆海军建制内的少数防空部队之外，德军中的大多数高炮部队都被纳入德国空军的序列内，高射炮兵成为与航空兵并列的空军两大战斗兵种之一。德国空军高炮部队的主要任务是在战时为德国城市、重要的工业设施或军事目标提供防空保护，同时也伴随陆军部队作战，在前线地带执行野战防空任务，而在实战中还常常参与防空作战以外的战斗，比如反装甲作战、炮火压制等等。

■ 一名手持88毫米高射炮弹的二等兵，这恐怕是德国空军高射炮兵最经典的形象了，他们与飞行员一样是空军重要的战斗兵种。

■ 守卫桥梁的德军37毫米高射炮阵地，轻型高炮多用于野战防空。

德国空军高炮部队的最小编制是高炮连，每连装备4 ~ 8门炮，三个高炮连和一个探照灯连共同编成一个高炮营，德国空军将高炮连 / 营作为防空作战的基本战术单位。根据装备火炮口径的不同，德军高炮营又分为轻型、重型和混合型三种，德国空军主要装备5种口径的高射炮：20毫米、37毫米、88毫米、105毫米和128毫米，前两种口径归为轻型高射炮，后三种为重型高射炮。轻型高射炮机动灵活，可由车辆牵引跟随地面部队行动，提供近距离防空火力，甚至被安装在半履带或轮式车辆底盘上，充当移动防空平台。重型高射炮通常部署在预设的防空阵地或永备工事中，比如耸立在柏林、维也纳、汉堡等大城市的巨大混凝土防空塔上，在探照灯和雷达的配合下执行要地防空任务。

德国空军高炮部队最强有力的武器

莫过于著名的Flak 36/37型88毫米高射炮，这种二战时期性能最佳的防空火炮号称“万能武器”，至战争中期大约15000门88毫米高射炮构成了德国防空力量的中坚。除了对空作战外，这种弹道低伸、精度极佳、威力十足的火炮还被视为最具威慑力的坦克杀手，能够在远距离击毁当时最重型的装甲车辆，任何一支88毫米炮部队都被前线指挥官当作重要的反装甲力量使用。此外，数量巨大的轻型高射炮也被广泛运用于多种类型的战斗，这些高射速的轻型火炮在对付敌军步兵密集进攻时的效能不亚于反击敌机的低空空袭，而105毫米以上的大口径高射炮同样是令人生畏的武器，由于过于笨重，大多部署在后方地带执行固定防空任务。

德国空军在高炮营以上还编成了高炮团、高炮旅、高炮师乃至高炮军等大型编制单位，团以上的高炮部队的编制结构并不固定，多有变化，一个高炮师通常下辖五个高炮团、一个探照灯团、三个摩托化运输营、一个通信营及其他后勤支援部队，第1高炮师组建于1938年7月。在1939年德国空军高炮部队装备有6700门轻型高射炮和2628门重型高射炮，在战争期间其规模不断扩充，特别是在英美盟军实施猛烈的战略轰炸后，高炮部队膨胀到惊人的程度，在1944年初德国本土部署了超过20000门高射炮，其中三分之一是重型火炮，而在各占领区另有约10000门高射炮，至同年年底，德军高炮部队每月消耗的炮弹数量高达300万发，而在1942年时这一数字为50万发。至战争结束，德国空军陆续组建了31个高炮师和6个高炮军。在战争后期，负责本土防御的高射炮很多是由希特勒青年团的志愿者、不适合前线服役的老年人和女性辅助人员操纵的，这类辅助人员也同样充斥在探照灯、雷达、通信等支援单位中，据估计参与本土防空作战的人员超过100万之众！

德国空军高炮部队的作战效能曾经被一度低估了，甚至有人认为高炮部队浪费了巨大的资源，然而任何在战略轰炸的高潮阶段飞临德国本土的盟军飞行员都不会赞同这一说法，实际上由数量众多的轻重高炮构成的多层绵密火网被视为与德军战斗机同样致命的威胁，尤其在1944年后，德军防空战斗机部队由于燃料匮乏、人员损耗而陷入困境后，高炮部队成为整个防空体系的支柱力量，在1944年中击落了超过3500架盟军飞机，而同期战斗机部队的战果仅为约1000架，在地面战斗中被高炮摧毁的人员装备就更加难以计数了。

88毫米高射炮是德军高炮部队最重要的武器，上图是炮组成员接到警报后奔向炮位，下图是戒备中的88毫米高射炮。

伞兵部队：伞兵是两次世界大战之间新兴的兵种，使用降落伞或滑翔机降落到敌军战线后方展开突袭作战。早在20世纪30年代初，戈林就注意到意大利和苏联对于空降作战的尝试，并决心建立德国自己的伞兵部队。1933年，戈林在其控制的普鲁士警察部队中建立了一支隶属于他本人的“韦克”特别警察营（Polizeiabteilung z.b.V. Wecke）。在1935年4月，这支部队获得了“戈林将军”团（Regiment General Göring）的番号，并转入新成立的德国空军序列，根据戈林的命令来自该团的部分志愿者接受伞降训练，逐渐形成了未来德国伞兵部队的胚胎。1936年1月，约600名掌握伞降技术的官兵组成了“戈林将军”团第1猎兵营，被视为德国伞兵部队正式诞生的标志，同年位于斯滕达尔（Stendal）的伞兵训练学校也开业授课，为这支新型部队培养更多的骨干。

在德军中伞兵的正式名称为“伞降猎兵”（Fallschirmjäger），而“猎兵”是普鲁士军队中传统的精锐轻步兵。所有志愿加入伞兵部队的官兵

在运输机舱口做跳伞准备的伞兵上士，注意其迷彩作战服。

一位装备齐整、准备投入战斗的德军伞兵，目光平静而坚定。

都要经过严格的训练考核，只有完成六次跳伞才能获得象征身份与荣誉的伞兵徽章。由于兵员精悍、训练有素，德国伞兵部队从成立之初就带有精英部队的特征，并且配备了有别于其他部队的独特作战服装和装备，使得整个部队都具有强烈的凝聚力和荣誉感。在二战之前的数年间，德国空军陆续组建了数个伞兵营和伞兵团，并在1938年开始建立师级伞兵单位，即第7航空师，富于才干的库尔特·施图登特将军（Kurt Student）被任命为师长，他在此后直至1945年始终担任伞兵部队的最高指挥官。第7航空师下辖三个伞兵团、一个炮兵团及支援部队，但在战争爆发时仅编有第1、2伞兵团，直至1941年才达到满编状态。

德国空军伞兵部队的首秀是在1940年4月进攻丹麦、挪威的行动中，伞兵部队作为先锋尖兵实施空降突袭，夺取关键的桥梁、机场，为大部队后续登陆开辟了道路，而在一个月后的西欧战役中，伞兵部队更是大放异彩，作为德军战役牵制行动的一部分，第7航空师对荷兰、比利时境内

的重要目标展开大规模空降作战，为德军部队的迅速推进创造了条件，尤其是一支伞兵突击队对艾本 · 埃马尔要塞的空降奇袭创造了战争史上的经典范例，震惊世界，伞兵部队在西欧战场上打出了威名。在1941年初的巴尔干战役中，伞兵部队再度出击，飞兵夺取科林斯地峡，随后第7航空师全员出动，发起“水星”行动，空降克里特岛而陷入苦战，虽然最终取胜，但损失惨重，以至于希特勒从此禁止实施大规模空降作战，克里特岛战役也因此成为“德国伞兵的掘墓之战”。

在战争中后期，德军伞兵逐渐失去了空降部队的特质，主要作为精锐步兵投入地面战斗。以第7航空师残留的骨干为基础，德国空军大力扩充伞兵部队，不断编组新的作战部队，该师于1943年改编为第1伞兵师，进而衍生出更多的师级单位，至战争末期德国空军序列中共组建了12个伞兵师，甚至还编成了两个伞兵军和一个伞兵集团军！由于急剧扩张，后期伞兵部队的整体素质降低，战斗力下滑，但威名犹存，令任何对手都无法等闲视之。在1941年之后，德国伞兵广泛参与了各条战线的激战，从东线到北非，从西西里到意大利本土，从诺曼底、阿纳姆到阿登，直至最后保卫柏林的战斗，都流下了伞兵官兵的鲜血。伞兵部队通常被编成战斗群，作为消防队投入到战场的关键要点上顽强固守，迅猛反击，稳定战局，屡挫强敌。在1944年1月至5月间发生在意大利战场上的卡西诺山战役是德军伞兵优秀战斗素质的最佳体现，第1伞兵师面对占有绝对数量优势和强大陆空火力支援的盟军部队展开顽强的防御战斗，充分利用有利地形和丰富的作战经验坚守数月，给对手造成严重伤亡，阻滞了盟军的推进步伐，并因此被盟军官兵称为“绿色恶魔”（Green Devils）。

■ 上图是在西线战场上一个隐蔽良好的伞兵MG 42型机枪组，下图是四名在东线战场作战的伞兵在获得二级铁十字勋章后合影留念。伞兵部队作为德军中的精锐奋战在各条战线，屡受嘉奖。

■ 坚守在卡西诺修道院废墟内的德军伞兵，使用FG 42型自动步枪。

在二战期间，德国空军伞兵部队身经百战、战果突出，被认为是德国武装力量中最骁勇善战的部队之一，从1940年至1945年有134名伞兵官兵获得了骑士十字勋章，其中15人获橡叶饰，5人获双剑饰，1人获钻石饰，但荣耀背后是巨大的牺牲，伞兵部队中有超过63000人在战斗中阵亡或失踪。

■ 三名“戈林将军”团的旗手护卫着军旗，该团属于戈林亲自组建的亲信部队，后来发展成为一支精锐的伞兵装甲师。

装甲部队：在二战德军装甲部队的阵营中有一支来自空军的精锐师，即以帝国元帅姓氏命名的“赫尔曼 · 戈林”伞兵装甲师(Fallschirm–Panzer Division Hermann Göring)，该师兵员素质上乘、装备精良、斗志高昂，被公认为德军中能征惯战的王牌部队，在战争后期还扩编为军级规模。

“赫尔曼 · 戈林”师与伞兵部队系出同源，都是由戈林在1933年建立的“韦克”特别警察营发展而来，该部在1935年更名为“戈林将军”团后调入德国空军，其中一部被抽调建立伞兵部队，团主力则成为戈林的警卫部队，他对于这支私人卫队深感自豪，十分重视，为其提供最优良的装备和最现代化的营房设施，特许该团官兵的制服采用白色镶边，这是只有将官才配用的兵种色，戈林还利用自己的地位为“戈林将军”团取得了从全德国范围内征募人员的特权，只有最优秀的申请者才能进入该团服役，从而获得了与陆军“大德意志”团同等优良的兵员。戈林还极力为“他的团”争取表现机会，在1938年至1939年间德国四处兼并的“鲜花战争”中，“戈林将军”团是最先跨越国境的德军部队之一。在战争爆发时，“戈林将军”团编有四个高炮营、一个警卫营和一个补充营。

在战争初期，“戈林将军”团仅有少数部队参加了在波兰、丹麦和挪威的作战，表现良好，主力部队留在国内执行警卫和防空任务。在1940年5月的西线战役中，该团主力秘密开赴比利时、荷兰前线参战，随后分为数个战斗群，跟随陆军装甲部队长驱直入法国，在某次与法军坦克的遭遇战中，“戈林将军”团的官兵们使用88毫米炮在近距离击退了进攻者，为自己赢得了镇定无畏的声誉。在法国投降后，该团在海峡沿岸短暂执行占领任务后返回德国，并在1941年初改编为“赫尔曼 · 戈林”摩托化步兵团，随后调往东方，在巴尔干战役期间进驻罗马尼亚，保卫重要的普罗耶什蒂油田。在“巴巴罗萨”行动开始后，“戈林”团被编入第11装甲师，前往苏联南部作战，在基辅、布良斯克附近的战斗中再度展示了88毫米炮出色的反坦克能力，该团大部于1941年底撤回德国。

1942年7月，“戈林”团奉命扩编为旅，戈林并不满足，于10月间下令将这支部队进一步升级为完整的装甲师，完全按照陆军装甲师的标准建制组建，下辖一个装甲团、两个装甲掷弹兵团、一个装甲炮兵团、一个高炮团以及全套支援部队，命名为“赫尔曼 · 戈林”装甲师，首任师长为保

■ 三名“赫尔曼 · 戈林”师的士兵，身穿党卫军风格的迷彩罩衫。

■ 属于“赫尔曼 · 戈林”师的 IV 号坦克，摄于1944年初的意大利。

■ 1944年3月，“戈林”师的士兵们从一辆“象”式歼击车旁经过。

罗 · 康拉特少将（Paul Conrath）。为了使这支部队迅速形成战斗力，戈林特意将一些经验丰富的陆军装甲部队军官调入空军，还从精锐的伞兵单位中抽调兵力充实建制。由于北非战局恶化，正在组建的“戈林”师集结兵力组成约1万人的施密德战斗群驰援突尼斯，在北非战役后期进行了极为出色的战斗，于1943年5月随非洲军投降。“戈林”师余部在西西里岛重建，并担负守岛重任。

1943年7月，盟军登陆西西里岛，“赫尔曼 · 戈林”师是岛上最具战斗力的德军部队，与优势敌军进行了勇敢的战斗，并在战局恶化后作为后卫部队掩护大部队经墨西拿海峡撤退，成功达成目标，与之交手的美军部队均认为该部是曾经遭遇的最强劲的对手。在盟军登陆意大利本土后，“戈林”师从滩头开始节节抵抗，阻滞敌军，逐步撤至古斯塔夫防线，参加了著名的卡西诺山战役，在盟军轰炸之前将山上修道院的珍贵文物及时转移，这一义举后来受到赞誉。“戈林”师还参加了安奇奥地区的抗登陆作战，在意大利战场上战斗至1944年7月，进一步提升了自己善战的名声，随后调往东线救急，与陆军、党卫军部队通力协作，在华沙北部挫败了苏军的攻势，证明了一流部队的实力。由于战绩卓著，“赫尔曼 · 戈林”师再度获得扩编，于1944年10月升格为“赫尔曼 · 戈林”伞兵装甲军，下辖第1“赫尔曼 · 戈林”伞兵装甲师和第2“赫尔曼 · 戈林”伞兵装甲掷弹兵师，上述部队在1944年底至1945年初在柯尼斯堡、德累斯顿等地进行了艰苦的防御战，最终全军覆没。实战证明，“赫尔曼 · 戈林”装甲师是德国空军最具战斗力的精锐地面部队，在战争期间该师有34人获得骑士十字勋章，其中2人获得了橡叶饰。

■ 上图是“赫尔曼 · 戈林”装甲团的卡尔 · 罗斯曼中校（左一）在“黑豹”坦克前听取部下报告，他是“戈林”师的两位橡叶饰获得者之 。下图是1944年12月该师的骑士十字勋章获得者行纳粹礼致敬。

空军野战师：与负有盛誉的伞兵部队和“赫尔曼·戈林”师相比，1942年后组建的空军野战师(Luftwaffe Field Division)的声名并不光彩，这些由空军富余人员编组的部队被认为是德军中战斗力最低劣的部分，他们存在的意义仅仅是一再证明缺乏训练的部队在投入东线战场的残酷漩涡后会产生怎样令人沮丧的结果。

空军野战师的建立源于戈林本人的私心，1942年初在东线战场损兵折将的陆军建议从海空军中征调富余人员补充战损，控制欲极强的戈林不甘心将空军人员纳入陆军的辖制，于是以“空军对于国家社会主义的信仰比陆军更为坚定”为由，说服希特勒同意由空军自行组建地面战斗部队。最初德国空军组建了数个团级部队，并参加了1942年初东线的防御作战，在个别战斗中有不错的表现，这促使戈林将各团编组为空军野战师，计划组建10个师，最后达到了22个师的规模，拥有20～25万人的兵力，在这些野战师基础上又进一步编成了四个空军野战军。

最初，空军野战师的建制内编有两个猎兵团(每团三营)、一个炮兵营及其他支援部队，兵力仅有8000～10000人，相比陆军师规模要小，不配备坦克，顶多编入一个突击炮连，而且缺乏装备，大多配发性能较差的缴获武器，更为致命的是空军野战师的兵员多来自空军后方单位，很多志愿者之前都是厨师、文员或行政人员，他们严重缺少步兵训练和实战经验，难以应对高强度的一线战斗，对此戈林本人倒是很有自知之明，命令将空军野战师部署在相对平静的前线地带担负防御任务。在抵达战场后，空军野战师在战术上接受陆军指挥，但行政管理和后勤供给仍由空军负责，这一点与党卫军部队相似。

不幸的是，戈林关于空军野战师仅用于防御战斗的命令被忽视了，很多师抵达前线后在毫无准备的情况下就被投入对苏军的反击中，其战斗素质的低下暴露无遗，导致惨重伤亡，一些部队仅仅作战数月就损失殆尽。空军野战师的糟糕表现动摇了德军高层对于空军独立组建野战部队的信心，在1943年11月决定将空军野战师的领导权移交陆军，并按照标准步兵师的建制进行改编，每师下辖三个团(每团两营)和一个炮兵团，并充实其他支援部队，关键的指挥岗位由有经验的陆军军官充任，尽管如此空军野战师的战斗力依然提升有限，而且很多空军人员对于转隶陆军颇为抵触，部队士气大受影响。总而言之，直至战争结束，大多数空军野战师都不能作为有效的战斗部队承担职责，其结局都十分悲惨。在组建的22个空军野战师中有21个师参与了一线战斗，至1945年5月仅剩三个师以重创状态迎来投降，其余18个师的番号已经因为遭到歼灭而从德军作战序列中永远消失了。

■ 一名来自空军野战部队的一等兵，摄于1942年3、4月间的东线战场。

■ 两名空军野战师的士兵收集缴获的美军武器，摄于1944年西线。

德意志空军全史

气球、飞艇、飞机，这些航空器并非德国人的发明，最先将其投入军事行动的也不是德国人，但德意志民族基于在机械技术方面的独特天赋和在战争艺术上的高超造诣，曾经打造出人类历史上最强大的空中力量之一。从红男爵里希特霍芬那传奇般的声誉到英伦夜空中播撒恐怖之火的齐柏林飞艇，从斯图卡撕心裂肺、摄人魂魄的尖啸到克里特岛上空朵朵绽放的伞花，德国人在世界空战的历史上留下了很多震烁古今、令人仰望的纪录，虽然德意志无法获得最后的胜利，但德国空军早已凭借惊人的战绩和顽强的斗志赢得了属于自己的一份声誉……

空中战争黎明的初啼

当苍空燃起战火，德意志雄鹰的啼鸣将响彻天际

从巴黎围城说起

在人类文明的历史上存在这样一个规律，当一项科技发明出现之后，人们会迅速地将其运用于军事方面，制造武器装备，革新作战手段，去赢得战场上的胜利，航空器也不例外。人类的飞天之梦由来已久，但直到1782年法国的蒙哥菲耶尔兄弟（Montgolfier）制作并成功试飞了第一个现代热气球之后，这个梦想才有了真正实现的可能。1783年法国人又实现了首次成功的热气球载人飞行，仅仅六年之后的1789年，在法国陆军的序列中就出现了一支气球侦察分队，这是航空器装备军队的最早事例。在随后的法国大革命中，初生的气球部队进行了首次实战空中侦察，并帮助法军取得了某些战役的胜利，可惜一代枭雄拿破仑却对气球表现出令人意外的短视，下令解散气球分队。不过，这并不妨碍这种航空器的身影出现在19世纪世界各地的战争中，比如1861 ~ 1865年的美国内战。

■ 1783年法国蒙哥菲耶尔兄弟实现了首次热气球载人飞行，揭开了人类追逐飞天梦想的新篇章。

■ 1870年巴黎围城期间，法国人放飞大量气球用于联络和运输，这幅描绘普鲁士枪骑兵巡逻的绘画上就展示了法军气球的形象。

1870年，普法战争爆发，精心备战的普鲁士军队占尽主动，长驱直入，于同年9月包围巴黎。在长达四个月的围城期间，气球成为巴黎与外界联络的最主要手段，法国人先后放飞了66只气球，

运送了155人和多达300万封信件，被誉为“最早的空中运输航线”。鉴于法军频繁使用气球进行侦察和联络的情况，普军在战争期间组建了一支特殊的部队——气球迫击炮分队，专门对付法军气球，堪称德意志军事史上第一支防空部队，也是德国人对于空中威胁做出的第一个积极反应，有人认为，反气球部队的出现是后世德军高射炮部队的远祖，也可视为德国空军的最初萌芽。

统一的德意志帝国成立后，德国陆军总结战争经验，于1884年6月1日组建了“气球特遣队”，开始研究气球的军事作用，从而宣告了德意志空中力量的正式诞生。在同一年，航空器的发展也取得了新的进步，法国人完成了世界上最早的全向操纵型飞艇“法兰西”号并成功试飞，从而克服了气球受风向摆布的弊端，实现了对飞行的有效控制，揭开了动力飞行的新篇章。德国陆军反应迅速，在1887年将气球特遣队扩充为飞艇支队，并开始寻求性能更为优良的航空器。恰逢其时，一位在德国航空史上举足轻重的人物费迪南德·冯·齐柏林伯爵(Ferdinand von Zeppelin)登上了历史舞台。

出身贵族世家的齐柏林于1855年加入符腾堡陆军，曾以观察员身份观摩了美国内战，首次接触军用气球，回国后参加了普奥战争和普法战争，之后一直致力于对飞行器的探索，并上书军方强调发展军事航空的重要性。1890年，齐柏林以中将军衔退役后将全部精力都投入到飞艇的研制中，提出铝制骨架结构、内置隔舱式气囊的硬式飞艇构想。他还注资44万马克成立股份公司，雇佣一流工程师从事设计，经过十年努力，屡经挫折，于1900年7月2日在德国南部的康斯坦茨湖（Lake Constance）试飞了他的第一艘飞艇LZ1号，大名鼎鼎的“齐柏林飞艇”就此诞生。虽然LZ1在降落时损坏，但德国公众对航空的热情被齐柏林点燃了，他收到大量捐款和资助，得以继续完善设计，最终在1906年制造出性能可靠的飞艇，这是当时世界上技术最先进的飞行器，齐柏林获得了巨大的声望，他的名字几乎成为飞艇的代名词。

齐柏林伯爵（1838～1917），德国航空界的先驱和著名飞艇制造商，为德军提供了第一批可靠的飞行器。

1913年4月2日，德国陆军飞艇Z Ⅳ号因恶劣天气误降法国境内，这艘飞艇本是齐柏林公司的LZ16号，后被军方购买，在一战初期曾在东线执行侦察任务，1915年转用于训练，于1916年秋季退役。

齐柏林伯爵的成功不可避免地引起德国军方的注意，德国陆军的飞艇支队在1901年扩充为飞艇营，并向齐柏林订购飞艇，从1906年至1914年，共有21艘齐柏林飞艇建成，其中14艘被军方购买，包括陆军11艘，海军3艘，成为德国军队最有力的空中武器。不过，充满氢气的飞艇极易燃烧，在战前德国陆海军各有2艘齐柏林飞艇因事故损毁，在一战爆发后又征召了3艘民用飞艇。鉴于飞艇的脆弱性，军方从1908年开始注意到另一种新型飞行器的军事潜力，这就是飞机。

一战前夕的德军航空兵

1903年美国的莱特兄弟（Wright）发明飞机之后，在大西洋彼岸的欧洲也掀起一阵飞行热潮，驾驶飞机遨游天空成为一种时尚。早期飞机仅是一个蒙着帆布纸皮的木头架子，结构脆弱、动力

■ 意大利军事理论家朱里奥·杜黑（1869～1930），他预见到空中力量在未来战争中的重要作用，提出了空中制胜论，产生了深远影响。

不足、载荷很小，在1909年之前被公众当作一种玩具而非武器。不过，在20世纪的第一个十年即将结束时，欧洲各强国军界的有识之士不约而同地注意到飞机的军事价值，相比体型庞大、行动缓慢、造价高昂的飞艇，飞机更加机动灵活，而且成本低廉，便于大量装备，更有人预见到飞机的应用将彻底改变战争的样式，空中制胜论的创始者，意大利军事理论家朱里奥·杜黑（Giulio Douhet）在1909年说道："天空将要成为一个与陆地、海洋同等重要的战场。"

德国陆军总参谋部技术处早在1908年就对飞机给予关注，但当时德国的飞机制造业几乎为零，在长时间的研究论证后于1910年得出结论，发展空中力量的重心应该置于飞机，而非飞艇。同年，德国陆军购买了第一架军用飞机，并从官兵中招募志愿者，于7月间在德贝利茨（Döberitz）建立了第一所飞行学校，最初只有1名教官和4名学员。在1911年夏季的年度演习中，德国陆军首次使用飞机执行侦察任务，到同年年底，飞机数量已经增加到37架。

■ 1909年在德国举行的国际飞行比赛上，英法飞行员的空中表演引起了德国人对飞机的兴趣，德国军方也对其关注日增。

■ 在一战前夕数年间，德国陆海军都建立了自己的飞行部队，并运用于军事训练，探索航空器在未来战场上的用途，图为一架德国海军的水上飞机在完成任务返港后由吊车吊上码头。

1912年，德国陆军正式确认了航空兵的地位，成立了德意志帝国飞行队（Fliegertruppen），是附属于陆军的辅助性兵种，包括所有使用飞机、飞艇和气球的航空部队。同年，德国海军也成立了飞艇与飞行处，负责海军的航空事务，并出资20万马克购进水上飞机，这标志着德国海军航空兵的正式组建。正如当时许多国家的军队一样，德国的空中力量最初分别属于陆军和海军，而德国空军作为一个独立军种出现则是20多年后的事情了。随着德军航空部队的创建，德国的航空工业也蓬勃发展起来，至1912年底已经建立了12家飞机制造厂，但因为在过去十年间德国人更加关注飞艇，在飞机制造领域起步较晚，引擎等重要部件最初需要依赖进口，不过在战争爆发前，德国人已经具备足够的能力大量建造军用飞机。

1913年，德国陆军在德贝利茨飞行学校基础上组建了航空部队编制单位——飞行营（Flieger Bataillon），每营辖四个连。值得注意的是，当时德国陆军由帝国境内各邦国的军队组成，只有其中最强大的普鲁士王国和巴伐利亚王国拥有航空单位（萨克森公国也有一支小型飞行队，但附属于普鲁士陆军），最初组建的五个飞行营中四个属于普鲁士陆军，一个属于巴伐利亚陆军。不过，飞行营并非作战单位，而是训练部队，负责向前线部队提供飞机和合格的飞行员。同时，总参谋部还确立了航空单位配属于集团军、军级司令部的战术使用原则。在战前演习中，飞机通常是被拆解后用车辆运输，随同行军纵队一道前进，在有任务时才临时组装起飞，在1913年演习中发生机毁人亡的事故后，这种方式被放弃了，转而从靠近前线的基地出击。同时，所有飞机也都需要改良以提高性能。经过战前数年的扩充，至1914年8月德国已经拥有当时欧洲规模最大的航空部队，其中陆军航空兵有232架飞机和12艘飞艇，海军航空兵有9架水上飞机和1艘飞艇。

1914年8月初，德国开始总动员后，陆军航空兵组建了33个野战飞行队（Feldflieger Abteilung，缩写FFA），其中普鲁士陆军30个，巴伐利亚陆军3个，分别配属于8个集团军司令部和25个军司令部。每个野战飞行队辖有6架飞机、7名飞行员和6名观察员，并由一支116人的地勤分队提供支援，后者装备有5辆汽车、6辆拖车以及加油、维修等各种设施。这些野战飞行队就是一线航空部队，此外还有8个要塞飞行队（每队4架飞机）、8个后备飞行队（每队3架飞机）、8个侦察气球分队、15个要塞气球分队、12个飞艇分队和6个后备飞艇分队。德国海军在北海方向部署了6架水上飞机，在波罗的海方向为3架。

空中战争的发端

虽然意大利人在1911年的意土战争中首次尝试了空中轰炸，但在第一次世界大战于1914年8月爆发时，交战双方都不认为飞机是一种进攻性武器。欧洲各强国拥有的飞机总数不超过1000架，几乎都没有配备武器，它们与一百多年前的气球一样，主要充当“空中之眼”，执行侦察、炮兵校射等任务。由于早期飞机没有配备无线电装置，飞机与地面之间的联络方式非常原始，比如从空中投掷写有情报的字条或在地面铺上指示标志，

■ 早期飞机结构简单，拆卸组装十分迅速，因此战前德军在演习中配属给部队的飞机常常被拆解后由车辆运输，在需要出动时才就地组装，后来逐渐改变为从靠近前线的基地起飞，支援地面部队作战。

1914年8月德国陆军航空部队的配属

配属部队	航空部队番号
第1集团军	EFp1、PLA1、FFA12
第2军	FFA30
第3军	FFA7
第4军	FFA9
第9军	FFA11
第2集团军	EFp2、PLA2、FFA23
禁卫军	FFA1
第7军	FFA18
第10军	FFA21
第3集团军	EFp3、PLA7、FFA22
第11军	FFA28
第12军	FFA29
第19军	FFA24
第4集团军	EFp4、PLA3、FFA6
第6军	FFA13
第8军	FFA10
第18军	FFA27
第5集团军	EFp5、PLA4、FFA25
第5军	FFA19
第13军	FFA4
第16军	FFA2
第6集团军	Bav EFp6、Bav PLA1、FFA5
第21军	FFA8
巴伐利亚第1军	Bav FFA1
巴伐利亚第2军	Bav FFA2
巴伐利亚第3军	Bav FFA3
第7集团军	EFp7、PLA6、FFA26
第14军	FFA20
第15军	FFA3
第8集团军	EFp8、PLA8、FFA16
第1军	FFA14
第17军	FFA17
第20军	FFA15

注：EFp后备飞行队，PLA侦察气球分队，FFA野战飞行队，Bav巴伐利亚，最高统帅部直辖7艘飞艇，第8集团军直辖3艘飞艇。

■ 1914年9月8日，俄军飞行员涅斯切洛夫上尉以空中撞击方式击落一架奥匈侦察机，创造了战争史上首例空战战果。

这一点甚至比不上系留气球，后者可以使用有线电话通报敌情。不过，相比在现代火器面前日益没落的骑兵和相对固定且脆弱的气球，飞机的侦察能力还是非常有优势的。

在战争初期的运动战阶段，空中侦察发挥了关键性作用。在西线，由于英军侦察机及时发现了德军的动向才使10万英国远征军免于被包围的命运，而在9月的第一次马恩河会战中，英法联军正是通过空中侦察发现了德军战线上的空隙，并成功实施了反击，打退了德军对巴黎的进攻。在东线，当德国第8集团军迎战优势兵力的俄军时，也得到了飞机的有力支援，及时有效的空中侦察为德军指挥部从容布阵、各个击破提供了可靠情报，鲁登道夫将军（Ludendorff）后来评论：“没有空中侦察，就没有坦能堡的胜利。”

起初，交战双方的侦察机在空中相遇时互不干扰，甚至报以微笑、挥手致敬，但这种浪漫情景很快就消失了，因为指挥官们意识到，在己方执行侦察任务时也有必要阻止对手进行同样的行动，于是飞行员们开始用手枪、手榴弹以至砖头、绳索、渔网等各种粗陋的武器相互攻击，这个滑稽的场面宣告了一个残酷的事实：空中战争真正打响了。1914年8月25日，由英军飞行员哈维·凯利中尉率领的一个三机编队在蒙斯（Mons）以南巡逻时成功迫使一架德军侦察机降落，飞行员弃机逃跑，凯利等人降落后将德机烧毁，被认为是第一架在战斗中被击毁的飞机。9月8日，俄军飞行员彼得·涅斯切洛夫上尉（Pyotr Nesterov）驾机撞击了一架奥匈侦察机，双双坠机身亡，被公认为历史上第一个空战战果。

随着西线战场进入僵持的堑壕战阶段，双方展开更频繁的空中侦察行动，窥伺战线后方的敌军动向，由此空中接触的机会大为增加，军人们开始认真考虑空战的问题。法国人率先在大型的双座机上加装了机枪，而德国人不幸地成为第一个牺牲品。1914年10月5日，法军飞行员约瑟夫·弗朗茨驾驶的瓦赞式侦察机遭遇一架德军阿维亚蒂克式双座侦察机，观察员路易斯·凯诺（Louis Quenault）使用安装在后座席的机枪

■ 一幅描绘一战初期空战场面的绘画，一架德军鸽式单翼机遭到敌军飞行员用手枪发起的攻击。

将德机击落，这是历史上第一次真正的空战。德国人的第一次空战胜利是在11月11日诞生的，飞行员弗拉斯哈尔（Flashar）与观察员德穆特（Demuth）驾驶一架伦普勒B型侦察机击落了一架法军飞机。

英国埃尔科DH2型双翼战斗机，采用推进式布局，引擎后置，使机首的机枪可以不受阻碍地进行射击。

上述空中冲突表明，军用飞机无论是出于进攻还是防御，都有必要配备武器，实际上在战前各国工程师就已经进行了这方面的尝试，但遇到一个明显的问题，那就是前射的机枪火力如何避开螺旋桨叶片的阻挡。当时有三种解决办法：一是飞机采用推进式设计，引擎和螺旋桨置于飞行员座舱之后，从而提供良好的前方射界，但推进式飞机在机动性上不如引擎前置的拉进式飞机；二是将武器置于座舱上方或左右机翼上，使其射线避开螺旋桨旋转范围；三是设计一种机械装置，使螺旋桨叶片与枪口处于一条直线上时阻止机枪击发，这就是射击协调器。

早在1913年瑞士工程师弗兰茨·施奈德（Franz Schneider）就发明了射击协调器，并取得了专利，俄国、法国也进行过类似的研究，但存在技术难题，未实际应用。1915年初，法军飞行员罗兰德·加洛斯（Roland Garros）来到莫拉尼－索尼埃飞机公司，要求为他的飞机加装射击协调器，在研究之后厂方用偏导板代替协调器，在螺旋桨叶片上加装楔形金属部件，将打在叶片上的子弹弹开，这种方法虽然简单，但可能引起发动机故障。1915年4月1日，加洛斯驾驶一架带有偏导板的莫拉尼－索尼埃L型单翼机获得了试验新武器的机会，他向一架德军侦察机迎面飞去，对方根本没有料到从飞旋的螺旋桨后面会喷出致命的火舌，加洛斯出其不意地取得了第一个战果，在随后三周内，他又击落了两架德机，名噪一时。（注：长期以来国内文献认为加洛斯是世界上第一位王牌飞行员，但有资料表明他的确认战果仅有三架，而另一位法军飞行员阿道夫·佩古 Adolphe Pégoud 才是首位取得五次空战胜利的飞行员。）

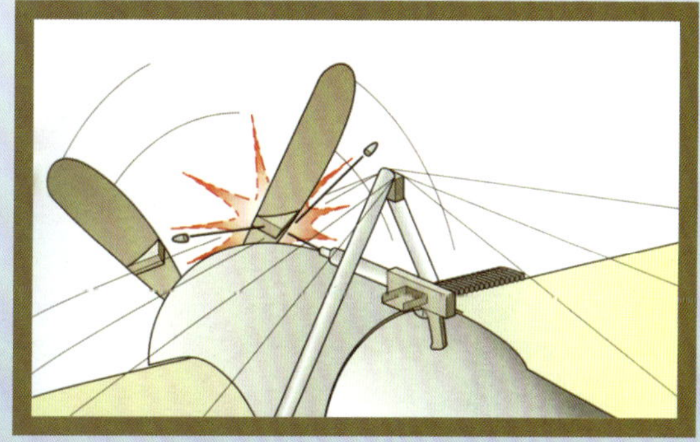

上图为偏导板系统的工作原理：在螺旋桨叶片与机枪弹道交汇处安装楔形金属挡板，将击中螺旋桨的子弹向左右弹开。

法军著名飞行员加洛斯（1888～1918），战争史上第一位空中杀手，他使用装有偏导板的飞机取得了数次空战胜利。

1915：福克式灾难

在1915年初，英法航空兵都开始装备专用于空战的战斗机，如英国的维克斯FB5型和法国的莫拉尼－索尼埃L/N型，德国人被甩在了后面，但这一局面很快就逆转了。1915年4月18日，第一位空战明星加洛斯突然陨落了，正如莫拉尼公司所担心的，偏导板的缺陷最终导致他的飞机发生故障，迫降在德军阵地上，成了俘虏，而偏导板也落入德军手中。德军统帅部立即将偏导板送往安东尼 · 福克（Anthony Fokker）的公司要求加以仿制，这位荷兰工程师当时正为德军工作。福克对偏导板进行研究后认为并不适用于德军飞机，转而开发出改良型射击协调器（有人认为福克剽窃了施奈德的设计），利用一个凸轮和机械联动装置协调螺旋桨和机枪的运作，在此基础上产生了德国的第一种战斗机——福克E型战斗机，也是第一种安装射击协调器的战斗机。

■ 年轻的荷兰工程师福克（左）与德军飞行员温特根斯少尉（右）的合影，前者制造了第一种实用的机枪射击协调器，而后者率先验证了这种新装置的威力，开创了德军历史上的第一个“空优时期”。

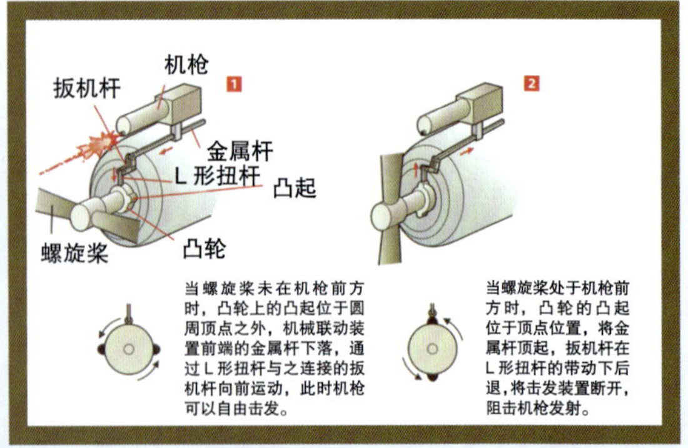

■ 上图为机枪射击协调器的工作原理：通过一个与螺旋桨同轴转动的凸轮和机械联动装置控制机枪的击发，避免子弹击中螺旋桨。

■ 一位德军飞行员驾驶福克E型战斗机翻筋斗并注视着一架受伤的英军战斗机，这种场面在1915年的“福克式灾难”中经常出现。

德国人希望福克能够亲自驾机验证新装置的效果，但被后者以中立为由加以拒绝，于是这项任务被交给协助福克工作的两位德军飞行员奥托 · 帕尔绍（Otto Parschau）和库尔特 · 温特根斯（Kurt Wintgens）。1915年7月1日，温特根斯少尉在吕内维尔（Lun é ville）以东空域遭遇一架法军莫拉尼－索尼埃L型双座机，他逼近目标并发射了大约200发子弹，将法机击伤，后者迫降于己方战线内，福克式射击协调器取得了第一次成功。在随后两周内，温特根斯又击落了两架法机。德国军方大为满意，很快经过改良的E型战斗机开始批量装备，德国人终于掌握了夺取空中优势的利器，从1915年7月开始，对于英法飞行员来说，一场灾难降临了。现在协约国方面想利用空中侦察获取情报变得非常危险，英法侦察机一旦遭遇福克式战斗机基本上凶多吉少，损失率

■ 福克EⅢ型单翼战斗机，于1915年12月装备德国陆军航空部队，是E系列战斗机的代表型号，时速140公里，续航时间1.5小时，实用升限3600米，装备一挺带有射击协调器的LMG08型7.92毫米机枪，备弹500发，制造数量249架。

大幅增加，进而在协约国飞行员当中产生了严重的恐慌情绪。虽然福克E型战斗机的产量不过400架左右，每个野战飞行队有时只能分配到1～2架，但无可否认的是，只要福克式战斗机翱翔在空中，英法飞机就无法自由行动，在1915年下半年西线天空的控制权牢牢掌握在德国人手中，史称"福克式灾难"。

德国人的成功不仅仅得益于新型战斗机的性能优势，更在于战术上的革新。就在福克式横行天空之时，两位伟大的空战战术先驱奥斯瓦尔德·波尔克(Oswald Boelcke)和马克斯·殷麦曼(Max Immelmann)展开了他们的战斗生涯。在1915年之前，空战完全是飞行员的即兴之作，单打独斗，毫无章法。波尔克和殷麦曼首先注意到多架飞机编队作战时协调行动的重要性，同时潜心研究利用飞机的操纵性能，通过俯冲、盘旋、筋斗、翻滚等机动动作在空战中占据有利的位置，由此产生了一系列有效且影响深远的空战战术，比如著名的"殷麦曼回旋"。

殷麦曼和波尔克是共同服役于FFA62的战友，也是最早驾驶E型战斗机的德军飞行员。殷麦曼在1915年8月1日取得了第一个战果，9月间他又在里尔上空连续击落了5架敌机，成为德国第一位王牌飞行员，获得了"里尔之鹰"的绰号。波尔克在8月15日获得首次胜利，在10月成为王牌，在他和殷麦曼之间展开了一场争夺头号王牌的竞赛，两人在1916年1月12日都以8架战果同时获得了德国最高军事荣誉"蓝色马克斯"。在殷麦曼于1916年6月18日阵亡前，他已经取得了16架战果。被誉为"空战战术之父"的波尔克不仅在战术方面颇有造诣，更是一位有远见的战略家，正是在他的建议下德军于1916年夏建立了专门的战斗机部队。他还注意培养新秀，闻名于世的里希特霍芬就是他的得意门生之一。1916年10

■ 印有德军著名王牌飞行员波尔克(左)和殷麦曼(右)照片的明信片，他们是德国最早的"空中英雄"，并且在空战战术领域扮演了开路先锋的角色。

■ 1915年初就任野战飞行司令的汤姆森少校（1867 ~ 1942），曾获得功勋勋章，后来在德国空军中服役，并晋升至上将军衔。

月28日，波尔克在空战中不幸与僚机相撞，坠地身亡，最终战果为40架。

在1915年中，德国陆军航空兵在编制组织上也发生了一些变化，首先是规模迅速扩充，1915年初时野战飞行队的数量超过60个，比开战时增加了一倍！随着航空作战的重要性不断提升，德军也意识到需要完善航空部队的指挥管理，于3月11日新设了野战飞行司令一职，对全部航空部队的技术和作战事务负责，首任司令是赫尔曼·汤姆森少校（Hermann Thomsen），但航空部队的指挥权归属陆军总参谋长。为了更密切地为炮兵作战提供侦察、校射支持，德军还在8月间组建了新的飞行单位——炮兵野战飞行队，即Feldflieger Abteilung（Artillerie），缩写为FFA（A），配属于军级司令部。

1916：挫折与重组

1916年初，德军集结重兵猛攻巴黎以北的凡尔登要塞（Verdun），法军全力死守，爆发了一战中最惨烈的凡尔登战役。同年7月，为了减轻法军的压力，英军又发动索姆河战役。这两场战役是名符其实的“绞肉机”，吞噬了数十万条生命，不仅地面上血流成河，空中也狼烟纷飞，交战双方都投入大量飞机参战，出现了数十架乃至上百架飞机混战的激烈场面。在凡尔登战役初期，德军调集80架侦察机、40架战斗机和5个轰炸机大队，在战区建立了一个空中封锁带，有效阻止了法军察觉德军的意图和进攻动向，这是历史上首次集中使用航空兵执行战役任务。但是，在法军调集大批飞机增援后，德军的空中封锁被打破了。在索姆河战役中，英德双方均动用了超过700架飞机，

■ 1916年初在西线战场上，德军飞行员正紧张地进行出击准备，当战争进入第三个年头时，航空部队已经成为战场上举足轻重的作战力量，左下小图为一战时的德军飞行员徽章。

■ 1916年夏季，4架第2狩猎中队的阿尔巴罗斯D型战斗机并排停放在野战机场上，这支由波尔克创建并领导的部队是一战中德军最著名的战斗机中队之一，彩色侧视图为波尔克在1916年10月驾驶的D Ⅱ型战斗机。

连番激战造成巨大损失，据称英军飞行员伤亡达500人以上。从1915年底开始，英法航空兵陆续列装新型战斗机，如艾尔科DH2型和纽波特11型，这些双翼单发战斗机都配有前射机枪，性能已经优于德军福克E型单翼战斗机。同时，协约国在航空部队组织上也领先于德国，早在1915年时就组建了单一的战斗机部队，比如在凡尔登战役中表现出色的法军第12飞行大队。实际上到1916年夏季，“福克式灾难”已经成为历史，西线战场的制空权转移到协约国手中。

面对不利局面，德国人必须做出改变，落后的E型战斗机被新设计的D系列战斗机取代，福克、赫伯斯塔特等公司都推出了新机型，这些双翼单发战斗机配有1～2挺装有协调器的机枪，火力和机动性都媲美于英法同类机型。更重要的改进是在部队编制方面，此前德军赋予战斗机的任务是保护己方侦察机，分散配置，每个野战飞行队两架，不利于集中兵力展开空战。波尔克向野战飞行司令汤姆森少校提出建议，将战斗机集中编组，由特别挑选、最具经验的飞行员驾驶，专门从事空战任务，争夺制空权。这项建议得到采纳，1916年8月，一种全新的作战单位——狩猎中队（Jagdstaffeln，缩写Jastas）出现在德军序列中，这是一个纯粹的战斗机部队，寻找并击落敌机是他们的首要任务。每个狩猎中队装备14架战斗机、12台车辆和127名官兵，比之前任何一个飞行单位的规模都大。

■ 1916年西线战场上整齐停放在机库前的德军新型战斗机，面对协约国方面的挑战，德军航空兵在武器和编制上都进行了革新。

德军计划首批组建7个狩猎中队，而波尔克出任第2中队指挥官。9月16日，他率部首次出击就斩获3架战果，在指挥第2狩猎中队的第一个月中，他就取得了10次胜利。波尔克在10月间不幸阵亡后，第2中队以他的名字命名，并且成为西线战场上最富盛名的王牌部队，至战争结束时取得了336个战果，产生了25位王牌，而波尔克的战术教条也成为德国战斗机部队的金科玉律，贯彻始终。“波尔克中队”的成功促使德军大规模组建狩猎中队，至1917年4月已达37个，至1918年底增加到88个。德军在1917年6月24日又组建了第1战斗机联队(Jagdgeschwader I，简称JG I)，下辖第4、6、10、11狩猎中队，在战争中陆军航空兵组建了四个战斗机联队，海军航空兵也组建了一个战斗机联队。

■ 德意志航空军团司令冯·赫普纳上将(1860～1922)

战斗机部队的改组只是1916年德军航空兵重组的一个序幕，凡尔登、索姆河战役中制空权旁落的情况使德军最高统帅部对航空兵的重要价值有了更深刻的认识，鲁登道夫将军提出将配属于各集团军、军的航空部队集中起来，由一名高级将领统一指挥，于是在1916年10月，德意志帝国飞行队改称德意志航空军团(Deutsche Luftstreitkräfte)，由恩斯特·冯·赫普纳骑兵上将(Ernst von Hoeppner)任军团司令，囊括陆军所属的全部飞行单位，1917年后，气球部队、气象部队、高射炮部队也归属赫普纳指挥。虽然航空军团仍然是陆军的一部分，但航空兵已经彻底摆脱了辅助性地位，成为一支独立的作战力量。此外，吸取组建狩猎中队的经验，德军其他航空部队也依据机种类型和作战任务进行重组，侦察机部队细分为远程侦察中队和炮兵校射中队，轰炸机中队、对地攻击机中队、护航中队等专职部队也陆续组建，进一步提升了作战效率，此类编制改革一直持续到战争末期。

1917：血腥的四月

经过1916年夏秋大刀阔斧的改革，德军航空兵的战斗力明显提升，至1917年，初无论在战术、组织、飞机性能各方面都优于对手，渐渐夺回了失去的制空权，这种空中优势在1917年4月的阿拉斯战役期间达到了顶峰，对于英国皇家飞行团(Royal Flying Corps，缩写RFC)来说，那是战争中最黑暗的一段时光。在这次战役中，英军集结了25个中队大约365架飞机为地面部队提供支援，其中三分之一为战斗机，德军方面最初有5个狩猎中队迎战，后来增加到8个中队。虽然英军拥有数量优势，但此时装备的机型都已落后，无法匹敌德军最新的信天翁D型战斗机，而性能优秀的索普维斯“幼

■ 后人制作的电脑3D绘画，再现了1917年4月阿拉斯战役期间，英德航空兵激烈交锋的紧张场面，德军航空兵凭借武备和组织上的优势，为对手制造了一个“血腥的四月”。

犬”、SE5等新型战斗机刚刚列装，数量不足，结果在战斗中蒙受惨重损失，整个四月间竟有245架飞机被击落，损失飞行员319人，而德军付出的代价是66架飞机，当时英军前线侦察机飞行员的作战时间非常短暂，平均仅有92小时，这个悲惨的现实使阿拉斯战役在皇家空军的历史上被称为“血腥的四月”。在同期法军发动的“尼维尔攻势”中，德军航空兵同样给法国人以沉重打击。

在阿拉斯战役中，表现最耀眼的德军战斗机部队是第11狩猎中队，总共击落了89架敌机，占英军总损失的三分之一，该中队的指挥官就是大名鼎鼎的“红男爵”曼弗雷德·冯·里希特霍芬（Manfred von Richthofen）。出身普鲁士贵族家庭的里希特霍芬于1911年加入骑兵部队服役，1915年5月转入航空部队，最初作为观察员，在与波尔克偶遇后决心成为一名战斗机飞行员，1916年8月被选入第2狩猎中队，受到波尔克的言传身教，成为其战术信条的忠实信徒。里希特霍芬在9月17日取得了首次空战胜利，11月23日又击落了英军著名王牌莱昂·霍克（Lanoe Hawker）。1917年1月，里希特霍芬以16架战果获得了蓝色马克斯，并被任命为第11狩猎中队指挥官。为了便于识别和彰显个性，里希特霍芬将飞机全身涂成红色，成为他鲜明的个人特征，也由此获得了“红男爵”的绰号。在“血腥的四月”里，他取得了22个战果，至6月时总战果已经超过50架，并升任第1战斗机联队指挥官，这支部队的飞机都采用五颜六色的怪异涂装，因此被戏称为“飞行马戏团”。

■ 一战头号王牌曼弗雷德·冯·里希特霍芬（左）与弟弟洛塔尔（右）的合影，后者也是拥有40次空战胜利的王牌，兄弟两人共击落了120架敌机，都获得了功勋勋章（左图），即著名的“蓝色马克斯”。

随着战果的不断累积，里希特霍芬成为在交战双方都享有传奇声誉的英雄，德军高层担心他的阵亡会影响士气曾要求他退役，遭到拒绝。作

■ 1917年1月担任第11狩猎中队指挥官的里希特霍芬坐在座机内与中队的其他飞行员们合影留念，坐在地上的是他的弟弟洛塔尔。

■ 1917年6月，第1战斗机联队的官兵们在新任指挥官里希特霍芬的带领下列队敬礼，这支部队是德军航空军团的精英。

■ 油画《最后的遗言》，表现了1918年4月21日“红男爵”里希特霍芬最后一次出击前的情景，那架全红涂装的福克 Dr Ⅰ型三翼机十分醒目。当天里希特霍芬在战斗中被击落殒命，最终战果为80架。

为一位出色的战术家，里希特霍芬一直追求机动灵活的战斗机，他一生驾驶过多种型号的座机，最出名的是福克 Dr 型三翼机，但实际上他只在这种飞机上战斗了两个月，取得了19个战果。里希特霍芬非常热心地支持福克 D Ⅶ型战斗机的研制，以自己的实战经验协助改进设计，使其成为一战德国最优秀的战斗机，但他本人却未能驾驭新机一展身手，在福克 D Ⅶ型服役前夕，里希特霍芬于1918年4月21日阵亡，最终以80次空战胜利成为一战各国头号战斗机王牌，而他指挥的第11狩猎中队也是德军中战果最高的战斗机中队，累计战果达350架，产生了不少于20位王牌。

英伦上空的魔影

自从诺曼征服时代以来，波涛汹涌的英吉利海峡就是保卫不列颠的天然屏障，无论是无敌舰队还是拿破仑的大军，都无法染指英伦三岛，但是随着20世纪初航空器的发展，海峡不再是一道无法逾越的天堑，而最先利用航空器打击英国心脏的正是德国，对英国的战略轰炸也成为一战德军航空兵最著名的作战行动之一。

当战争爆发时，德军没有一架轰炸机，只有飞艇能够执行远距离轰炸任务，在8月间，德国陆军出动飞艇部队轰炸比利时的列日（Liège），支援陆军作战，但被击毁3艘，迫使飞艇只能在夜间出动。在1914年中，德军飞艇至多只是从事向巴黎撒传单之类的行当。1915年1月7日，德皇威廉二世（Wilhelm Ⅱ）同意对英国本土实施空袭，以打击其民心士气，但禁止轰炸伦敦，避免他在英国王室的亲戚受伤。1月19日，德国海军的L3、L4号飞艇向诺福克郡的大雅茅斯（Yarmouth）、谢林汉姆（Sheringham）等地投掷了24枚50公斤炸弹，

■ 德国海军 L3号飞艇，为齐柏林公司制造的 LZ24号飞艇，曾在北海执行了24次侦察任务，1915年1月参与对英国本土的首次空袭。

■ 这幅创作于1917年的油画表现了一艘飞艇在完成轰炸返航时舱内的紧张气氛，机枪射手将头伸出舱外，寻找追击的敌机。

造成4人死亡、16人受伤，财产损失为7740英磅，但是在英国公众中引起的震动远远超过轰炸的实际损失，这是德军对英战略轰炸的第一击。在整个1915年中，德国陆海军飞艇先后16次空袭英伦，投掷炸弹37吨，炸死181人，炸伤455人。禁止轰炸伦敦的命令也在5月间被取消，英国首都在5月31日夜间也尝到了炸弹的滋味。

由于飞艇行动缓慢、充满危险的氢气，容易成为英军防空武器和战斗机的目标，德国陆军在1916年放弃使用飞艇空袭英国，只有海军飞艇部队继续行动，因为大多使用齐柏林飞艇而在英国民众心中引发了一场“齐柏林恐慌”。飞艇空袭在1916年达到高潮，全年共空袭23次，投弹125吨，造成293人死亡，691人受伤，迫使英国政府投入大量资源强化本土防空。在1917年和1918年，由于飞艇损失数量急剧增加，空袭次数明显减少，两年间仅出动11次，其中最后一次是在1918年8月5日，德国海军飞艇部队司令彼得 · 施特拉塞尔上校（Peter Strasser）在这次行动中殒命，为“齐柏林恐慌”画上了句号。在整个战争期间，德军飞艇总计实施了51次空袭，投弹5806枚，计196吨，造成557人死亡，1358人受伤，但德国人付出的代价极其高昂，有77艘飞艇被击落，1900余名官兵阵亡，损失率高达40%。“齐柏林恐慌”无论对英国人

■ 德国海军飞艇部队司令施特拉塞尔上校（1876 ~ 1918）

■ 德国海军L30号飞艇在夜袭伦敦时遭到英军战斗机截击的场面，远处另一艘飞艇已经中弹起火，在探照灯照耀下坠向地面。随着英军防空力量的加强，德军飞艇空袭的风险系数不断增加。

还是德国人，都是一场灾难。

从1917年5月开始，德国陆军航空兵使用大型轰炸机取代飞艇对英国展开空袭，投入的机型有两种，分别是哥达G型和齐柏林－斯塔克R型，前者是双发双翼轰炸机，载弹量约500公斤，后者是四发双翼轰炸机，载弹量达2000公斤！5月25日，第3轰炸机联队的21架哥达G型轰炸机发起首次昼间空袭，轰炸了肯特郡的福克斯通(Folkestone)，造成95人死亡，260人受伤，损失1架。6月13日，该联队又在昼间空袭伦敦，有162人丧生，432人受伤。第3轰炸机联队是为轰炸英国特别组建的部队，下辖6个中队，规模是普通轰炸机部队的两倍。在战争最后一年半的时间里，德国轰炸机成为英国人最大的心病，空袭警报频频响起，往往需要出动60～90架战斗机进行拦截。到1918年5月为止，德军轰炸机空袭英国数十次，投弹300吨，造成1400人丧生，4800人受伤，财产损失高达200万英镑，有60余架德机被击落。尽管德军从1915年开始持续不断地空袭英国，造成了一定的损害和精神震撼，但规模有限，无法从根本上摧毁英国的战争能力。讽刺的是，战后欧洲各国的军事理论家从这些行动中看到了战略轰炸的价值，反倒是德国人对此有所忽视。

哥达G.IV型轰炸机，1917年3月列装德军航空部队，是战争后期对英国实施战略轰炸的主要机型，时速135公里，续航时间6小时，实用升限5000米，装备2～3挺7.92毫米机枪，可载弹500公斤，制造数量230架。

1917年7月17日被德军大型轰炸机炸毁的英国建筑物，相比脆弱笨拙的飞艇，轰炸机在执行空袭任务时更有优势。

1918：衰落与战败

尽管德国人在1917年春季的空战中取得了显著的成功，德军航空兵的作战范围也进一步扩大，一些飞行分遣队被派往中东协助土耳其人作战，在东线自开战以来德军就一直保持着制空权，但是在最为关键的西线战场上，这已经是德国人最后一次占据空中优势。在1917年下半年，随着索普维斯"骆驼"、斯帕德13型等新锐战机陆续装备英法航空兵部队，德军飞机在性能上再度落后，而能与之抗衡的福克D Ⅶ型战斗机直到1918年4月才服役，为时晚矣。同时，受到协约国多年的封锁后，德国的战争资源日益枯竭，物资短缺，前线航空部队的供给陷入困境，以至地勤人员从坠毁的敌军战机残骸中搜寻补给品，比如将受损引擎中的润滑油抽出继续使用。到1917年底时，西线的制空权重新回到协约国手中。更为致命的是，拥有雄厚实力的美国

■ 福克D Ⅶ型是一战时期性能最优秀的德军战斗机，时速达200公里，实用升限6000米，装备2挺7.92毫米机枪，制造了3300架，但1918年春才服役，无力扭转战局。

■ 1918年春季，一架执行对地支援任务的德军飞机正在挂载弹药，准备出击。在1918年的“凯撒”攻势中，德军航空兵积极支援，但始终无法战胜对手的数量优势。

在1917年4月放弃中立，对德宣战，使得交战双方的实力对比彻底失衡，以德国为首的同盟国集团处于完全的劣势。

1918年初，随着俄国退出战争，德军将大量兵力调往西线，计划发动一系列强大攻势，企图在美国的战争潜力发挥作用之前击败英法，这次代号为“凯撒”的进攻战役于3月底开始，为此航空军团集结了超过2000架飞机，积极支援地面攻击，并在战役初期夺取了局部地区的制空权，战斗最激烈时每日损失飞机超过20架。然而，随着协约国源源不断的后援抵达，德军的攻势最终被遏制了。到1918年夏季德军再次转入守势时，其一线航空部队还保持着2400架飞机的规模，但与之对阵的协约国飞机数量已经超过10000架！这种敌众我寡、后续乏力的局面即使如里希特霍芬等一流王牌也是回天乏术，更不用说那些从东线调来的飞行员，他们完全不能适应西线空战的紧张节奏，往往不堪一击。德国人的劣势到1918年下半年变得更为明显，特别是美国军队大批开赴欧洲战场后，其航空部队也在英法协助下迅速扩充，在1918年8月圣米歇尔战役时，美军已经能够集结1500架飞机支援作战。虽然战争末期仍然有一些性能先进的战斗机列装德军航空部队，但无论如何都无法抵消协约国压倒性的数量优势。1918年11月，随着国内革命的爆发，德国宣布投降。

在长达四年的战争中，参战各国的航空力量都获得了爆炸性的发展，航空兵从战前的辅助兵种一跃成为与陆海军并立的战略性军种，升级为左右战局的关键力量。德国陆海军的航空兵力在开战时不过200余架的规模，到1918年11月时已达2390架，拥有80000名官兵，其中包括5000名飞行员。在战争期间，德国共生产各类战机47637架，因为各种原因损失27637架，有18372名官兵阵亡，产生了366位王牌飞行员，在空战中确认击毁敌机5425架，气球614个，但也有资料称击毁战果在7000架以上。虽然与胜利无缘，但德意志人用战绩证明自己在天空这个全新的战场上同样具有卓越的战斗力，是世界上最有天赋和进攻精神的空中斗士之一！

一战期间英法德保有、制造及损失的飞机数量

国家	保有数量		生产数量	损失数量
	1914年	1918年	1914-1918年	1914-1918年
德国	232	2390	47637	27637
英国	113	3300	58144	35973
法国	138	4511	67982	52640

New Luftwaffe
Condor Legion
Spanish Civil War

1919-1939

德国空军的创建与西班牙内战

打碎枷锁、重铸铁翼

苛刻的和约无法抑制飞翔的梦想，单薄的飞翼也能承载重生的希望

伪装下的重建

经历了“福克式灾难”、“齐柏林恐慌”、“血腥的四月”等痛苦时刻之后，协约国在1919年制定对德和约时，自然毫不留情地要折断德国人的翅膀。《凡尔赛和约》规定，德国陆军限制在10万人的规模，陆海军不得拥有、制造和研发军用飞机，不得建立空军，只允许保留用于商业用途的140架飞机和169台航空发动机。战后，协约国从德国掳走、销毁了16000架军用飞机，27000台航空发动机，对德国国内的航空活动实行严格监控，在战争结束两年内，德国没有生产一架飞机，虽然在1922年获得了制造民用飞机的许可，但性能受到限制，时速不得超过168公里，升限低于3900米，载重少于590公斤，航程不远于300公里。战胜国希望通过种种手段剥夺德国进行空中战争的能力，但是正如魏玛国防军统帅汉斯·冯·泽克特将军（Hans von Seeckt）所言，他们永远无法夺走德国人“坚强的信念”。

作为战后德国最高军事领导人，泽克特明智地意识到航空兵在未来战争中的作用，在改头换面的总参谋部中设立特别航空处，将180名有航空作战经验的军官留在规模有限的军队中，让他们向部队灌输空地配合的战术观念。泽克特还千方百计地寻求规避和约，发展航空部队的方法，并将目光投向东方。新生的苏俄政权不是和约缔约国，远离协约国的监视，而且受到西方的孤立和封锁，又渴望获得先进的技术，泽克特认为可以

1918年英国人将缴获的德军飞机拉到伦敦街头上展览，而在次年签订的《凡尔赛和约》中，战胜国更是不遗余力地剥夺德军的航空作战能力，禁止德国设计、制造军用飞机。

魏玛国防军的缔造者冯·泽克特将军（1866～1936），他意识到空中力量的重要性，并寻找机会重建航空部队。

■ 根据1920年代初苏德达成的秘密合作协定，德军在苏联租借基地，建立飞机工厂，进行飞行训练，研发新型飞机，图为20年代在苏联工作的德国航空技术人员的合影。

■ 20世纪30年代初，在德国南部的一座航校里，学员们驾驶 Ar 64型双翼机进行密集编队飞行，他们是作为未来的战斗机飞行员接受训练的。

与苏联展开秘密军事合作，在境外进行和约禁止的研发活动和军事训练。从1920年底开始，德国军方通过外交途径与苏联展开秘密谈判，1922年《拉巴洛条约》签订后，两国很快达成秘密军事协定，包括德国容克飞机公司在苏联开设工厂，设计、制造军用飞机，并在莫斯科东南400公里的利佩茨克（Lipetsk）建立一个苏德共用的航空训练基地，双方共享技术成果，德国还要每年支付200万马克的基地使用费。

利佩茨克基地于1925年启用，出于隐蔽目的，来自德国军方的受训者均使用假护照，并且退出现役，使他们的活动披上“民间行为”的外衣，而当德国空军组建后，就立即恢复军职。大约200～300名飞行员在这里接受了六个月的训练，除了基础飞行训练外，还有观测、轰炸、空中格斗等内容，甚至还参加苏军演习，演练空地协同战术，在这些受训者中包括两位未来的德国空军元帅，此外还有大约750名其他空勤人员和管理人员在利佩茨克得到必要的训练。苏德双方的秘密合训持续了长达8年之久，直到1933年纳粹上台后才终止。

与苏联的合作只是泽克特重整军备计划的一部分，在德国国内飞行训练也一直没有停止。当协约国对民用航空的限制有所松动，在军方的暗中资助下建立了10所航校，名义上是培训民间飞行员，实际上是为军队的老飞行员提供进修机会，并培养新飞行员。由于协约国对无动力飞行未加限制，战后滑翔机运动在德国迅速兴盛起来，许多热爱飞行的年轻人都热切投身其中，他们不仅享受到飞行的乐趣，更掌握了基本的飞行技巧，到30年代初期，多达15000名滑翔机驾驶员成为德国空军最主要的人才储备。滑翔机运动也激发了航空研究，许多知名飞机设计师如福克、梅塞施密特等都是这项运动的爱好者，他们从中意识到单翼机的优越性，从而获取了设计的灵感。泽克特对滑翔机运动也极为关注，甚至动用军队经费资助航空俱乐部的活动。国防部还通过运输部

■ 1924年一家民间滑翔机俱乐部在野外举行飞行活动，可见观者如潮。20年代德国滑翔机运动的兴盛有利于航空技术的发展，在空军人力资源储备方面发挥了重要作用。

■ 1926年成立的德国汉莎航空在几年内迅速成为欧洲最大的民航公司，在其民间外衣之下孕育着未来德国空军的胚胎，图为乘客们登上汉莎航空的客机，摄于1926年新启用的柏林坦贝尔霍夫机场。

门同民间企业达成协议，为军队飞行员的训练提供商业伪装，当人们看到一架轻型飞机拖着啤酒厂的广告横幅飞越城区时，没有人会想到他们正在见证未来战斗机飞行员的训练。

1926年5月，英法德意签订《巴黎航空协定》，彻底解除了对德国民用航空的限制，同年成立了德意志汉莎航空公司（Lufthansa），旗下的空地勤人员、技术人员和管理人员实际上构成了军队的航空后备役，公司高管中有不少人日后成为德国空军的高级将领，比如总经理埃哈德·米尔希（Erhard Milch）后来主管空军军备发展，官至空军元帅。到30年代初期，汉莎航空已经成为欧洲规模最大、装备最好的航空公司，同时也为未来的德国空军储备了大批航空人才，还担负着检验新型飞机性能，积累飞行经验的职能。与民航业的发展相适应，在全德国范围内兴建了100多座设施完备的机场、一流的气象台站和通讯系统，也为德国空军基地网络的构建打下了良好的基础。

在为重建空中力量进行人力资源储备的同时，德国人还利用和约漏洞从事军用飞机的研发和制造，许多航空企业都转移到国外继续经营，比如福克就将工厂迁往祖国荷兰，制造的飞机又秘密运回德国，用于飞行训练，在丹麦、瑞典、苏联，都有德国人控制的飞机制造厂和设计机构，使得德国航空工业能够紧跟技术潮流。在德国国内，诸如亨克尔公司等航空企业也利用承接外国订货的机会干着同样的事情，并在官方的协助下逃避协约国的检查。1926年德国民用航空得到松绑后，容克、道尼尔、亨克尔等公司立即积极行动起来，展开新机研制，虽然他们表面上制造的都是民航客机、邮政飞机或运动飞机，但在设计上都留有余地，稍作改装就能成为军用飞机，比如巴伐利亚飞机公司的年轻设计师威利·梅塞施密特（Willy Messerschmitt）推出的Bf 108型旅行飞机后来被空军采用为联络机、教练机，并成为Bf 109型战斗机的前身，而汉莎航空使用的亨克尔He 70、He 111型、福克Fw 200型、容克Ju 52型等民用机型都是后来德国空军轰炸机、运输机的原型。

■ 尽管受到和约的限制，德国人在设计民用飞机时都会考虑到军事用途，比如图中这架服务于汉莎航空的He 70型高速客机就为未来的主力轰炸机He 111提供了技术蓝本。

在民用航空合法化的同时，德国国防军也开始秘密重建航空部队，最初计划组建14个中队，但到1931年时已扩充到30个中队的规模，到1933年纳粹党上台时已经培养了550名飞行员和180名观察员，各型飞机250架，其中作战飞机仅有13架。虽然这些部队处于无法公开的秘密状态，但实际上无论是人员还是装备，都已经为德国空军的创建做好了充足的准备。

纳粹上台与空军的创建

1933年1月30日，阿道夫·希特勒（Adolf Hitler）出任德国总理，随着纳粹党攫取权力，德国废除和约、重整军备的步伐大大加快了，其中包括重建空中力量。2月间，成立了由纳粹党二号人物、前一战王牌飞行员赫尔曼·戈林领导的帝国航空委员会，最初只是戈林的个人参谋部，但其最终目的是控制整个德国航空业，进而组建独立的空军。3月25日，德意志航空运动协会（Deutschen Luftsportverband，DLV）成立，戈林任协会主席，以促进航空运动的名义，将政府及民间的飞行运动组织合并，从事飞行训练，被视为德国空军的前身。4月，帝国航空委员会改组为帝国航空部，作为航空事务的最高主管部门，戈林担任航空部长。5月15日，国防部长勃洛姆堡（Blomberg）批准将属于陆军的军事航空处及飞行单位纳入航空部的管辖，意味着戈林获得了对民用航空及军用航空的全部控制权，这一天被认为是德国空军的官方诞生日，但此时还不能公开其存在。在并入航空运动协会的组织中包括纳粹党于1931年成立的国家社会主义飞行军团（Nationalsozialistisches Fliegerkorps，缩写NSFK），这个准军事组织由冲锋队控制，该组织的许多成员后来以纳粹党员的身份转入空军，使得德国空军相比陆海军具有更明显的纳粹背景，

■ 身为纳粹党二号人物和一战王牌飞行员的戈林在纳粹主政之初就获得了领导全德航空事业的大权，加速发展空军力量。

以至于希特勒断言道：“我有一支信奉天主教的海军、一支保守的陆军和一支国家社会主义的空军。”

在成为航空领域的主宰后，戈林开始实施重建空军的计划，但他并不是一个合适的领导者，自从1922年之后他就没有驾驶过飞机，对航空技术的最新发展一无所知，醉心于权力争斗和奢侈生活，他对创建空军唯一的积极作用是利用自己

■ 30年代德国民间航空运动协会的会员们在做军体操，当德国开始重建空中力量时，他们将在新的德国空军中获得用武之地。

■ 1934年身为航空部大员的米尔希（左）视察一家飞机制造厂。作为精明强干的管理者，他以强力手腕加速德国航空工业的复兴。

在纳粹党内的影响力，在军备扩张中为空军争取更多的资源。实际上，真正领导空军重建的是戈林的副手米尔希，这位前汉莎航空总经理早在一战时就与戈林相识，曾动用民航飞机赞助希特勒的竞选活动，捞取了政治资本，是一位精明强干、熟悉技术的管理者，他在1933年获得了航空部国务秘书的职位，负责航空工业的发展。

■ 航空部作训主管赫尔穆特·费尔米（1885～1965），在战争中曾担任航空队司令，晋升为空军上将。

在1933年时米尔希面临的局面并不乐观，虽然在战后十余年间德国人竭力保持和发展飞机制造能力，但在条约限制下航空工业的规模依然非常有限，在1933年时全国仅有七家飞机制造厂和四家航空发动机厂，工人总数不过3200人，飞机月产量仅有100架，而根据航空部主管作战和训练的赫尔穆特·费尔米（Hellmuth Felmy）中校计算，在战时每月至少要生产500架飞机才能满足作战需要。新型作战飞机的研发也举步维艰，至1932年时航空部门仅能拿出四种军用飞机的设计方案，很多设计还在图纸阶段就已经过时了。受到20年代末经济危机的影响，德国航空业十分不景气，不少公司陷于财政困难，开工不足，而且生产方式落后，效率低下。

这一切都不足以吓倒米尔希，他与助手们制定了周密的计划加速航空工业的复兴，采取强硬手段要求工厂加班加点，制造更多的飞机，甚至将部分公司收归国有。航空部还提供大量低息、无息贷款，帮助航空企业度过危机，提高产能，加快新型飞机的设计开发。至1934年时，米尔希的努力初见成效，航空业的工人总数达到16000人，在1933年至1936年间新建飞机制造厂60家，采用分散制造、集中组装的生产模式后，飞机月产量增长了两倍，至1935年5月德国空军已经拥有大约2000架飞机，诸如Bf 109、He 111、Do 17等新型飞机也纷纷投产，装备部队。此外，德国空军的组织和基础设施建设也稳步推进，建立了相当于陆军军区的航空管区，加快飞行员培训，大约200万工人在全国范围内扩建、新建机场和附属设施，到1935年2月时已新建20座军用机场，另

■ 当1935年纳粹政府废除和约时，德国空军已初具规模，下图为1935年8月位于德贝利茨基地的He 51战斗机群，属于“里希特霍芬”中队，该部队后来扩编为第2战斗机联队。

1935年纳粹党党代会期间，德国空军的一个Ju 52运输/轰炸机三机编队从主办城市纽伦堡上空飞过，这种机型原本是民用客机。

有十余座正在建设。航空部在柏林附近的雷希林(Rechlin)建立了飞行试验中心，从事技术研发和新型飞机的试飞。经过两年的重整、构建，德国空军已经初具规模。

1935年2月26日，希特勒正式宣布德国空军的存在，作为国防军的第三个分支，并任命航空部长戈林兼任空军总司令。3月16日，德国政府宣布废除《凡尔赛和约》，实行普遍义务兵役制，德国国防军(Reichswehr)改称德国武装部队(Wehrmacht)，德国空军的名称也由Reichsluftwaffe变更为Luftwaffe，此后所有试图掩盖空军存在的伪装措施均被取消，德意志人在欧洲的天空中重新为自己获得了一席之地。

建军战略之争

就在德国开足马力打造一支强大的空中力量时，在其内部针对空军的作用和任务发生了一场激烈的争论，来自陆军和参加过一战的老飞行员的观点认为，空军应该是一支战术力量，首要任务是协同陆军作战，它的所有行动都应以支援地面部队进攻为中心，包括提供侦察信息、轰炸和扫射以及空中掩护。鉴于德国地处欧陆中心，四面临敌，受到严重的陆地威胁，支援陆军作战在1933年至1934年时受到德国空军的特别强调。但是，在20世纪20、30年代，杜黑的空中制胜论流行一时，在德国也不乏追随者，部分有远见的空军军官意识到德国需要建立一支装备重型轰炸机的作战部队，用于打击敌国腹地纵深目标的战略行动，使德国空军成为能够进行独立空中战争的武装力量，其中最主要的代表人物就是德国空军首任总参谋长瓦尔特·韦弗尔(Walther Wever)。

作为一位经历一战、经验丰富的职业军人，韦弗尔对战略问题有着深刻的洞察力。当时军界的主流观点认为波兰和法国将是德国未来最主要的敌手，但韦弗尔在仔细研究了《我的奋斗》之后，准确地预见到苏联才是希特勒战争计划的终极目

德国空军首任总参谋长韦弗尔上将(1887～1936)，他力主建立空中战略作战力量，支持研发远程重型轰炸机，提出了“乌拉尔轰炸机”项目，他在1936年因空难去世后，德国空军的建军方向发生转变。

■ 30年代中期研发的Do 19型四发重型轰炸机，属于“乌拉尔轰炸机”项目的一部分。由于空军高层在建军战略上的争论，该机型最终没有投产，仅制造了3架原型机。

标。要与这个国土广袤的庞然大物作战，德国空军必须装备大航程的重型轰炸机，以便对苏联心脏地带展开攻势。韦弗尔在1934年5月提出了一个为期七年的“乌拉尔轰炸机”项目，研发航程可达乌拉尔山以东的远程轰炸机，并催生出Do 19、Ju 89两款原型机。值得注意的是，韦弗尔虽然是战略空军的支持者，但他并不赞同杜黑所主张的对平民目标进行恐怖空袭的观点，这也是德国军队高层的一致看法，因为担心敌军也会以同样的手段对德国城市进行报复。韦弗尔也没有忽视空军的战术作用，在1935年由他主持制定的德国空军战术条令中，对作战任务的界定兼顾了战术和战略目标，条令指出空军在战时主要有五项任务：

1、通过轰炸敌空军基地和飞机工厂摧毁对手的空中力量，并阻止敌空军袭击德国目标；

2、通过攻击铁路、公路、桥梁、隧道，阻止敌重兵集团的运动，破坏敌方后勤系统；

3、密切支援己方地面部队，特别是装甲部队的进攻，并阻止敌军地面部队的攻势行动；

4、支援海军作战，包括轰炸敌海军基地、保卫己方海军基地以及直接参与海上战役；

5、通过对敌方军事工业的打击，破坏其武器生产，削弱敌军的作战能力。

不幸的是，韦弗尔在1936年6月因飞机失事遇难，重型轰炸机项目失去了最有力的支持。戈林任命阿尔伯特·凯塞林（Albert Kesselring）继任总参谋长，同时授命恩斯特·乌德特（Ernst Udet）出任空军军备总监，实际上宣告了战略空军计划的流产。凯塞林主张用一种航程达1600公里、具备有限战略能力的中型快速轰炸机取代重型轰炸机作为空军打击力量的核心，认为足够数量的中型轰炸机足以对德国周边邻国形成战略威慑。他的意见在空军内部很有市场，但这一观点忽视了对英国的作战，因为希特勒许诺不会和英国开战，自然也没有考虑对苏战争的需要。至于乌德特则是新兴的俯冲轰炸机的狂热粉丝，而这种飞机是一种纯粹的战术型作战飞机，在这两个人的主导下，德国空军的发展方向开始向战术型空军偏移。

另一方面，重型轰炸机项目在经济上也遇到

■ 在1936年出任空军军备总监的乌德特坐在以他的名字命名的特技飞机中，作为一战二号王牌飞行员，他是俯冲轰炸机的狂热粉丝。

■ 1936年4月，希特勒在戈林和米尔希的陪同下参观某机场，在空军建设战略问题上希特勒更关心飞机的数量，而非飞机的大小。

严重困难，当时德国重建空军所需的重要资源橡胶、铝和石油都严重依赖进口，在全面扩军备战的情况下，三军对资源的争夺极为激烈，无法提供批量制造重型轰炸机的资源，而一架重型轰炸机的成本相当于三架中型轰炸机，戈林做出了决定性的结论："元首不会关心轰炸机有多大，只会在意数量有多少。"虽然德国人并没有彻底放弃发展重型轰炸机的计划，但其规模大为缩小，加上德国航空界在设计此类飞机时缺乏经验，存在技术瓶颈，进展缓慢，仅有一种型号即He 177投产，但无论性能和数量都不令人满意，德国空军在战时计划研发航程远至美国的重型轰炸机，也大多停留于设想。最终，德国空军没有获得大规模战略轰炸能力，其负面影响将在开战一年后显露出来。

西班牙内战与秃鹰军团

在德国空军的存在公诸于世后，其实力持续增长，至1936年时已经拥有近20000名官兵，飞机数量也不断增加，但仍然面临很多问题，比如部分机型已显过时，缺乏有经验的军官，在战术战略问题上存在争议等等，最重要的是新生的德国空军还是一支未受实战检验的空中力量，其作战经验还停留在1918年。一柄利剑只有饮血方显价值，一只雏鹰初试利爪才算成年，当希特勒在

■ 在30年代中期，德国空军的飞行员们利用He 51型双翼战斗机进行训练，当时德国空军的部分机型已经落伍，需要升级换代。

1936年3月开始第一次冒险，出兵莱茵非军事区时，德国空军仅派出两个战斗机中队象征性地飞越莱茵河，充其量只算是武装巡游，它亟需真正的战斗来验证装备性能、战术设想和训练成果，这样的机会不久即到来了。

1936年7月，西班牙的动荡局势终于演变成一场血腥的内战，由民主派主导的共和国政府从法国和苏联获得援助，而佛朗哥（Franco）领导的国民

■ 在1936年3月出兵莱茵非军事区的行动中，德军战斗机编队飞越莱茵河。这次行动只有象征意义，而新德国空军需要实战的考验。

1936年8月，在北非等待搭乘德国飞机前往西班牙本土的摩洛哥部队，代号"魔火"的空运行动是德国干涉西班牙内战的开端。

军则向德国和意大利乞求援手。希特勒和军方高层很快意识到西班牙正是一个检验新德国军队战斗力的绝佳试验场，倾力相助。佛朗哥起初要求德国提供10架运输机帮助他将非洲部队空运到本土，而希特勒慷慨地拿出了20架 Ju 52运输机，空军和汉莎航空各出一半，另派出6架 He 51战斗机护航。为了避免外交纠纷，还成立了一些假公司作为掩护，德方人员以观光者的身份进入西班牙。8月间，代号为"魔火"（Feuerzauber）的空运行动开始，在两个月时间内运送了13500名士兵、36门火炮、127挺机枪和500吨弹药，帮助佛朗哥稳定了战局，这是历史上第一次成功的军事空运。

与此同时，大批德国军援也陆续送达，一些德国军人以教官身份教授西班牙人掌握德制武器，甚至直接参与了战斗。8月25日德军飞行员汉斯·特劳夫特（Hannes Trautloft）和克拉夫

德国军事顾问瓦利蒙特中校（1894～1976），长期在最高统帅部工作，晋升至炮兵上将。

秃鹰军团首任司令施佩勒少将（1885～1953），后担任航空队司令，晋升至空军元帅。

德国"秃鹰军团"军旗正面。

特·埃本哈特（Kraft Eberhardt）各击落了一架共和军飞机，取得了自一战结束以来德国人的首次空战胜利。9月6日，赫维希·克尼佩尔（Herwig Knüppel）击落了第5架飞机，成为新德国空军的第一位王牌。10月间空运结束后，担任佛朗哥军事顾问的德军总参谋部军官瓦尔特·瓦利蒙特中校（Walther Warlimont）建议将在西班牙的德军官兵编组成作战部队，更积极地投入战斗，以获取实战经验，获得批准，戈林为其命名为"秃鹰军团"（Condor Legion），由胡戈·施佩勒空军少将（Hugo Sperrle）任司令。"秃鹰军团"的主体是德国空军派出的一支混合作战部队，包括一个战斗机大队、一个轰炸机大队、一个侦察机大队以及防空、通讯、后勤部队，所有单位的番号均采用88，最初大约有5100余人，各型飞机136架。军团官兵都是从德国国内各部队招募的志愿者，报名者趋之若鹜，人人都渴望战斗，后来采取轮换制，让最优秀的飞行员轮流获得实战锻炼。

1936年11月，佛朗哥的国民军在秃鹰军团的配合下包围了马德里（Madrid），在残酷的攻城战中，德国轰炸机首次尝试了对平民目标的地毯式轰炸，试图摧毁共和军的抵抗意志，但事与愿违，反而激

■ 1937年4月26日小镇格尔尼卡遭到德意飞机狂轰滥炸后留下的残垣断壁，这次空袭成为秃鹰军团历史上无法抹去的污点。

发了马德里人的愤怒和仇恨，战局陷入僵持。在城市上空，制空权的争夺也十分激烈，共和军获得了苏联援助的伊－15、伊－16战斗机，它们通常由苏军飞行员驾驶，在性能上优于落伍的德制 He 51，使得秃鹰军团在空战中落于下风，另一方面，由 Ju 52运输机发展而来的轰炸机也被证明并不十分称职，前线要求更新装备的呼声愈加强烈。

在马德里受挫后，国民军于1937年初转而进攻北部的巴斯克地区（Basque），秃鹰军团也在冬季得到了 He 111、Do 17、Hs 126等新型飞机的增援，被立即投入一线战斗。1937年春季，秃鹰军团与意大利干涉军的轰炸机群联合对巴斯克地区展开一系列空中攻势，许多城镇遭到狂轰滥炸，其中最悲惨的一次是4月26日对小镇格尔尼卡（Guernica）的野蛮轰炸，24架德意轰炸机倾泻了22吨炸弹，造成1654人死亡、889人受伤，这一战争暴行因为著名画家毕加索（Picasso）据此绘制的名画《格尔尼卡》而为广为人知，并遭到世界舆论的谴责，使德国空军背负了“暴徒”和“杀人犯”的骂名，即使在军团内部对此也颇为忌讳，一位德军飞行员回忆说：“我们不想谈论格尔尼卡”。

1937年夏季，首批量产的梅塞施密特 Bf 109B 型战斗机被优先配备给秃鹰军团的 J/88大队，这种线条流畅、机动敏捷、火力强劲的新型战斗机超越了苏制战斗机，帮助德国人迅速获得了空战优势，使军团中诞生了更多的顶尖空中杀手。在内战期间共有26位德军飞行员跻身王牌之列，他们也是新德国空军最早的一批王牌，其中战果最高的是

■ 上图是1937年装备秃鹰军团 J/88大队的 Bf 109型战斗机；下图是在西班牙前线作战的 He 111B 型轰炸机，属于秃鹰军团 K/88大队，飞机前方成排堆积的炸弹凸显出作战强度之大。德国空军在干涉中不仅出力甚大，而且派出新锐机型进行实战检验。

■ 身穿秃鹰军团制服的莫尔德斯上尉（1913～1941），他以14架战果成为秃鹰军团头号王牌。彩色侧视图为莫尔德斯驾驶的Bf 109D型战斗机，垂尾上有15个战果标志，确认战果14架，并绘有J/88大队的队徽。

J/88第3中队的维尔纳·莫尔德斯上尉（Werner Mölders），在1938年7月至11月间总共击落了14架敌机，其中13架是战斗机，获得了最高级别的钻石金质佩剑西班牙十字勋章，而在未来的战争中，莫尔德斯还将有更为炫目的表现。

空战性能不佳的He 51更多地用于对地支援行动，德国空军的另一位传奇人物阿道夫·加兰德（Adolf Galland）在此类战斗中表现出非凡的勇敢和智慧，出击300余架次，在飞行员当中建立了威望，日后成为著名的战斗机部队指挥官。1938年1月，刚刚列装的Ju 87型俯冲轰炸机也被送往西班牙战场进行检验，它们在对共和军的指挥所、桥梁、炮兵阵地以及舰船轰炸中表现出极高的精度，极大增强了德国空军大量装备俯冲轰炸机的决心。当然，各种新型飞机在战斗中暴露出的问题也被迅速反馈到德国国内，帮助工程师们改进设计，提高性能，对于德国空军的装备进步起到了积极作用。

西班牙不仅是德国空军检验新型武器的实验场，更是产生新战术的温床。莫尔德斯根据空战经验，大胆地对当时各国空军流行的三机人字形编队进行了改革，创造出以双机、四机编队为基础的“四指形编队”，这种新队形可以使飞行员彼此获得掩护，不必时刻保持复杂的编队，极大提

■ 这幅画作表现了西班牙内战期间秃鹰军团的He 51型战斗机在Bf 109型战斗机的掩护下执行对地攻击任务的情景。德国空军在西班牙战场上充分探索了空地协同战术，为闪电战的成功奠定了基础。

高了飞行员的生存性和灵活性。加兰德在对地攻击行动中也颇具创新精神，研究出纵队依次突击、横队同时突击等多种有效的攻击战术，不断提高轰炸精度。更为重要的是，德国空军在西班牙战场上首次实际演练了预想的空地协同战术，密切支援装甲部队的攻击，显示出巨大的威力，为孕育中的“闪电战”战法提供了实践经验。

1939年5月，佛朗哥最终取得了内战的胜利，而秃鹰军团起到了关键作用，在战争期间投弹17000吨，发射枪弹430万发，击落敌机372架，击毁舰船60余艘，自身被击落72架飞机，另有160架飞机毁于事故，大约20000名德军官兵亲历战火，无论是装备改进，还是战术创新，都大获裨益。当1939年8月欧洲再度濒临战争边缘时，德国空军在规模、装备、训练和经验上都堪称欧洲第一，相比对手有明显的优势。

经过战前六年的扩充，至1939年夏季，德国空军的兵员已达373000人，其中大约20000人为航空人员，伞兵、高射炮兵和通信兵部队都占据了相当大的比例，装备飞机数量达4201架，包括1191架轰炸机、361架俯冲轰炸机、788架单发战斗机、431架双发战斗机、488架运输机及其他各型飞机，组建了9个战斗机联队、4个驱逐机联队、11个轰炸机联队、5个俯冲轰炸机联队以及大量其他飞行部队，它们被配属于四个航空队及空军总司令部指挥下，负责不同战略方向上的空中作战。当然，德国空军也不是全无缺点，在战争来临时尚未进行充分的动员，尤其缺乏弹药储备，特别是超过500公斤的重型航弹，现有的弹药重量较轻，数量也不足，据称如果战役旷日持久，德国轰炸机群将在三周的密集行动后耗尽所有弹药。但是，从纸面实力看，德国空军的强大是毋庸置疑的。

■ 1939年3月1日“空军日”，戈林在航空部大楼前检阅空军部队。

■ 1939年6月6日，在柏林举行了盛大阅兵式，庆祝秃鹰军团从西班牙凯旋，图为军团官兵排成方队，正步敬礼从检阅台前通过。经过西班牙内战的锤炼，德国空军在技术和经验上都日臻成熟，成为一支真正令人生畏的空中雄师。

The Blitzkrieg
Poland and West Europe
Battle of Britain

1939-1941

战争初期“闪电战”中的德国空军

霹雳炸响在欧洲天际

从波兰原野到英吉利海峡，大地、天空和海洋都在铁十字羽翼下颤抖

闪击波兰

1939年8月25日，驻德国东部的空军各部队都接到来自戈林的暗号“厄尔特马克”，意味着次日对波兰开战，但在最后时刻命令取消了，接下来是长达六天的紧张等待，直至31日柏林方面确定战争已经无法避免，德国空军即将迎来二战中首次大规模战役。德国入侵波兰的“白色”方案（Fall Weiss）计划以两个陆军集团军群从南北同时向波兰纵深突击，以大范围的钳形攻势包围、消灭波军主力，德国空军的任务是摧毁波兰空军，夺取制空权，破坏敌军指挥中枢和交通网以及全力实施对地支援。凯塞林上将指挥的第1航空队将配合北方集团军群的进攻，下辖807架飞机，另有92架水上飞机，亚历山大·勒尔上将（Alexander Löhr）的第4航空队则负责支援南方集团军群，下辖627架飞机，另有30架斯洛伐克飞机，此外有333架侦察机被配属给陆军部队，为防备波军空袭，在国内的406架战斗机也全力戒备，共计2295架飞机投入波兰作战（有资料称实际可用飞机为1929架）。相比之下，波兰空军的实力明显不济，虽然号称有900架飞机，但实际上只有397架可以作战，而且机型老旧，战斗机的速度甚至比不上德军新型轰炸机。

■ 波兰战役时的第4航空队司令勒尔上将（1885～1947），后长期担任战区高级指挥官，晋升空军大将。

■ 1939年9月波兰边界附近一座繁忙的德军野战机场，可以看到成排的战斗机和运输机，一架 Bf 109正在降落。波兰战役是德国空军在二战中的首秀，面对弱势的波兰空军轻松取胜。

■“白色”方案的第一击是由StG1联队的一个Ju 87三机编队完成的，在这次战役中，“斯图卡”的威名将震人心魄。

“白色”方案的进攻时间是9月1日凌晨4时45分，但在此前20分钟，第1俯冲轰炸机联队第3中队的一个Ju 87三机编队就已振翅起飞，执行德国空军在战争中的第一次攻击任务，目标是维斯瓦河上迪尔沙铁桥附近的波军爆破装置，4时35分，炸弹准确命中，距离开战时间还有10分钟，实际上是空军打响了第一枪。德军原计划在战役首日集中轰炸华沙（Warsaw），但天公不作美，当天波兰全境大雾弥漫，因此取消行动，主要对边境附近的目标实施突袭，进而轰炸波军机场，力图将波兰空军消灭在地面上，但是波兰人早有准备，预先将飞机转移到伪装的野战机场，保存实力，德军炸毁的大多是空机库和废旧飞机。同日，德国空军在二战中的第一个空战战果也诞生了，意外的是并非出自战斗机部队，而是俯冲轰炸机部队创造的，第2俯冲轰炸机联队第1大队的弗兰克·纽伯特少尉（Frank Neubert）在空袭克拉科夫机场时用Ju 87B的机枪击落一架波军P11型战斗机。

随着战役的深入，德国空军的优势越发显现出来。尽管波兰空军的轰炸机竭力试图阻止德军装甲部队的快速推进，但面对Bf 110、Bf 109战斗机的凶狠拦截，完全没有机会，至9月5日波兰轰炸机已经损失殆尽。波兰战斗机也积极活动，不断袭扰德军，并给对手造成相当的损失，然而，数量占优的德军战斗机常常在波兰机场上空徘徊，在波军战斗机起飞阶段就将其击毁，而且在交通网遭到破坏后，波军迅速陷入后勤危机，缺乏供给，至9月14日仅剩54架飞机尚能出动，残余飞机不久即向罗马尼亚撤退，从此天空中再也没有波兰空军的身影。在摧毁波兰空中力量的同时，德国空军也对波兰海军展开突击，来自第186特别大队第4中队的Ju 87轰炸机于9月3日在海尔半岛（Hel）附近击沉了波军驱逐舰“强风”（Wicher）和布雷舰“狮鹫”号（Gryf），这支部队原本计划配备在海军的“齐柏林伯爵”号航空母舰（Graf Zeppelin）上。

在将波兰海空军逐出战场后，德国空军获得了完全的行动自由，更专注于实施对地支援行动，甚至战斗机都参与其中，而Ju 87“斯图卡”表现尤其抢眼，它们俯冲时发出的尖啸有时甚至比机翼下的炸弹更有威力，令敌军官兵肝胆俱碎，士气瓦解。在9月中旬的布祖拉河之战中，德国空军通过强有力的对地攻击甚至挽救了陆军的危

■下面这幅航空画表现了波兰战役期间，波兰空军的P 11型战斗机与德国空军的Bf 109型战斗机展开空战的场面，尽管波兰飞行员进行了勇敢的抵抗，但无法改变数量和装备水平上的劣势。

1939年9月，JG 53联队第4中队的飞行员们围在地图前做战斗简报，人人面带笑容，看来战斗非常顺利。在波兰战役期间，德国空军出色完成了夺取制空权和对地支援的任务。

机。当时波军"波兹南"集团军主力及"波莫瑞"集团军残部约20万人自9月10日开始在布祖拉河(Bzura River)一线向德国第8集团军薄弱的侧翼发起攻击，试图向华沙突围。南方集团军群要求空军紧急增援，数百架战斗机、轰炸机和俯冲轰炸机云集战场，向地面一切活动的东西猛烈开火，布祖拉河上的桥梁和渡口遭到摧毁，雨点般的炸弹落进波军行军纵队中，造成惨重伤亡，在战斗最激烈的9月16、17日，德军飞机每十分钟就往返战场一次，打光所有弹药后迅速补充，连续出击。一位波兰将军后来回忆："这次空袭飞机架数之多、攻击之猛、飞行员胆量之大都是罕见的，地面简直成了人间地狱。"9月19日，波军彻底崩溃，约17万人被俘。

9月17日，苏军从东面侵入波兰，战役的结局已经没有悬念，德国人只剩一个目标：华沙。9月25日，德国空军出动400余架轰炸机对波兰首都实施大规模空袭，这是当时前线所能集结的全部兵力，其中甚至包括装载燃烧弹的Ju 52运输机，鉴于胜券在握，戈林已经将大部分飞机调往西线防备英法的进攻。尽管如此，空袭还是起到了威慑效果，次日波兰人请求投降，9月28日波兰战役宣告结束，德国空军赢得了战争中的首次重大胜利，也首次验证了"闪电战"的威力，此后德军指挥层更加重视空军与地面部队的配合。当然，胜利不无代价，德国空军损失飞机285架，大部分毁于波军防空炮火，有539名机组成员阵亡、受伤或失踪，消耗弹药3000吨，是战前储备的三分之一。

德军机枪手透过轰炸机的风挡注视正被战火蹂躏的波兰城镇。

威悉河演习

在德国入侵波兰后，英法对德宣战，却是只宣不战，两军隔着法德边境对峙，形成所谓的“静坐战”，但在空中擦枪走火式的冲突持续不断，许多德军飞行员正是在这一时期体验到空战的滋味。在1939年至1940年的冬季，德国空军进一步扩充，在开战半年内新组建了30个轰炸机中队、16个战斗机中队以及5个驱逐机大队，飞行学校的数量增加到63所，飞行员人数增长31%，航空工业也开始施行十小时工作制，全年飞机产量达到10800架。西线平静的表面下正酝酿着新的战事，希特勒早在1939年11月就准备进攻法国及低地国家，但因天气、后勤等因素推迟至1940年春，而西线攻势的第一拳打在偏远的北欧。

为了确保侧翼安全及铁矿石运输线的通畅，希特勒命令占领丹麦、挪威，行动代号为“威悉河演习”（Weserübung），这是战争史上第一次海陆空联合作战行动，德国空军将负责夺取制空权、掩护海陆军的登陆行动，投送伞兵以及防备英法从海上发起的反攻。参加此次战役的空军部队是汉斯·费迪南德·盖斯勒中将（Hans Ferdinand Geisler）的第10航空军，下辖1065架飞机，包括100多架战斗机、300余架轰炸机和550架运输机，后者用于空投伞兵和运送后续部队，参战的伞兵部队来自第1伞兵团，他们奉命突袭关键的机场和桥梁，这是德军伞兵在战争中的首次亮相。第10航空军的对手比波兰空军更加弱小，丹麦有89架飞机，挪威仅有74架。德军希望能够和平达成目的，空军预计只是进行示威飞行或播撒传单，但实际情况并非如此。

“威悉河演习”行动于1940年4月9日清晨开始，丹麦的抵抗非常微弱。来自第1驱逐机联队约两个中队的Bf 110在晨光中对目标机场实施了一次快速打击，几乎将丹麦空中力量全部消灭在地面上，伞兵也兵不血刃地占领了既定目标，丹麦在24小时内宣告投降。对挪威的入侵同时开始，但德国人遇到了麻烦，恶劣天气阻碍了空军的行动，俯冲轰炸机未能及时压制挪威海岸炮台，结果德国海军“布吕歇尔”号重巡洋舰（Blücher）被岸炮击

■ 1940年4月9日清晨，KG100联队的He 111机群对挪威奥斯卡伯格要塞实施低空轰炸，试图压制挪军的海防力量，但没有成功，当天德国海军“布吕歇尔”号重巡洋舰被挪威岸防部队击沉。

上图是四位参与夺取福内布机场的德军战斗机飞行员在战斗结束后合影留念，其中左数第三位就是后来的二号夜战王牌赫尔穆特·兰特。下图是德军占领后的福内布机场全景，数十架德军飞机聚集在跑道周边，以此为前进基地为地面进攻提供支援。

沉，登陆奥斯陆（Oslo）的计划受挫。在关键的奥斯陆福内布机场（Fornebu airport），德军原计划先以伞兵占领，再空运步兵巩固阵地，但运载伞兵的先头部队因为大雾返航，而搭载步兵的后续运输机按时抵达，遭遇防空炮火的袭击。这时发生了戏剧性的一幕，在机场上空担任掩护的第76驱逐机联队第1中队的6架Bf 110战斗机在与挪威空军的“斗牛士”战斗机交战后，以猛烈的扫射压制地面炮火，掩护运输机降落，在燃油耗尽后干脆直接降落，机组成员拆下自卫机枪，与步兵一道投入近战，成功占领了机场，这是战争史上唯一由战斗机部队攻克的地面目标。与此同时，斯塔万格（Stavanger）的索拉机场（Sola airport）也落入伞兵之手，德国空军随即以此为前进基地，在挪威南部建立了空中保护伞，至4月9日傍晚，德国人已经在挪威海岸站稳了脚跟，这一天德国空军出击680架次，损失飞机43架。

虽然登陆成功，挪威战役才刚刚开始，第10航空军将攻击重点转移到英法海军舰船和反击部队身上。占有优势的英国海军在战役初期就摧毁了前往纳尔维克（Narvik）的德军登陆舰队，并用舰载机炸沉了“柯尼斯堡”号轻巡洋舰（Königsberg），4月中旬又支援陆军在挪威中部登陆，但他们很快就感受到德国空军的恐怖，军舰和运输船频频遭到空袭，损失严重，在战役期间

1940年4月，新任第5航空队司令的米尔希大将视察驻挪威的一支Ju 87部队，并对官兵们在挪威战役中的表现表示赞赏。

■ 1940年5月，在挪威北部的纳尔维克，一位德军士兵挥舞卐字旗为飞近的Ju 52运输机指示空投地点。

有1艘巡洋舰、6艘驱逐舰和42艘其他舰船被德军击沉，包括“罗德尼”号战列舰（HMS Rodney）在内的大批舰艇受伤，德军飞机航程范围内的海域被视为舰队行动的禁区。此外，德国空军还向困守在挪威北部孤立据点的德国陆军部队空投补给，派出伞兵增援地面战斗，协助陆军主力由南向北逐步推进。在5月初西欧战役爆发后，英法开始从挪威撤退，德军在6月间宣布占领挪威全境。

德国空军在“威悉河演习”中的作用是举足轻重的，特别是成功了遏制英法联军的反击，在战役期间损失飞机260架，其中运输机86架，有342人阵亡，448人失踪，执行空运补给任务3000余架次。事实证明尽管敌人在海上和陆地都占有优势，但只要德国人还控制着天空，任何试图夺回挪威的努力都是徒劳的。

横扫西欧

丹麦、挪威之战只是西线攻势的序曲，真正的大戏将在5月10日上演，舞台就在荷兰、比利时和法国。德军进攻西欧的“黄色”方案（Fall Gelb）是军事史上最杰出的计划之一，德国陆军编为A、B、C三个集团军群，首先进攻荷兰、比利时，吸引英法军队主力北上，然后以装甲部队出其不意地突破阿登山区（Ardennes），抄敌后路，完成包围，德国空军将继续为地面部队提供空中掩护和火力支援，作战任务分配给凯塞林上将的第2航空队和施佩勒上将的第3航空队，一线作战飞机包括1120架轰炸机、384架俯冲轰炸机、1264架战斗机和487架运输机，如果算上侦察机等其他飞机和二线后备力量，总数达5638架。德军还计划在荷兰、比利时实施一系列空降行动，伞兵部队将通过降落伞、滑翔机和运输机对重要桥梁、机场和要塞展开突袭，确保地面部队的顺利推进。

■ 1940年5月初，属于ZG 52联队的Bf 110C型战斗机群在德国西部的前进机场上准备升空，在即将开始的西欧战役中，德国空军将继续展现强劲的实力，与英法空军对决。

■ 几名德军士兵兴高采烈地在飞机垂尾上描绘战果标志，摄于1939年冬的西线。在西线对峙期间，不少德军飞行员取得了最初的战果，从而树立了对未来胜利的信心。

与前两次战役不同，德国空军将要面对一个颇具实力的对手，英法荷比四国的联合空中力量约有3000架飞机，其中法国空军有1562架，约800架为战斗机，英国皇家空军将提供680架战斗机和392架轰炸机支援法军作战，荷兰和比利时各有144架和179架飞机。虽然法国空军的飞机数量不少，但机型陈旧，特别缺乏能够抗衡Bf 109的新型战斗机，最新的D520型战斗机刚刚列装，部队还不太熟悉，而且法军飞机普遍缺乏无线电设备，战术也相对保守。英国皇家空军的装备和训练要好于法军，主要机型是“飓风”，性能出色的“喷火”则大多留在本土。至于荷、比两国的空军只能算是聊胜于无，还以双翼机为主力，就实力对比来说，德国空军占据优势。

1940年5月10日凌晨4时30分，上千架德军飞机从德国西部各机场起飞，直扑低地国家的预定目标，荷比两国在空中的抵抗微不足道，在战役第一天就失去了一半的飞机。不过，浓雾使德军在荷兰的空降行动遭遇困难，荷军已在地面严密设防，伞兵一着陆就陷入苦战，赶来增援的英军战斗机和荷军防空炮火一道给德军以重创，有125架Ju 52被击落，另有47架被击伤，不过德国人最终达成了目标，四天后荷兰请求停战，在双方谈判时，约60架He 111在5月14日对鹿特丹(Rotterdam)实施了大规模空袭，城区燃起大火，约800名平民丧生，这次行动事后被盟国方面宣扬为与格尔尼卡、华沙一样的“恐怖轰炸”，但德国方面坚持这是一次瓦解荷军抵抗的作战行动。无论怎样，荷兰在5月15日投降。比利时又抵抗了两周，但结局并无二致，被认为固若金汤的埃本·埃马尔要塞(Fort Eben-Emael)被一支德军伞兵突击队以创造性的方式攻克了，85名伞兵乘坐滑翔机在要塞顶部着陆，闪电般地摧毁了守军的抵抗，比利时境内的其他空降行动也取得了成功，5月28日，比利时宣布投降。

5月12日，德国A集团军群的装甲部队开始穿越阿登森林，于次日抵达色当地区(Sedan)的默兹河(Meuse River)畔，这是盟军抵挡德军进攻的最后一道天然屏障。13日下午，德军开始强渡默兹河，此时天空中出现了大群的Ju 87，呼啸着向对岸的法军阵地俯冲投弹，精度极高，有效压制了法军的防御火力，德军强渡成功。吸取波

■ 西欧战役的空中攻势以大规模空降行动揭开序幕，上面这幅画作表现了德军Ju 52机群在荷兰上空投放伞兵的场景，下图是奉命奇袭埃本－埃马尔要塞的科赫突击队的伞兵们。

■ Ju 87"斯图卡"最著名的一幅照片，在高速俯冲中将死神的礼物掷向地面。在西欧战役中，由于德军迅速夺取了制空权，Ju 87横行无忌，将精确打击能力发挥得淋漓尽致。

兰战役的经验，德国空军在西欧战役中不再追求将敌军飞机消灭在地面，只袭击了少量法军机场，而将更多的兵力投入到对地支援中，忠实地承担起空中保护伞和开路先锋的角色，在波兰牛刀小试的Ju 87更加大放异彩，犹如"飞行炮兵"一般随时听候陆军部队的召唤，以准确的轰炸消灭进攻轴线上敢于抵抗的敌军据点，刺耳的尖啸也成为瓦解敌军士气的有力武器，法军士兵视之为死神的化身。为了弥补战斗机、俯冲轰炸机航程不足的缺陷，确保及时有效的空中支援，德国空军必须跟随陆军的步伐，不断建立前进基地，每当占领法军机场，大批Ju 52就会立即运来必要的设备和人员，在24小时内恢复机场的运作。

5月14日，盟军将全部航空兵力投入默兹河一线，试图以猛烈的空袭阻止德军主力过河，但遭遇德军战斗机和高炮部队的凶狠阻击，在色当上空爆发了大规模混战。这一天被德军战史称为"战斗机日"和"高射炮日"，第2、53、77战斗机联队以及第76驱逐机联队频频出击，全天出击814架次，击落敌机89架。高炮部队也不甘示弱，守卫在渡口的第102高炮团不仅用88毫米高射炮平射摧毁法军火力点，还在防空作战中取得累累战果，该团战斗日志记载，当日击落敌机112架。当这一天结束时，盟军损失了60%的轰炸机，空中反击宣告失败，现在已经没有什么可以阻挡德军装甲铁流的快速推进，法军无论在地面还是空中都已陷于绝望，而英国人拒绝派出更多的增援，在战局不断恶化的情况下，他们必须考虑保存实力，用于本土防御。在西欧战役最初九天内，盟军的空中力量遭到灾难性打击，法军有420架飞机被毁，英军损失203架。至5月底，英法联军主力被围困在以敦刻尔克（Dunkirk）为中心的狭窄海滩上。

5月24日，出于保持装甲部队实力的目的，希特勒下令地面部队停止向敦刻尔克推进，这被认为是德军在二战中犯下的最致命的错误之一，而戈林保证单凭空军就能独立消灭海滩上的英法部队，他显然高估了部队的能力。从5月27日开始，英国人实施"发电机"行动（Operation Dynamo），从海上撤军，德军第2航空队不顾连续作战的疲惫，大举出击，但轰炸效果远远低于预期，德军轰炸机仍然主要从德国国内的基地起飞，而战斗机和俯冲轰炸机航程较短，在战场滞空时间短，而英军战斗机只需跨越海峡就能抵达敦刻尔克，以逸待劳，并且投入了新锐的"喷火"

■ 1940年5月，ZG52联队第1大队的3架Bf 110战斗机飞翔在法国上空，在挫败英法空军的反攻后，德国空军成为西欧天空的主宰。

战斗机。从5月25日至6月4日，德军实施了1882次轰炸、1997次扫射，虽然击沉了9艘驱逐舰和200余艘其他舰船，但未能阻止338000名英法士兵撤离，德军损失了约250架飞机，英军损失是177架。敦刻尔克之战是德国空军在西欧战役中的一次明显失败，暴露出区域轰炸能力的不足，但在胜利在望的背景下，并未引起重视。

6月初，德军主力挥师南下，摧枯拉朽般席卷战场。法国空军已经从天空消失了，没有空中掩护的法军部队无力组织有效的防御，兵败如山倒，德军轰炸机现在无需战斗机护航，自由行动，肆意攻击败退的法军，加速了法国的崩溃，6月14日，巴黎陷落，约1000架法军飞机在周边机场被德军摧毁或缴获，6月22日贝当政府宣布投降，西欧战役胜利结束，德国空军的无敌神话又增加了一道光环。在战役期间，德国空军击毁法军飞机1274架，英军飞机959架，诞生了52位王牌飞行员，其中战绩最高的是来自第1战斗机联队的威廉·巴尔塔萨上尉（Wilhelm Balthasar），击落23架，第53战斗机联队的莫尔德斯上尉以16架居第二。德国空军的损失也高于以往，有1428架飞机被毁，488架受伤，丧失了36%的作战力量，不过随着新飞行员和飞机陆续从国内抵达，一线部队的实力将在短期内恢复。辉煌胜利之后自然要论功行赏，7月19日，希特勒下令晋升米尔希、凯塞林、施佩勒三人为空军元帅，并授予空军总司令戈林独一无二的帝国元帅军衔。

■ 在一座法军机场上被德军缴获的法军战斗机，在德国空军的凌厉攻势下，法国空军在6月初时已基本丧失战斗力。

■ 西欧战役结束后，希特勒晋升三名空军高级将领为元帅，并授予戈林帝国元帅军衔，图为1940年9月4日希特勒与新晋元帅们的合影，自左向右分别是米尔希、施佩勒、希特勒、戈林和凯塞林。

折翼不列颠

直到法国战败希特勒都对英德媾和抱有幻想，但丘吉尔领导下的英国决心抗争到底，于是希特勒在7月16日下令准备实施登陆英国的计划，即“海狮”行动（Seelöwe），德军面前最大的阻碍是英吉利海峡和皇家空军，为了保证陆军部队横渡海峡，德国空军必须夺取英国南部的制空权，这意味着必须与皇家空军进行一次硬碰硬的正面交锋，这将是历史上第一次完全由空军实施的大型空中战役。自从建军之初，德国空军就把配合陆军作战当作核心任务，并且在实战中出色地履行了这一使命，而单独挑战对手的防空体系，摧毁其空中力量则是一个全新而困难的任务，它缺乏突击敌方纵深的重型轰炸机和远程护航战斗机，

■ 翱翔于云端之上的英国“喷火”式战斗机，在1940年时，这是整个欧洲的天空中唯一能与Bf 109相抗衡的新锐战斗机。

但是经历了西欧战役的胜利后，戈林信心爆棚，认为德国空军能够压倒皇家空军。

早在7月2日，德国空军前线部队就接到了对英作战的命令，初期目标是航行于海峡的英国舰船和沿海港口，主要由Ju 87在战斗机护航下实施攻击，这类行动被称为“海峡作战”，德军希望以此试探皇家空军的实力。战斗表明速度缓慢、机动欠佳的Ju 87如果失去战斗机的掩护将非常脆弱，损失很大，加上航程不足，在随后的战役中主要用于突击英国沿海雷达站等目标。此外，德国空军也更深入地了解了对手，Bf 109在性能上稍好于“飓风”，但与“喷火”旗鼓相当，各有优势，不过航程较短的问题将极大限制Bf 109的空战时间，至于Bf 110虽然航程、速度和武备都不错，但机动性逊色于英军单发战斗机，不足以承担护卫轰炸机的任务，它们自身甚至都需要由Bf 109护航。

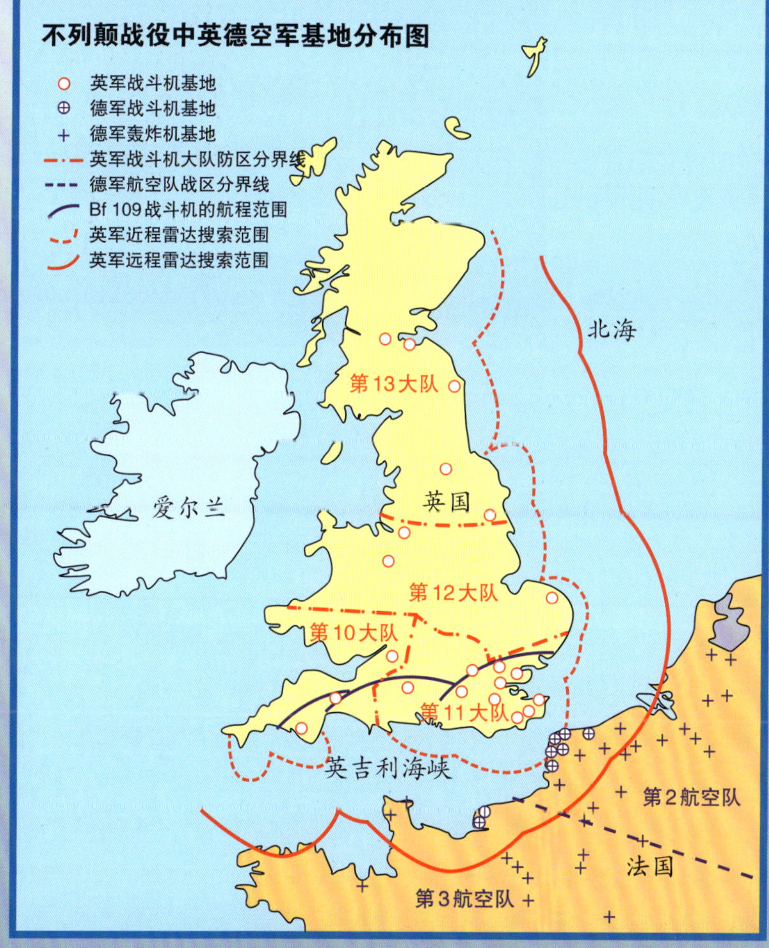

1940年8月1日，希特勒下达了第17号训令，指示戈

■ 德军第2航空队司令阿尔伯特·凯塞林大将（1885～1960）

■ 英国皇家空军战斗机部队司令休·道丁上将（1882～1970）

林启动对英国的空中打击，这项代号为“鹰击”（Adlerangriff）的行动将由第2、3、5航空队共同实施，第5航空队由汉斯-于尔根·施通普夫大将（Hans-Jürgen Stumpff）指挥，驻挪威和丹麦，负责袭击英国北部目标，而驻法国的第2、3航空队则担负针对英国东南部的主攻任务，三个航空队的一线作战飞机总数约为2550架，其中约1000架为战斗机。英国皇家空军的飞机数量约为1960架，其中约900架为战斗机，由休·道丁上将（Hugh Dowding）领导的战斗机司令部指挥。德国空军的计划是重点攻击英军机场、指挥中心和飞机制造厂，在空中和地面消耗皇家空军的实力，最后将其击垮。攻击日期原定于8月10日，因为天气原因推迟至13日，这天被称为“鹰日”（Adlertag），在此前一天，德国空军出动战斗机和俯冲轰炸机攻击了英国海岸雷达站，破坏其早期预警能力。

8月13日，德国空军大举出动，起飞了1400余架飞机实施攻击，但英国南部被大片云雾笼罩，近半数的轰炸机未能找到目标返航，但仍有九座英军机场遭到空袭，德军宣称其中五座陷于瘫痪，自身损失34架，而英国方面承认有三座机场受到重创，但都不是战斗机机场，指挥系统也保持完好，在空战中只损失了13架战斗机。在天气好转后，德国空军在8月15日发动了更大规模的攻势，全天出动飞机超过2000架次，广泛攻击了英国中部和南部的目标，不过由于Bf 109航程不足，不少轰炸机编队是在没有护航的情况下深入英国领空，结果遭到英军战斗机的屠杀。当这一天结束时，英国方面宣称击落德机182架，自身损失34架，而德国人声称有55架飞机未能返航，并击落111架英军战斗机，无论双方战果掺了多少水分，损失都是相当惊人的，空战的惨烈程度可见一斑。事实证明，失去战斗机掩护的轰炸机是无法取得显著战果的，而且将蒙受重大伤亡。

在8月下半月中，德国空军持续发动攻击，英格兰南部的天空中终日充斥着引擎的轰鸣、枪炮的怒吼、炸弹爆炸的巨响和机身撕裂的恐怖声音，双方战斗机彼此追逐的尾迹勾勒出一幅幅眼花缭乱的图画。随着战斗的不断升级，损失数字也节节攀升，在8月间德国空军失去了229架Bf 109、123架Bf 110、75架Do 17、98架He 111、104

■ 1940年8月，德国空军的Do 17轰炸机群飞越海峡前往空袭英国本土。此时的德国空军久历沙场、阵容庞大，看似胜利唾手可得，但海峡另一边的对手也同样出色和顽强。

■ ZG26联队的Bf 110机群正在飞往英国的途中，从一架飞机的后部坐席拍摄，前方可见另外两架友机。Bf 110在不列颠战役中被证明不适合与单发战斗机进行空战。

■ 两名德军飞行员在坠机跳伞后被俘，而英军飞行员因为在本土上空作战，没有这样的担忧。

架 Ju 88和62架 Ju 87，超过500名飞行员伤亡、被俘或失踪，英国皇家空军在战役最初五天里就损失了200架战斗机，在8月底战斗高潮阶段，几乎每天都有30 ~ 40架飞机不能返航，唯一令人安慰的是，在本土作战的英国飞行员比德军飞行员有更大的几率在跳伞后归队。

尽管承受着大于对手的损失，德国空军凭借数量优势坚定地实施进攻，特别是从8月24日开始，德军改变战术，减少编队中轰炸机的数量，增加护航战斗机的数量，以便在空战中大量消耗英军战斗机，同时集中轰炸战斗机机场，至9月6日出动13700架次，平均每天超过1000架次，使至少五座英军前进机场瘫痪。道丁上将现在面临着空前巨大的压力，空战损失已经超过同期飞机产量，后备战斗机数量不足200架，飞行员们疲惫不堪，人数锐减，连缺乏训练的新飞行员和捷克、波兰的志愿者都被投入一线作战，不少机场受到严重破坏，到9月初皇家空军已经濒临崩溃边缘，战后英国方面坦言：“如果德军继续坚持既定战略两周以上，战局对于战斗机司令部来说将是一场灾难。”关键时刻，德国人犯下了一个愚蠢的错误。

在战役初期，希特勒禁止轰炸伦敦，但在8月15日就有德军飞机因导航失误而袭击了伦敦郊外的机场，在8月23/24日夜间这一错误再次发生。作为报复，在8月25日夜间81架英国轰炸机首次空袭柏林，虽然损失轻微，但戈林战前夸下海口，帝国首都绝对不会落下炸弹，英军此举令他颜面扫地，决心报复，希特勒也解除了轰炸伦敦的禁令。同时，戈林在9月初对前线部队进行视察时，乐观的战果报告使他确信皇家空军已经被摧毁了，于是在9月6日决定将攻击目标转向英国大城市，首先是伦敦，以打击对手的民心士气，同时引诱皇家空军残余力量加以歼灭，他坚信只要伦敦遭受与华沙、鹿特丹一样的命运，英国也必然会像波兰、荷兰一样屈膝投降，可惜他的算盘打错了。9月7日，德国空军出动300架轰炸机在648架战斗机掩护下首次空袭伦敦，造成巨大伤亡，在此后一周内，德军飞机无论昼夜频繁光临伦敦，一战齐柏林恐慌的梦魇在英国人心中重新苏醒，残垣断壁和冲天火焰在伦敦城内随处可见。然而，这悲惨场景背后皇家空军却得到了喘息的机会，机场被修复，部队得到补充，元气迅速恢复，并积蓄力量给德军以决定性的打击。9月15日，

■ 1940年8月，戈林在视察前线时站在海岸边用望远镜眺望远方的英国海岸，但他永远没有机会踏上那片土地。

不列颠之战达到高潮，当天德国空军出动1000架飞机空袭伦敦，结果遭到300余架战斗机的拦截，英方宣称当天击落德机185架，自身损失26架。在此之后，德军虽然仍有出击，但规模缩减，而且更多地实施夜间空袭。在一个月的苦战后，德国空军已经元气大伤，战事久拖不决，加上希特勒将注意力转向东方，“海狮”计划于9月17日被推迟，实际上也宣告德国人输掉了不列颠战役。

不列颠战役德军头号王牌维克少校注视着座机垂尾的战果标志。

不列颠战役是德国空军历史上的分水岭，是它在二战中遭受的首次重大失败，战前没有建立战略空军的弊端充分暴露出来，在人员和装备上都付出了高昂的代价，从7月至9月间，德国空军损失战斗机873架，轰炸机1014架，机组人员的损失包括2698人阵亡、967人被俘、638人失踪。英国皇家空军损失战斗机1023架、轰炸机524架，有544名机组人员阵亡，422人受伤。在不列颠战役期间，德国空军产生了更多的王牌，击落10架以上的飞行员就有40人之多，而头号王牌是第2战斗机联队的赫尔穆特 · 维克少校（Helmut Wick），取得了42次空战胜利，在他于1940年11月28日在海峡上空阵亡前，总战果为56架，其中包括24架“喷火”。

虽然“鹰击”行动以失败告终，但德国空军对英国的空袭并未终止，在9月下旬仍然发动了数次300架以上规模的空袭，损失不小，例如9月27日的行动中就有49架飞机被击落，鉴于昼间轰炸日益困难，德国空军转而采取以夜间轰炸为主的战术，作战目标也转向打击英国军事工业和制

由罗伯特 · 泰勒绘制的油画《战役的高潮》描绘了9月15日英国战斗机部队在伦敦上空截击德国轰炸机群的壮观场面，这一天英国皇家空军取得了决定性胜利，彻底挫败了德国空军的征服计划。

■ 1940年9月一架He 111轰炸机飞越伦敦城区，可见地面上蜿蜒曲折的泰晤士河和鳞次栉比的建筑。即使战役高潮过去，德国空军依然坚持对伦敦实施空袭。

■ 德军地勤人员在为一架Bf 109战斗机挂装炸弹，在闪电战阶段轻型战斗机客串起战斗轰炸机的角色，实施打了就跑的袭扰行动。

造恐慌，这类行动也被称为“闪电战”（Blitz）。从法国基地起飞的He 111和Ju 88轰炸机航程足以覆盖英国中南部的大部分地区，从9月中旬至11月初，几乎每夜都有德军轰炸机飞临英伦三岛上空，伦敦、伯明翰（Birmingham）和布里斯托尔（Bristol）等大城市受到集中攻击，由于此时英国尚未建立完善的夜间防空体系，德军损失轻微，比如10月15日夜间，400架轰炸机空袭伦敦，只被击落2架，而10月间德军仅有64架轰炸机毁于英方火力。昼间战斗机部队也没有闲着，驻西线的所有战斗机联队都有三分之一的飞机扮演起战斗轰炸机的角色，携带轻型炸弹对英国目标进行打了就跑的闪电袭击，意图使英国战斗机部队疲于应付。

进入11月，戈林命令将夜间轰炸的范围扩大到更多的英国城市，如利物浦（Liverpool）、曼彻斯特（Manchester）、加的夫（Cardiff）、朴茨茅斯（Portsmouth）等，德国空军还建立了一套无线电导航系统，协助轰炸机在夜间锁定目标。从11月至1941年2月，英国的夜晚没有一天是平静的，许多城市遭到猛烈空袭，其中以11月14日的考文垂（Coventry）大轰炸最为严重，当天515架轰炸机向这座城市投掷了500吨高爆炸弹和燃烧弹，造成上千人伤亡，大片城区被毁。据说英国方面通过破译德军密码获悉了空袭计划，但为了避免德军察觉泄密而没有采取有效的防御措施。从1941年2月至5月间，德国空军应海军的要求，将轰炸目标转向英国港口，以配合大西洋上的潜艇战。

最终，德国空军对英国本土的持续攻击在5月底偃旗息鼓，一方面因为英国加强了夜间防空，德军的损失再度增加，在5月间有124架飞机被击落，另一方面德国空军主力陆续东调，准备投入对苏联的战役。在长达九个月的空袭中，大约有60000名英国平民丧生，超过100万人受伤，但德国空军没有达成作战目标，英国的军工生产没有受到严重影响，人民的抵抗意志愈加坚定，再次证明了德国空军在战略轰炸能力上的不足。

■ 从1941年9月至1942年5月，德国空军对英国实施了旷日持久的夜间空袭，图为夜袭伦敦的He 111型轰炸机，英国虽然蒙受很大损失，但远没被打垮。

海峡最前沿

自从不列颠战役结束后，英吉利海峡前线就显得相对平静了，负责该方向作战的是第3航空队，在1941年至1944年间，该航空队部署在荷兰、比利时和法国的战斗机部队仅有第2、26战斗机联队及第54战斗机联队的一个中队，长期保持250架战斗机的实力。在“巴巴罗萨”行动前夕，德国空军主力陆续东调，第3航空队在西欧的任务更多带有防御性质，而且还作为后备力量常常向东线和地中海战线提供后援兵力，即使在1942年之后英美战略轰炸机频繁飞越西欧空域的情况下，当地德军战斗机的数量始终保持较低的水平，甚至还要抽调飞机前往本土参与防空战斗。德国空军希望以质量优势弥补数量不足，驻海峡前线的战斗机部队自1941年夏换装Fw 190型战斗机。

虽然自1941年5月后，德国空军不再对英国实施大规模进攻作战，但英吉利海峡毕竟是英德对抗的最前线，一线部队仍然承担着繁忙的任务，他们时常与在海峡上空巡逻的英军飞机发生空战，攻击近海航行的盟国舰船，阻止英军飞机攻击西欧占领区的德军目标，比如法国沿海地区的海军基地和潜艇洞库，为从法国基地出发或返航的德军舰船、潜艇提供空中掩护，驻法国的远程航空兵还要为德国潜艇在大西洋的破交战提供侦察支援。在战争期间，德国空军在海峡地区实施的最著名的作战行动发生在1942年2月，为德国海军三艘主力舰突破英吉利海峡提供支援。

1941年底停泊在法国布雷斯特港干船坞内的“欧根亲王”号重巡洋舰，该舰与2艘沙恩霍斯特级战列巡洋舰在1942年冒险穿越英吉利海峡返回德国，驻西线空军部队将全程提供空中掩护。

Fw 190型战斗机，在1941年夏，驻海峡前线的各战斗机联队优先装备这种新锐战机，以应对英国皇家空军的挑战。

从1941年春季开始，德国海军的“沙恩霍斯特”(Scharnhorst)、“格奈森瑙”号(Gneisenau)战列巡洋舰和“欧根亲王”号(Prinz Eugen)重巡洋舰就滞留在法国布雷斯特军港(Brest)，受到英国海空军的封锁和轰炸。希特勒不希望看到德国海军最强大的战舰无所作为，命令将三舰调往挪威打击盟国与苏联之间的北极航运。海军采取昼间穿过英吉利海峡向德国返航的路线，可以避开英国舰队的围追堵截，但要受到皇家空军的巨大威胁，因此隐蔽行动企图和有效的空中掩护成为作战成功的前提。海军为三艘主力舰派出了大批护航舰艇，制定了代号为“瑟布鲁斯”(Cerberus)的行动计划，德国空军也积极配合，战斗机总监加兰德亲自调兵遣将，执行代号为“雷霆”(Donnerkeil)的护航计划，第2、26战斗机联队全体及第1战斗机联队的两个大队将参与行动，还从巴黎航校调来12架战斗机加强作战力量，另有30架Bf 110夜间战斗机负责晚间护航，总计有282架战斗机。德国空军在海峡沿岸设立了四个指挥中心，并向

■ 这幅画作再现了1942年2月“海峡冲刺”行动中德国空军的Fw 190战斗机编队在德国舰队上空巡逻护卫的场面，这次行动是二战期间德军实施的最成功的海空协同作战。

海军舰艇派出联络官，协调海空行动，在航行期间全程保持16～32架飞机在舰队上空巡弋，这次行动也被称为“海峡冲刺”。

在行动开始前，德军采取了严格的保密和伪装措施，迷惑英军。舰队在1942年2月11日秘密出港，直到12日上午进入海峡中段时才被发觉。英国海空军急忙派出舰艇和飞机展开拦截，但事发仓促，组织混乱，效果不佳，所有攻击均被德军舰队的炮火和掩护战斗机击退，据统计英军当天出动各型飞机675架，其中包括242架轰炸机，但仅有39架飞临舰队上空投弹，无一命中，高射炮的轰鸣和战斗机的呼啸终日回荡在海峡上空。德军宣称在行动中击落71架英军飞机，自身损失17架。虽然在航行末段两艘战列巡洋舰先后触雷，但最后都安全回到德国海域。“雷霆－瑟布鲁斯”行动是德国海空军在战争中策划的最大胆、最成功的战役行动，德国空军的掩护无疑对德舰突破海峡提供了强有力的保障。同年8月，当英军在法国港口迪耶普（Dieppe）进行试探性登陆时，再度遭到德国空军的痛击，一天之内被击落106架飞机，这次行动最后悲惨地失败了。

在海峡战线的战斗中，第2、26战斗机联队都产生了不少王牌飞行员，相比以苏军为对手的东线王牌，他们的战绩被认为含金量更高，其中包括三位百架王牌。不过，长期的作战也让德国空军在西欧的部队损耗严重，当1944年6月英美盟军在法国诺曼底登陆时，德国空军已经无力与其争夺制空权了。

■ 1942年8月被盟军遗弃在法国迪耶普海滩上的装甲车，德国空军在挫败盟军登陆行动的作战中发挥了有力作用。

德国空军在北非及地中海战区的作战

鏖战在烈日骄阳下

碧血染黄沙、旋风卷狂涛，德意志战鹰翱翔于新罗马帝国的废墟上

巴尔干之鹰

如果没有墨索里尼（Mussolini）这个愚蠢自大的盟友，希特勒也许不会对非洲和地中海地区给予太多的关注。在1940年6月参战后，不自量力的意大利在同年9、10月间向英属埃及和希腊发起攻击，结果却是灾难性的失败，在对手的反击下几乎丢掉了整个利比亚，连1939年侵占的阿尔巴尼亚也险些不保，只能乞求德国施以援手。希特勒不会坐视盟友的崩溃，也比较担忧英国人在南欧有所行动，11月间英军在克里特岛（Crete）建立了空军基地，对德国至关重要的罗马尼亚油田处于英国轰炸机的航程内，同时种种迹象表明英军可能登陆巴尔干半岛（Balkans），威胁德国的南翼安全。希特勒于1940年11月下令制定入侵希腊的计划，即“马丽塔”行动（Marita），同时以外交手段强迫其他巴尔干国家与德国结盟。然而，1941年3月，南斯拉夫发生反德政变，令希特勒极为暴怒，视为背叛，将其列入攻击目标，制定了代号“惩罚”（Strafgericht）的作战计划，约30个师的德军部队将以闪电般的攻势摧毁这两个国家，完全控制巴尔干半岛。

即将投入巴尔干战役的德国空军部队是勒尔大将指挥的第4航空队，为了加强实力，还从法国等地调来增援，至1941年4月时飞机数量已经超过1000架，包括476架战斗机、206架轰炸机和300架俯冲轰炸机，它们将从奥地利、匈牙利和保加利亚的机场出动。南斯拉夫陆军的装备水平仍然停留在一战时期，但其空军实力不俗，约450架一线飞机中有一半较为现代化，其中包括73架Bf 109和63架Do 17，是30年代末从德国购买或特许生产的。在政变后南斯拉夫空军就进入戒备状态，将飞机疏散到野战机场上，准备迎击德军的进攻。希腊空军仅有79架飞机，但在战役开始后将得到200～300架英军飞机的增援，但后者以老旧型号为主。总之，在巴尔干战场上空中力量的对比有利于德国人。

■ 南斯拉夫空军装备的Do 17K型轰炸机，是30年代末从德国购买并特许生产的。虽然装备了部分现代化战机，但南斯拉夫空军的总体实力远不及德国空军。

■ 1941年4月集结在保加利亚机场的Ju 87俯冲轰炸机群，属于StG 2联队，它们将在随后的“马丽塔”行动中再显声威。

■ 1941年4月6日，德国空军在战役打响的第一时间对贝尔格莱德实施了有计划的大规模空袭，造成严重的人员伤亡和财产损失，图为贝尔格莱德城区被炸后的惨况。

巴尔干战役于1941年4月6日打响，而德国空军对南斯拉夫的作战是以大规模轰炸贝尔格莱德（Belgrade）为序幕的，当天清晨7时，在尚未宣战的情况下，约300余架德机飞临城市上空，向茫然无知的平民投下致命的炸弹。空袭行动是经过精心策划的，德军以Ju 87压制南军防空阵地，然后由Do 17和Ju 88向城区投弹，攻击分为三个波次，间隔15分钟，每波持续约20分钟，在一个半小时内贝尔格莱德笼罩在一场弹雨下，火光冲天、浓烟弥漫、哀号遍地。在随后两天内，德军又实施了同样规模的空袭。南斯拉夫空军宣称击落了32架德机，自身损失20架。尽管德军声称轰炸目标集中在城中心的政府区，意在打击南斯拉夫军队和政府的指挥中枢，但大量无辜平民却死于非命，据估计在三天的大空袭中有17000人丧生，被当作典型的“恐怖轰炸”。在袭击贝尔格莱德的同时，德国空军也为地面部队提供密切的空中支援，德军部队推进迅速，仅用十天时间就迫使南斯拉夫签下了投降书。德国空军损失飞机约60架，机组人员70人，但在空中和地面摧毁了134架敌机，俘获211架。

在希腊战线，德国空军也扮演了极为关键的角色。希腊军队利用崎岖山地构筑了坚固的梅塔克萨斯防线（Metaxas Line），但难以抵挡来自空中的猛攻。由于德军迅速夺取了制空权，在不列颠空战中吃尽苦头的Ju 87恢复了犀利的本色，以精准的轰炸拔除那些地面炮火难以摧毁的据点，压制希军火力，协助陆军部队突破防线，向希腊腹地推进，而沿着曲折山路撤退、难以机动隐蔽的敌军纵队更是德军飞机攻击的良好目标，即使6万余人的英国远征军也无法扭转失望的战局。德军飞机还对希腊南部港口实施了攻击，破坏港口设施，打击入港的舰船，意在切断英国远征军的补给线，并阻止其从海上撤退。4月26日，德军伞兵进行了一次空降突袭，试图夺取跨越科林斯地峡（Corinth）的大桥，但因为意外的弹药殉爆而功败垂成，最终有43000名英军撤往克里特，而希腊在4月28日全面沦陷。

■ 1941年4月27日，德军占领雅典后，3架Do 17型轰炸机从古老的卫城上空飞过，这幅宣传照片被刊登在《信号》杂志上，以炫耀德军在巴尔干的胜利。

■ 1941年5月20日，德军对克里特岛实施代号为“水星”的空降作战，图为准备乘 Ju 52运输机登岛的德军山地部队。

德军巴尔干征服之旅的终点是孤悬于爱琴海(Aegean Sea)中的克里特岛，其战略位置十分重要，如果英军控制着该岛，将在东地中海获得主动权，并进而威胁罗马尼亚油田的安全，这是希特勒不能容忍的。对于缺乏两栖登陆能力的德军来说，进攻克里特岛的唯一途径只有从空中，伞兵部队司令施图登特上将(Student)提出一个大胆的计划，实施一次大型空降行动，使用伞兵夺取岛屿，这是战争史上的首创。希特勒于4月25日批准了该计划，代号为“水星”(Merkur)，由第11航空军和第8航空军共同实施，前者负责使用运输机、滑翔机投送伞兵和后续增援部队，后者出动战斗机和轰炸机提供护航和火力支援，有520架运输机、228架轰炸机、233架战斗机、205架俯冲轰炸机和72架滑翔机参与行动，地面部队包括第7航空师和第5山地师的约29000名官兵。空降行动将分为两个阶段，首先由伞兵空降夺取岛屿西北部的马莱迈机场(Maleme)、干尼亚镇(Chania)和苏达港(Souda)，然后运输机返回基地加油，将后续部队运上岛，扩大阵地，最终占领全岛。

“水星”行动定于5月20日清晨实施，战斗伊始就遭到意想不到的困难。岛上的守军数量远多于德军预计，而且严阵以待。缓慢笨拙的 Ju 52靠近目标后立即成为密集防空炮火和轻武器火力的靶子，很多伞兵在跳伞过程中就被击毙在空中，大量运输机被击毁，德军伤亡惨重，一个600人的伞兵营减员竟达400人！在首次空降后德军只勉强控制了机场跑道，下午第二批空降部队冒着炮火强行降落，在付出高昂代价后建立了稳固的桥头堡，于次日完全占领了马莱迈机场，增援部队陆续抵达。德军战斗机和轰炸机对英军地面部队实施了猛烈的航空火力压制，在岛屿周边海域活动的英军舰船也遭到空中打击，在战役期间有3艘巡洋舰和6艘驱逐舰被 Ju 87、Ju 88击沉。战至5月29日，英军开始从海上撤退，德军在6月1日占领全岛。“水星”行动对德军来说是一场皮洛士式的胜利，约7000名伞兵殒命，克里特岛成为德军伞兵的坟墓，此后再也未能实施大规模的空降作战，航空部队损失了284架飞机，大部分是运输机，有311名机组成员阵亡，127人受伤。

■ 上图为克里特战役中德军 Ju 52运输机群投放伞兵的情景，天空中布满伞花，一架 Ju 52被地面炮火击中坠落。在这次战役中，德军伞兵和运输机部队都蒙受惨重损失，堪称德国空降部队的掘墓之战。下图为战役结束后幸存伞兵在战友的坟墓前默哀。

沙海碧波间

希特勒帮助墨索里尼摆平了巴尔干的麻烦，还要替他收拾北非的烂摊子。1941年初，一支德军装甲部队抵达的黎波里（Tripoli），指挥官就是日后被称为“沙漠之狐”的隆美尔（Rommel），同时德国空军也开始向地中海战区部署兵力，在此之前除了派往意大利空军的联络组，空军没有一兵一卒前往非洲。原驻丹麦、挪威的第10航空军于1941年1月进驻西西里岛（Sicily），该部拥有丰富的反舰经验，刚抵达前线就给英国海军一个下马威，1月10日在马耳他外海重创航母“光辉”号（HMS Illustrious）。第10航空军原有300余架飞机，在一个月内增加到450架，到1941年中期已达550架的规模，主力是轰炸机部队，唯一成建制派往非洲的战斗机联队是第27战斗机联队。德国空军在地中海及非洲的主要任务有两个：一是压制马耳他岛（Malta）的英国海空力量，确保德意海上交通线的安全，二是为非洲军地面部队提供空中支援，前者由驻西西里的部队组织进攻，后者由新设的“非洲航空司令部”具体执行。

■ 贝都因人、骆驼、黄沙与战斗机构成一幅独具风情的画面。这架Bf 110战斗机属于ZG 26联队第3大队，该部于1941年1月抵达北非，是第一支开赴非洲的德国空军部队。

■ 一架被遗弃在中东沙漠中的He 111型轰炸机，属于“伊拉克航空司令部”，机身上的德军标志被涂去，代以伊拉克人的标志。

为了策应德军在北非的行动，德国空军在1941年5月初还成立了“伊拉克航空司令部”，任务是支援伊拉克当地的阿拉伯人反抗英军，一支小型远征部队被派往中东归属其指挥，包括第4轰炸机联队第4中队的12架He 111、第76驱逐机联队第4中队的12架Bf 110和13架Ju 52、Ju 90，这些飞机在经过长达36小时的转场飞行从欧洲抵达伊拉克，航程达1900公里。德国人在中东并没有遇到强劲的空中敌手，主要从事对地支援任务，但也至少取得了两次空战胜利，相比英国人，当地恶劣的气候和简陋的后勤条件更具杀伤力，在不到两周时间里远征部队能够使用的飞机已不足10架，而且英军地面部队也挫败了阿拉伯人的进

■ 隆美尔（右）与JG 26联队第7中队长约阿希姆·穆岑伯格（左）交谈，摄于1941年。穆岑伯格最终战果135架，其中在北非战场获得了61次胜利，“沙漠之狐”的成功离不开空军的帮助。

攻，步步进逼，最后残余德军人员在5月底搭乘运输机撤回欧洲，结束了这次短暂而徒劳的征程。

德国空军在北非的主要对手是英国“西部沙漠空军”，主要装备“飓风”、P-40战斗机以及各种型号的轰炸机，虽然战机性能不如德军，但飞行员拥有丰富的热带作战经验，而且可以得到源源不断的补充，这一点是德军无法比拟的。1941年3月，隆美尔开始了他那行云流水、飘忽不定的攻势，将疏于防范的对手打得落荒而逃，仅仅两个月时间就推进了1000余公里，而德军装甲部队每前进一步都能得到密切的空中支援，至1941年夏季，德国人已经掌握了北非的制空权。但是，非洲军被阻止在靠近埃及边境的托卜鲁克要塞（Tobruk），战局陷入僵持。至11月间，英军积蓄力量发起强有力的反攻，当时北非德意空军仅有340余架飞机，却要面对1000余架英军飞机，隆美尔被迫开始千里大撤退，放弃了这一年取得

■ 在某处沙漠机场加油的Bf 109战斗机，在北非作战的德国陆空军都要面对严重的燃料危机，制约了其战斗力的发挥。

的全部战果，退回年初的出发地。德军的败退很大程度是因为供给困难，北非战役实际上打的是后勤，在缺乏资源和道路网的北非战场，补给只能通过有限的途径从大后方送往前线，德国空军的飞机和陆军的坦克一样，始终为燃料供给发愁，在最困难的时期，整个北非战区的航空燃料储备仅能满足每日出动100架次飞机的需要，而制约轴心国后勤状况的关键因素是马耳他岛。

马耳他是英军在中地中海唯一的基地，孤立但价值巨大，犹如一柄“插进意大利人裤裆的匕首”，从该岛出击的英军飞机和舰艇给横跨地中海的德意运输船队造成严重威胁。德国空军在1941

■ 1941年2月的马耳他岛港口，注意背景中的古堡和近处的英军高射炮阵地。驻扎在岛上的英军飞机和舰艇对横穿地中海的轴心国交通线造成严重威胁，德国空军奉命对其进行空中打击。

■ 第2航空军军长勒尔策上将（1891～1960），他负责指挥对马耳他岛的空袭行动，后晋升空军大将。

年春季曾对马耳他进行了短期压制，掩护陆军部队安全抵达北非，此后便忙于巴尔干及东线的战役，给英军得以喘息，马耳他基地得到加强，并在1941年下半年给德意海上交通线以沉重打击，当年9月送往非洲前线的德军物资有37%沉入海底，到11月间更增加到44%！缺油少弹的非洲军自然难以支撑。德军统帅部终于意识到必须摧毁马耳他，于是大力加强驻地中海的空军兵力，第2航空队于11月间从莫斯科前线调往意大利，战功卓著的凯塞林元帅被任命为南线德军总司令，地中海及北非的空军部队均归其指挥。

攻击马耳他的任务被交给布鲁诺·勒尔策上将（Bruno Loerzer）的第2航空军，该部先前在东线损失很大，在1941年12月时仅有118架飞机，但还是从1942年元旦开始对马耳他实施旷日持久的轰炸，仅一月份就空袭263次。德军最初采取小编队密集出击的战术，昼夜不停地袭扰英军，最多一天空袭达8次，使英军处于持续紧张状态，但无法达到决定性的效果。进入3月，第2航空军的实力增长到390余架飞机，包括140架战斗机和240余架轰炸机，还能得到意大利飞机的支援，于是转而出动百架以上规模的大编队实施地毯式轰炸，集中攻击岛上机场，马耳他之战进入高潮。从3月20日至4月28日，轴心国空军出动11819架次，投弹6557吨，给马耳他基地造成巨大损害，

■ 1942年初德意空军对马耳他岛实施的连续空袭给岛上设施造成严重破坏，图为在轰炸之后英国人在清理建筑废墟。

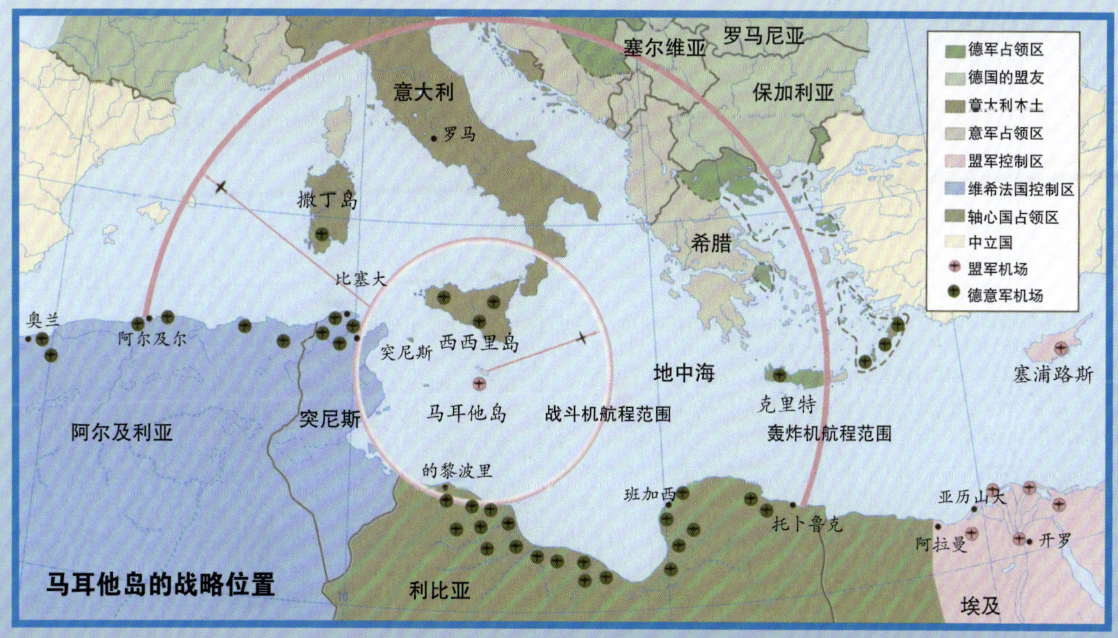

这幅航空画表现了1942年马耳他之战的高潮阶段，英军“喷火”战斗机与来袭的德意战斗机在港口上空展开缠斗的激烈场景。虽然德国空军实施了卓有成效的空袭，但轴心国最终未能占领马耳他。

英军仅剩6架战斗机，物资严重短缺，德军损失飞机173架。由于消除了马耳他岛的威胁，4月间有15万吨物资送达北非，创造了战争中的最高纪录。凯塞林向柏林报告“岛上已经炸无可炸”，同时建议立即派兵占领该岛，为此已经制定了代号“武仙座”（Herkules）的作战计划，复制“水星”行动的模式，由德意伞兵实施空降突击，但希特勒对于克里特之战的噩梦心有余悸，也担心即使攻克该岛意大利人也无法守住，没有批准。

与此同时，英国人却在不惜一切代价增援马耳他，在5月间出动航空母舰将一批“喷火”战斗机送上岛，使德军空袭的损失直线上升，至5月底第2航空军仅有83架飞机可以作战。在6月至8月，英国海军又连续组织大规模护航船队向马耳他运送飞机和补给，遭到凶狠拦截，特别是8月9日至15日的“支座”行动（Operation Pedestal），德意空军出动780余架飞机在海军部队的配合下层层堵截，英军损失1艘航空母舰、2艘巡洋舰和1艘驱逐舰，14艘运输船中有9艘被击沉，但击落敌机42架，一批关键物资抵达马耳他，使其继续坚持作战。在不懈的努力下，英军渐渐夺回了马耳他的制空权，而德军却承受着难以弥补的损失，虽然对岛屿的空袭行动持续到1942年底，但规模和强度都大为缩减，德意空军的压制作战最终以失败告终，这也断送了北非的战局。

在4月间得到充足的补给后，隆美尔指挥非

1942年8月中旬的“支座”行动中，美国油轮“俄亥俄”号闯过德意军队的封锁线，遍体鳞伤地抵达马耳他，运来急需的燃料。

■ 上图是在北非沙漠上空，JG 27联队的 Bf 109战斗机为 StG 2联队的 Ju 87轰炸机贴身护航。非洲军的每次进攻行动都得到德国空军的有力配合。下图是在炎热的沙漠地带，德军地勤人员赤膊上阵，对 Bf 109战斗机进行维修。

洲军卷土重来，再次向东进击，复制并扩大了他在1941年取得的辉煌胜利，连托卜鲁克要塞也在6月22日被攻克，在那里缴获了2000吨燃料，使得非洲军继续杀进埃及，直到距离亚历山大(Alexander)约160公里的阿拉曼(El Alamein)才被挡住。“沙漠之狐”的声望达到了顶点，隆美尔被晋升为德国陆军最年轻的元帅，但他的成功离不开德国空军的帮助，到1942年夏季，第2航空队的实力已达800余架飞机，其中一半被用于配合非洲军作战，正如在欧洲战场一样，空军的有力支援是陆军装甲部队顺利进攻的保证，特别是遇到敌军顽强固守的防御阵地时，猛烈的空中打击往往是取得突破的尖刀，这一点在6月间的比尔哈凯姆之战中表现得尤为明显，自由法国部队据守这座沙漠要塞阻击德军长达一周，应隆美尔的要求，德国空军从希腊和克里特调集增援，在6月10日集中200架轰炸机分为十二个波次轮番向要塞投弹，另有168架战斗机迎战英军飞机，爆炸产生的烟尘将守军阵地完全笼罩，德军步兵趁势发起攻击，要塞于次日升起白旗，从而为非洲军打开了通往托卜鲁克的大门。正是在这段时间，第27战斗机联队的汉斯－约阿希姆·马尔塞尤上尉(Hans-Joachim Marseille)也获得了与隆美尔不相上下的传奇声望，这位天才的飞行员在半年内击落超过100架敌机，荣获钻石饰，被誉为“非洲之星”，他最终以158架战果成为北非战场的头号王牌。

然而，随着马耳他战局的失利，补给线的延长，非洲军再度陷入后勤困境，无力进攻，在阿拉曼构筑阵地与英军对峙。10月23日，养精蓄锐的英国第8集团军发起反攻，西部沙漠空军出动1500架飞机提供支援，压倒了仅有350架飞机的德意空军，建立了空中优势，非洲军再次踏上千里转进的路途，几番苦战后“非洲航空司令部”失去了作战能力，到11月中旬仅有30架战斗机和30架轰炸机可用。雪上加霜的是，英美盟军在11月2日发动“火炬”行动(Operation Torch)，登陆法属北非，从东西两侧夹击已经退却到突尼斯的德意军

■ 取得第50次空战胜利后，“非洲之星”马尔塞尤笑容满面地站在座机旁边，他的机械师正在方向舵上增添战果标志。马尔塞尤最终以158架战果成为北非战场的头号王牌。

1943年5月，北非轴心国军队在盟军东西夹击下宣告投降，德国空军残余部队永远撤离非洲，图为被遗弃在突尼斯的德军飞机残骸。

队。希特勒不甘心从北非战场撤退，下令全力向突尼斯增兵，第2航空队从挪威乃至东线获得增援，飞机数量暴增至1220架，其中包括300架Ju 52，在11、12月向北非紧急空运了42000名部队和大批物资，但有164架运输机在此过程中被击落。

1942年底，德国空军新建了“突尼斯航空司令部”，指挥所有北非的空军部队。大批增援部队陆续抵达，新型的Fw 190战斗机也被送往突尼斯，竟使德军获得了短暂的优势，协助地面部队建立了防御阵地。随着英美盟军从两个方向同时施压，北非轴心国部队的命运已经无法改变了。在1943年初，盟国在地中海战区的空中力量超过3000架，德国空军的微弱技术优势难以抵消对手的数量优势，永远失去了北非天空的控制权。同年5月，“突尼斯航空司令部”残存的不足200架飞机撤往西西里，非洲军被迫投降，25万名轴心国士兵沦为战俘，北非战役正式落幕，从1942年11月至1943年5月，德国空军在非洲损失飞机2422架，换来的仅是黯然撤离的结局，这些牺牲显得毫无价值。

保卫油田

自从1941年5月克里特之战后，巴尔干半岛对于德国空军来说几乎是一个被遗忘的战场，除了在爱琴海诸岛和希腊南部驻扎少量部队用于海上作战外，德国空军在巴尔干最主要的作战单位是“克洛滕航空司令部”，其任务是为南斯拉夫的反游击战提供空中支援，下辖65架战斗机、120架对地攻击机、12架侦察机、40架运输机和60架滑翔机，它们在崇山峻岭间飞翔，寻找游击队的踪迹，攻击游击队营地、据点和可能藏身的村落，甚至实施空降突袭，最著名的一次行动是1944年5月的“跳马”作战（Rösselsprung），数百名党卫军伞兵在游击队控制区跳伞着陆，试图抓捕游击队领导人铁托（Tito），尽管外围有多达20000名德军实施包围，伞兵们还是扑了空，让铁托逃掉了。

1943年5月轴心国失去北非后，巴尔干的局势也骤然变得紧张了，因为盟军的重型轰炸机能够从北非的基地出发直取罗马尼亚的普洛耶什蒂油田（Ploiesti），当时轴心国消耗的燃料中有35%来自于那里的油井和精炼厂。德国空军对南线的指挥系统进行了改组，重组了第2航空队，负责西西里、意大利的作战，并新建了东南空军司令部，负责巴尔干地区的空中防务，重点就是保卫普洛耶什蒂油田。早在1942年5月，13架美军B-24轰炸机就从西非起飞对普洛耶什蒂进行了一次远程高空轰炸，未造成明显损害，但让德国人意识到危险，很快在油田周边建立起欧洲最令人生畏的防空体系，237门88毫米、105毫米高射炮以及数量众多的小口径高射炮部署在油田附近，并得到上百架战斗机的支援，后者来自德国空军第4战

驻守在普洛耶什蒂油田附近的罗马尼亚空军IAR80战斗机群，它们将和德国空军一道担负起保卫油田的重任。

■ 1943年8月1日，美军实施了“潮汐”行动，出动178架轰炸机空袭普洛耶什蒂油田，遭到德国防空部队的反击，损失很大，图为一架B-24轰炸机低空掠过浓烟弥漫的油田厂区。

斗机联队和罗马尼亚皇家空军，而位于巴尔干海岸的德军雷达站将提供早期预警。

1943年夏，盟军控制北非后针对罗马尼亚油田策划新的攻击，制定了“潮汐”行动（Operation Tidal Wave），美军第9航空队将出动178架B-24轰炸机从班加西（Benghazi）起飞，长途奔袭近2000公里，轰炸油田。为了避开德军雷达，提高投弹精度，美军决定采用昼间低空轰炸战术，同时用机枪火力压制德军防空炮火。8月1日，美军机群如期出动，不幸的是德军通过破译密码掌握了他们的行动，全神戒备。因为机械故障和导航错误，有16架飞机折返或迷航，162架飞临目标上空，由于偏离预定航线使他们阴差阳错地避开了德军战斗机的拦截，但陷入地面高炮的密集火网中，攻击队形被打乱，至少11架飞机被击落，在投弹完毕返航途中，又遭到52架Bf 109、17架Bf 110和59架IAR80战斗机的截杀，蒙受了更多的伤亡，最后仅有88架飞机返回班加西，其中55架有伤在身，一架机身上甚至留下了365个弹孔，在行动中被击落43架，加上故障、迷航，损失达53架，有310名机组成员阵亡，108人被俘，这次轰炸成为美军在欧洲战区单次任务损失最高的行动之 ，尽管311吨炸弹给油田设施造成了相当大的损失，盟军估计至少丧失了40%的生产能力，但实际上几周内就恢复到轰炸前的生产水平。

虽然德国人在1943年夏天成功地保卫了油田，但威胁远未解除。随着盟军登陆意大利，轰炸机可以从更近的地方起飞空袭油田，而且还能得到战斗机护航。从1944年4月开始，美军第15航空队利用意大利南部的机场对普洛耶什蒂进行了23次空袭，出动轰炸机5400架次、战斗机4000架次，投弹13万吨，德军的防御体系难以抵挡，至6月间油田的生产能力下降50%，到8月苏军占领油田时仅剩10%的水平。随着普洛耶什蒂油田的丧失，德国空军在巴尔干战区的使命实际上也结束了。

从西西里往北飞

德军统帅部很清楚，在突尼斯失守后，西西里将是盟军的下一个目标，而北非的丢失使得墨索里尼政府陷于破产，意大利政局极度不稳。为了维持南线的安全，希特勒开始对地中海方向给予超乎寻常的关注，将更多的部队派往意大利，刚从北非落败的第2航空队也获得了加强，从5月至7月间德国新生产的战斗机中有40%被分配给地中海战区，同时还从法国调来增援，第2航空队的战斗机数量从190架增加到450架，飞机总数增至1600架。但是，这种程度的增援与盟军与日俱增的飞机数量相比实在是相形见绌，美国强大的军工生产能力已经成为轴心国最大的噩梦。

■ 在北非失守后，为了确保南线安全，德军向地中海战区大量增兵，图为1943年夏，运送补给物资的Me 323型运输机在西西里岛的机场上降落，近处可见一架JG 53联队的Bf 109战斗机。

■ 1943年6月西西里岛上德军机场遭到美军轰炸后的景象，盟军在发动西西里登陆战役之前，首先对岛上德意空军基地实施大规模的空中打击。

盟军登陆西西里岛的行动代号为“爱斯基摩人”(Operation Husky)，预计于7月10日进攻。为了支援登陆行动，盟军航空部队从5月开始就对西西里和意大利本土的德意机场进行打击，力图夺取制空权，6月11日又攻占了西西里岛西南113公里的班泰雷利亚岛(Pantelleria)，兴建前进机场，扩大战斗机作战范围。面对盟军的进攻，德意空军竭力反击，在西西里上空爆发了大规模空战，双方均蒙受严重损失，仅在6月间第2航空队就有131架战斗机和72架轰炸机被击落，但是盟军的损失可以得到迅速弥补，而德军却做不到，西西里岛的制空权渐渐易手，当7月10日盟军开始登陆时，德国空军已经难以实施有效的阻击行动。

■ 1943年7月11日，西西里岛海岸附近，一艘美军运输船被德军轰炸机投下的炸弹命中，发生大爆炸。尽管德国空军竭力反击，但最终没能守住西西里岛。

在“爱斯基摩人”行动中，盟军投入作战飞机3680架，运输机1500架，在登陆前日就出动上千架次，对岛上机场和防御设施进行了21次空袭。尽管处于劣势，德意空军还是拼尽全力阻挠登陆，在登陆当天出动近500架次，猛烈攻击登陆海域的盟军舰队，并在随后数日内连续出击，击沉十余艘舰船，但在盟军加强舰队上空的战斗机掩护后，德军就难以取得战果了。在战役期间，德国空军还进行了一次营级规模的空降行动，夺取一座关键桥梁，并与英军伞兵发生激烈交火。在7月间，第2航空队损失飞机711架，包括246架战斗机，至8月中旬，德意军在西西里岛上大势已去，开始经墨西拿海峡(Strait of Messina)撤往意大利本土，残余的德军飞机也加入到撤退的行列中。

1943年9月初，盟军在意大利南部的卡拉布里亚(Calabria)、塔兰托(Taranto)、萨莱诺(Salerno)等地登陆，揭开意大利战役的序幕，同时意大利新政府宣布投降，早有准备的德军迅速解除了意军武装，控制了意大利大部分地区，依靠亚平宁半岛(Apennine Peninsula)险峻的山地构筑起连绵坚固的防线，节节抵抗，将盟军部队拖进一个泥潭般的战场，但是在空中，德国空军已经无力撼动盟军的空中优势，在登陆之前的战斗中，第2航空队就有321架飞机被击落。德国空军并没有丧失反击的能力，甚至还借助于一种秘密武器——遥控滑翔炸弹给对手制造新的麻烦。这种新型炸弹于1943年8月首次投入实战，9月9日，第100轰炸机联队第3大队的Do 217型轰炸机携带弗里茨X型滑翔炸弹，奉命攻击前去向盟军投降的意大利舰队，一举击沉“罗马”号战列舰(Roma)，这是历史上首次用制导武器击沉大型战舰。两天后，第100轰炸机联队又转战萨莱诺滩头，再建奇功，重创“厌战”号战列舰（HMS Warspite）、“萨凡纳”（Savannah，CL-42）、“费城”号（Philadelphia，CL-41）巡洋舰等英美战舰，极大威慑了登陆舰队。德国空军还将中低空常规轰炸和高空制导轰炸相结合，突破盟军的防空体系，曾让对手一度颇为头疼。不过，仅靠一两种新型武器是无法改变悬殊的实力对比，在盟军加强防空炮火和战斗机巡逻，并采用多种手段对遥控炸弹进行干扰后，第100轰炸机联队的攻击就难以奏效了。

德国空军在意大利战场上最成功的一次大规模行动是1943年12月2日对亚得里亚海沿岸港口巴里（Bari）的轰炸，当时盟军高层普遍认为驻意大利的德国空军已经非常虚弱，无力发动大型空袭，因此疏于防范，港口附近既无战斗机巡逻，也没有部署足够的高射炮。第2航空队司令沃尔福拉姆·冯·里希特霍芬空军元帅（Wolfram von Richthofen）充分利用对手的轻敌心理，策划了这次袭击行动，他拼凑了105架Ju 88型轰炸机发起攻击，机群采取佯动航线，先飞往亚得里亚海（Adriatic Sea），再转向南下，在入夜时分从港口东面进入轰炸航线，意图使盟军误判德军飞机是从南斯拉夫起飞的。德军取得了完全的突然性，没有遇到任何阻击，先头的两三架飞机投下金属箔条以干扰盟军雷达，还投掷照明弹，但此举根本没有必要，因为港口内灯火通明，毫无警觉。上百架德军轰炸机不受干扰地投下全部炸弹，命中率非常高，港内的货船和港口设施连连中弹，城市燃起漫天大火，当时停在港内忙于卸货的30艘商船中竟有17艘被击沉，部分货船上装载的弹药发生殉爆，扩大了破坏效果。更为严重的是，自由轮“约翰·哈维”号（John Harvey）上的2000枚芥子气炸弹也被引爆，毒气泄漏，酿成二战中最大的生化灾难，超过2000人丧生，港口关闭长达三周，直到1944年2月才完全恢复，而德军仅损失一架飞机，大获全胜，这次空袭被称为“小珍珠港”。

然而，巴里港的胜利只是德国空军在地中海战区的回光返照，随着作战损耗，第2航空队的兵力不断萎缩，至1944年1月22日盟军在安齐奥海滩（Anzio）登陆时，德军仅有270架飞机可以作战，却要面对十倍于己的盟军飞机。进入1944年后，德国空军将大部分力量都调回国内，用于抵抗盟国的战略轰炸，留在南线的部队寥寥无几，实际上盟军飞机已经可以在意大利全境自由行动，横行无忌，肆意攻击德军后方的交通网和军事设施，而不必担心受到德军飞机的反击。虽然德国陆军在意大利一直顽抗到战争结束，但从1944年春季以后，德国空军在该战区的存在近乎于零。

上图是1943年12月在亚得里亚海上空向目标逼近的德军Ju 88轰炸机编队，德国空军利用盟军的麻痹大意策划实施了对巴里港的大规模空袭行动。下图为巴里港内中弹的货船燃起烈火，浓烟遮蔽了整个天空，近处是一门40毫米高射炮。

二战时期德国空军的海上作战

紧握波塞冬之戟

为狼群充当耳目，如海鹰寻觅猎物，汪洋之上亦是殊死战场

越俎代庖

虽然在第二帝国时期德国拥有过世界第二强大的海军，但从根本上说它是一个大陆国家，海军在武装力量中的地位低于陆军和空军。在两次世界大战之间，德国海军一直希望建立独立的海军航空兵部队，然而在德国空军成立后，占有欲强烈的戈林蛮横地宣称："在德国所有能飞的东西都归我管！"反对海军拥有航空力量，结果与海军总司令雷德尔（Raeder）产生激烈矛盾，最终在希特勒裁决下，海军被迫将所有航空单位划归空军管辖，连军舰搭载的侦察机也由空军人员驾驶，

■ 1938年时在基尔德意志船厂船台上建造的"齐柏林伯爵"号航母，但该舰最终未能建成，而德国海军因为戈林的阻挠也没能拥有独立的海航部队。

■ 海军总司令雷德尔元帅（右）与空军总司令戈林帝国元帅（左）交谈，在建立海军航空兵的问题上，两位总司令争锋相对，势不两立，最终戈林掌握了海上航空作战的主导权。

未来计划建造的航空母舰虽然属于海军，可舰载机部队却属于空军！雷德尔最后只得到一句"战时空军将密切配合作战"的空头承诺。戈林扼杀德国海军航空兵于摇篮，这是战前德国军备扩张的一个缺陷，而缺乏海军航空兵的支援也是德国海军的致命弱点之一。

在戈林眼中，海上作战只是临时性的附加任务，而不是独立的作战行动，他从未考虑过海军也和陆军一样需要空中支援，而且在德国没有航母的情况下，飞机必须依托陆地展开行动，因此空军承担海上作战并无不妥。1939年4月，在德国空军建制内只有一个规模很小的海上飞行支队，下辖14个海岸警备中队和一个舰载飞行大队，主要装备水上飞机，从事沿海巡逻、侦察，几乎不配备攻击性武器。战争爆发后，海上飞行支队被解散，成立了由汉斯·里特尔少将（Hans

■ 空军海航总监汉斯·里特尔少将（1893～1991），在战争初期负责德国空军所有海航部队的管理。

Ritter）领导的海上航空总监部，下辖东部海上航空师和西部海上航空师，前者负责波罗的海方向的作战，后者负责北海方向的作战，分别与海军的波罗的海军区司令部和北海军区司令部协同。14个中队编为5个海岸警备大队及第196舰载飞行大队，共有飞机121架，分别配属于两个航空师，而在更高的指挥层面，空军没有设立相应的海上作战指挥机构。

当1938年英德因为慕尼黑危机几近开战时，德国空军意识到在未来的战争中将负担反舰、布雷等多种海上作战任务。戈林曾在1938年11月夸下海口，要在1942年之前组建13个用于海上作战的轰炸机联队，以对付英国海军，但是直到战争爆发前夕才匆忙组建了第26轰炸机联队，下辖两个大队，该联队的一半机长和指挥官是从海军调来的，是德国空军唯一适合执行海上攻击任务的部队，归属第10航空师指挥，而师长盖斯勒中将也是海军出身。然而，开战后第26联队主力却被调往波兰前线。9月26日，第26联队第1中队的9架He 111攻击了英国海军“皇家方舟”号航母（HMS Ark Royal），在未确认命中的情况下，空军总司令部就迫不及待地宣称击沉航母，宣传机构大肆鼓噪，结果闹了个大笑话。10月，第10航空师扩编为军，下辖第26、30轰炸机联队，专事在北海攻击英国舰船。在1939年底至1940年春季，第10航空军频繁出动，航迹遍及北海和英国近海，多次攻击英军舰船和海军基地，表现活跃，而在挪威战役中更是显示出强大的制海能力，击沉多艘敌舰，令英军舰队望而生畏。不过，1940年2月19日，第10航空军误炸了德国海军舰队，造成两艘驱逐舰沉没，暴露出海空协同不力的弊端。在战争的第一年中，德国空军宣称击沉盟国舰船超过130万吨，但战后核实大约有44万吨。

■ 第10航空军军长盖斯勒中将（1891～1966），出身海军，对反舰作战颇有心得，后晋升空军上将。

■ 配属于“提尔匹茨”号战列舰的Ar 196侦察机的机组成员及地勤人员在完成100次弹射起飞后在座机前合影，虽然身处军舰，但他们全部是空军人员，隶属于第196舰载飞行大队。

■ KG 30联队的几位飞行员聚在一架Ju 88轰炸机的尾部，欣赏垂尾上的击沉舰船战果标志。在战争初期，德国空军的海上作战还是取得了相当的战果。

大西洋之战

1940年6月西欧战役结束后，德国海军迅速在法国海岸建立基地，潜艇和袭击舰可以从那里出发进入大西洋，展开更大范围的破交战，而德国空军的驻法部队也开始执行海上攻击任务，但在1940年下半年，海空军之间几乎没有任何协同可言。1940年底，潜艇部队司令邓尼茨（Dönitz）强烈要求空军提供远程侦察机支援潜艇作战，潜艇的视界狭窄，迫切需要航空侦察扩大搜索范围。1941年1月，希特勒亲自命令驻波尔多（Bordeaux）的第40轰炸机联队配合海军作战。3月间空军在洛里昂（Lorient）成立了大西洋航空司令部，由马丁·哈林豪森中校（Martin Harlinghausen）任司令，下辖第40联队及四个海岸警备大队，全权负责大西洋方向的海上作战，但该司令部在行政上受到第3航空队和第4航空军的节制，在作战上又要配合海军西线司令部和潜艇部队司令部，如此复杂的指挥体系给作战活动带来消极影响，实际上海军仍然无法随意调用空军飞机。

■ 大西洋沿岸航空部队司令哈林豪森中校（1902～1986），曾参加西班牙内战，精于反舰船战术。

德国空军在大西洋之战中表现最活跃、作用最突出的飞机要算是福克－沃尔夫Fw 200型“秃鹰”远程侦察／巡逻机，它由战前的豪华客机改装而来，是德国空军屈指可数的大型四发飞机之一，尽管还带有民用飞机的弱点，速度缓慢、机身脆弱、火力单薄，但航程可达3500公里，续航时间长达16小时，是德国空军当时唯一能够深入大西洋中部执行任务的飞机。但是，Fw 200的装备数量非常少，最初用于大西洋作战的仅有第40联队第1大队约20～25架飞机，每天最多只能出动6～8架，基于民航机设计的机身无法承担繁重的军事任务，而且Fw 200的产量很低，在1941年每月仅生产4～5架，根本满足不了前线需求。

以如此少量的飞机是无法在广阔的北大西洋上遍布眼线的，尽管如此，Fw 200还是频频出击，从波尔多起飞前往英国以西海域，寻找盟军运输船队的航迹，一旦发现目标就向潜艇司令部发报，由后者调遣正在巡航的狼群展开拦截。由于海空军之间联络不畅——戈林甚至命令空军海航部队使用与海军不同的海图和无线电频率——使得海空协同作战从来没有达到过令人满意的程度，常常是飞机捕捉到船队，跟踪到燃油告急都不见潜艇赶到。不过，还是有一些成功的协同战例，比如1941年2月9日，U－37潜艇与5架Fw 200在亚速尔群岛（Azores）海域共同攻击了HG－53船队，潜艇击沉3艘计4700吨，飞机斩获5艘计9200吨，船队中一半的船只沉入大海。

Fw 200并不只是承担侦察任务，也扮演着“商船猎手”的角色，德国空军改装这种飞机的初衷就是把它视为“空中辅助巡洋舰”，执行反舰船任务。Fw 200最多可以携带2吨弹药，后期改型还能搭

■ KG40联队装备的Fw 200型远程巡逻机，摄于法国波尔多附近的空军基地。在大西洋之战中，KG40联队是德国空军对盟军运输船队实施攻击的主力。

■ 1941年7月号的《信号》杂志封面，两名空军士兵在轰炸机垂尾上描绘战果标志，意在显示德国空军在海上战斗中取得了优良战绩。

载遥控滑翔炸弹，配以机身上下大大小小的机枪、航炮，对于轻武装的商船来说的确是一个可怕的威胁。哈林豪森中校是德国空军中数一数二的海战专家，早在西班牙内战时就创造出被称为“飞镝战术”的低空轰炸战术，并且被运用于Fw 200的行动中，这种战术要求飞机在45米低空从侧后方接近目标，连续投弹，只有经验丰富的飞行员才能熟练掌握。

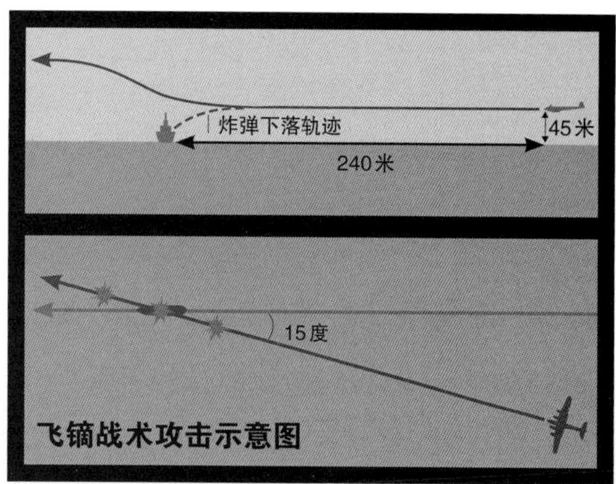

Fw 200通常只攻击单独航行的船只，因为在低空轰炸时其脆弱的机身难以抵挡护航船队密集火力的攻击。早在1940年秋季，第40联队的Fw 200就开始进行“武装侦察”，屡获战果，在1941年1、2月击沉了37艘盟国商船，计147000吨，而同期潜艇部队只击沉了12艘商船。从1940年至1943年，Fw 200累计击沉商船93艘，计433400吨，损失133架，其中45架毁于敌军炮火。

当然，德国空军用于海上作战的飞机绝不止Fw 200一种，大西洋航空司令部所辖部队使用过从Ar 96、Do 18到Ju 88、He 177等各种类型的飞机，它们根据各自的性能特点担负不同的作战任务，从近程巡逻到远程侦察，从反舰到布雷，涵盖海上作战的方方面面。在1943年服役的Ju 290是一种比Fw 200更优秀的机型，航程达6000

■ 在大西洋上空巡航的Fw 200型巡逻机，隶属于KG 40联队。

■ Ju 290型四发重型轰炸机，1942年首飞，时速440公里，航程6150公里，配备20毫米机炮6门，13毫米机枪2挺，可载弹3000公斤，但产量很少，未能取代 Fw 200。

公里，武备更强，载弹量也更大，但数量少得可怜，总共只建造了65架。实际上，大西洋航空司令部在其存在期间从未得到过足够数量的飞机，从事海上作战的飞机不超过空军飞机总数的5%，而且它们绝大部分都不是专为海战设计的，可以随时转用于陆上作战。该司令部本就不多的兵力还常常被抽调到其他战线，比如1942年底第40联队就有部分Fw 200被调往东线，执行对斯大林格勒包围圈的空中补给任务，损失9架，足见德国空军对海上作战的轻视。1941年5月底，当德国海军“俾斯麦”号战列舰（Bismarck）被围困于北大西洋时，德国空军因为飞机航程有限，远程飞机数量稀少，竟然束手无策，难以救援，充分暴露出空军遂行海上作战的局限性。

进入1943年之后，盟军大力加强了对护航船队的空中掩护，特别是派出护航航母提供保护，使德国空军在海上的活动变得日益危险，损失激增，在这一年中有18架Fw 200被盟军炮火或飞机击落，另有34架因事故损毁，大西洋航空司令部已经难以展开作战行动，于1944年4月被撤销，残余部队并入第10航空军，此时大西洋之战无论对于德国海军，还是德国空军，都已经宣告失败了。

■ 1941年7月23日在爱尔兰以西海域被英军战斗机击落坠海的Fw 200型巡逻机。在执行搜索、反舰任务时，Fw 200的机组成员时刻面临着危险。

冰海苍鹰

1940年6月德军侵占挪威后，组建了第5航空队负责北欧地区的空中作战，同时在漫长的挪威海岸线上设立机场，将海上作战的范围由北海扩大到挪威海以至北冰洋。1941年3月，在第5航空队之下又成立了由亚历山大·霍勒上校（Alexander Holle）领导的北方航空司令部，指挥挪威方向的海上作战，其基本兵力包括第26、30轰炸机联队各一个大队、第406、906海岸警备大队以及第77战斗机联队的七个中队，两个轰炸机联队装备的Ju 88、He 111都经过改装，能够携带鱼雷，北方航空司令部还可以得到第5航空队其他下属部队的支援。1941年底，北方航空司令部又分为三个地区司令部，分驻挪威南部、中部和北部。

德国空军在北方海域的作战任务最初主要是远程侦察、监视英国海军的动向、气象侦察，为德国海军潜艇和袭击舰突入北大西洋提供支援，同时也负有打击盟国舰船的职责。1941年8月

■ 驻扎在挪威特隆赫姆海岸的德国空军水上飞机，上图中是2架He 115和1架He 59。下图为一架He 115型水上飞机在挂载鱼雷，准备进行对舰攻击。

之后，英美开通了冰岛（Iceland）与摩尔曼斯克（Murmansk）之间的北极航线，向苏联运送军事援助，德军很快意识到这条生命线对于东线战局的影响，于1941年底向挪威海域调集重兵，展开绞杀，悲壮的北极护航战由此揭幕，而切断北极航线就成为德国空军随后两年内在挪威战场最重要的任务。

最先遭到攻击的是1941年12月底出航的PQ-6船队，而战斗的高潮将在1942年到来，当时德国海军将“提尔皮茨”（Tirpitz）、“吕佐夫”（Lützow）等大型水面战舰都调到北极，第5航空队也集结了超过400架飞机，对北极航线虎视眈眈。航程超过3000公里的Fw 200和Do 18时刻监视着从丹麦海峡（Denmark Strait）到巴伦支海（Barents Sea）的水道，从冰海迷雾中窥探护航船队的航迹，轰炸机则在挪威北部各机场严阵以待，一旦接到警报立即出动，配合海军潜艇和水面舰艇展开联合攻击。在1942年3月底对PQ-13船队的攻击中，由哈约·赫尔曼上尉（Hajo Hermann）指挥的第30轰炸机联队第3大队首开纪录，击沉两艘货船，一个月后的PQ-15船队中又有三艘货船毁于德军飞机的鱼雷。进入夏季后，北极正处于极昼，太阳日夜不落，只要天气条件允许，德军飞机可在24小时内随时出击，对北极护航船队的攻击变得更加猛烈。在5月底出航的PQ-16船队在途经挪威海时遭到德国空军100多架轰炸机的轮番空袭，有7艘被炸沉，2艘受伤，另有一艘被潜艇击沉，而紧随其后的PQ-17船队命运更加悲惨。

早在PQ-17船队在冰岛集结时，它的行踪就已经被第40轰炸机联队的Fw 200和德国间谍所掌握，这支由36艘货船组成的船队受到英国海军舰队的密切保护，在7月4日之前，德军潜艇和飞机的攻击均被击退。德国空军的首次攻击发生在7月2日傍晚，来自第406海岸警备大队的8架He 115对船队发动鱼雷攻击，被船队的防空炮火逐退，损失一架飞机。7月4日清晨，第906海岸警备大队的一架He 115借助云层的掩护偷袭船队，成功击伤了一艘货船，随后被潜艇击沉，这是PQ-17的第一个损失。当天傍晚，第26、30轰炸机联队的Ju 88、He 111携带炸弹、鱼雷出现在船队上

■ KG 26联队的He 111型轰炸机群，该联队与KG 30联队一道，积极投入对北极航线的绞杀行动，其飞机都进行了改装，适于反舰。

空，冒着炽烈的防空炮火发起空袭，搭载炸弹的Ju88从高空实施俯冲轰炸，而装载鱼雷的He111则在低空从多个方向逼近船队，最后击沉两艘货船，但有数架飞机被击落。7月4日晚间，由于对德国水面舰艇部队的动向判断失误，英国海军错误地下令护航舰艇撤退，船队解散，商船自行前往目的地，其结果是悲剧性的。在随后几天内，德军飞机和潜艇对散落在冰海里的商船进行了屠杀，又有20艘被击沉，最终PQ-17的36艘商船损失23艘，其中被德军飞机击沉8艘，另有7艘在空袭中受伤后被潜艇击沉，德国空军出动246架次，仅损失飞机5架。

在PQ-17不幸罹难之后两个月，英军才再次派出PQ-18船队，并安排“复仇者”号护航航母(HMS Avenger)携带战斗机提供空中掩护，尽管如此还是遭到德国空军的猛烈攻击，第26、30联队出动77架轰炸机发动多波空袭，甚至集中攻击了英军航母，最后PQ-18损失商船13艘，其中9艘毁于轰炸，但德国空军也付出很大的代价，至少21架飞机被击落，战斗力最强的第26联队第1大队在战斗结束后仅剩8架飞机还能作战。不过，连续三支船队蒙受严重损失，迫使英军暂时关闭了北极航线，直到1942年底才重新启航。在1943年时，盟国海军加强了北极航线的护航力量，德国海空力量再也没有取得如1942年一样的丰硕战果。1943年12月底，德国海军仅存的主力舰“沙恩霍斯特”号出击拦截JW-55B船队，却掉进英国海军的陷阱里，力战沉没，实际上德国空军的侦察机发觉了英军舰队的踪迹，但飞行员的报告没有得到德国海军的重视，拖延很久才送达舰队，使“沙恩霍斯特”号失去了逃生的机会。在北角海战之后，德军再也无力对北极航线实施有效攻击。1944年11月12日，由于海空协同失误，德国空军未能有效保护停泊在特罗姆瑟(Tromsø)的“提尔匹茨”号战列舰，导致后者被英军轰炸机炸沉，为德国空军在挪威战场的失败做了最后的注脚。

除了大西洋和北冰洋之外，德国空军在地中海、波罗的海以及黑海都有过作战经历，特别是在1941年至1943年的地中海战役中，在克里特、马耳他以及突尼斯等地，都曾给英国海军以重创。德国空军在波罗的海和黑海也设立了海上作战指挥机构，多从事侦察、反潜、联络等辅助任务，对战局没有起到显著作用。

■ 一架He115型水上飞机对运输船投弹，海面上可见炸弹落海时激起的水花，可能摄于日常训练时。

■ 1942年9月，PQ-18船队在挪威海域遭到德军猛烈空袭的画面，一艘货船在中弹后发生剧烈爆炸，耀眼的火光照亮了昏暗的海天。

■ 1943年，随着盟军加强护航力量，德国海空军再也无法对北极航线构成严重威胁，图为1943年在挪威海域一架He115型水上飞机受到盟军的攻击后带伤逃跑。

Eastern Front
Operation Barbarossa
Stalingrad and Kursk

1941-1945

德国空军在东线战场的作战

红星与铁十字的碰撞

战神与死神结伴飞舞，俄罗斯的苍穹里回荡一曲红与黑的激情奏鸣

质量与规模的对比

正如已故空军总参谋长韦弗尔所预料的，希特勒的最终目标是摧毁布尔什维克的堡垒 -- 苏联，1940年12月18日他下达了第21号训令，准备实施入侵苏联的战役，代号“巴巴罗萨”（Barbarossa），这是人类历史上规模最大的军事行动，以德军为主的400万轴心国军队分为三个集团军群，将从波罗的海至黑海绵延2000多公里的战线上发起进攻，计划在冬季到来前占领苏联的欧洲部分，推进至阿尔汉格尔斯克（Arkhangelsk）至阿斯特拉罕（Astrakhan）一线，摧毁苏联的武装力量和斯大林政权。这个目标在许多德军将领眼中是难以实现的 -- 毕竟对手是一个庞然大物：拥有世界上最广阔的国土、最庞大的军队和多达两亿人口 -- 包括空军总司令戈林，他不止一次试图让希特勒放弃进攻苏联的想法，但元首的决心如钢铁般坚硬，他也只能统率德国空军投入这场赌命般的大决战。“巴巴罗萨”行动原定在1941年5月15日实施，因为发动巴尔干战役而推迟到6月22日。

1941–42年德军对苏联的战略进攻

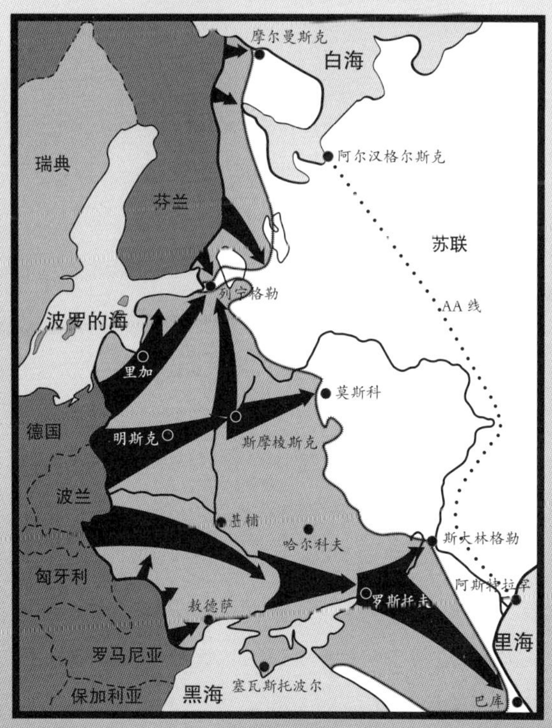

经过开战以来的扩充，德国空军在1941年6月时兵员总额已经达到168万人，一线作战飞机4882架，编成五个航空队，此外还有大量高炮、伞兵、通信、后勤部队。戈林将空军四分之三的兵力用于入侵苏联，在战役前夕，在东部战线上集结的德军飞机为3604架，其中战斗机1118架、轰炸机953架、俯冲轰炸机306架、运输机256架、侦察/联络机257架及其他支援飞机，此外还有397架预备飞机，总数为4001架。值得注意的是，德军

■ 1941年6月，在前线机场上整齐排列的Ju 87型俯冲轰炸机，属于StG 77联队。在1941年时德国空军的实力正处于巅峰，在质量上和经验上都优于规模庞大的苏联空军。

■ “巴巴罗萨”行动前夕，在波兰边境附近的机场上，JG54联队的Bf 109战斗机已经整装待发，准备为轰炸机部队护航，并摧毁苏联空军的抵抗。

轰炸机、俯冲轰炸机的数量少于1940年的西欧战役，可见德国空军还没有从不列颠空战的损失中完全恢复。不过，德国空军得到罗马尼亚、芬兰、匈牙利等国空军约978架飞机的增援，使得“巴巴罗萨”行动中轴心国空中力量的总和达到4979架。在作战部署上，阿尔弗雷德·凯勒大将（Alfred Keller）的第1航空队负责支援北方集团军群进攻列宁格勒（Leningrad），凯塞林元帅的第2航空队配属中央集团军群向明斯克（Minsk）、莫斯科（Moscow）攻击，勒尔大将的第4航空队配合南方集团军群向基辅（Kiev）推进，施通普夫大将的第5航空队以部分兵力在偏远的挪威前线作战，德国空军的任务依然是夺取制空权和支援陆军。

苏联的空中力量在规模上超过当时世界上任何一个国家，在1941年6月，苏联空军及海军航空兵拥有约20000架飞机，其中战斗机11500架，轰炸/侦察机8400架，部署在苏联西部的飞机数量是9383架，几乎是轴心国军队的两倍。然而，苏联空军的战斗力并不与规模成正比，数量庞大的作战飞机中大多数是老旧机型，米格－3、拉格－3等新型战斗机装备数量较少，很多部队正在换装，对新飞机还不熟悉，而且普遍缺乏通信导航设备。受到30年代大清洗的影响，苏联空军缺乏有经验的指挥官，飞行员数量不足，一部分飞机因为无人驾驶而闲置，训练状况也很糟糕，在速成训练下苏军飞行员从航校毕业时仅有10小时的飞行时间，而德军飞行员在分配到部队前都拥有250小时的飞行时间，更何况很多人已是身经百战的老手。苏联的机场设施也不够完善，限制了空军的出击力度。总之，除了数量和飞行员的勇敢精神之外，苏联空军在飞机性能、训练水平、作战经验上都逊色于对手，他们在苏芬战争中的低劣表现也使德国空军建立了一份胜利的信心。

■ 一群苏军飞行员聚集在一架雅克－1型战斗机前研讨战术，可能是一幅摆拍的宣传照片，实际上苏德战争前夕的苏联空军整体素质低下，装备老旧，新型飞机数量较少。

闪电战的巅峰与终结

“巴巴罗萨”行动的进攻时间是6月22日凌晨3时15分，德国空军再度充当了急先锋。凌晨3时，150架德军轰炸机在一批精于夜航的老手驾驶下，从高空悄然无息地飞越苏德边境，15分钟后，炸弹在苏联西部31个机场同时炸响，随后两千公里战线上的上万门火炮也开始轰鸣，25分钟后，由868架飞机组成的德军大机群向更多的苏军机场实施第一轮主要打击。让德军飞行员深感惊讶的是，苏联飞机好像接受检阅一般整齐地排列在机场上，全无戒备，被成打成打地炸毁，少量苏军战斗机试图起飞迎战，但在滑行时就被击毁在跑道上。当德军装甲部队迎着晨光开进苏联国境时，天空中几乎没有一架苏军飞机，德国空军在战争的第一时间成功压制了苏军的空中力量。天明后，当

■ 在苏德战争爆发的第一天，有数以千计的苏军飞机被德国空军消灭在地面上，图为一座苏军机场遇袭后的惨相，飞机残骸遍地皆是。

■ 苏德战争初期，德国空军多使用SD2型破片炸弹攻击地面目标，但这种炸弹性能不稳定，常常造成自损，很快被撤装。

德军飞机重新挂弹返回战场时，开始遭遇幸存苏军战斗机的挑战，落后的伊－15、伊－16难以对抗Bf 109，纷纷坠落，但也有部分苏军飞行员凭借灵活的机动与德机展开缠斗，甚至在子弹耗尽后选择空中撞击，同归于尽。苏军轰炸机也开始从后方机场起飞发起反击，但受到德军战斗机的拦截，毫无建树，德国空军在战役首日就掌握了制空权。

6月22日夜幕降临时，德国空军战报称全天击毁苏军飞机1811架，其中1489架毁于地面。戈林对这个战果表示难以置信，命令彻查，结果发现实际击毁数量超过2000架！苏联方面也承认，截至当天中午就损失了1200架，其中800架毁于地面，这是何等惊人的事实！德国空军在这一天有78架飞机被击落，连同盟友的12架，总共损失90架，如果是在其他战线，这种单日损失可谓惨重，但相对于取得的战果，就显得微乎其微了。值得一提的是，部分德机是因为自己的炸弹而损毁的，德国空军使用SD2、SD10两种小型炸弹攻击地面目标，但投弹装置时常失灵，使炸弹滞留于弹舱内，稍有震动就会自爆，损坏载机，因此很快被下令从一线飞机上撤装。

从6月23日开始，德国空军将作战重心转向为陆军提供支援，但战斗机部队还要忙于应付苏联空军的反击，每天都有数以百计的苏军轰炸机飞临战场，试图阻止德军装甲部队的闪电突袭，但它们大多没有战斗机护航，战术呆板，缺乏应变，反而为德军战斗机飞行员提供了刷新战绩的良机。德国王牌约翰内斯·施坦因霍夫（Johannes Steinhoff）评论道：“在与苏军的作战中，我们是与一部机器而不是人在战斗，他们的战术缺乏灵活性，也没有个人主动性，甚至有一点愚蠢，如果我们击落了编队长机，其他人就会不知所措地等着挨揍。”那段时间，德军王牌数量急剧飙升，战果记录屡创新高，以至空军不得不提高在东线颁授骑士十字勋章的

■ 1941年8月，第2航空队司令凯塞林元帅与JG 53联队三位刚获得骑士十字勋章的飞行员合影留念，由于战果大幅飙升，德国空军被迫提高了骑士十字勋章的授勋标准。

■ 1941年7月15日，JG 51联队长莫尔德斯成为史上首位“百架王牌”并且荣获第一枚钻石饰，图为他着陆后接受部下的祝贺，就在两周前他指挥的JG 51联队战果超过1000架！

■ 1941年夏季的东部前线，德军地勤人员在为He 111型轰炸机装载炸弹，在“巴巴罗萨”行动初期，德国空军继续为陆军部队的快速推进提供支援，取得了丰厚的战果。

标准。6月30日，在明斯克前线，由莫尔德斯上校指挥的第51战斗机联队成为开战以来第一个战果超过1000架的战斗机联队。同一天，在德文斯克作战的第54战斗机联队击落敌机65架，在8月初与第53战斗机联队一道突破1000架战果记录，而8月中旬，第3战斗机联队也加入了“千机联队”的行列。7月15日，莫尔德斯上校成为历史上第一位击落100架敌机的飞行员，获得了第一号钻石饰。

德国空军的对地支援作战也是卓有成效，成群的轰炸机频繁袭击道路、桥梁、部队集结地和苏军行军纵队，击毁了数量众多的坦克、车辆和防御设施，Ju 87“斯图卡”在苏军士兵心中也获得了恐怖的名声。在1941年9月的基辅会战中，德国空军更展现出强大的攻击力，在9月12日至21日之间击毁车辆2171辆、坦克23辆、飞机107架，并造成苏军大量人员伤亡。9月15日，第55轰炸机联队第3中队在一次出击中就报销了8台火车车头。德国空军也给苏联海军以沉重打击，在9月23日对喀琅施塔得军港（Kronstadt）的轰炸中，第2俯冲轰炸机联队的Ju 87将“马拉”号战列舰（Marat）炸成两截，而参与攻击的飞行员中包括日后声名卓著的“斯图卡之王”汉斯－乌尔里希·鲁德尔（Hans-Ulrich Rudel）。

然而，在如此辉煌的胜利图景背后，德国空军却愈发感到吃力了。战役开始两个月后，大约1000架德军飞机损毁，战损率超过以往任何战役，而且越深入苏联领土，战线就变得越宽广，补给线也不断延长，加上恶劣的道路状况，给后勤补给带来巨大的压力。更为恐怖的是，苏联人似乎有着用之不竭的后备力量，虽然到8、9月间苏联空军的老式飞机被消灭殆尽，可是新型战机源源不断地投入战斗，德军飞行员不禁感叹道：“你击落10架，

■ 在东线，“斯图卡”再度出尽风头，图为StG 2联队于1941年8月17日对诺夫哥罗德附近一座铁路桥实施精确轰炸的照片，可见炸弹直接命中桥梁后升起的烟云。

■ 1941年11月17日，由于对战局的悲观看法和沉重的压力，空军军备总监乌德特自杀身亡，图为戈林在乌德特的葬礼上发表讲话，著名王牌飞行员加兰德为其扶灵致哀。

又会飞来15架！”有资料披露，1941年下半年苏联飞机产量增长四倍，全年交付飞机15735架，其航空工业动员之迅速令人咋舌，反观德国航空工业在开战两年多后，生产水平并无大幅增长，1941年生产飞机12400架，比苏联还少3000架！正因为如此，苏联空军在承受巨大的损失后仍然能够恢复元气，而德国空军却感到后续乏力。更为重要的是，苏联的工业设施可以转移到德国空军鞭长莫及的乌拉尔山以东继续生产，一座坦克工厂一天生产的坦克，德军飞机花上一个星期也打不完，现在德国人终于意识到韦弗尔提出的“乌拉尔轰炸机”是多么的明智，错误已经难以弥补，亨克尔公司继续研制的He 177重型轰炸机毛病多多，迟迟不能定型，即使顺利投产也无法在短期内达到足够的数量，加上前线对补充装备的迫切需求，空军军备总监乌德特终于不堪重负，于1941年11月17日饮弹自杀。

德国空军不仅无法对苏联军事工业进行打击，就连对莫斯科进行威慑性空袭都力不从心。希特勒在7月8日下令空袭莫斯科和列宁格勒，空军竟无兵可调，所有飞机都散布在漫长的战线上，陆军也反对抽调飞机，担心空中支援会受到削弱，在希特勒的亲自过问下才勉强集结了127架轰炸机于7月21日夜间首次空袭莫斯科，结果遭到苏军十几个高射炮团的猛烈迎击，虽然投弹104吨，但未造成严重损害，轻型燃烧弹甚至穿不透克里姆林宫坚厚的屋顶！德军又连日实施空袭，但规模一次比一次小，自然难以期待像样的战果。至1941年底，德国空军对莫斯科进行了76次夜间空袭，其中59次出动飞机在10架以下。对莫斯科的攻击尚且如此，更不用说对其他苏联城市和后方设施的空袭了，德国空军作为一支战术空军的弱点暴露无遗。

■ 1941夏季德国空军对莫斯科的空袭收效甚微，上图为守卫在克里姆林宫的苏军高射炮，下图是苏联的妇女儿童在观看在莫斯科上空被击落的德军He 111型轰炸机残骸。

■ 随着1941年严冬的到来，东线战场上双方空中力量的对比发生了不利于德军的变化，苏联航空工业的迅速动员使得飞机产量猛增，苏联空军的损失得到补充。左图为1941年冬季送达前线的米格-3型战斗机，而经过数月战斗后，德国空军严重失血，损耗巨大，严寒也让德国空军出击效率锐减。右图为在机场上被白雪覆盖的Ju 87和Ju 52。

1941年秋季的连绵雨雪和提早到来的严冬让德军引以为豪的闪电战失去了光彩，车辆、坦克陷于泥泞，士兵饥寒交迫，飞机因为燃料冻结而无法起飞，因机械故障损失的飞机超过战斗损失。受天气和后勤的影响，德国空军的出击力度明显下降，在9月时每天可出动飞机1000架次，至10月底只有300架次。中央集团军群在10月间发动"台风"行动（Typhoon），意图攻克莫斯科，但得到远东部队增援的苏军顽强地顶住了进攻，并在12月初发起反攻，迫使德军节节后退，最终"巴巴罗萨"行动在俄罗斯冬季的漫天风雪中宣告失败。在历时半年的战役中，虽然德国空军消灭了多达21200架苏军飞机和不可计数的地面装备，但自身也严重失血，损失飞机达3827架，有3231人阵亡，8453人受伤，意味着战役开始时投入的作战飞机几乎全部消耗，至1941年12月，德国空军在东线的飞机数量下降到2268架，加上盟友的飞机也不过3000架而已。

搭建空中桥梁

在1942年初苏军的冬季大反攻中，德国武装部队遭遇到战争中第一次严重危机，险些重蹈1812年拿破仑大军的覆辙。希特勒严令部队就地死守，结果在苏军的红色浪潮背后留下了一个个"孤岛"，其中最大的一个在列宁格勒以南的迭米扬斯克（Demjansk），1942年2月初，德军六个师约10万官兵在那里陷入包围，距离最近的德军战线都有120公里之遥，地面联系完全断绝。希特勒宣布迭米扬斯克为要塞，命令固守待援，同时指示全力实施空中补给，这是拯救被围部队的唯一途径，也是德国空军当时压到一切的头号任务。负责东线北段作战的第1航空队集结了220架Ju 52运输机执行空运任务，但能够出动的仅有三分之一，而根据计算包围圈每天需要300吨物资，动用150架飞机，相当于可用飞机的两倍。鉴于这种情况，德国空军对运输机部队进行了紧急动员，从国内甚至北非调来更多的飞机，连航校教官都被推上前线，各种冬季装备和后勤设施也以最快的速度运抵前线基地，最后参与行动的运输机数量多达600架，部分轰炸机也被用于运送物资。

2月20日，第一批40架运输机降落在迭米扬

■ 1942年2月，为了解救迭米扬斯克包围圈内的德军部队，德国空军实施了大规模空中补给行动，图为Ju 52运输机在冰封雪冻的包围圈内降落，卸下给养物资。

■ 1942年初，迭米扬斯克包围圈内的一名德军士兵在检查由空军投下的补给箱，正是依靠空运补给，10万德军坚守数月，最终解围。

斯克机场上，在90分钟内卸完物资后立即起飞，在此后三个月内，包围圈内10万官兵的生存全部依赖这座空中桥梁。至3月初，德军在包围圈内新建了一座应急机场，以扩大空运量。每次空运的航程为250公里，其中150公里为苏军控制区，起初德军运输机以单机飞越敌区，在苏军加强防空火力和战斗机拦截后，改为高空编队飞行，并由第3、51战斗机联队的战斗机护航，但苏军战斗机常常潜伏在机场周围，趁运输机起降时突施杀手。不过，空运行动最大的敌人还是俄国的酷寒，在零下40度的低温中，飞机的故障率激增，每飞行40小时就需要检修，在恶劣天气下可用飞机的比率下降到25%，有时需要在一天内往返两三回。尽管困难重重，德国空军还是取得了成功，从2月20日至5月18日，运送物资24303吨，日均276吨，运送援兵15400人，运出伤员22000人，损失运输机256架。毫无疑问，迭米扬斯克空运行动是军事史上的一项创举，但是德军统帅部却夸大了空中补给的效果，而忽视了任务面临的巨大危险，当他们在1942年底企图在东线南段复制这一模式时，遭到了可悲的失败。

斯大林格勒之殇

熬过东线的第一个冬天后，德军开始重整旗鼓，其1942年夏季攻势的重点置于东线南段，目标是夺取高加索油田，为德国战争机器获得新的血源，进而从南面迂回莫斯科。南方集团军群分为A、B两个集团军群，前者将突入高加索(Caucasus)，后者负责侧翼掩护，向伏尔加河(Volga River)沿岸挺进，行动代号为“蓝色”(Fall Blau)。在发起这一主要攻势之前，德军首先要解决久攻不下的塞瓦斯托波尔要塞(Sevastopol)，1942年5月，第11集团军在第8航空军约750架飞机的支援下发起攻坚战，猛烈的空袭和地面重炮一道有效软化了要塞的防御，同时德军飞机还竭力切断要塞的海上补给线，给苏联黑海舰队以重创，要塞于7月4日陷落。在5月间，德军还在哈尔科夫(Kharkov)挫败了苏军一次不成功的攻势，德国空军以骄人的战绩证明自己依然战斗力强劲，在两周内击毁615架苏军飞机和数百辆坦克。

“蓝色”行动于1942年6月28日开始，冯·里希特霍芬大将的第4航空队负责支援两个集团军群的进攻，德国空军当时在东线约有2800架一线飞机，其中1800架被配备给第4航空队，其中战斗机438架、轰炸机450架、俯冲轰炸机219架、运

■ 在1942年5月德军对塞瓦斯托波尔要塞的攻坚战中，德国空军出动750架飞机提供支援，有效软化了要塞的防御，图为被德军摧毁的苏军要塞炮台。

■ 1942年7月，在东乌克兰原野上空飞行的He 111三机编队。在1942年夏季攻势中，德国空军集中兵力于东线南段，形成局部优势。

输机336架，相比之下在东线中段德军仅部署了约600架飞机，而在北段甚至不足400架！经过战争第一年的巨大消耗，苏联空军的规模已经大为缩减，至1942年7月时大约有4000架一线作战飞机，仍然享有数量优势，新型飞机的装备比例也有所提高，而且随着后方新造飞机的增加和英美援助飞机的抵达，这项优势还将进一步扩大，但是在装备性能、作战指挥、训练水平上依旧有明显的劣势，而在第4航空队正面苏军仅有约600架飞机，德军获得了3 ： 1的局部优势。

■ 1942年8月23日，第4航空队司令里希特霍芬大将在伏尔加河畔用望远镜观察斯大林格勒的防御情况，当天德国空军出动飞机1600架次，向这座城市投弹1000吨！

“蓝色”行动的开局与一年前的“巴巴罗萨”行动一样顺利，德军装甲部队在空军飞机的有力配合下，以凌厉的攻势席卷乌克兰东部，消灭了大量苏军部队，仅在战役的第一个月中，德国空军就宣称击毁敌机783架，但是不同的是，1941年夏秋的大型合围战未能重现，苏军的主力总能及时撤退，并进行激烈的后卫战斗，避免被包围。德国空军也发现苏联飞行员在获得新型战斗机或援助的西方战机后变得难以对付，而且随着陆军部队向东挺进，空军也必须将出击基地前推，在顿涅茨草原上临时兴建的野战机场大多条件简陋，飞行事故和机械故障频发，造成大量非战斗损失，雪上加霜的是，不断延长的补给线和低劣的道路条件使得德军再度面临后勤难题，损失得不到及时补充，在1942年夏季德国空军在东线平均每月损失飞机240架。虽然制空权依然掌握在德国人手中，但越向东推进，空军的战斗力就越薄弱，而苏联空军的力量却在不断增强。

7月中旬，德军已经站在高加索的大门口，但希特勒改变了主意，命令向伏尔加河一线实施主要突击，夺取工业重镇斯大林格勒（Stalingrad），原本为助攻的B集团军群现在成了主攻，第4航空队也以1000架飞机集中支援这个方向的进攻。在苏军的顽强抵抗下，德军用了一个月时间才前进到伏尔加河畔。在地面部队靠近斯大林格勒之前，德国空军就已经向这座城市播撒死亡了，8月23日，第8航空军出动1600架次飞机，投弹1000吨，其中一半落进市区，在此后一周内，死于空袭的苏联平民达4万人。9月中旬，德军兵临城下，突进城区，与守军展开残酷的巷战，德军飞机也终日盘旋于城市上空，每天都要投下上万枚炸弹，把每一寸土地都变成废墟，让伏尔加河面上布满

■ 一个 Ju 87型俯冲轰炸机编队盘旋在伏尔加河上空，寻找可以攻击的目标。在战役演变为短兵相接的巷战后，德国空军除了制造更多的废墟外，难以发挥更大的作用。

荆棘。在两月有余的城市争夺战中，第4航空队出动70000余架次，有力支援了地面进攻，同时击毁苏军飞机2063架，然而，对于瓦砾堆里犬牙交错、敌我混杂的近战，德国空军实在无能为力。虽然德军占领了斯大林格勒90%的城区，但苏联人依然死守不退。伴随着11月的寒风，德军的攻势也被冻结了。另一方面，兵力削弱的A集团军群也没能完成向巴库（Baku）的冲刺，停滞在高加索的群山中。在几个月的连续苦战后，第4航空队的实力也损耗严重，至10月底飞机数量已下降至974架，可以作战的飞机为594架。

1942年11月19日，强大的苏军后备兵团从斯大林格勒南北两翼发起大规模反攻，将第6集团军及第4装甲集团军一部约25万人合围，于是依靠空中补给拯救被围重兵集团的任务又一次落在德国空军头上，鉴于年初在迭米扬斯克的成功，戈林对此保持乐观态度，而前线指挥官则认为根本不可能，关键是希特勒不允许突围，空军只能尽力而为。按照计算，被围德军每日至少需要300吨物资才能维持生存，配属第4航空队的Ju 52型运输机有295架，普遍状况不佳，最后连轰炸机部队也被动员起来投入空运行动，并从其他战线调集飞机增援。包围圈内机场设施欠缺，进入11月份天气也不利于飞行，浓雾弥漫，雨雪交加，都极大限制了空运规模。在11月24日空运第一天仅运送了75吨物资。受出动架次、恶劣天气等因素的影响，空运时断时续，直至12月中旬一直保持较低的水平，日均不足百吨，在12月19日至21日略有起色，创造了空运的最高纪录，450架飞机在三天内运进700吨物资，最多一天达289吨。

然而好景不长，随着苏军不断压缩包围圈，机场纷纷失守，至1943年1月中旬只能依靠降落伞空投，补给量急剧下降。同时，包围圈的缩小也使飞行距离由最初的200公里延长至450公里，而苏联空军也加强拦截，危险日益增加，空运行动陷于绝望。2月2日，弹尽粮绝的第6集团军宣布投降，德国空军做出的巨大牺牲付之东流。在两个多月

■ 1942年12月，德国空军试图重现“迭米扬斯克奇迹”，为陷入斯大林格勒口袋的重兵集团实施空中补给，左图为白雪覆盖的前线机场上准备起飞的Ju 52机群，其中带有深色涂装的飞机可能是临时从其他战线调来的。但是，随着包围圈的缩小，机场被苏军占领（上图），空运行动最终失败。

的空运中，德国空军出动飞机3400架次，仅运送物资8350吨，日均117吨，损失飞机488架，包括266架 Ju 52和165架 He 111，1100名机组成员阵亡，其中不少是经验丰富的轰炸机成员。斯大林格勒战役的落幕也宣告德军1942年攻势的失败，德国空军与陆军一样损失惨重，到1943年1月31日，在东线的德军飞机数量仅有1657架，其中第4航空队尚存624架。

崩塌的堡垒

1943年1、2月，苏军挟斯大林格勒胜利之余威，在东线南段发起反攻，企图切断深入高加索的A集团军群的退路，但曼施坦因元帅(Manstein)指挥增援部队在哈尔科夫绝地反击，挫败了苏军的攻势，将战线稳定下来。第4航空队积极配合了反击行动，曾在一天内出动1800架次，封锁苏军的撤退路线，不过损伤也不小，在2、3月间德军在东线丧失的500余架飞机中大部分坠落在哈尔科夫空域。

在高加索方向，德军扼守着以塔曼半岛(Taman)为中心的库班桥头堡(Kuban)，苏军在1943年春季连续发起进攻，试图将德军逐出半岛，围绕地面激烈的攻防战，双方空军也爆发了东线战场上罕见的空中战役，均投入超过1000架飞机，从4月至6月间进行了三次大规模空战，制空权几度易手，在战斗高潮阶段，每天都会发生40～50次空战，百余架飞机在空中追逐厮杀的场面变得极为平常，一位苏联空军将领形容说：“平均每十分钟就有一架飞机从天空坠落。”在历时两个多月的战役中，苏军宣称出动35000架次，击毁德机1100架，其中800架是在空中击落的，自损约300架，而德军方面则声称给对手造成了更为惨重的伤亡，仅在5月26日一天就击落苏军飞机350架！实际上双方损失不相上下，对比战争前期的空战交换比，这对苏联空军来说称得上是一个胜利，难怪苏联战史将库班空战与美军的中途岛海战相媲美。库班空战削弱了德军在东线南段的空中优势，表明苏联空军的实力已经大幅回升，能够与德军展开制空权的争夺。

■ 为了纪念库班桥头堡的防御战，德军颁发了库班盾章。

在1943年春季，苏德战场上出现了几个月难得的平静时光，双方都在积聚力量准备在夏季再决雌雄。德军统帅部将战线中段以库尔斯克(Kursk)为中心的突出部作为新攻势的目标，计划由南方集团军群和中央集团军群南北夹击，消灭突出部内的苏军集团，拉平战线，改善战场态势，行动代号为“堡垒”(Zitadelle)。为此集结了最精锐的部队，并将“虎”式、“黑豹”等新型战车投入一线，兵力约

■ 1943年初在高加索前线苏军战斗机飞行员紧急出动，此时已换装新型的拉-5战斗机。库班空战表明苏联空军已经有实力同德军争夺制空权。

■ 1943年春夏在东线野战机场上进行维护的Fw 190战斗机，远处空中可见一群Ju 87列队飞过。在“堡垒”行动前夕，德国空军经过补充后再度集结起颇具实力的突击力量。

■ 面对苏军如潮似海的装甲集群攻击，德国空军着力加强了反坦克作战能力，以Ju 87G为代表的对地攻击机充实到一线，其翼下两门37毫米炮对坦克很有杀伤力。

为90万人。苏军则针锋相对地采取以守为攻的策略，在突出部部署了130万人，掘壕据守、纵深防御，以消耗德军进攻力量，再图反攻。

苏德两军都深刻认识到空中力量的重要性，极力充实前线航空部队的实力。德国空军在1943年7月时在东线的作战飞机约为2700架，如果算上盟友及二线飞机，达到3660架，第4航空队仍然是东线德军最强的航空兵团，在5月底时实力已经恢复到1700架的规模。参与“堡垒”行动的空军部队是由汉斯·赛德曼上将（Hans Seidemann）指挥的第4航空队第8航空军和由保罗·戴希曼少将（Paul Deichmann）指挥的第6航空队第1航空师，前者拥有1100架飞机，支援南方集团军群进攻，后者拥有730架飞机，配合中央集团军群行动，共计1830架，其中约600架战斗机和1100架轰炸机、攻击机。到1943年夏季德军战斗机大多更换为新型的Bf 109G型和Fw 190型，为了强化对地攻击能力，特别是反坦克能力，配备强大武备的对地攻击机Hs 129、Ju 87G等也列装一线部队。

尽管在1942年损失了14700架飞机，苏联空军的规模在1943年夏季已经膨胀到10250架，拉-5、雅克-9、伊尔-2等新型战机大量装备，无线电设备也逐渐普及，在战术、编制方面仿效德国空军进行了改革，飞行员的经验也日益丰富，战斗力明显提升，更拥有极大的数量优势。苏军在库尔斯克部署了三个空军集团军及附属部队，大约2900架飞机，其中战斗机数量为1200架，是德军的两倍。不过，苏军缺乏性能优良的侦察机，因为后方训练消耗过大和运力不足，在战役前夕航空部队甚至出现过燃料短缺的问题，在作战指挥上也有不足。

早在库尔斯克战役之前三个月，德国空军就积极出击，攻击苏军后方机场和交通线，阻挠对手的战役准备。在4月至6月间出动飞机10283架次空袭库尔斯克地区，有时甚至发动500架以上的大规模轰炸。苏联空军不甘示弱，还以颜色，也派出飞机轰炸德军后方。双方还为争夺制空权展开激烈空战，均蒙受较大损失，在三个月中德国空军损失256架战斗机、245架轰炸机和115架俯冲轰炸机。

■ 在库尔斯克战役打响前，苏德空军就已经展开对攻，频繁出击空袭对方防线纵深的机场、补给线和交通枢纽。图为苏联空军伊尔-4型轰炸机在积极备战，随时出动。

■ 1943年7月5日“堡垒”行动发动当天，几名德国陆军士兵站在装甲车上仰望从头顶飞过的Ju 87机群。德国空军在战役首日占据上风，有力支援了地面进攻，但后续乏力。

■ 两位Hs 129型对地攻击机部队的飞行员在战斗间歇计算着飞机垂尾上的击毁坦克标志，这种号称“坦克开罐器”的飞机在库尔斯克战役中有突出表现。

同时，德国空军还尝试对苏联后方工业基地进行所谓“战略轰炸”，但规模有限，收效甚微。

“堡垒”行动于1943年7月5日凌晨开始，预先得到情报的苏军在德军进攻前夕实施反火力准备，同时出动285架战斗机和132架强击机空袭哈尔科夫附近的德军机场，试图先发制人，但第8航空军及时察觉，第3、52战斗机联队紧急升空，展开拦截，将苏军机群驱散，德军事后宣称击落120架敌机。在战役第一天，德国空军倾尽全力，出击近4500架次，空袭之猛烈竟使苏军前线指挥部一时间无法掌握战场态势，德军迅速夺取了制空权，宣称击毁432架敌机，自身仅损失26架。但是，次日德国空军就显得疲软了，出击架次下降达40%，可见首日损失不轻。在随后的战斗中，德军竭力保持空袭力度，许多大队一日之内要出动6～7次，但出击架次持续下滑，此消彼长，苏联空军逐渐夺回了制空权。尽管如此，德国空军仍然有力地支持了地面进攻，对地攻击机表现尤其突出，7月8日，一个Hs 129编队低空突袭了一支行进中的苏军坦克部队，击毁坦克80辆，挫败了苏军的进攻计划，确保德军侧翼安全。面对苏军绵密的防线和源源不断的后援，德军难以取得决定性突破，于7月15日转入守势。一份德国空军战报称，在7月5日至12日，共出击37241架次，投弹20000吨，击毁飞机1735架，坦克1100辆，其他车辆1300辆，但付出高昂代价，在7月间损失飞机911架。

在德军进攻被遏制后，苏军立即转入反攻，首先在中央集团军群的奥廖尔方向（Orel）取得突破，德军第9集团军和第2装甲集团军面临被包围的危险，7月19日到21日，德国空军将大部分可用飞机投入封闭突破口的战斗中，来自空中的弹雨给苏军进攻部队造成巨大损失，仅在20日当天至少有33辆坦克被德军飞机击毁，攻势减弱。空军的突击为陆军调集增援争取了时间，战局得以

■ 第6航空队司令格莱姆大将（1892～1945），后晋升空军元帅，希特勒在自杀前指定他接替戈林担任德国空军末代总司令。

转危为安。事后，第9集团军司令莫德尔大将（Model）向第6航空队司令格莱姆空军大将（Greim）致谢说：“空军的支援无疑是决定性的，避免了第二个更具灾难性的斯大林格勒悲剧的出现。”

然而，有限的战术胜利无法掩盖“堡垒”行动失败的事实，德军在东线彻底丧失了主动权，只能在苏军一浪高过一浪的反攻下向西退却。库尔斯克战役也是德国空军在东线战场上最后一次大规模进攻行动，战争头两年建立的空中优势已经一去不复返，苏联空军在质量和数量上都已经变得格外强大，难以抗衡。受本土防空战的影响和持续增长的战损，德国空军在东线的力量不断缩减，至10月间一线作战飞机仅有1150架，到年底仅有425架飞机可以作战，只能分散成小股兵力支援陆军的防御战斗，无法对战局产生决定性影响。

跌入无尽的深渊

1943年8月以后的东线战争对于德国空军来说就是一场难以逆转的灾难。在1943年下半年，苏军在东线南段和中段连续实施进攻战役，迫使德军节节败退，撤到第聂伯河（Dnieper River）西岸。在那段时间里，由于苏军的步步紧逼，前线机场不断丢失，德军飞机被迫不停地向后方转移，比如第100轰炸机联队第1大队在7月到10月间转场达六次。频繁的转移和持续减员严重影响了德国空军的出击效率，第4航空队和第6航空队每日最多只能出动300架次飞机，根本难以满足数

■1943年夏季在Fw 190护航下向前线出击的Ju 87编队，在库尔斯克战役后，东线德国空军的作战能力持续下降。

百公里战线上对空中支援的需求。

虽然德国航空工业在1943年终于被充分动员起来，全年生产飞机25000架以上，在1944年更提升到40000架，依然无法和苏联及西方盟国的巨大产能相匹敌，在这两年间，苏联新造飞机75000架，美国更是达到惊人的180000架！即使德国空军得到足够数量的作战飞机，飞行员数量却无法

■ 在乌拉尔地区的飞机工厂内，苏联人正以流水线作业的方式大量制造雅克系列新型战斗机。在挖掘航空工业制造潜力方面，苏联做得远比德国更快更充分。

■ JG 54联队阵亡飞行员的墓碑，由飞机的螺旋桨叶片制成，东线空战的巨大伤亡已经无法由后方训练人员及时弥补。

和飞机一样得到快速增长，航校的训练时间大为缩短，飞行事故接连不断，训练水平严重下滑，一线部队的空勤人员出现缺口，至1944年1月时德国空军仅有60%的机组处于待命状态，至1944年5月已经失去了25%的战斗机飞行员。在1943年至1944年间，出于本土防御的需要，德国空军还不断从东线抽调兵力，新飞行员通常先被分配到东线的各大队中，一旦获得战斗经验就会被调往西线作战，令东线各部队十分不满，缺编成为普遍问题，面对苏军如潮水般的攻势，许多空军大队只能保持50%的作战力量。

进入1944年，东线的形势变得更为严峻，苏军全线反攻，大举收复失地，德军几乎失去了自“巴巴罗萨”行动以来占据的全部战果，双方的力量对比也变得格外悬殊，空军尤其如此。到1944年5月，德国空军在东线正面的第1、4、6航空队纸面上还有2392架飞机，却要对抗苏联空军的13000架飞机！空中支援对于德国陆军士兵来说变成一种奢望，他们只能蜷缩在战壕里忍受伊尔-2强击机的呼啸，正如两年前苏军士兵忍受“斯图卡”一样。东线德国空军的虚弱在1944年6月的白俄罗斯战役中暴露无余，在苏军声势浩大的进攻中，整个中央集团军群被摧毁，损失超过40万人。负责支援该方向的德军第6航空队拥有飞机917架，而苏联空军投入的飞机数量是5300架！战役开始不过五

■ JG54联队的两个Fw 190小队在完成任务后返回机场，摄于1944年初的东线北段。进入1944年，节节败退的德军急需空军提供支援和掩护，但德国空军已经力不从心了。

■ 两位苏军飞行员在伊尔-2强击机前进行交流，他们驾驶的战机具有出色的装甲防护和强劲的火力，被德军士兵称为“黑死神”，在战争后期，苏联空军已经能够实施非常有效的对地支援。

■ 1944年6月21日，波尔塔瓦机场遭到德军飞机的夜袭，机场上空交织着防空火网，爆炸的火光映衬出B-17轰炸机的身影。这次行动是德国空军当时在东线战场上罕有的成功战例。

天，第6航空队只剩下50架战斗机可用，无力为溃退的陆军部队提供急需的空中掩护。虽然6、7月间该航空队得到150架飞机的补充，但损失数量是这一数字的两倍以上，根本是杯水车薪。

在1944年，德国空军在东线只进行了一次成功的突击作战。6月21日午夜，第4航空队出动80架轰炸机突袭了乌克兰的波尔塔瓦机场(Poltava)，在几个小时前，美国第8航空队的73架B-17和少数P-51刚刚降落，它们是按照“穿梭轰炸”战术从英国起飞，在轰炸德国目标后前往苏联机场降落，计划重新加油装弹，在返回英国途中再施空袭。不巧的是，这群飞机被一架德军He 111轰炸机暗暗跟踪，第4航空队立即调集第4、27、53、55轰炸机联队连夜出击，投弹110吨，当场炸毁47架B-17和15架P-51，其余多数重创，最后只剩9架B-17能够重新作战。但是，这次胜利很快淹没在一片败色中，整个东线的德军都在溃退、瓦解，仅存的空军部队也忙于从一个即将陷落的机场逃往另一个也很快要放弃的机场，频繁的转移使他们根本没有时间组织力量执行空中支援任务，而且在战争后期，德国空军的后勤体系陷于混乱，燃料和备件都十分匮乏，受伤的飞机得不到维修，完好的飞机无油可用，越来越多的地勤人员拿起步枪，被编入地面部队投入近战。到1944年秋季，德军已经被逐出苏联领土，退却到东普鲁士、波兰、匈牙利和罗马尼亚一线，现在德国空军必须为防御本土进行最后的战斗了。

在1945年初的东线战场上，德国空军在数量上与对手的差距进一步扩大，在1月时德军部署在东线的飞机数量为1875架，其中包括360架战斗机，而苏联空军的规模已经攀升至15815架，包括5100架战斗机和3800架强击机，大部分是战争中期后服役的新型飞机，经过几年的实战锻炼，苏联飞行员在经验和战斗素质上都有很大改观，并且熟练掌握了夺取制空权和对地支援的技巧，1945年时的苏联空军几乎就是1941年时德国空军的翻版，而且更加强大。反观德国空军在长期的消耗后精英损失殆尽，除了少数新锐战机和超级王牌之外，已经没有什么可以称道的，在东西两线的双重压迫下苟延残喘，饱受伤亡和物资短缺之苦。

现在，德国空军在兵力上经常处于1 ∶ 5甚至

■ 1944年夏季，在某前线机场上，一队苏军飞行员列队接受训示，他们身后是全新的雅克-9型战斗机。经过三年战争的锤炼，苏联空军已经建立了对德国空军的实力优势。

■ 根据租借法案，英美盟国向苏联提供武器和军需物资，图为由英国运抵苏联的“喷火”战斗机。借助于西方的援助，苏联空军缩小了与德国空军的技术差距。

■ 1945年4月，一个伊尔-2四机编队在柏林上空飞行，机翼下是遍地瓦砾、满目疮痍的城市。到战争的最后时刻，德国空军已经没有力量保卫帝国的首都。

1∶10的劣势，比如在1945年1月的维斯瓦河－奥德河战役中，苏军投入5000架飞机，德军仅有600架飞机，而在东普鲁士战役中，双方飞机数量分别是3000架和775架。在战争最后两个月中，德国空军将大部分兵力都调往东线，以阻止苏军的推进，以便让英美盟军占领更多的地盘。在4月间的柏林战役中，德国空军集中了2200架飞机保卫帝国首都，但是面对苏联空军7500架飞机的强大阵容，任何抵抗都是徒劳的，在4月16日战役打响当天，苏军就出动5300架次，进行空战151次，德军损失飞机131架，击落苏军飞机87架，当5月初柏林最终失守时，已经有1132架德军飞机毁于空中或地面，苏军损失飞机917架。随着柏林被苏军攻占，第三帝国及德国空军的命运都走到了终点。

在东线长达四年有余的战争中，德国空军经历了最辉煌的胜利和最悲惨的失败，他们究竟击毁了多少架苏军飞机，而自己又损失了多少架飞机，现在都已经无法精确统计了，但是有一点是肯定的，德国飞行员在这片战场上创造了世界空战史上空前的记录，诞生了众多技术精湛、胆量非凡的超级王牌，据统计在东线战场上取得100架以上战果的战斗机飞行员多达76位，包括头号王牌埃里希·哈特曼少校（Erich Hartmann），他的352次空战胜利几乎无法被超越，此外还至少产生了6位击毁坦克100辆以上的坦克杀手，最高记录是“斯图卡之王”鲁德尔的519辆。但是，战争的结局并不是少数空战天才所能决定的。

■ 德国空军头号王牌哈特曼（左）与二号王牌巴克霍恩（右），他们是历史上仅有的两位击落飞机超过300架的超级王牌，两人总共击落了653架飞机，但战争的结局并不是由少数空战精英决定的。

Western Front
Night Fighting War
Defense of the Reich

1939-1945

西线及本土防空战中的德国空军

迎战空中无敌舰队

面对如云蔽日的机群无所畏惧，防卫德国领空的战斗昼夜不息

防空战略的短视

在1942年之前，德国空军从未认真考虑过本土防空的问题，戈林和他的幕僚们认为空军是一支进攻力量，只要在战场上打垮敌人的空军，自然不必担心受到空中威胁，这一观点放在战术层面无可厚非，但在战略层面则未必正确，在更广阔的空域内敌人享有充分的行动自由，只要有合适的手段就能打击德国腹地的目标。战前德国空军没有建立主管国土防空的指挥机构，防空任务归各空军军区负责，主要依靠组织并不完善的高炮部队，直到1939年9月战争爆发后，总参谋长耶顺内克（Jeschonnek）才明确指出战斗机部队也要负起防空职责，各航空队抽调飞机执行此类任务，但在战争初期，只有分散部署的高射炮和七个战斗机大队保卫整个德国的天空，很多重要地区几乎完全不设防，而且高炮部队和航空部队之间缺乏合作和互信，这种状况直到战争末期都没有改善，防空战斗机部队更被视为汽车的第五个轮子——完全是多余的！德国空军既没有明确的空中防御战略，也没有可靠的国土防空体系。

■ 在二战爆发前，德国空军对国土防空问题并不十分关心，主要由高炮部队保卫帝国的领空，图为部署在某城市工业区附近的德军88毫米高射炮阵地。

Warnung

Großbritannien an das Deutsche Volk.

Deutsche,

■ 在战争刚爆发时，英德双方都对"无限制轰炸"表示谨慎，英军轰炸机部队对德国本土的夜袭行动最初仅限于投放传单，左图为正在向机外抛撒传单的英军飞行员，右图为传单文本。

与德国空军不同，英国皇家空军在两次世界大战之间一直致力于建立战略航空力量，并确立了攻击敌方工业城市、打击士气的作战目标。在1939年9月战争爆发时，皇家空军轰炸机司令部仅有480架轰炸机，不及德国空军的一半，而且以双发中型轰炸机为主，因此没有立即实施战略轰炸行动，但在9月3日宣战当晚，英军夜航轰炸机就出现在鲁尔（Ruhr）上空，只是投下的不是炸弹，而是传单，这类行动一直持续到1940年春季。在战争初期，英德空军都对"无限制轰炸"表现出谨慎的态度，均下令不得轰炸对方领土，不得伤害平民，只能攻击敌方舰船。皇家空军对德国的首次昼间轰炸发生在9月4日，24架轰炸机空袭了威廉港海军基地（Wilhelmshaven），但被击落7架，一无所获，在随后三个月内，英军又进行了多次攻击，收效甚微，而在12月18日的行动中，22架轰炸机在德意志湾（German Bight）上空竟损失

■ 英国“惠灵顿”式中型轰炸机，在1939年12月18日对威廉港的昼间空袭中有12架“惠灵顿”被德军防空部队击落，皇家空军由此决定专注于夜间轰炸。

12架，令英国人确信轰炸机在没有战斗机护航的情况下昼间出击完全不是敌战斗机的对手，于是专注于夜间轰炸，这一策略贯彻至战争结束。

1940年5月10日，随着西欧战役的打响，皇家空军被允许轰炸德国城市，当晚午夜，第一枚炸弹落在门兴格拉德巴赫（Monchengladbach）城中心，标志着长达五年的对德战略轰炸战役的开始。直到1941年底，英军的夜间轰炸充其量只能算袭扰，由于没有掌握夜间大编队飞行的技巧和缺乏夜间导航手段，这段时期英军轰炸机多以单机或小编队出动，精度很差，难有成效，在1940年仅投弹16000吨，1941年为46000吨，还不及1944年战略轰炸高潮期投弹量的零头，对德国的影响也很有限。

■ 法尔克担任第1夜间战斗机联队指挥官时驾驶的Bf 110C型战斗机，通体涂成黑色，以适应夜空的黑暗背景，在机首侧面涂有夜战联队的队徽，事实证明这种双发战斗机是出色的夜战利器。

夜空不再宁静

英军的行动为德国空军提出一个新的课题——夜间空战。早在战前德国人就研究过利用探照灯协助战斗机在夜空中寻找敌机的方法，在1939年底，驻西线的几个战斗机联队都组建了第10中队，专事夜战。1940年2月，几个夜战中队被合编为第2战斗机联队第4大队，但他们仍然装备Bf 109，事实证明这种昼间战斗机不适合夜战空战，在无数次徒劳的出击中仅有一次偶然的胜利。相比之下，双发的Bf 110更适合作为夜间战斗机使用，能够进行仪表飞行，双人机组可以分担搜索任务，火力也足以给轰炸机造成致命打击。最先挖掘Bf 110夜战能力并创新夜间战术的人是沃尔夫冈·法尔克上尉（Wolfgang Falck）。

■ 德国空军夜间空战的先驱沃尔夫冈·法尔克（1910～2007），他潜心研究夜战战术，创建夜战部队，曾任第1夜战联队长，最终军衔为上校。

法尔克上尉来自驻丹麦的第1驱逐机联队第1大队，他研究英军夜间轰炸的规律，提出在黎明时分敌机返航时借助晨光实施截击，他还注意到雷达在夜战引导方面的潜力。法尔克关于

■ 1940年10月7日，戈林在柏林向夜战部队的指挥官们发表讲话，左起第二名军官就是法尔克。英军的夜间空袭让戈林颜面无光，急切要求强化夜间防空。

“黎明战”的报告使他在1940年6月26日被戈林授命组建第1夜间战斗机联队，并任联队长。英军的夜间轰炸令戈林的威望受到损害，他要求加速建立夜战部队，7月19日组建第1夜间战斗机师的命令也下达了，由约瑟夫·卡尔胡贝姆上校（Josef Kammhuber）任师长，最初仅有三个大队的兵力。卡尔胡贝姆是一位组织天才，他提出两种夜战策略，一是在德国西部进行防御性的近程夜间空战，二是对英军轰炸机基地实施主动攻击的远程夜间空战。

进行近程夜战的首要问题是如何在夜空中发现目标，德国空军最初采取利用探照灯和听音器捕捉敌机踪迹，由夜间战斗机进行目视攻击的战法，被称为“明亮的夜战”。英军轰炸机通常会绕过或高速穿过照射区，飞行员发现目标的机会转瞬即逝，在反复摸索后，夜战部队终于在1940年7月20日取得了第一个战果，之后屡有斩获，但效率依然不高，在1940年下半年英军损失的170架轰炸机中，仅有42架是被夜间战斗机击落的。进入1941年之后，战果逐渐增加，为了扩大搜索范围，卡尔胡贝姆不断加大探照灯带的宽度，至1941年秋已经从北海沿岸至法国梅斯（Metz）建立了一条绵延数百公里的防线，投入了六个探照灯团，配合16个夜间战斗机中队作战，被称为“卡尔胡贝姆防线”。

相比近程夜战，在1940年至1941年间远程夜战的战果更显著，当时唯一的远程夜战大队——第2夜间战斗机联队第1大队每晚都要出动飞机飞越北海或跟踪返航的敌机前往英军机场，在敌机最脆弱的起降阶段实施攻击，令英国人颇为头痛，据称在那段时间英军损失的轰炸机中有三分之二毁于德军远程夜间战斗机之手。但是，这种很有效的战术在1941年10月12日被希特勒下令终止，原因竟是出于宣传需要：德国国民更愿意看到英国轰炸机坠落在家门口，而不希望它们被击落在遥远的英国！不久，“明亮的夜战”也被迫停止，因为希特勒听信纳粹党地方领导人的意见，认为探照灯应该配备给高炮部队直接保卫城市。不过，卡尔胡贝姆已经找到更有效的手段应对夜间空中

■ 1940年夏季，几名德国空军士兵在检查中弹坠毁的英军轰炸机残骸。在战争初期，英军夜间空袭的力度不大，德国的防空体系尚能应付，但在1942年之后这种情况将彻底改变。

■ 在雷达普遍应用之前，德军防空部队主要通过探照灯和听音机在夜间搜索敌机，图中近处为一座150厘米探照灯，而不远处还有一部听音机。

■ 在对空预警方面，雷达是一种非常有效的探测设备，图为一处德国空军的雷达阵地，中央使用格栅状天线的为“弗雷亚”搜索雷达，两侧的圆盘状天线为“维尔茨堡”火控雷达。

威胁，那就是利用雷达引导战斗机截击，被称为“黑暗的夜战”。

早在1940年初春，德国空军就进行过地面雷达夜间导航实验，同年10月16日首次在雷达引导下击落敌机。从1941年夏季开始，卡尔胡贝姆将雷达也充实到他的防线中，每个地面引导站配备一部“弗雷亚”远程雷达和两部“维尔茨堡”近程雷达，可在150公里范围内发现敌机，在70公里范围内引导战斗机拦截，但是一次只能引导一架战斗机，德国空军将这一系统称为“华盖床”，实战表明，夜间雷达引导比探照灯照射更容易取得成功。与此同时，夜间防空越来越受到纳粹高层的重视，1941年8月9日，第1夜间战斗机师扩编为第12航空军，卡尔胡贝姆任军长，晋升中将，兼任夜间战斗机总监，获得调拨各种资源的权力。在远程夜战和“明亮的夜战”相继中止后，卡尔胡贝姆集中精力建立更广阔的“华盖床”系统，并且从1941年8月开始进行机载雷达的实验，他还建立了夜战指挥中心，协调雷达、探照灯、高炮和夜间战斗机的作战。在一番努力下，德国的夜间防空体系初具规模，在1941年中夜间战斗机部队宣称击落了421架英军轰炸机，但还远远称不上完善，“华盖床”系统能够应付英军小规模零散空袭，但在1942年英军改为大编队密集出击后，就显得漏洞百出，无力应对了。

火雨从天而降

1942年2月22日，阿瑟·哈里斯上将（Arthur Harris）就任皇家空军轰炸机部队司令，就在一周前一项新的作战训令下达，要求今后的轰炸行动以打击德国国民士气为焦点，而他将不折不扣地加以执行，对德战略轰炸进入一个新阶段。在过去两年中，兰开斯特、哈利法克斯等四发重型轰炸机陆续装备皇家空军，英国人还建立了一个无线电导航网，使飞机能在茫茫夜空中确定自己的位置，鉴于之前小编队分散出击的战术效果不佳以及夜间轰炸难以保证精度，英军转而采取大编队密集投弹的面积轰炸战术，目标不再局限于特定的工业或军事目标，而是把整个城市作为攻击对象，说白了就是真正的狂轰滥炸，丝毫不顾及平民的安危。所谓新官上任三把火，哈里斯履新伊始就连续策划、实施了三次大规模轰炸行动，在3、4月间将吕贝克（Lübeck）和罗斯托克（Rostock）化为废墟，每次都出动数百架轰炸机，而在5月30日更是集结了1047架轰炸机空袭科隆（Köln），这是历史上首次对单一目标出动飞机达到四位数，令德国人损失惨重。为了实施“千机轰炸”，哈里斯把二线飞机和训练中队都拉上了前线，以制造引人注目的宣传效果，这次空袭损失飞机40架，但相对于出击规模，战损率仍在可以接受的范围内。

■ 德国夜间战斗机总监卡尔胡贝姆中将（1896 ~ 1986）

■ 英国皇家空军轰炸机部队司令哈里斯上将（1892 ~ 1984）

■ 1942年初，“兰开斯特”等重型轰炸机开始批量装备，皇家空军拥有了对德国腹地实施战略打击的利器，加上雷厉风行的哈里斯新官上任，夜间轰炸骤然升级。

英国人放弃克制态度大打出手令德国防空体系压力骤增，英军大编队突防暴露出“华盖床”系统的缺陷，但卡尔胡贝姆指挥部队竭力反击，在6月25日英军空袭不来梅（Bremen）时，夜间战斗机部队与高炮部队击落了1067架敌机中的49架，迫使哈里斯暂时放弃了“千机轰炸”的做法。根据希特勒以牙还牙的指示，德国空军在4月到6月间对约克（York）、坎特伯雷（Canterbury）、埃克塞特（Exeter）等五座英国城市进行了报复性空袭，造成上千人丧生。这些城市并非军事目标，但都是历史名城，据说德国空军是根据本国出版的《巴德克旅游指南》中对英国城市的评价来划定空袭目标的，因此这类行动被戏称为“巴德克闪电战”，但其实际意义非常有限。在1942年中，卡尔胡贝姆继续强化本土防空力量，将“华盖床”系统的纵深由荷兰、比利时扩大到德国西部，扩建夜战部队，至1942年底，夜间战斗机联队已增至5个，飞机数量由160架增加到350架，他还努力研究提高雷达引导飞机数量的方法，实用型的利希滕施泰因BC型机载雷达也开始装备部队，尽管从机首伸出的天线会增大飞行阻力，影响机动性，但赋予飞行员至关重要的近距离搜索能力，极大提高拦截成功率。

不过，卡尔胡贝姆仍然面临很多阻力，直到此时国土防空在德军高层眼中仍然居于次要地位，希特勒和戈林更关心东线的作战。防空部队也得不到足够数量的战斗机，到1942年春季，战斗机的建造优先度依旧在轰炸机之后，总参谋长耶顺内克甚至说：“（战斗机）月产量超过四五百架，战场上将无法推销。”从1942年秋季开始，战斗机产量才逐月提升，但新出厂的飞机立刻被各条战线瓜分一空，用于本土防空的飞机数量不多。此外，德国空军在装备研发上的滞后也开始显现出来，德军高层沉迷于战争初期的技术优势，1940年7月，希特勒下令凡是不能在八个月内投入实用的武器研发项

■ 为了弥补“华盖床”系统的不足，德国空军开始为夜间战斗机加装机载雷达，提高搜索能力，图为安装利希滕施泰因BC型雷达的Bf 110型战斗机。

■ 梅塞施密特飞机制造厂内的 Bf 109战斗机生产线，在1942年随着本土防空的局势日益严峻，前线对战斗机的需求与日俱增。

目均应停止，导致德国空军在最关键的两年中技术发展缓慢，只能继续改进现有机型，夜战部队甚至都没有一种专用的夜间战斗机，依然使用 Bf 110、Ju 88等夜战改型。与此同时，防空部队稳步提升的战果也助长了戈林等人对防空作战的乐观情绪，在1942年下半年，英军的夜间空袭强度有所回落，德军全年击落1400架轰炸机，是1941年的三倍。更为致命的是，对于美国陆航部队的实力，空军高层普遍表示轻视，缺乏警惕，戈林认为B-17“空中堡垒”飞行品质恶劣，而美国人除了造电冰箱和汽车，什么都不会，这种观点将在1943年被残酷的现实证明是多么无知和愚昧。

激战无分日夜

1943年1月，英美首脑在卡萨布兰卡会议上决定，由两军联合实施对德战略轰炸行动，不过皇家空军坚持采用夜间面积轰炸战术，而美国陆军航空队则认为昼间精确轰炸战术更有效，并力主打击德国的军事工业目标，并不赞同英军无差别地轰炸整座城市，双方各执己见，于是形成了英军负责夜间空袭，美军专事昼间轰炸的格局。无论怎样，德国空军都要面临开战以来最大的挑战。

■美国陆军第8航空队司令埃克中将（1896 ~ 1987），他指挥了美国陆航对欧陆的早期轰炸行动。

美国陆航的战略轰炸行动由第8、15航空队实施，装备B-17、B-24两种重型轰炸机，其中部署在英国，由艾拉 · 埃克中将（Ira Eaker）指挥的第8航空队承担了主要攻击任务，该部于1942年7月初抵达英国，8月17日首次投入战斗，但最初只是小规模出击，攻击法国、荷兰等地的浅纵深目标。尽管受到英国同行的警告，美军仍然对B-17强大的自卫武备充满信心，认为即使没有战斗机护航，采取密集编队在高空飞行的B-17机群足以抵御德军战斗机的攻击。1943年1月27日，第8航空队首次大规模空袭德国本土，出动60架B-17空袭威廉港，仅损失3架，兵力不足的德国空军甚至把夜间战斗机都投入了昼间战斗。B-17坚固的机身，凶狠的火力的确让德国空军

1942年12月德国空军防空体系分布图

德军警戒雷达探测范围
英国
北海
伦敦
荷兰
汉堡
罗斯托克
柏林
探照灯带
比利时
布鲁塞尔
科隆
波恩
德国
法国
巴黎
法兰克福
美因茨
夜间战斗机基地
雷达站

■ 1943年初在西欧上空执行轰炸任务的美军B-17“空中堡垒”轰炸机，这种机身坚固、自卫火力强大的重型轰炸机给德国防空体系带来前所未有的挑战，是德军防空战斗机部队的噩梦。

■ 为了应对新的威胁，德国空军开始研究对付美军重轰炸机的方法，图为德军飞行员利用模型探讨攻击战术，轰炸机模型上用铁线勾勒出自卫机枪的射界。

惊骇不已，但很快德军飞行员就摸索出各种对付“空中堡垒”的有效战术，同时从其他战线抽调兵力充实昼间防空部队。随着美军飞机不断深入德国腹地，他们遭到数量不多，但凶猛异常的德军战斗机的拦截，损失逐渐增加，比如4月17日对不来梅的攻击中115架B-17有16架被击落，战损率超过10%！

在试探性进攻后，第8航空队从1943年7月开始对德国纵深实施有计划的空袭，首先打击航空工业，特别是生产战斗机的工厂，当B-17进入德国领空时没有任何护航力量，当时美军的P-47“雷电”战斗机即使携带副油箱航程也只能延伸到荷兰境内。等待美军轰炸机的是德国空军第1、2、11、26、53战斗机联队的400余架战斗机，损失率直线上升。据统计第8航空队在7月份出击五次，共计839架次，被击落87架，还有更多的飞机重创，而最悲惨的战斗莫过于8月和10月间对雷根斯堡－施魏因富特（Regensburg-Schweinfurt）的滚珠轴承工厂进行的两次空袭。8月17日，美军出动376架B-17前往攻击，在护航战斗机中途返航后立即遭到德军战斗机的围攻。德军采取车轮战法，以大队为单位轮番攻击，击落美机达60架，自身损失27架。这次失利导致美军在五周内再未进入德国领空，转而在战斗机护航下猛烈轰炸在西欧的德国空军基地。10月初，美军重新发动攻势，在10月14日出动291架飞机再袭施魏因福特，结果又损失77架，被称为“黑色星期三”，德军也有38架战斗机被击落，在10月8日至14日的多次空袭中，美军有148架飞机未返航，超过1500名机组人员伤亡或被俘，1943年夏季对于第8航空队来说是一个名副其实的“血雨腥风之夏”，曾经自负的美国人终于认识到远程护航战斗机的重要性。

■ 1943年8月，美国陆航第381轰炸机大队的B-17机群飞往雷根斯堡途中，由于缺乏护航和德军的凶猛拦截，此次行动损失惨重，证明了护航战斗机的必要性。

■ 一幅从美军轰炸机上拍摄的空战照片，可见一架Fw 190从近处掠过，另一架德机正在喷吐着致命的弹丸。即使排成密集防御队形，轰炸机单独面对战斗机依然相当吃力。

■ 金属干扰箔条是盟军针对德国防空雷达而研发的秘密武器，在1943年7月的汉堡大轰炸中首次使用，失去雷达引导的德军战斗机、高炮顿时成了睁眼瞎。

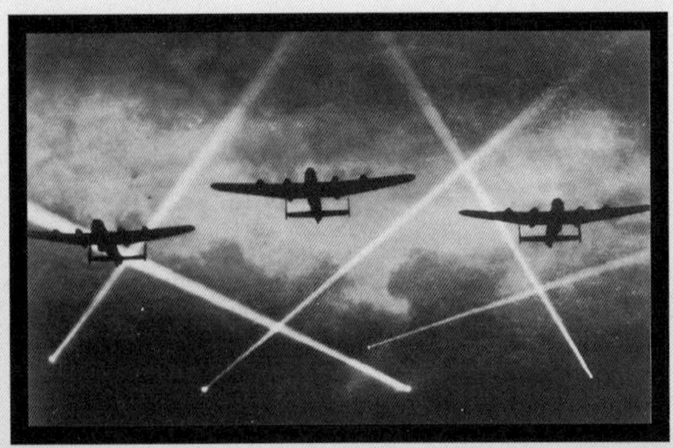

■ 对德国城市进行夜间空袭的英军“兰开斯特”三机编队，地面火光和探照灯柱映衬出它们粗壮的身影。与美军力主昼间精确轰炸不同，英军坚持采取夜间面积轰炸战术。

在美国人吃苦头的同时，英国人却我行我素，继续加强夜间空袭。1943年初，英军轰炸机开始装备H2S型机载雷达，即使在云层遮盖的情况下也能瞄准投弹，提高轰炸精度。哈里斯于3月份发动鲁尔战役，集中轰炸鲁尔地区的工业城市，破坏德国的工业生产，在五个月时间里出动18500架次，进行大规模空袭43次，鲁尔工业区遭到严重破坏，钢铁产量下降18万吨，英军损失飞机923架。从7月份开始，皇家空军又实施了汉堡战役，对德国北部工业区进行了四个月的猛烈轰炸，出动17000架次，大规模空袭33次，损失飞机813架，特别是7月24日夜对汉堡（Hamburg）的首次空袭中，英军使用了金属干扰箔条，致使德军雷达系统失灵，高炮、战斗机部队失去引导，无法有效截击，当天出击的791架飞机仅损失12架，而汉堡遭到有史以来最严重的破坏，超过30000人死亡，城区大半被毁。

在1943年夏季，德国夜间防空体系陷入危机，偏偏在这个时候，夜战部队的领导者卡尔胡贝姆中将失宠了，他在加强本土防空的报告中引用了美国月产飞机5000架的数据，刺激了希特勒脆弱的神经，被指责进行蛊惑宣传，在6月份被解除第12航空军军长的职务，并在年底贬至挪威。无独有偶，8月17日，空军总参谋长耶顺内克因为无法承受巨大的压力和对战争的绝望，饮弹身亡。眼下德国空军夜战部队亟需解决的问题是如何在敌军干扰雷达的情况下恢复拦截能力，来自轰炸机部队的哈约 · 赫尔曼少校提出使用昼间单发战斗机利用地面的火光和探照灯从轰炸机群上方发起攻击，这一战术不受雷达引导的束缚，横冲直闯，被形容为“野猪”。7月3日，赫尔曼指挥10架飞机进行了初次尝试，仅以损失1架飞机的代价击落12架敌机，“野猪”战术顿时成了国土防空的救命稻草，戈林很快授命赫尔曼组建第300“野猪”战斗机联队，随后又扩编为第30战斗机师。之后的作战中，“野猪”战术的确发挥出很大的效果，比如在8月底至9月初英军对柏林的三次空袭中损失

■ “野猪”战术的创始人哈约 · 赫尔曼（1913 ~ 2010），来自轰炸机部队，取得过9次夜战胜利，最终军衔为上校。

■ 隶属于“野猪”联队的 Bf 109战斗机准备执行夜间拦截任务。在雷达系统瘫痪的情况下，不依赖雷达引导的“野猪”战术成了德国防空部队的救命稻草。

123架飞机，大多来自“野猪”联队的战果。不过，“野猪”的辉煌只是昙花一现，由于缺乏早期预警、操纵难度大、损失率高，到1943年底时很难奏效了，最后第30战斗机师在1944年3月被解散，下辖部队改编为昼间战斗机部队。

在1943年底，夜间战斗机部队重新获得了痛击对手的能力，改进的利希滕施泰因SN2型机载雷达可以不受箔条干扰，而且军械部门开发了“斜乐曲”武器系统，在机背安装两门向斜上方发射的机炮，能够从下方攻击英军轰炸机脆弱的机腹，很快成为夜间战斗机的标准装备，依靠这两种新型武器，德国空军在1943年底至1944年初的柏林战役中获得了优势。在丘吉尔的支持下，哈里斯在1943年11月至1944年3月对柏林及其他德国城市实施系列轰炸行动，他声称此举可以迫使德国在1944年4月1日投降。皇家空军出动飞机20224架次，对柏林空袭16次，投弹25000吨，但遭到德军夜战部队的凶猛攻击，仅在柏林上空就损失了492架飞机，而在3月30日对纽伦堡（Nuremberg）的轰炸为整个战役画上了一个可悲的句号，当晚出击的795架轰炸机中竟有95架被击落，另有12架在着陆时坠毁。历时四个月的柏林战役使皇家空军失去了1047架飞机，战损率高达12%，甚至高于同期昼间轰炸的损失，德军损失256架战斗机，这是德国空军在本土防空作战中取得的最大也是最后一次胜利。

就总体而言，1943年在欧陆上空进行的战争对于交战双方都是喜忧参半，英美盟军在全年向德国境内投弹20万吨，给许多德国城市造成严重破坏，也在一定程度上影响了德国的工业生产，比如在鲁尔战役后，德国钢铁生产能力下降10%，直到年底也没有恢复，美军对德国航空工厂的轰炸曾一度让飞机产量减少25%，军备部长施佩尔（Speer）曾经悲观地估计，如果再有六次规模与汉堡轰炸相当的空袭，德国只能屈膝投降。不过，通过对工业的深入动员和有效的疏散，上述轰炸的效果被部分抵消了，德国军工生产在1943年提高了50%。相反，英美付出了极高的代价，从1943年1月至1944年3月，皇家空军损失飞机高达5881架！德国空军在1943年成功抵御了盟军的战略轰炸，甚至在1943年最后几个月中掌握了本土的制空权，但这种优势非常微弱，兵力不足、装备更新滞后、资源缺乏以及高层指挥的弊端都制约了作战效能的提高，而且本土防空战极大牵制了兵力，至1943年底时，80%的战斗机部队都被调回德国，削弱了各条战线的航空力量，间接加速了德国空军的崩溃。

■ 一架在科隆上空遭到德军战斗机迎头攻击，侥幸返航的B-17，其机首被打得稀巴烂。迎头攻击是德军防空战斗机惯用的战术。盟军在1943年的战略轰炸给德国造成严重破坏，但付出了高昂代价。

空中屏障的崩溃

1943年底，美国陆航终于得到了迫切需要的武器，P–51“野马”战斗机，这种二战最优秀的战斗机在任何高度都比德军战斗机更快更灵活，航程足以为B–17全程护航。美国陆军航空兵司令阿诺德上将（Arnold）向驻欧部队发布命令：“要在任何地方消灭敌人空军，在空中、在地面、在工厂里！”1944年1月，具有德国血统的卡尔·斯帕茨中将（Karl Spaatz）就任驻欧美国战略空军司令，曾轰炸东京的英雄詹姆斯·杜立特中将（James Doolittle）接替埃克出任第8航空队司令，后者前往地中海指挥第12、15航空队。美军准备对德国发起新一轮更致命的空中打击，计划在6月诺曼底登陆之前摧毁驻西欧的德国空军部队。

另一方面，国土防空业已成为德国空军当前最重要的作战任务，空军总司令部在1944年初对防空体系进行重组，在3月间将负责中欧空防的中部航空司令部改组为帝国航空队，由施通普夫大将任司令，下辖5个战斗机师和夜战部队，超过50个战斗机大队的兵力，从法国海岸至德国中部分区防守。针对美军远程护航战斗机的出现，德国空军也提出相应的策略：先由高空性能较好的Bf 109引开、缠住战斗机，再由武备较强的Fw 190攻击轰炸机，在盟军编队解体后，Bf 110等双发战斗机追击分散落单的轰炸机，同时开发研制各种对付“空中堡垒”的新型武器，如机载火箭弹、大口径航炮等。

■ 美军驻欧战略空军司令斯帕茨中将（1891～1974），他力主打击德国的航空工业和石油工业。

英美战略空军在1944年2月20日到25日之间对德国航空工业进行了一系列集中攻击，意在摧毁其飞机制造能力，同时引诱德军战斗机出击并加以歼灭，夺取西欧上空的制空权，为诺曼底登陆创造条件。在六天时间内美军第8、15航空队出动轰炸机3500架次，投弹10000吨，英国皇家空军也在夜间轰炸同样的目标，英美共损失轰炸机392架，战斗机33架，战损率约为7%，而德国空军蒙受了沉重的损失，有355架战斗机被击落，超过100名飞行员丧生，最关键的是盟军的损失可以得到迅速补充，德军却办不到，这次战役被称为“宏大的一周”（Big Week），此后制空权逐渐转入盟军手中。

■ 美军P–51“野马”战斗机编队，这种性能优异的远程战斗机在1943年底开赴欧洲战场，为轰炸机编队提供全程护航。

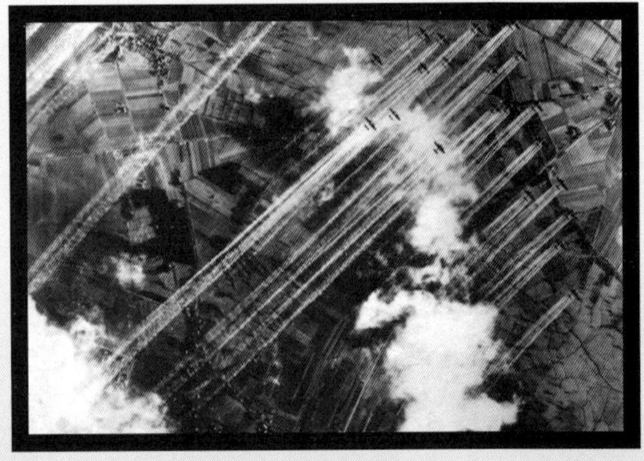

■ B–17大编队在天空中留下的尾迹形成一张恐怖之网，笼罩在德国的大地之上。进入1944年，盟国对德国的战略轰炸进入关键阶段。

在3、4月间，德国空军承受的压力越来越大，虽然战斗机部队仍然能够击落敌机，但牺牲也极为惨痛，3月4日美军出动730架轰炸机在800架战斗机掩护下空袭柏林，尽管被击落69架轰炸机，但德国空军损失了160架战斗机！加兰德中将在4

■ 德军 Fw 190战斗机迎击美军轰炸机群的现场照片，从一架战斗机的座舱内拍摄。德国空军竭力强化本土防空力量，但无力回天。

■ 德军地勤人员为 Fw 190战斗机装填大口径火箭，面对铺天盖地的盟军轰炸机群，德国空军不断寻求大威力的攻击武器。

月27日的报告中哀叹，平均每十次出击就要损失500架飞机和400名飞行员，兵力对比达到1 ：6到1 ：8的悬殊程度，而且美军飞行员的训练水平高得令人吃惊。在1944年前五个月中有2262名德军飞行员殒命，战斗机部队的作战效率持续下降，与之相对，高炮部队在防空作战中的角色变得越来越重要，在某次对鲁尔的空袭中，有59架飞机被高炮击落，仅有13架毁于战斗机之手。到1944年底时，昼间防空的战果已经惨不忍睹，在11月26日的战斗中，德军损失战斗机119架，只击落了25架战斗机和6架轰炸机。

在昼间防空形势日益恶化的情况下，德军在夜间防空战斗中仍然保持一定的优势，依靠新型机载雷达和斜射炮，夜间战斗机能够自由追击英军轰炸机，而且德军还开发出多种型号的被动雷达，探测英军机载雷达的信号，以发现目标。在1944年上半年的夜间空袭中，轰炸机司令部仍然承受着较高的损失率，而德军夜战部队的实力明显增强，到1944年7月已有775架飞机。鉴于柏林战役的失败，哈里斯开始调整战术，从4月开始要求出动“蚊”式夜间战斗机提供护航，其性能超越任何德军夜间战斗机，非常难以对付，据说德军损失两架飞机才能打下一架“蚊”式。此外，英军轰炸机编队更多地采用佯动、伪装、缩短投弹时间等方法减少损失，并继续改进机载雷达，采取更有效的干扰措施，至1944年10月，德军的雷达系统再度失明。与昼间战斗机部队同样，夜战部队也面临着人力危机，夜间飞行的复杂性、训练水平的下滑和高事故率使得夜战飞行员的伤亡很大。盟军在法国登陆后，德军失去了部署在沿海的雷达网，导致早期预警体系被破坏，盟军

■ 在战争后期令德军颇为头痛的英军“蚊”式战斗机，其性能超过德军大多数现役夜间战斗机，从1944年4月开始为英军夜间轰炸机进行护航。

■ 德国空军一个88毫米高射炮阵地进行夜间齐射的壮观场面，在1944年，随着德军战斗机部队实力衰竭，高炮部队逐渐成为防空作战的主角。

对德国石油工业的打击也让夜战部队在8月之后缺乏足够的燃料用于训练和作战，这一切都导致德军夜间防空体系一步步走向瓦解。

德国空军在1944年遭受的最致命的打击是盟国空军对德国石油工业的毁灭。在斯帕莰的强烈坚持下，盟国将德国石油工业作为最优先的攻击目标，从5月12日开始发动石油战役，对普洛耶什蒂油田、德国境内的合成燃料工厂、石油精炼厂等目标进行有计划的持续轰炸，军备部长施佩尔称这一天是“德国在战争中最糟糕的日子”。在六个月时间内，盟军飞机向上述目标投弹近20万吨，几乎摧毁了德国战争机器的造血能力，至7月底德国98%的燃料工厂停工，燃油月产量由3月份的16万吨下降至11月的1.8万吨，燃油储备由52万吨下降至16万吨，在战争最后十个月中，德国空军陷入空前严重的油荒，造成了一系列灾难性后果：首先被迫抽调兵力保卫燃料生产设施，

■ 1944年被盟军炸毁的德国石油精炼厂，对石油工业的集中摧毁给德国空军乃至整个德国战争机器都造成了致命打击。

■ 汉堡一处毁于空袭的飞机制造车间，可见数架Me 262战斗机的残骸，即使这些飞机能够出厂也会因为燃料匮乏而难以升空。

在硬拼中损耗巨大，战损率在10%以上，而盟军则维持在2%的低水平，在1944年9月，德军击落飞机307架，自损371架；其次，燃料匮乏极大限制了空军的作战，虽然德国的飞机产量在1944年达到顶峰，但缺油使增产变得毫无意义，即使最新型的喷气式战斗机也无从发挥威力；最后，飞行训练受到严重影响，根据计算各航校每月至少需要5万吨燃料才能保证正常训练，但在1944年夏季每月所得仅有1.2万吨，至9月时更降至5700吨，随之而来的是飞行时间的缩减和训练水平的下降。

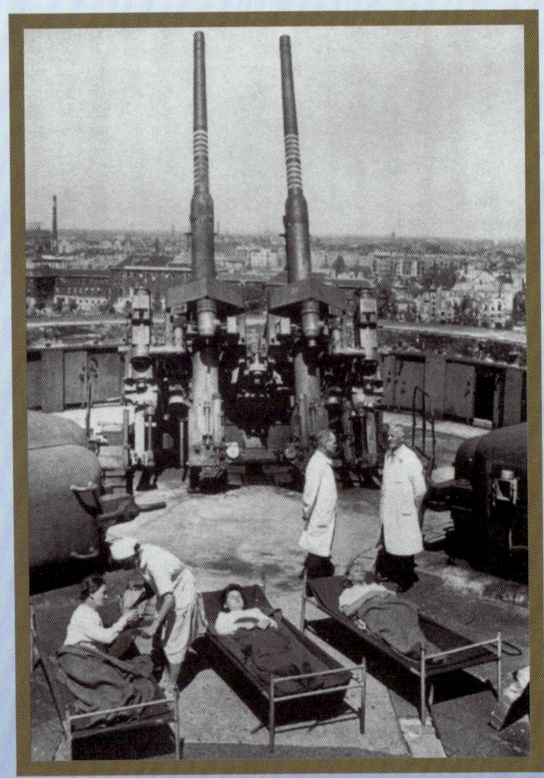

■ 1945年春季耸立在柏林动物园附近防空塔顶部的双联装128毫米高射炮，一些病人躺在床上做日光浴，而德国当时的防空局势恰恰与这幅悠闲情景正相反。

进入1945年后，盟军和苏军从东西两面攻进德国本土，德国空军已经难以组织有效的防御，虽然凭借少量新型战斗机如Me 163、Me 262负隅顽抗，但不足以撼动盟军的空中优势，更

多的飞机因为没有燃料而无法出击，成为盟军飞机的死靶子，比如4月13日至15日，400架战斗机被摧毁于地面。到战争末期，对德国城市的面积轰炸也没有停止，1945年2月13日至15日，盟军出动1300架轰炸机向德国东部的德累斯顿（Dresden）投弹3900吨，城市被火海吞噬，至少25000人死亡，成为二战中最悲惨的恐怖空袭事件之一。随着德国败局已定，盟军的战略轰炸行动逐渐接近尾声，美国战略空军在4月27日执行了最后一次轰炸任务，而英国轰炸机司令部已经开始忙于协助陆军后送获救的盟军战俘。

在贯穿整个欧洲战争的战略轰炸行动中，英美盟军出动轰炸机144万架次，战斗机268万架次，投弹270万吨，给德国造成大规模的破坏，主要城市化为瓦砾，超过50万人在空袭中丧生，750万人无家可归，德国工业受到重创，陷于瘫痪，加速了战争的胜利，战后调查表明，有75%的德国人认为德国空军未能阻止盟军的战略轰炸是导致战败的主要原因。德国空军在本土防空作战中经历了最艰苦的战斗，给对手造成了非常惨重的损失，约18000架美军飞机和22000架英军飞机被击落或无法修复，近16万空勤人员伤亡或被俘，但自己也耗尽了最后一点血气，力竭而亡，约15430架飞机毁于战斗，另有18000架飞机毁于轰炸。对于德国战斗机飞行员来说，英美四引擎重型轰炸机是最难击落和最有价值的目标，在本土防空战中产生了一大批“重轰炸机猎手”，在昼间战斗机部队中击落重型轰炸机最多的是格奥尔格－彼得·埃德尔少校（Georg-Peter Eder），击毁36架B-17或B-24，总战果是78架；在夜间战斗机部队中则是头号夜战王牌海因茨－沃尔夫冈·施瑙费尔少校（Heinz-Wolfgang Schnaufer），在121架战果中有114架为四发重轰炸机。

■ 柏林的凯撒·威廉纪念教堂在1943～1944年的大空袭中被炸毁，德国人将其残迹保留下来，作为战争纪念碑让后人铭记那段黑暗的时光。

■ 在1945年2月的恐怖空袭中，德国东部城市德累斯顿被火海吞噬，化为废墟，尸横遍野，惨不忍睹，这一幕成为二战德国防空作战失败的缩影。

■ 头号昼间“重轰炸机猎手”埃德尔少校（1921～1986）

■ 德国空军最强夜战王牌施瑙费尔少校（1922～1950）

Invasion of Normandy
Operation Bodenplatte
The End of Luftwaffe

1944-1945

战争末期的德国空军及其灭亡

孤鹰斗群雄、铩羽徒悲鸣

众寡悬殊、缺油少弹，空有利器、回天乏术，唯有死战、不负誓言！

当D日来临时

■ 轰炸机部队总监兼第9航空军军长迪特里希·佩尔茨少将（1914～2001），战争末期最受戈林宠信的空军指挥官。

自1944年初春，盟军反攻西欧的迹象已经越来越明显，驻西线的德国空军部队除了进行防空作战外，还要积蓄力量准备反击盟军在法国海岸的登陆，然而事与愿违，为了报复盟军对德国的大规模轰炸，希特勒强令空军对英国发动空袭，由戈林宠信的轰炸机部队总监兼第9航空军军长迪特里希·佩尔茨少将（Dietrich Peltz）组织实施，行动代号为“野山羊”（Steinbock）。他东拼西凑调集了14个大队，约474架轰炸机和52架战斗轰炸机，从1944年1月21日开始对以伦敦为中心的英国南部展开夜间空袭，无论是规模还是强度都无法和不列颠战役时相比，被英国人讥讽为“婴孩闪电战”。到4月底，德军进行了31次空袭，其中14次针对伦敦，投弹2000吨，造成1500人死亡，但有329架飞机被击落，其宣传效果远远大于实际战果。当V型导弹服役后，轰炸行动于5月29日终止，此时德国空军在西线的轰炸机数量由1943年底的695架下降至448架，而英国防空部队却能够省出45个中队约809架飞机用于支援诺曼底登陆，两相比较，“野山羊”行动白白消耗了本已不多的有生力量，得不偿失。

在1944年春，盟国空军频繁攻击英吉利海峡沿岸的德军机场，一部分重型轰炸机也从对德轰炸转而空袭法国内陆的交通线和军事目标，这是一个明显的信号：登陆即将到来。在6月1日，镇守西欧的第3航空队尚有飞机975架，包括173架单发战斗机，而在海峡对岸，盟军将投入5409架战斗机和3467架轰炸机支援登陆行动，实力对比接近1 ∶ 10！为了保存实力，德军将大部分飞机从沿海基地撤至内陆机场，放弃登陆滩头制空权的争夺，而准备以小编队突击的方式迟滞盟军的进攻，为陆军反击争取时间。当6月6日“霸王”行动（Operation Overlord）开始时，在诺曼底（Normandy）海岸300公里范围内，只有27架德军战斗机能够立即向滩头出击。在D日当天上

■ 1944年5月在英国南部某机场上集结的盟军滑翔机群，准备在诺曼底登陆开始前实施空降作战。在“霸王”行动前夕，盟军在西线的空中力量占据绝对优势。

JG 26联队长普利勒中校（1915～1961）在与同僚研究战况，在登陆开始时仅有他和僚机攻击了滩头，其最终战果是101架。

午8时，第26战斗机联队长约瑟夫·普利勒中校（Josef Priller）及其僚机对海滩进行了扫射，这是登陆开始时唯一出现的两架德军飞机！他们以这种悲壮的方式宣告德国空军依然存在。第3航空队在6日出动269架次，而盟军同日的出击规模高达15000架次，强弱立判。第2战斗机联队宣称在当天击落18架敌机，连同其他部队和地面高炮的战绩，让盟军付出超过100架飞机的代价，但相对于敌人庞大的规模，这点战果无足轻重。

登陆次日，第3航空队全力反击，战斗机对登陆滩头进行炸射，轰炸机则攻击盟军舰船以及布雷，但在盟军的绝对空优下收效甚微，损失很大，至少有72架飞机被击落。同时，从6月6日至10日，帝国航空队抽调了300余架战斗机增援第3航空队，由于不少新手技术生疏，在转场途中就因迷航而蒙受损失，少量援兵远远不能弥补前线的损耗，仅在登陆两周内德军就失去了594架飞机，至7月初战损数量超过1000架！尽管众寡悬殊，少数德军王牌仍然能够收获胜利，第54战斗机联队的埃米尔·朗格上尉（Emil Lang）是诺曼底战役中战绩最高的德军飞行员，击落了28架盟军飞机。值得一提的是，他曾于1943年11月3日在基辅上空取得了18次空战胜利，创造了单日击毁敌机数量的世界纪录，总战果为173架。然而，寥寥几位精英的出彩无助于改变悲观的战局，进入7月后，战场上几乎看不到铁十字之翼的身影，

诺曼底战役中的头号王牌朗格上尉（1909～1944），他还是单日击落敌机记录的保持者，最终战果173架。

隐蔽在树林中的Fw 190战斗机，摄于1944年6月的诺曼底战场。迫于盟军的空中优势，德国空军只能躲躲藏藏，伺机而动，早已失去了战争初期的威风。

■ 从1944年6月开始，德军使用所谓的“复仇兵器”V1、V2导弹攻击英国，但这些早期导弹精度较差，精神威慑远大于实际效果。上图是批量制造的V1导弹，下图是德军V2导弹发射阵地。

漫天都是绘着黑白识别条纹的盟军飞机。在失去空中支援的情况下，德军苦战两个月，被迫从诺曼底败退。盟军在“霸王”行动中损失飞机约4100架，德军约有2100架损毁。

在诺曼底战役期间，德军开始使用“报复兵器”（即V1、V2型导弹）袭击英国，V1型导弹采用喷气发动机推进，时速640公里，射程250公里，装药900公斤，在发射前就设定好方位和距离，飞行轨迹以水平巡航为主；V2型导弹采用火箭发动机推进，射程320公里，装药1000公斤，飞行轨迹为抛物线式弹道，航行末段速度超过四倍音速。V1型导弹由德国空军掌握，而V2型导弹归陆军管辖。1944年6月13日，德军从法国北部阵地向英国发射V1型导弹，集中攻击伦敦，共计发射了8839枚，仅有2465枚落入英国境内，由于飞行速度较慢，V1型导弹可以被盟军战斗机击落。V2型导弹于9月6日首次投入实战，向英国发射了1403枚，其中1115枚落在目标附近，由于速度奇快，无法拦截，给英国民众造成了极大的恐慌。不过这两种武器除了制造恐怖，实战意义不大，无益于扭转战局。

不惜血本的反击

在诺曼底战役结束后，德国空军在西线能够支援陆军作战的飞机仅有约570架，却要面对14000架盟军飞机的浩荡阵容，无异于以卵击石。为了尽快打开攻入德国本土的通道，英军蒙哥马利元帅（Montgomery）策划了“市场—花园”行动（Operation Market Garden），于9月17日在荷兰境内实施大规模空降作战，夺取数座重要桥梁，配合地面装甲部队的快速突击，可惜这次行动只取得了部分成功，英军伞兵在阿纳姆（Arnhem）陷入包围，并被重创。德国空军虽然势单力薄，还是竭尽所能让对手流血，阻止盟军飞机投送伞兵和补给，那些缓慢的C-47运输机将是非常容易猎取的目标，但它们常常会受到众多战斗机的保护，变得难以接近。在阿纳姆战役中，德国空军宣称击落209架敌机，包括35架运输机，自损

■ 1944年9月，盟军发动“市场－花园”行动，在荷兰北部实施空降作战，德国空军已经很难在空中阻止对手的行动。

192架，在荷兰的成功阻击使德军获得时间准备最后的反击。

1944年底，盟军在西欧的攻势受到补给问题的困扰而趋缓，希特勒则策划在冰雪覆盖的阿登山区实施出其不意的反击，集中25万人向安特卫普（Antwerp）发动突袭，意在割裂英美盟军的联系，各个击破。戈林许诺将提供1000架飞机支援阿登攻势，约占德军全部作战飞机的四分之一，但连希特勒都不相信日渐衰微的德国空军能有何作为，进攻特意选在恶劣天气下开始，以免受盟军优势空中力量的打击。12月16日，德军在风雪雾霭中展开突击，初期进展神速，撕裂了美军防线，德国空军仅出动少量飞机为地面部队打气鼓劲，还曾在夜间对被围在巴斯通（Bastogne）的美军伞兵实施轰炸。然而，当天气放晴时，盟军飞机很快又充满了天空，将德国空军逐出战场，到圣诞节时，盟国空军重新掌握了制空权，地面进攻也陷于停滞，距离安特卫普还相当遥远。

戈林不甘心德国空军在帝国最后的反击战中充当配角，计划集中西线绝大部分战斗机，在从北海之滨到瑞士边界的漫长战线上同时出动，对比利时、荷兰和法国北部的17座盟军机场进行低空轰炸，最大限度地破坏飞机和机场设施，削弱盟军的空中力量，使陆军恢复进攻活力，行动代号为“底板”（Bodenplatte）。除了少量用于导航的夜间战斗机和轰炸机外，参加此次行动的全部是Bf 109和Fw 190型单发战斗机，它们将凭借速度，低空突防，避开雷达，给目标以闪电一击。动用如此规模的战斗机展开对地攻击行动让所有战斗机部队的指挥官都深为惊讶，战斗机部队总监加兰德表示强烈反对，他本意是集合所有战斗机对盟军轰炸机群实施一次猛烈打击，以暂时阻止盟军的战略轰炸。但是他已和戈林闹僵，无法施加任何影响，“底板”行动由帝国元帅眼前的红人佩尔茨少将指挥。

■ 1945年1月，几名美军士兵在检查一架坠毁的Bf 109战斗机，这是德军在“底板”行动中损失的300余架飞机中的一架，更为可悲的是，不少资深飞行员也在此次行动中殒命。

■ 1945年1月1日，德国空军集结了900余架战斗机对西线的盟军机场实施突然袭击，代号“底板”。这幅绘画表现了德军战斗机扫射盟军机场跑道的情景，这次行动摧毁了400余架飞机，但得不偿失。

1945年1月1日，当新年的第一缕阳光洒向大地时，德国西部的各个机场立刻繁忙起来，来自11个战斗机联队的约900余架战斗机开动引擎，踏上垂死反击之路。德军的行动达成了突然性，给盟国空军造成了相当的损失，击毁、击伤456架敌机，大多数目标机场在随后两周内不能使用。但是，一些难以避免的因素却使这次行动演变成一场悲剧。由于缺乏空中侦察，对情报掌握得不充分，部分重要机场没有列为目标，而在其他次要机场上德军飞机却扑了空，不是只有很少的飞机，就是早已起飞。出于保密原因，德军飞行员们在出击前不久才获知任务细节，许多人还没完全搞清行动计划就爬进了座舱，这对新兵菜鸟而言尤为致命。此外，和高炮部队的协调也存在问题，发生了很多误击事件，加上盟军的强力反击，使得参与“底板”行动的各联队均折损严重，有305架飞机被击落，其中至少100架毁于己方高炮，战损率高达30%，有257名飞行员阵亡、失踪或被俘，其中包括3名联队长、5名大队长和14名中队长，很多是身经百战的老兵，他们的牺牲是无法弥补的，加兰德事后评论道：“德国空军在阿登受到了致命一击！”德意志之鹰的脊梁已经被打断了。

专家中队

自从战争开始以来，德国空军总司令、帝国元帅戈林的威望每况愈下，他的狂妄自大、骄奢淫逸、愚昧无知和专横跋扈引起越来越多的反感，成为全德国嘲讽的对象，在空军内部也制造了很多不和，乌德特和耶顺内克自杀前的遗言中无不充满对总司令的怨恨。到战争末期，戈林因为无法阻止盟军轰炸而失去了希特勒的信任，他迁怒于战斗机部队的指挥官们，指责其作战怯懦，战斗机总监加兰德屡屡抗辩，反而遭到打压

1940年时担任JG26联队长的加兰德（右）与戈林交谈，两人的关系在随后几年中不断恶化。下图为德国战斗机部队指挥官的一次高级别聚会，有多名资深联队长和顶级王牌出席：1、京特·吕措（JG3，110架）2、赫尔曼·格拉夫（JG52，221架）3、戈登·戈洛布（JG77，150架）4、瓦尔特·奥绍（JG1，127架）5、阿道夫·加兰德（JG26，战斗机总监，104架）。加兰德一直被战斗机王牌们视为领袖。

■ 1944年4月，首批Me 262型喷气战斗机交付德国空军，图为第262实验特遣队装备的Me 262战斗机，这支部队的任务是测试这款新型战机的性能，研究战术。

排挤，矛盾日深，最终在1945年1月酿成了“战斗机飞行员兵变”事件。以京特·吕措（Günther Lützow）为首的一批资深战斗机指挥官向戈林提出口头抗议，要求他辞去总司令的职务，戈林震怒不已，指责这些功勋卓著的王牌们在搞“兵变”，统统将被枪决。很快所有参与者都被降职或调离。加兰德虽然没有出面，但作为战斗机部队的领袖人物被戈林视为“兵变”的策划者，遭到撤职，面临军事法庭的审判，几乎被逼自杀。希特勒最后网开一面，允许加兰德自行组织一支小部队，验证Me 262喷气式战斗机的作战能力，这正是他梦寐以求的。

德国早在战前就已经展开喷气式飞机的研制，梅塞施密特公司设计的Me 262型喷气式战斗机在1942年8月成功首飞，显示出良好的性能，时速超过800公里，比当时世界上任何一种战斗机都要快，不过航空部对新型飞机心存疑虑，担心影响现有飞机的生产而迟迟不予采用，正处鼎盛的空军也不认为有必要装备新机。结果Me 262被搁置长达一年。1943年夏季，加兰德亲自试飞Me 262后大加赞赏：“就像天使在天空飞翔一样！”此时德国空军正承受着盟军轰炸的巨大压力，他意识到喷气式战斗机具有影响胜负的潜力，在数量上无法与敌人抗衡只能在质量上寻求超越，而Me 262正是这样一种武器，他认为：“一架Me 262顶得上五架Bf 109！”强烈要求迅速装备，但希特勒在1943年11月观看了Me 262之后下令将其作为战斗轰炸机投产，结果又拖延了半年才列装部队，1944年7月参加实战。事实证明Me 262作为轰炸机是不称职的，将失去最大的速度优势。同年秋季，空军才成立一支由著名王牌瓦尔特·诺沃特尼（Walter Nowotny）领导的实验分队，检验Me 262的空战能力，取得显著战果，而作为战斗机全面投入本土防空战已是1945年初，为时晚矣。最终仅有少数几支部队装备，包括第7战斗机联队、第54轰炸机联队等，而最引人

■ 拥有258架战果的著名王牌瓦尔特·诺沃特尼（1920～1944）。

■ 1945年3月，JV44中队的作战官施坦因霍夫（中）在听取最新的敌情报告，聚集在他身边的飞行员无一不是战功卓著的顶尖王牌。

注目的还是加兰德亲自创建的JV44中队。

JV44中队的人员和装备完全靠加兰德在军中的威望和关系网来解决，他认为Me 262只有在老鸟手中才能发挥最佳战斗力，因此四处挖墙角，招募的多是顶尖王牌，最终得到一份令任何指挥官都艳羡不已的成员名单，其中包括巴克霍恩（301架）、贝尔（221架）、克鲁平斯基（197架）、施坦因霍夫（178架）、吕措（110架）等人，仅这五个人的总战绩就超过1000架！JV44中有多位不为戈林等人所喜的联队长、大队长，他们都自我“下放”，做一名普通飞行员，在他们眼中，除了加兰德外再也没有值得信任的上级了。加兰德不无得意地说，在他的中队里“骑士十字勋章像制服一样普遍”，JV44也获得了“专家中队”和“加兰德马戏团”的绰号。相对于人员，JV44的装备和后勤要更困难，甚至要求前来报到的飞行员要自行弄到一架喷气机，最后总算凑足了25架Me 262和50名飞行员，但糟糕的后勤状况使可出动飞机数量从没超过6架。

JV44于1945年1月在勃兰登堡(Brandenburg)组建，至3月底才展开作战，主要在德国南部和奥地利交界处作战。因为Me 262在低速状态下操纵性下降，常在起降阶段遭到偷袭而损失，加兰德特别成立了由萨森伯格（104架）指挥的保卫中队，装备Fw 190D战斗机，为喷气机提供保护，机身下部涂以红白相间条纹，便于高炮部队识别。然而，战神留给这些精英们表演的时间太过短暂了，JV44在战争最后一个月的作战情况没有留下详细的记载，在4月间的几次拦截作战中击落了大约47架到55架敌机，其中战绩最高的是海因里希·贝尔（Heinrich Bär），取得了16次空战胜利，加兰德本人也增添了7个战果，跨入百架王牌行列，但于4月26日在战斗中受伤，将指挥权移交贝尔。JV44在5月3日接到改编为第7战斗机联队第4大队的命令，但距离战争结束已经不远了。5月8日，JV44的飞行员们在萨尔茨堡（Salzburg）炸毁剩余飞机，然后围在一起打牌，坐等美军接受投降。虽然这支精英部队没有创下耀眼的战绩，但用行动捍卫了荣誉，成为德国空军在二战中的最后一个传奇。

■ 1945年4月29日，JV44中队的一架白色22号Me 262型战斗机在着陆时因为故障而损毁。因为投入作战时间太晚，缺乏支援，这支精英部队未能创造佳绩。

■ 1945年4月，JV44中队指挥官加兰德中将驾驶的白色3号Me 262A型战斗机。

荣辱随风而逝

在战争最后几个月里，德国空军和陆海军一样处于混乱无序的状态中，无论作战指挥、后勤供给，还是人员训练、装备生产都已经陷入极为窘困的境地。到1945年初，德国空军尚有百万之众，但其中大部分已经与步兵无异，航空部队的实力已跌至谷底，到4月时空军编制内仅剩下第4、6和帝国三个航空队，许多联队、大队在长期消耗后得不到补充，已经徒有其名了，虽然纸面上还有3300架飞机服役，但在役不等于能够飞行，更不等同于可以战斗，一线部队严重缺乏熟练飞行员，而40%的新手难以在战斗中生还，航空联队的平均出勤率仅有5%，更多的飞机因为缺油而无法出动，在1945年中德国仅生产了12000吨航空汽油，消耗量却达11万吨！施佩尔领导下的军工体系还在拼命制造飞机，在1945年1月至4月间生产各型飞机超过7000架，但是与盟国同期35000架的产量相比，实难比肩，更何况在整个后勤体系濒临崩溃的情况下，飞机产量只不过是一个数字，毫无意义。然而，德国空军并没有放弃战斗，哪怕拼尽最后一架飞机、最后一滴油，也要信守军人誓言直到最后一刻，在1945年前四个月中，

1945年5月，在一座地下工厂内未及完工的He 162战斗机。虽然德国航空业在1944年被充分动员起来，不断增产飞机，但无助于扭转日益扩大的数量差距。

在机械师的帮助下，一位德军飞行员正将身体“塞”进Me 163火箭截击机的狭小座舱内。这种小飞机速度奇快，但实用性差，危险性高，难以形成有效战斗力。

盟军在德国上空损失了1560架飞机。

大厦将倾之际，以希特勒为首的纳粹德国高层将扭转乾坤的希望寄托在所谓的“秘密武器”身上，与战争前期对技术研发的忽视截然相反，德国空军在战争末期患上了严重的“新武器痴狂症”，设计师们夜以继日地埋头构思各种稀奇古怪的作战飞机，其中不乏奇思妙想，极具创造力，但也有不少是脱离实际的妄想、狂想。Me 262无疑是德国空军在战争后期服役的最具价值的新型战斗机，凭借极高的速度和威力很强的30毫米机炮，能够给盟军轰炸机以致命攻击，在某次战斗中Me 262击落了12架轰炸机和1架战斗机，仅损失3架。可惜这种新锐战机姗姗来迟，在制造出来的1400架Me 262中参加实战的仅有十分之一。火箭动力截击机Me 163同样非常奇特，速度奇快，一击即脱，制造了300余架，德国空军还组建了第400战斗机联队，专门装备Me 163，至少取得了9架战果，但更多的飞机毁于事故。此外诸如He 162、Ba 349、Do 335等一系列特异机型无不展现出德国设计师的杰出才华，此外还有数量众多的飞机、武器设计方案停留于图纸阶段，如果付诸实现几乎都具有转败为胜的可能，但第三帝国没有足够的时间、资源批量建造型号

如此繁多的新型飞机和武备。

在常规作战无法取胜的情况下，德国人也像他们的东方盟友一样产生出疯狂的想法。“野猪”战术的创始人赫尔曼在1945年3月提出组建所谓“易北河”特种部队，由飞行学员驾驶Bf 109战斗机以冲撞战术攻击盟军轰炸机，为了更加轻快敏捷，飞机撤除了大部分武备和防弹钢板，仅保留一挺机枪，作战时首先爬升到万米高空，再向轰炸机群高速俯冲，用螺旋桨撞击敌机宽大的尾翼，导致其失控坠毁，飞行员则跳伞逃生，这其实和自杀攻击差不多。3月底，这支部队果真成立了，赫尔曼仅简单阐述了战术意图后就指挥这群菜鸟于4月7日投入首战，大约120架飞机出击，从天空撞落了23架B-17，但仅有30架返航，约40人阵亡，随即被中止作战，毕竟德国人的观念无法像日本人那样接受自杀性攻击。德国空军还有人提出将V1导弹改装成人操炸弹，由人工修正偏差，提高命中率，驾驶者同样九死一生，形同自杀，赫尔曼、斯科尔兹内、莱契等著名人物都曾参与这项计划，但无果而终。

1945年5月8日，二战欧洲战场的最后一天，德国空军头号王牌，时任第52战斗机联队第1大队大队长的哈特曼少校驾机执行最后一次任务，侦察迅速挺进的苏军部队的动向，在捷克布尔诺

■ 一架美军重型轰炸机被“易北河”突击队的飞机拦腰撞断，从云间坠落。这种疯狂的冲撞战法近乎自杀，仅在战争末期昙花一现。

■ 由V1导弹改装而成的Fi103型人操炸弹，通过人工操纵弥补V1导弹精度不足的缺陷，实际上是一种自杀武器。

(Brno)上空发现两架苏军雅克-9战斗机，苏军飞行员似乎已经提前开始庆祝胜利了，在己方部队上空耍起特技，哈特曼无意让对手如此得意忘形，娴熟地逼近、开火，击落其中一架，这是他的第352次空战胜利，他本来可以打掉另外一架，但一队突然出现的美军P-51迫使他和僚机从低空遁去。返回机场后，哈特曼指挥部下焚毁了剩余的25架战斗机和大量弹药，徒步向西寻找美军部队投降，这也是最后时刻德国空军大多数官兵的行动。当天下午，第7战斗机联队的弗里茨·施特勒中尉(Fritz Stehle)同样击落了一架雅克-9战斗机，这是德国空军在二战中最后一个确认的空战战果。次日，德国宣布投降。

德国空军的历史随着第三帝国的覆灭而告一段落，但在战争史上已经留下了很多惊人的纪录。据不完全统计，从1939年9月至1945年5月的五年零八个月时间内，德国空军在欧洲上空击落了128670架敌机，其中英军飞机22001架，美军飞机18369架，苏军飞机88300架，产生了多达3000位王牌飞行员，几乎相当于其他主要参战国王牌数量的总和，其中战绩超过100架的顶尖王牌就有107人，最高战果记录为哈特曼少校的352架，相比之下，苏军头号王牌阔日杜布的战绩为62架，英美王牌的战绩没有超过40架的。无论胜败与否，只要战端开启总要付出血的代价，德国空军在二战期间损失飞机超过116000架，当战争结束时仅

存1500架左右，大约有350万人在德国空军中服役，其中约165000人阵亡、155000人失踪，约190000人受伤，但只有120名官兵受到临阵脱逃的指控。

遥想1939年战争爆发之时，德国空军阵容鼎盛，拥有世界一流的作战飞机，飞行员训练有素、经验丰富，战术新颖、协同默契，空地配合、所向披靡；然而1945年时，德国空军装备的主要飞机不过是开战时旧机型的改进型号，在数量上完全被对手压倒，仅有少量先进机型，作用有限，飞行员总体素质低下，训练不足，在战斗中难以生存，后勤供给混乱，燃油匮乏，再也无力保卫帝国的天空。面对这幅凄凉图景，谁应该为之负责呢？这也许应归咎于战前创建初期空军领导层的短视，他们对于建设战略空军的错误观念和对国土防空体系的忽视都在战时得到了沉重的惩罚，而在作战指挥上也存在很多致命的失误，如果戈林没有在不列颠空战的关键时刻下令转移目标，如果德军成功攻占马耳他岛，如果希特勒没有横加干涉，让 Me 262 承担轰炸任务，或许德国空军乃至第三帝国都可能获得更大的胜利，但一切假设都无法避开一个事实，那就是德国无论是工业产能，还是资源储备，都远远不能与英美苏相抗衡，在一场比拼国家实力的长期战争中，德国的失败几乎是注定的。当希特勒决心对苏联开战时，当美国通过《租借法案》之际，这场战争就已经超越德国空军的能力范围，它能够取得暂时的优势，却无力摘取胜利的桂冠。

当战争结束时，大多数德国空军人员都努力逃往西方，向盟军投降，图为一架 Ju 87 在美军机场降落后，机组成员举手投降。

1945年5月，一架属于 KG 51 联队的 Me262A-2型战斗轰炸机被遗弃在林间公路旁，旁边停着一辆美军吉普。在经历了五年零八个月的漫长战斗后，德国空军最终成为了第三帝国的殉葬者。

审判与清算

1945年5月8日，在柏林国会大厦废墟顶部飘扬的镰刀锤子红旗宣告了统治德国12年的纳粹政权的崩溃。随着德国政府和德国武装部队宣布投降，各大战胜国立即开始对德国的清算和惩罚，根据雅尔塔会议的协议，战后德国由苏、美、英、法四国分区占领，实施军事管制，对整个德国实施非军事化和去纳粹化改造，建立国际军事法庭，审判战争罪犯，追究战争责任。

论及战争罪行，相比陆军、党卫军来说，德国空军的战争行为相对干净，但绝非全无污点。战后调查显示，1941年在达豪（Dachau）和奥斯维辛集中营（Auschwitz），德国医生曾利用囚犯和战俘进行人体实验，研究预防和治疗低温冻伤的方法，此类实验的动因是德军在东线战场上遭遇的大量冻伤和不列颠战役中德军飞行员在海上迫降后因低温而伤亡。受试人员被迫穿上德国空军的救生背心长时间浸泡在冷水槽中，由医生记录反应，据报告大约有100人死于此类实验。1942年初达豪集中营的囚犯还被迫参与研发高空弹射座椅的实验，他们被置于低压舱内以模拟20000米高空的环境，在200名受试者中有80人当场死亡，其余人员也遭到处决。尽管没有充分的证据显示上述实验是由空军人员实施或根据空军总司令部的命令进行的，但这些残忍实验的目的显然是服务于德国空军，很难相信与空军毫无瓜葛。德国空军的地面部队在执行占领任务和反游击作战时也曾制造了战争暴行，例如“赫尔曼 · 戈林”师被指控在意大利作战和镇压华沙起义期间参与了对平民的屠杀行动。战争期间德国空军对华沙、鹿特丹、贝尔格莱德、伦敦等城市的狂轰滥炸也同样被胜利者视为战争罪行。

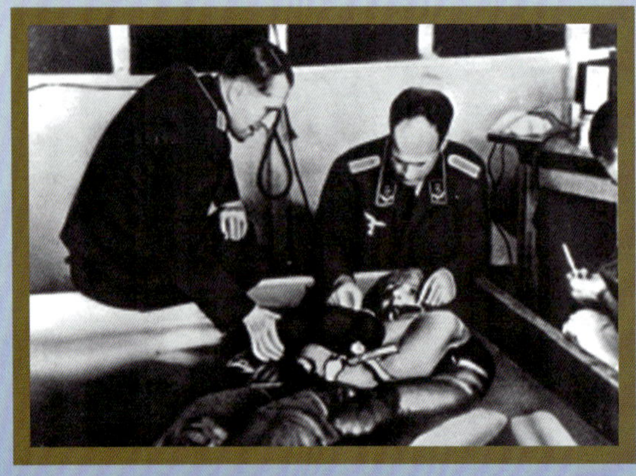

■ 1941年在达豪集中营利用囚犯进行低温实验的照片，受试者身穿空军救生背心浸泡在冷水中，而参与实验的医生身穿空军制服。

■ 在纽伦堡法庭上接受审判的戈林，他最终被判绞刑，服毒自尽。

1945年11月20日，国际军事法庭在纽伦堡开庭，在首批受审的21名甲级战犯中唯一来自空军的就是纳粹党二号人物，前德国空军总司令戈林，基于他在纳粹夺权、实施恐怖统治、扩军备战、策划发动战争及战时对占领区的掠夺、奴役和屠杀事件中所负有的难以推卸的责任，最终被法庭以战争罪和反人道罪判处绞刑，他希望能以军人的方式得到枪决，未获批准，于1946年10月行刑前夕服毒自杀。战后还有多名德国空军高级将领受到盟军的审判，在五位德国空军元帅中除格莱姆自杀，里希特霍芬病逝外，其余三位均被送交军事法庭，施佩勒被宣判无罪，对于创建德国空军发挥了领导角色并在战时掌控军备大权的米尔希被判处无期徒刑，罪名是强迫外国劳工和战俘从事军工生产，1954年假释出狱。曾经担任南线德军总司令的凯塞林元帅则被英国军事法庭判处死刑，检控方认为他应为德军占领意大利期间针对平民的屠杀事件负责，然而这一判决却遭到广泛的反对，令人惊奇的是为凯塞林鸣不平的竟是

■ 在苏联被囚禁十年后，获释归国的哈特曼（右）与友人交谈。

他昔日战场上的对手，英国前首相丘吉尔，地中海战区英军总司令亚历山大元帅均表示量刑过重，认为凯塞林是一位可敬的敌人，甚至意大利政府也以本国废除死刑为由对此表示反对，而英国人的判决原本是为了迎合意大利公众的期望。在各方斡旋下，凯塞林获得减刑，于1952年获释。

相比之下，曾任德军东南战区总司令的勒尔空军大将就没这么幸运了，他被铁托游击队俘获并被判处死刑，于1947年2月被枪决于贝尔格莱德，因为南斯拉夫人认为他是1941年贝尔格莱德大轰炸的主要责任者，他也是战后除戈林外唯一被处决的德国空军高级将领。还有不少德国空军中下级官兵受到胜利者的审判和监禁，比如头号王牌哈特曼被美军移交苏军，他在战时取得的352架的辉煌战绩为自己换来了在西伯利亚十年的苦役生活，直至1955年在西德总理康拉德·阿登纳（Konrad Adenauer）的亲自过问下才得以获释，回到阔别十载的祖国。

在处置战败者的同时，胜利者也没有忘记为自己攫取战利品，而德国在战争后期研发的各种新颖武器装备和尖端技术无疑令他们垂涎不已，喷气式飞机、无线电遥控炸弹、火箭发动机、远程导弹等等，来自苏联和西方情报机构的特工们在全欧洲范围内寻找、搜集德国军事技术情报资料和各种武器样品，彼此之间展开了或明或暗的激烈争夺，一大批新技术领域的德国顶尖科技专家或自愿、或被胁迫离开故土，前往异乡为昔日的敌国服务，他们的才智和第三帝国的技术遗产将在战后十年内发展成为东西两大军事集团武库内最为新锐的武器装备，促使整个军事领域向喷气时代、导弹时代飞速跃进。

在纽伦堡法庭上，德国政府、德军总参谋部和国防军最高统帅部没有像纳粹党、党卫队一样被判定为犯罪组织，但基于波茨坦会议上三大战胜国达成的共识，战后德国将被彻底地解除武装。在一战后战胜国还允许德国保留10万国防军，而在二战结束后，战胜国的处理手段更加彻底，将旧有的军事机构及武装部队统统解散，仅留下少量安保部队，所有军事设施和军工企业也都置于占领军的控制和监管下。在空军方面，根据盟国军事管制理事会在1946年8月发布的命令，德国空军被完全解散，人员被遣散，所有飞机、武器和基地设施被盟国接受，航空活动受到严格限制，军事航空活动被绝对禁止，诸如容克、亨克尔、梅塞施密特等著名飞机公司虽然存活下来，但被禁止设计、制造军用飞机，只能将业务转向民用领域勉强维持。至此，在1935年建立的德国空军终于被尘封于历史的记忆中。

■ 1951年，德国火箭专家冯·布劳恩（中）携妻子游览纽约，他是V1、V2导弹的主要设计者，战后前往美国继续科研工作。

Cold War
German reunification
New German Air Force

1945-2015

二战后两德空军的建立与统一

穿越铁幕、拱卫欧洲

复活在冷战最前沿，对峙在分裂国土上，统一在柏林墙废墟

铁幕下的复活

二战结束后，用数千万生命换来的和平在几年间就变得极为脆弱，在欧洲旧帝国的残垣断壁上崛起的两大霸权很快就用敌对的目光彼此注视，战争后期苏联与西方盟国之间的裂痕迅速扩大为公开的对抗，尤其是苏美两国都手挚核大棒之后，第三次世界大战的阴云再度笼罩在人们头顶，一道铁幕如同一柄无形的铡刀将欧洲大陆腰斩，也将德国一分为二。1949年5月，德国西部的英、法、美三国占领区合并，成立了德意志联邦共和国（简称西德），定都波恩（Bonn），同年10月，苏联也在德国东部占领区针锋相对地成立了德意志民主共和国（简称东德），定都柏林，德国由此进入长达40余年的东西分裂时期。在两德建国的同时，在美国主导下12个国家于1949年签署了《北大西洋公约》（North Atlantic Treaty），建立了以对抗苏联为目的的军政同盟北大西洋公约组织（NATO，简称北约），1955年，西德获准加入北约组织。同年由苏联领导的东欧各社会主义国家签订了《华沙公约》（Warsaw Pact），成立了与北约抗衡的华沙公约组织（简称华约），东德也被纳入该组织，最终形成了东西两大军事集团的对峙局面，冷战格局由此定形。

1949年4月4日，美国总统杜鲁门在华盛顿签署了《北大西洋公约》，北约组织的成立为数年后德国重新武装创造了条件。

无论是北约组织，还是华约组织，都是以军事对抗为目的的国际组织，要求成员国以本国的武装部队承担相应的作战职责，而两德的地理位置恰好处于冷战的最前沿，这就产生了一个问题，二战后处在军事管制下的德国被禁止拥有军队，在整个欧洲都全副武装、彼此敌视的大背景下，白宫与克里姆林宫的决策者们都将战后德国非军事化的约定抛诸脑后，不约而同地开始重新武装德国，将两德作为己方阵营的马前卒、排头兵。实际上早在1950年，西德首任总理阿登纳就召集一批旧国防军将领商讨重建德国军队的相关事宜，1955年11月，西德联邦国防军（Bundeswehr）正式成立，从次年开始实行普遍义务兵役制，成为北约组织防守中欧前线的主力，在冷战时期一度发展至49.5万人的规模，作为联邦国防军的一部

联邦德国首任总理康拉德·阿登纳（1876～1967）

分，新的德国空军也在1956年1月组建。在社会主义阵营内，苏联占领当局自1946年以后就以“人民警察”的名义在德国苏占区保留了一支武装部队，在此基础上于1956年3月成立了国家人民军（Nationale Volksarmee），作为东德的国家武装力量，兵力最多时达到17.5万人，分为陆军、海军、空军和边防军，于是新一代德意志雄鹰的双翅分别在铁幕两侧各自展开羽翼！

联邦国防军空军（以下简称西德空军）的成立时间是1956年1月9日，当月第一批加入新德国空军的志愿者抵达德国西部的内尔费尼希空军基地（Nörvenich Air Base），同年获得了二战后的第一种作战飞机美制共和F-84“雷电”喷气式战斗机。由于战后多年的军事管制，德国航空工业已经失去了自主研发、生产军用飞机的能力，因此西德空军的装备几乎全部由美国提供，并被纳入北约中欧防空指挥体系中。最初，西德空军建立了两个行动指挥部，一个驻扎在北部，归属由英国领导的第2联合战术空军指挥，另一个驻扎在南部，归属由美国领导的第4联合战术空军，1957年，原属陆军的防空部队也划归空军管辖，并由此开始扩建防空导弹部队。同年，西德空军第一支具备实战能力的飞行部队——第61空运中队开始战备值班，随后是第31战斗轰炸机中队。1958年第一批应征入伍的士兵步入空军兵营。1959年，德国空军宣布装备美制MGM-1“斗牛士”导弹的第11导弹大队形成战斗力，“斗牛士”导弹是美国研制的第一种地对地巡航导弹，装备5万吨当量核弹头，这意味着西德空军具备了战术核打击能力。同年6月，西德空军第一支喷气式战斗机部队第71战斗机联队（JG 71）进入现役，它以一战头号空战王牌的名字命名为“里希特霍芬”联队，装备美制F-86“佩刀”战斗机。

值得注意的是，在西德空军的初创时期，一大批来自旧德国空军的军官为新空军的建立发挥了重要作用，其中曾在二战时期成功指挥了本土防空战的前夜间战斗机部队司令卡尔胡贝姆将军充当了领导者的关键角色，在战后他没有受到任何指控，为美国国防部撰写关于防空作战的报告，潜心总结战时经验，后来前往阿根廷协助贝隆政府组建空军。1955年，卡尔胡贝姆返回德国加入联邦国防军，并被任命为首任空军总监（相当于空军总司令），负责重建空军的重任，作为一名才干突出、经验丰富的组织者，卡尔胡贝姆出色地完成了使命，在几年时间内为西

1956年第一批加入西德空军的志愿者在教官的引领下步入军营。随着西德加入北约组织，包括空军在内的联邦国防军得以建立。

1950年代西德空军第71战斗机联队装备的美制F-86战斗机，该联队是西德空军第一支喷气战斗机部队，由哈特曼担任联队长。

战后出任联邦国防军空军总监的卡尔胡贝姆将军，他对西德空军的建立做出了巨大贡献。

■ 西德空军在创立初期吸收了大批旧德国空军人员作为建军的核心骨干，其中包括很多王牌飞行员，图中自左向右分别为巴克霍恩、哈特曼、施坦因霍夫和拉尔，他们的总战绩达到1106架！

德空军初步建立了完整的作战、指挥、后勤、征兵体系，组建了第一批实战部队，更为重要的是在卡尔胡贝姆的努力下，很多前德国空军的旧军人加入联邦国防军，构成新空军草创的核心骨干，其中不乏声名显赫的超级王牌，包括在二战空战王牌排行榜上位列三甲的哈特曼、巴克霍恩和拉尔（Rall），以及曾在JG 52、JG 7联队服役的出色指挥官施坦因霍夫等人，其中哈特曼被任命为JG 71联队的首任联队长，而施坦因霍夫和拉尔后来相继出任空军总监。当卡尔胡贝姆在1962年以空军上将衔退役时，西德空军已经成为一支用最新型战机和导弹武装起来的精干空中力量。

国家人民军空军（以下简称东德空军）的建立实际上可以追溯到1951年苏联占领当局在警察序列内成立的“空中人民警察”司令部，指挥下辖三个团的第1航空师，以保留空军的基本结构和相关人才，从1952年开始利用苏联提供的飞机秘密培训人员。1953年11月，空中警察的三个团被改为所谓的“飞行俱乐部”，并建立了行政管理机构，从1954年开始使用捷克斯洛伐克制造的Z-126、M-1D等螺旋桨飞机开展飞行训练。1956年3月1日，东德空军正式诞生，司令部设在科特布斯（Cottbus），计划组建三个战斗机师、一个强击机师和一个防空师。受到苏军的影响，在东德空军之外还设立了防空军，司令部设在施特劳斯贝格（Strausberg）。1957年6月1日，两个军种合并，在施特劳斯贝格建立了统一的空军／防空军总司令部。与西德空军的情况相似，东德空军的建立也依赖于前国防军成员的支撑，据统计在1956年国家人民军中27%的军官曾在旧军队中服役，82个最高级的指挥岗位中有61个由旧军官担任，他们的军事知识和作战经验对于新军的创立是不可或缺的，但是其中很少有人晋升高级军衔，在60年代就大多退役，他们的职位则由在政治上更忠诚的新人所取代。此外，东德空军的装备体系也是全盘苏化，在1956年之前就从苏联方面获得了安-2、拉-9、雅克-11、雅克-18等螺旋桨飞机，在1956年开始装备米格-15战斗机，跨入喷气式空军行列。

特别需要说明的是，尽管两德空军在创建初

■ 东德空军的建立可以追溯到50年代初的空中人民警察部队，上图为1953年五一节庆典上接受检阅的人民警察部队，下图是东德空军用于训练的波-2教练机，机身和垂尾上绘有三色菱形机徽。

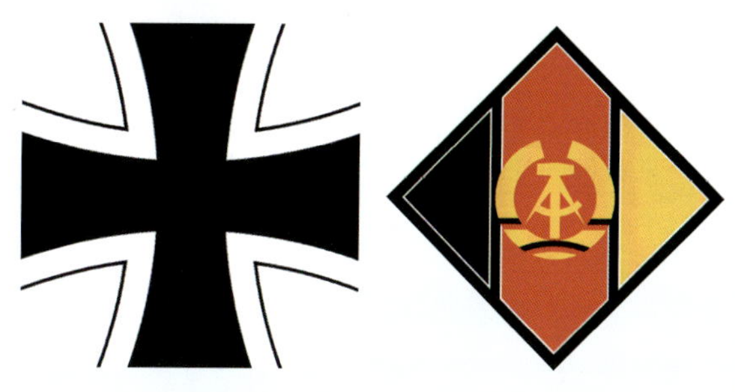

西德空军弯臂铁十字军徽（左）和东德空军菱形三色军徽（右）。

期都大量任用了旧军队成员，但在组织上与二战德国空军不存在任何延续关系，在传统上也不把自己视为旧空军的继承者，而是全新建立的空中武装，这从两者在名称和军种标志的选择上就可见一斑。西德空军沿用了第三帝国时期空军的名称Luftwaffe，但采用类似一战时期德军飞行部队的弯臂铁十字标志作为机徽，并在飞机垂尾上绘以黑红金三色国旗标志。东德空军的正式官方名称则采用一战时期德军航空军团的Luftstreitkräfte，军徽为中央带有东德国徽的黑红金三色菱形标志。

北约前卫

西德空军自成立之日起就是北约联合空中力量的组成部分，充当抵御华约进攻的第一道空中屏障，一旦与苏联爆发战争，西德空军将在北约统一指挥下与华约各国空军展开激战，争夺制空权、攻击敌方地面目标、支援己方陆军的防御作战，乃至实施战术核打击，阻滞苏军装甲洪流奔向英吉利海峡，为美军增援部队的到达争取时间，届时在中欧上空很可能会与东德空军正面交锋，上演同胞相残的悲剧。不过，苏美两大霸权忌惮于核战争的毁灭后果，始终没有付诸战端，使欧洲保持了四十年“恐怖的和平”，因此西德空军在冷战时期没有经历任何真正的战斗，但并不意味着一切都风平浪静，在充满火药气味的两德边境空域，各种擦枪走火式的摩擦时有发生，而在西德空军历史上影响较大的空中冲突是发生在1961年的F-84越界降落柏林事件。

在20世纪60年代初，东西德关系高度紧张，同年8月东德开始兴建著名的柏林墙（Berlin Wall），隔断了西柏林与外界的地面联系，而在两国边界北约及华约飞机频繁侵入对方空域，据统计平均每月至少有2架北约飞机进入东德领空，而在8、9月间苏军飞机进入西德领空则达到38架次，这些空中越界事件有些是有意为之，以试探对手防空系统的反应，也有由于迷航导致的误入。1961年9月14日，北约方面举行了一次多国空军联合演习，来自西德空军第32战斗轰炸机联队（JaBoG 32）的2架F-84战斗机因为导航失误和天气原因而迷失航向，错误地深入东德领

1961年11月正在修建中的柏林墙，背景中是著名的国会大厦，柏林墙的修建意味着东西方冷战的加剧以及两德关系的高度紧张。

西德空军装备的美制F-84F“雷电”战斗机，该机是美国空军在1954年装备的喷气式战斗机，仅仅两年后就提供给西德空军使用。

空，并引来大批苏军战斗机升空拦截，德军飞行员在发出求救信号后得到西柏林方面的回应，在地面引导下借助云层的掩护避开了苏军战斗机，成功降落在西柏林法占区的泰格尔机场（Tegel Airport）。这一越界事件的严重之处在于触犯了柏林地区空中管制的禁忌——当时前往西柏林的空中通道仅向美英法三国飞机开放，西德飞机无论军用和民用都不能飞往柏林，而且事件发生在十分敏感的时间点上，柏林墙修建一月后，西德联邦国会选举三天前，因此很快在国际上和西德国内引起了强烈反应。

尽管北约及西德方面辩称这两架飞机是由于"技术故障"紧急迫降柏林，但苏联方面并不接受这一解释，而认为是公然的冒犯，出于对己方防空指挥体系失误的羞耻，苏方撂下狠话，将不加警告地击落任何越界的北约飞机，无论是有意还是无意，并在次年8月兑现了诺言，一架迷航的西德海军飞机在误入边界后遭到苏军米格-21的攻击而受伤迫降。在西德国内，国防部长施特劳斯（Strauss）和空军总监卡尔胡贝姆立即对事件展开调查，第32联队指挥官西格弗里德·巴尔特中校（Siegfried Barth）被解职，但是在随后的选举中，这一事件被反对党当成抨击现政府的武器，而且高层的处理决定也遭到基层部队官兵的反对，结果导致施特劳斯和卡尔胡贝姆双双引咎辞职。两名当事飞行员被剥夺了飞行资格，转入地面部队，至于他们的座机在降落后被法国人就地拆解掩埋以隐藏证据，直到70年代才挖出。

■ 第32战斗轰炸机联队联队长巴尔特（1916-1997），他在二战时期服役于KG 51联队，并获得过骑士十字勋章，1973年以上校军衔退役。

■ 美制F-104"星"式战斗机是西德空军在冷战时期的主力装备，但其服役记录非常难堪，上图是1961年刚装备西德空军的F-104，下图是在美国受训的哈特曼，他认为F-104并不适合西德空军。

边境线上的突发状况固然令人神经紧张，但在冷战时期最令西德空军深感困扰的不是东方虎视眈眈的华约空军，而是其自身居高不下的事故率，尤其在六七十年代，频发的飞行事故令西德空军蒙受了巨大的损失，而大部分事故都与从美国引进的F-104"星"式战斗机有关。F-104是美国的第二代喷气战斗机，也是世界上第一种达到两倍音速的战斗机，于1958年服役并外销多国，西德空军于1960年开始装备。F-104具有出色的高空高速性能，但不适合空中格斗，曾在美国接受喷气机训练的哈特曼就评价F-104不是一种安全的飞机，操纵性低劣，而且对于刚刚建立、经验尚浅的西德空军而言这种飞机过于复杂，难以驾驭，因此反对引进装备，后来的事实证明了他的预言，F-104在西德空军的服役记录非常难堪，在接收的916架飞机中竟有292架毁于事故，造成

116名飞行员死亡，坠机率接近30%！尤其在1965年有27架F-104坠毁，17名飞行员殒命！时任空军总监的维尔纳·帕尼茨基空军中将（Werner Panitzki）和JG 71联队长哈特曼空军上校都是F-104最坚决的反对者，公开批评引进这种飞机是一桩“纯粹的政治交易”，结果两人均在1966年被解职，F-104因为糟糕的表现而在德国公众当中留下“寡妇制造者”、“飞行棺材”的恶名，但美国方面将高事故率归咎于德国飞行员的经验不足和错误操作，而不是飞机自身的性能缺陷。

1966年接任空军总监的施坦因霍夫下令所有F-104停飞，并与其副手拉尔一道远赴美国考察，调查事故的根源所在，发现除了德国空军自身经验欠缺外，F-104在欧洲确实水土不服，这种飞机是作为高空截击战斗机研发的，而在德国空军中主要作为战斗轰炸机使用，以中低空突防为主，而低空低速操纵性恰好是F-104的软肋。此外，欧洲多云多雨的气候条件和起伏的山地地形也与北美地区不同，更增加了事故的发生率。施坦因霍夫据此调整了西德空军对于F-104的使用原则和训练规则，强化人员训练，使事故率明显回落，但是F-104直到1991年从西德空军中全面退役也未能摆脱其恶劣的名声，甚至因为频繁的坠机事故被公众指责危害公共安全，迫使德国空军将飞行训练转移到国外进行。同时，德国人也认识到F-104并不真正适合其角色，在70年代初引进美

■ 西德空军装备的F-104因高事故率而在60年代中期全面停飞，新任空军总监施坦因霍夫对此展开调查，提出解决方案，上图是因事故损坏的F-104，下图是施坦因霍夫试飞F-104的留影。

■ 西德空军F-104机群的壮观队列，这种声誉不佳的战机在西德空军中一直服役到冷战结束，数量超过900架，其中近三分之一毁于事故，留下了“寡妇制造者”的恶名。

■ 西德空军于1970年代初从美国引进了F-4“鬼怪II”型战斗机，作为F-104的补充，一直服役到21世纪初。

■ 在1969年北约军事力量的阅兵式上展示的德军装备的“潘兴”中程导弹，在美国的允许下西德空军拥有一定数量的战术核武器。

制F-4“鬼怪II”战斗机，并与英国、意大利联合研发“狂风”多用途战斗机，从70年代末开始逐步取代了F-104。

西德空军在1963年进行了一次整编，在南北两个作战指挥部下组建了四个包含飞行、防空单位的混成师和两个支援师，并将德国海军航空兵整编为第7航空师。在1967年至1970年间又进行了第二次整编，解散了两个作战指挥部，并将飞行部队与防空部队分离，四个混成师改编为两个航空师和两个防空师，其他支援单位则分属于新建立的训练、作战、运输、支援四个司令部。在70年代，西德空军开始陆续换装F-4、“阿尔法”、“狂风”等新锐机型，逐步淘汰F-86、F-104等早期机型。值得一提的是，虽然西德不是核武器拥有国，但作为美国的重要盟国，享受共有核武器的资格，在美国的允许和指挥下可以装备、使用核武器，西德空军的F-104、“狂风”等战机都具备投放核武器的能力，在1965年还组建了两个地对地导弹联队，装备16枚可携带核弹头的潘兴I型弹道导弹，并在1970年升级为潘兴IA型导弹，数量增加至72枚，但上述武器系统均处于驻欧美军司令部的监控下，此外在西德境内的多处空军基地内都储备有核武器。受到1988年苏美《中程导弹条约》的影响，西德空军中的潘兴导弹在1991年全部撤编、销毁，大部分核武器也在冷战结束后撤出德国，但截至2007年仍有22枚B-61型核航弹保留在德国空军的武库中。在整个冷战时期，西德空军始终是北约组织在中欧地区的空防前哨和中坚力量，具备较高的训练水平和装备水平，在高峰期拥有上千架先进作战飞机和超过10万人的兵力规模，与苏、美、英、法等国空军一道跻身世界一流空中力量之列。

华约偏师

与西德空军的地位相似，东德人民军空军在建立后也被纳入华约空中力量的整体架构中，也是驻欧苏联空军突击集团的重要辅助力量，但规模和编制较西德空军要小。东德空军在50年代创建初期曾计划组建五个师，但最后仅编成两个航空师和一个高炮师，在1961年的整编中又将上述单位重组为第1、3防空师，各师混编有飞行和防

■ 1985年东德空军第1战斗机团的官兵们列队接受上级检阅。

■ 1950年初东德空军装备的苏制米格-15型战斗机，为了对抗西德空军，苏联方面向东德空军提供了最先进的战机和装备。

■ 东德空军第34直升机团的米-8直升机挂载的火箭弹发射器特写，摄于1979年野战演习期间，该团受前线航空兵司令部指挥。

空单位，类似于西德空军初期的混成师，在这两个师编制内包含了以6个战斗机团、3个防空导弹旅、3个防空导弹团为主体的作战部队，并配以相应的雷达、通信、后勤等支援单位。进入70年代后，东德空军／防空军司令部在柏林以东55公里的福斯滕森林（Fürstenwalde）建立了“狐穴”堡垒，即空军第14中央指挥部，是东德境内最大的地下军事设施，也是东德空军防空系统的指挥中枢，负责监控整个东德领空。1971年，东德空军组建了第一支用于支援陆军作战的空军单位第31战斗轰炸机团，之后根据华约国家武装力量联合司令部的要求建立更多的对地支援单位，第二个战斗轰炸机团也随之成立，并在1975年新编了两个直升机团（后调归陆军总司令部指挥）。1981年东德空军建立了前线航空兵司令部，负责指挥所有对地支援部队，包括2个战斗轰炸机团、1个海上航空团和1个运输机团，以及其他直升机、侦察机单位。

东德空军在和平时期的任务是根据华约各国达成的集体安全协议履行相应的防空义务，负责警戒东德领空，监视北约空军的动向，阻止北约飞机侵入，而在战时将在华约联合司令部的指挥下协助苏联空军作战，夺取战场制空权，同时支援华约地面部队向西欧的突击，为其提供空中掩护，实际上整个东德空军都被视为驻德苏军第16空军集团军的重要附属力量，并在战时直接受到苏军前线指挥部的调遣，因此与苏军的协同关系较其他华约国家空军要更加紧密。

为了能够让东德空军顺利履行作战使命，苏联老大哥毫不吝惜地向其提供了最现代化的武器装备，在1962年第一批米格-21战斗机列装东德空军，这种冷战时期典型的苏联二代喷气战斗机于1959年才开始装备苏联空军，最后有251架米格-21进入东德空军服役，作为全天候多用途飞机使用至1990年。在70年代中期至80年代初，为了强化东德空军的对地攻击能力，苏联又提供了

■ 整齐排列在停机坪上的东德空军米格-21战斗机群，属于东德空军第2战斗机团。在冷战时期，东德空军从苏联获得了超过250架米格-21型战斗机，并使用至1990年。

■ 东德空军的装备全盘苏化，上图为冷战末期苏联提供的米格-29战斗机，下图为东德防空部队装备的苏制SA-2型地空导弹。

65架米格-23型和54架苏-22型战斗轰炸机，都是当时较新锐的机型。在1988年东欧社会主义阵营解体前夕，莫斯科又一次表现出慷慨，将24架最新型的米格-29战斗机交付东德空军。除了上述主力机型外，东德空军还从苏联方面获得了38架各型运输机、137架运输直升机和51架米-24武装直升机。东德空军的防空导弹部队则配备了286部地空导弹发射装置，包括SA-2、SA-3、SA-5等型号，在80年代末还得到了12部S-300型防空导弹系统（在两德统一前夕归还苏联）。在冷战时期，苏联向华约国家输出武器时通常都会提供削减性能的出口型号，但这一规则并不适用于东德空军，后者装备的战机都是与苏军自用型号相当的最新型号，由此可见东德空军在华约空中作战体系中的特殊地位。截至1989年时，东德人民军空军大约有35000名官兵，主力战机约400架。根据德国与四大战胜国达成的国际协议，东德为无核地区，因此东德空军没有装备任何核武器。

从统一走向未来

1989年，在冷战漩涡中挣扎多年并经历了阿富汗战争泥潭的严重消耗后，苏联及其主导的社会主义阵营濒临崩溃边缘。随着莫斯科对华约成员国控制力的减弱，一场政治风暴在80年代末90年代初席卷东欧，东德政局在1989年陷入动荡，抗议示威此起彼伏，一党执政体制被打破，各党派组成联合政府，并与西德就统一问题展开谈判，经过与苏美英法的协商后，两德在1990年10月以东德并入西德的方式实现统一，同年作为冷战象征的柏林墙轰然倒塌，仅仅一年后在克里姆林宫上空飘扬了七十多年的红旗黯然降下，苏联的解体正式宣告了冷战时代的终结。

根据两德统一的政治协议，国家人民军也整体并入联邦国防军，原东德空军的所有人员装备均被西德空军接收，并编为联邦德国空军第5航空师。但是，原东德空军的苏式装备体系与北约的装备体系难以兼容，且整体装备水平已显落后，加上《欧洲常规武装力量条约》对德国军队规模的限制，注定原东德空军的人员装备在统一几年后遭到大规模裁减，诸如米格-21、苏-22等老旧机型被廉价出售给新加入北约的东欧国家，大量

■ 1989年东欧剧变，苏联控制的社会主义阵营瓦解，东德政局发生变化，于1990年同西德达成协议，实现统一，图为同年10月德国民众在旧国会大厦前升起国旗，庆祝国家重新统一。

在统一后原东德空军的米格-29战斗机被西德空军接收，继续服役至21世纪初，主要用于假想敌对抗训练。

官兵被遣散，仅有少量较新型飞机和有经验的人员得以继续服役，比如原东德空军最精锐的第3战斗机团所属的米格-29及其飞行老手，该团在1993年改编为第73战斗机联队（JG 73），其飞行员的主要任务是驾驶米格-29在演习中扮演假想敌，与北约飞行员展开模拟对抗。随着由欧洲各国联合研制的“台风”战斗机在21世纪初进入德国空军服役，原东德空军遗留的米格-29大多在2004年8月以1欧元的象征性价格出售给波兰。

让人料想不到的是，在冷战一线枕戈待旦四十载未曾一战的德国空军反而在后冷战时代得到了重返战场的机会。在20世纪90年代，前南斯拉夫地区宗教、民族矛盾激化，引发了旷日持久、异常血腥的内战，对地区稳定造成严重威胁。1995年8、9月间，北约组织决定武装干涉波黑内战，集结15个国家的400架战机，实施“显示力量”行动（Operation Deliberate Force），对波黑塞族武装进行空中打击，而德国战机也参与其中，这是德国空军自二战结束50年后首次参加实战和境外军事行动，但并未执行攻击任务，6架携带侦测设备的“狂风”战斗机在另外8架“狂风”的护航下在萨拉热窝（Sarajevo）周边空域担负侦察监视任务，为其他北约战机提供目标引导。1999年3月科索沃战争爆发，德国空军参加了北约多国部队对南联盟部队的空袭行动，并首次在战斗中发射武器，德军JaBoG 32联队的“狂风”战斗机奉命压制南军防空阵地，在持续78天的战争中出动446架次，飞行2108小时，向可疑目标发射了236枚反雷达导弹，没有受到任何损失。当时英国著名小报《太阳报》以“德国空军与英国皇家空军并肩战斗”为题报道了北约联合作战行动。

进入21世纪后，德国空军继续积极参与北约组织的国际军事行动，自2004年至今，德国空军

德国空军在冷战后期装备的主力机型“狂风”多用途战斗机，由英法意三国联合研发，1979年装备德国空军，装备数量247架，“狂风”战斗机参与了冷战后北约在巴尔干地区的军事行动。

与其他北约国家空军轮流派出战斗机进驻波罗的海三国，执行波罗的海防空警备行动，协助尚无力维持空军的波罗的海三国进行防空警戒，拦截并识别不明身份的飞机，德国空军最初派出的是F-4战斗机，后来由新型的“台风”战斗机替换。在911事件后，美国率领北约多国部队在阿富汗展开反恐战争，德国空军第51侦察机联队的数架侦察型“狂风”在2006年进驻阿富汗北部的马扎里哈里夫空军基地（Mazar-i-Sharif），为多国部队的作战行动提供支援，同时德国空军的运输机部队也在阿富汗战区执行军事运输任务。

冷战结束后，德国受到的外部威胁大为减少，国家安全环境明显改善，加之国内和平主义思潮的泛滥，因此大幅削减国防预算，裁减军队，受此影响德国空军的规模在冷战后的二十多年间一直在缩小，兵员数量和飞机数量都持续降低。2004年，时任国防部长的彼得·施特鲁克（Peter Struck）对外宣布了联邦国防军之后十年的精简计划，准备将空军战斗机数量由2004年初的426架在2015年减少至265架，届时订购的180架“台风”将全部交付，担当主力，老旧的F-4型将全部退役，“狂风”的数量也减至85架，并将逐步退役。同年，德国海军最后一支装备“狂风”的作战单位解散，所有海上空勤任务转由德国空军承担。

截至2015年2月，德国空军现役人员为29052人，各型飞机428架，其中包括109架“台风”和116架“狂风”，兵力规模较冷战时期缩减了三分之二强，为欧洲地区的第四大空军，排在英国、法国和意大利之后，而在不久的未来还将进一步裁减至23000人。尽管通过更新装备和保持较高的训练水准，德国空军仍然维持了一定的作战能力，但由于经费短缺，装备的换代升级速度已经放缓，实际上由于种种原因，德国空军的主要作战飞机在2014年都停止了飞行活动，部分老旧机型因为新装备的交付延迟而超期服役，以至于现任女国防部长乌尔苏拉·冯德莱恩（Ursula von der Leyen）不得不承认，由于联邦国防军令人失望的装备状况，德国已经不能完全履行北约组织的军事义务。回顾自一战时期至冷战结束的德意志空军的发展壮大、波折浮沉及其辉煌战史，如今的德国空军只能让人发出一声“刀枪入库、马放南山”的长长叹息。

■ 德国空军在2003年开始装备最新型的“台风”战斗机，该机由欧洲多国联合研制，是目前世界上最先进的作战飞机之一，德国空军计划装备143架，截至2015年已交付109架。

Chapter 3 第三章

二战德国空军战机总览

在20世纪上半叶，德国是世界上航空技术最发达的国家之一，早在一战时就制造了众多性能出色的经典战机。尽管在两次大战之间受到《凡尔赛和约》的束缚，但德国航空技术依然紧跟潮流、注重创新，在条约解除后迅速回归领先地位，在二战前夕推出了Bf 109、Ju 87、He 111等新锐机型，种类齐全、性能一流的作战飞机是德国空军在二战初期称霸欧陆天空的重要保证。战争的需求极大激发了德国飞机设计师的创造力，在战争期间又开发了许多具有新奇创意的先进战机，如喷气式战斗机Me 262、火箭动力截击机Me 163等，它们虽然不能挽救第三帝国的命运，但对战后军用飞机的发展影响深远。二战爆发时，德国空军列装的飞机型号不足50种，但到战争结束时已经超过190种。本章选取德国空军最具代表性的机型加以简要介绍。

战斗机篇 Jagdflugzeug

战斗机是一种以进行空中格斗、消灭敌方飞机为主要任务的作战飞机，是空军夺取和确保制空权的最主要武器。虽然从本质上说，战斗机是防御性武器，它要阻止敌军飞机攻击己方目标以及入侵己方领空，但在各种机型中获得了最迷人的魅力，因为战斗机的作战方式总是最富于进攻性的。德国空军的战斗机按照外形尺寸和发动机数量可分为单发轻型战斗机和双发重型战斗机，后者也被称为驱逐机；按照作战环境的不同可分为昼间战斗机和夜间战斗机；根据动力装置的类型可分为活塞螺旋桨式战斗机、喷气式战斗机、火箭动力战斗机等。从30年代初期到二战结束，德国空军研发、列装的战斗机型号超过50种，其中最主要的装备机型是梅塞施密特 Bf 109系列和福克－沃尔夫 Fw 190系列。

单发轻型战斗机

亨克尔 He 51型战斗机　Heinkel He 51 Fighter

作为德国空军第一种制式战斗机，He 51是由He 49发展而来的，He 49是瓦尔特·京特和齐格弗里德·京特（Walter & Siegfried Günter）两兄弟为亨克尔公司设计的第一种飞机，名义上是一种高级教练机，但实际上是未来战斗机的原型。He 49于1932年11月首飞，在原型机基础上又发展了两种改型，最后在1933年被尚处在秘密状态下的德国空军选中，并获得He 51的新编号，第一架预生产型于1933年5月首飞，1934年7月开始交付部队。

He 51是一种传统的单发单座双翼战斗机，采用全金属骨架结构和帆布蒙皮机身，敞开式座舱，固定式起落架，安装一台BMW Ⅳ型液冷发动机，武器是两挺置于发动机上方的7.92毫米机枪，每挺备弹500发，布置方式和火力与一战德军

■ 在1933年到1935年德国空军秘密重建阶段，He 51型战斗机是其制式战斗机，其基本设计延续一战时期的技术，虽然相当过时，但仍不失为一种可靠耐用的飞机，上图为He 51A型战斗机，下图为He51B-2型水上飞机，即He51B的水上侦察型，摄于1936年。

战斗机完全一样。He 51在服役时就已经过时了，但对初生的德国空军来说却是一种可靠的飞机。初生产型为He 51A，大约制造了150架，在此基础上加强了机身结构，产生了He 51B，产量为450架，此外还发展出安装两只浮筒的水上侦察型He 51B-2，制造了46架。

He 51的首次实战经历是在1936年8月，6架He 51被派往西班牙，为运送佛朗哥部队的Ju 52运输机护航，随后由36架He 51组成的三个中队构成秃鹰军团战斗机大队的最初核心。不过在西班牙内战中，He 51被证明不是苏制伊-15、伊-16战斗机的对手，在1937年春季被Bf 109所取代，转而从事对地支援任务，而且表现得非常称职，德国空军在二战中成功运用的对地攻击战术正是由He 51在西班牙战场上发展出来的。为了迎合战场需要，亨克尔公司还推出了新的对地攻击型He 51C，能够携带6枚10公斤炸弹进行俯冲轰炸。尽管在战斗中损失很大，但He 51的性能得到了西班牙人的认可，内战结束后，西班牙军队接收了46架幸存的He 51和另外15架新造的同型机，这些飞机一直到1952年才退役。He 51在德国空军中作为一线飞机服役到1938年，之后退居二线，但作为高级教练机被一直使用到二战初期。He 51系列的各种型号一共制造了约700架。

亨克尔 He 51B 型战斗机性能数据	
机型	单发单座双翼战斗机
装备时间	1934年
主尺寸	翼展11米、全长8.4米、高3.2米
主翼面积	27.2平方米
空重 / 全重	1460公斤 /1900公斤
动力装置	BMW Ⅵ型12缸液冷发动机 ×1
输出功率	750马力
最高速度	330公里 / 小时
实用升限	7700米
爬升率	6000米 /16.5分钟
续航距离	570公里
武备	7.92毫米MG17型机枪 ×2、10公斤炸弹 ×6（C型）
乘员	1人

■ 这幅彩绘展示了在西班牙作战的秃鹰军团的He 51C型战斗机，He 51在空战中不敌苏制战斗机，但在对地攻击方面却显示出良好的能力，为德军空地支援战术的发展提供了不少有益的经验。

梅塞施密特 Bf 109型战斗机 Messerschmitt Bf 109 Fighter

■ Bf 109之父威利·梅塞施密特(1898～1978)，毕业于慕尼黑技术大学，1923年创建了自己的公司，后作为设计师服务于巴伐利亚飞机公司，因为1934年成功设计了Bf 109战斗机而声名鹊起，1938年担任梅塞施密特公司董事会主席和总经理，在整个战争期间，梅塞施密特公司都是德国空军最主要的战斗机生产商。

从1935年到1945年，梅塞施密特出品的Bf 109几乎就是德国空军战斗机的代名词，被公认为二战中最著名、性能最优秀的战斗机，同时也是德国历史上制造数量最多的飞机和战争史上击落敌机最多的战斗机。在整个二战时期，Bf 109战斗机始终是德国空军战斗机部队的中坚力量，从战争爆发的第一天起奋战始终，直到战争结束的最后一刻。在战斗中它成功地证明自己能够胜任任何可能的使命，无论空中格斗、护航，还是夜间战斗、对地支援乃至侦察，而且作为一个出色的空中作战平台，Bf 109具有很大的改进空间，在战争中不断挖掘潜力，升级改良，产生了超过30种改型，也是德国空军改型最多的机型之一。然而，谁能想到，如此成功的杰作曾经差点被德国空军拒之门外。

设计历程

1927年，飞机设计师威利·梅塞施密特加盟巴伐利亚飞机制造公司，但他们为汉莎航空公司制造的客机性能不佳，连续发生坠机事故，不仅留下了恶劣的名声，还得罪了时任汉莎航空高管，后来成为空军高官的米尔希。由于梅塞施密特和米尔希的不睦，导致巴伐利亚公司在随后几年中颇受责难，以至收不到国内的订单，度日艰难。1933年3月，德国空军发出研制新型战斗机的招标书，要求在6000米高度速度达到400公里／小时，续航时间不少于90分钟，爬升到6000米高度时间不多于17分钟，升限达到10000米，安装700马力的Jumo210型引擎，配备1门20毫米机炮和2挺7.92毫米机枪，确保足够的平飞速度和机动性。起初有亨克尔、福克－沃尔夫和阿拉多三家公司竞标，由于米尔希的阻挠，巴伐利亚公司被排除在外。

正所谓峰回路转，为了在1934年国际飞行大赛上展现德国航空技术的进步，德国空军要求国内每一家厂商都要制造一种竞技运动飞机，梅塞施密特提交了自己的设计方案Bf 108，这种外形

■ 1935年5月完成的Bf 109V1号原型机，由于梅塞施密特与米尔希的个人恩怨，Bf 109的诞生可谓一波三折，最初被排除在竞标行列之外，即使在原型机阶段也落后于竞争对手。

■ 进行测试飞行的 He 112V2 号原型机，Bf 109 的有力竞争者。

优美的并列双座飞机在大赛上十分出彩，给到场的空军官员留下了深刻印象，于是帝国航空部允许巴伐利亚公司参与新战斗机的选型，但米尔希私下威胁说他们的设计只用于技术验证，不要指望获得生产订单。性格倔强的梅塞施密特迎难而上，以 Bf 108 为基础展开设计工作，公司内部代号为 P1034 项目，官方编号为 Bf 109，于1935年5月完成首架样机，5月29日首飞成功。由于新发动机尚未到位，暂时使用英制罗伊尔－罗伊斯“茶隼”式695马力液冷发动机。据说乌德特在观看了 Bf 109样机后断言：“这玩意永远成不了战斗机。”

在完成工厂试飞后，Bf 109准备接受空军的验收，当时德国飞行员都习惯于双翼机的敞开式座舱和灵活的操纵性，因此对采用封闭式座舱的 Bf 109并不欢迎，更喜欢亨克尔公司的 He 112，后者座舱敞开、飞行平稳，颇受好评。1936年，在国产发动机到位后，Bf 109和 He 112展开全面较量，而阿拉多和福克公司的样机早早就被淘汰了。虽然 Bf 109速度更快，但军方的意见一如既往地倾向于 He 112，胜负似乎已经注定，就在此时德军情报机关获得了英国新型战斗机“喷火”的性能数据，两相比较，He 112明显居于下风，而 Bf 109足以和“喷火”抗衡。接下来的事情就毫无悬念了，帝国航空部接受 Bf 109作为空军新型战斗机的唯一候选机型，在1936年8月柏林奥运会的赛场上，Bf 109二号样机就首次亮相，而在同年底在雷希林试飞中心举行的新机发布会上，一架 Bf 109在模拟空战中轻松击落四架 He 51，而驾驶者就是当年并不看好 Bf 109的乌德特。

1938年夏季，巴伐利亚飞机制造公司改名为梅塞施密特飞机制造公司，该公司随后设计的飞机都以梅塞施密特的姓名字头缩写 Me 命名，因此 Bf 109有时也被称为 Me 109。

■ 这幅彩绘表现了 Bf 109V3 号原型机在1936年5月进行试飞的姿态，这也是 Bf 109系列第一架安装武器的原型机，右上图为 Bf 109的原型机（可能是 V24号）在赫尔曼·戈林航空研究所进行风洞实验的照片。

设计特点

梅塞施密特 Bf 109战斗机被认为是同时代最新最前卫的设计，它采用了很多当时最新的航空技术，如下单翼布局、全金属蒙皮结构、可收放式起落架、封闭式座舱和全动式襟翼等，这些技术之前已经在其他飞机上得到验证，但从未综合运用于一架飞机上，而全新的 Bf 109得益于新技术的成功结合，获得了性能的巨大突破。

■ 梅塞施密特 Bf 109型战斗机采用30年代非常先进的空气动力设计，机身纤细，小翼面设计，液冷发动力有利于优化线形，并通过前缘缝翼和后缘襟翼获得良好的操纵性。

Bf 109是一种经典的单发单座单翼战斗机，全金属结构下单翼布局，机身纤细、狭窄，符合空气动力特征，采用小翼面设计以达到较高的速度，并通过前缘缝翼和后缘襟翼改善操纵性，配合动力充沛的发动机，最高时速可达680公里以上。梅塞施密特在设计 Bf 109时非常富于远见地注意到生产的简易性，基于 Bf 108结构轻巧、简洁的设计理念，Bf 109尽量减少机体结构部件的数量和构件的复杂性，比如机身的主承重结构由两个大型框架结构组成，发动机被置于两个 Y 形合金支架上，由两块大型蒙皮构成引擎罩，便于拆卸、检修。整个机身结构简洁而易于制造。在战时的改进中，梅塞施密特始终注意减少工时和制造成本，使得单机生产时间由9000小时减少到6000小时，单机成本由63000马克减少到42900马克。

Bf 109的主起落架设计非常有特色，一对起落架被置于主机身两侧，向外侧收起，置于主翼内，而起落架支撑结构又和发动机支架、前翼连接点结合在一起，能够有效地承受机身载荷，加强机身强度，而且重心后置，减少着陆刹车故障，主翼内不必布置起落架收放机构，结构简单，便

■ Bf 109在设计之初就考虑到易生产性和易维护性，结构力求简洁，图为在野战机场上进行引擎维护的 Bf109，注意翻起的两块引擎盖。

■ Bf 109的主起落架位于机身下方，向外侧收起，利于简化主翼结构，便于拆装，但轮距较窄，在起降时容易发生事故，如图所示。

■ Bf 109型座舱内部照片，可以观察到其正面仪表盘的布局以及操纵杆和脚蹬的位置，Bf 109的座舱盖采用方形框架结构，很有特色。

■ Bf 109型的座舱后方视野不良，受到不少诟病，有的飞行员自行在座舱顶部加装了一个后视镜，帮助观察后方的敌情。

于制造、拆卸和安装，这在战时非常重要。不过，将起落架置于机身下方也带来轮距较小的弊端，影响了飞机起降的稳定性，加上高高抬起的机首阻碍了前方视野，使得Bf 109在起降时非常需要技巧，让很多新飞行员很不适应，据统计在损毁的Bf 109中有10%是因为起降事故造成的。

狭窄的座舱空间和棱角分明的框架式座舱盖也受到诟病，而且座舱上缘和后部机身脊线齐平，后部视野受限，德国人也曾经考虑过采用视野更好的水泡型座舱，但因为需要大幅修改机身结构而作罢。Bf 109早期型没有防护装甲，后期型在座舱周围和坐席后部加装6～8毫米的防弹钢板，还设计了防弹玻璃附件，可以方便地安装在前部风挡上，提高防弹能力。Bf 109起初是以短距截击机进行设计的，航程较短，作战半径只有约160公里，主油箱容积最初只有234升，后来为了增加航程和配合大功率发动机，增加到400升，但还是不能满足需要，很多飞机在战时携带300升副油箱以延长滞空时间。

Bf 109的武器系统可以安装在三个部位：引擎罩上部、螺旋桨毂中轴和主翼中部。德国空军最初倾向于采用两挺置于引擎罩上部的7.92毫米机枪和一门20毫米中轴机炮的方案，将所有武器置于中轴线上更便于瞄准射击，但是因为发动机的震动和发热会影响机炮运作，因此早期生产型取消了中轴机炮，取而代之在主翼内增加两挺机枪或机炮。不过Bf 109主翼较为轻薄、空间有限，难以容纳更多的武器和弹药。在后期型上经过改进后恢复了中轴机炮，而去除了机翼武器。到战争后期，经过改进的Bf 109换装了更大口径的武器，如13毫米机枪和30毫米机炮。为了对付盟军重型轰炸机和强化对地火力，很多Bf 109还选择在主翼下挂载武器吊舱，但会降低操纵性。

■ 德军地勤兵在为一架Bf 109E型战斗机装填机枪弹药，摄于1939年。Bf 109早期型尝试安装中轴机炮，但存在技术问题，量产型采用2挺上部机枪加2挺机翼机炮的组合。

Bf 109全系列型谱

梅塞施密特Bf 109从设计研发起就处于不断改进的过程中，从1935年至1945年，衍生出十余种改型，其中最主要的生产型号是E、F、G、K型，在这些主要改型之下还有数量众多的亚改型，比如在E型基础上发展出9种亚型，而整个Bf 109系列的改进型号超过30个，形成了一个规模庞大、支系复杂的家族。

早期型号：Bf 109 A/B/C/D

很多资料认为Bf 109A是最初计划生产的版本，仅在引擎罩上方装有2挺MG17型7.92毫米机枪，相比同期英国“飓风”、“喷火”战斗机装备的8挺7.7毫米机枪，火力相当贫弱，因此没有投产，直接被Bf 109B系列所取代。不过，根据近年发现的航空部历史文件表明，Bf 109A实际上是一系列早期原型机的统称，它们主要用于各种技术验证，包括使用不同类型的发动机、武器配置以及对机身细节的修改，其中至少有三架原型机在1936年底被送往西班牙接受实战检验，据说还曾经取得过击落记录，通过大量的试验从而确定量产型的技术规范，Bf 109A制造了22架。

Bf 109B是第一种量产型，1937年2月投产，装有Jumo210D型发动机，功率680马力，武器配置为两挺7.92毫米上部机枪和一挺7.92毫米中轴机枪，均为MG17型。早期生产的型号安装木制固定式双叶螺旋桨，后期生产的型号更换为金属制可变距双叶螺旋桨。Bf 109B型生产了341架，其中39架被送往西班牙，装备“秃鹰军团”。

■ 秃鹰军团装备的Bf 109B型战斗机在西班牙前线进行维护，注意机首下方的大型散热器进气道，这是Bf109早期型的主要特征。

根据西班牙战场的使用经验，装在桨毂中的中轴机枪容易因为散热的原因卡壳，因此在1938年3月生产的Bf 109C型取消了中轴机枪，而在两翼增加了两挺7.92毫米机枪，增强了火力，同时发动机更新为Jumo210Ga型，功率700马力，还采用喷注式供油系统，即使在高过载情况下也能稳定供油，提高了格斗能力，还有部分C型尝试将机翼机枪或中轴机枪更换为MG/FF型20毫米机炮。C型大约制造了58架。

Bf 109D型是一个过渡型号，原计划换装戴勒姆－奔驰公司的DB600A发动机，功率提升到1000马力，但因为新发动机优先供应轰炸机，因此大部分D型仍然安装Jumo210型发动机，并加强机身结构，仅有少量D型更换了发动机，为此修改了机首下方散热器进气道的外形，从而确定了之后Bf 109系列的基本轮廓。在武器配置方面最初采用2挺7.92毫米上部机枪和1门20毫米中轴机炮，但后者的卡壳问题始终没有解决，后期生产的D型取消了中轴机炮，而在机翼上增加两挺机枪或机炮。Bf 109D型大约生产了647架。

■ 梅塞施密特Bf 109B-2型的彩色侧视图，显示了1937年时的涂装样式，Bf 109B型是整个系列中最早经历实战的型号。

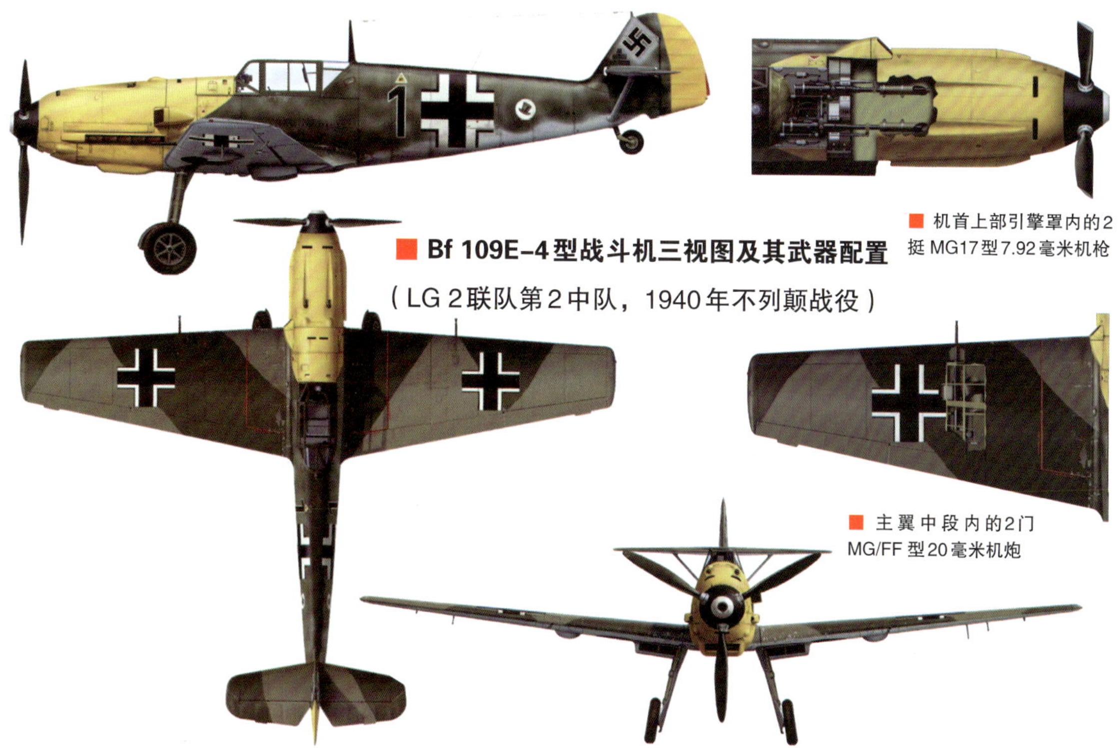

■ Bf 109E-4型战斗机三视图及其武器配置

（LG 2联队第2中队，1940年不列颠战役）

Bf 109E 型 埃米尔 Emil

Bf 109E型是第一种大批量生产型，于1938年底投产，安装了新型的DB601A型发动机，功率1175马力，改动了机头冷却器的位置，从而使机首形状更加符合气动特征，采用三叶螺旋桨，但是座舱和油箱没有任何装甲防护。Bf 109E型的标准武器是2挺7.92毫米上部机枪和2挺同口径机翼机枪，但为了增强火力，后期生产的E型将机翼机枪更换为MG/FF型20毫米机炮，机翼下会出现一个凸起，以容纳弹鼓。在E型基础上还产生了9种改型，如果算上各种亚改型，则E型的子型号达到18种。这些改型或换装了较新型号的DB601N型发动机，或增加了装甲防护，或增强了武器配置，以担负不同的任务，比如战斗轰炸型，能够在机腹下增设炸弹挂架，携带一枚250公斤炸弹进行低空轰炸，同时强化装甲防护；侦察型会增加照相设备，武备削减为2挺上部机枪，还会携带300升可抛式副油箱以增加航程；热带型会加装空气滤清器等热带装备，以适应北非战场的作战环境。Bf 109E型于1939年春季大量装备德国空军，少量E型参加了西班牙内战的末期作战，是二战初期的主力战斗机型号，在波兰战役、西欧战役、不列颠战役、北非战役以及“巴巴罗萨”行动中都有上佳表现，比如不列颠战役中，在双方战斗机的格斗中，Bf 109型击落了491架“喷火”和“飓风”，自损333架，占据上风。Bf 109E型各型号总共生产了约3500架。

■ Bf 109E/F型战斗机使用的戴姆勒－奔驰DB601型发动机，Bf 109E型是全系列中第一种大批量生产型，是德国空军在波兰战役、西欧战役及不列颠战役期间的主力战斗机。

Bf 109F 型 弗雷德里克 Friedrick

早在1939年初Bf 109E型列装部队时，梅塞施密特就已经开始着手对其进行升级，1940年初，功率高达1300马力的DB601E型发动机问世，从而为Bf 109战斗机提供了一颗更为强劲的心脏，配备新发动机的改型于1940年10月投产，这就是Bf 109F型。相比之前的型号，F型在外观上发生了明显变化，机首形状更加圆顺光滑，螺旋桨毂罩与引擎罩圆滑过渡，浑然一体，有效减少了飞行阻力，在机首左侧增设一个突出的增压器进气口，冷却器埋入机身更深，采用新型的三叶可变距螺旋桨，桨叶宽度增大，强化座舱防护，采用铝制自封油箱，翼尖修改为半椭圆形，减少方向舵面积，加强机尾强度，尾轮改为可收放式，前起落架前倾，以降低起降时机首高度，改善前部视野。得益于良好的气动外形、低油耗的新发动机和改良的副油箱，F型的航程从E型的660公里增加到850公里。在武器配置方面，F型取消了机翼武器，恢复了中轴机炮，早期制造的F型采用MG/FF型20毫米机炮，后期则更换为高射速的MG151型15毫米或20毫米机炮。不过还有很多王牌飞行员抱怨火力不足，比如加兰德使用的F型就保留了机翼的两门20毫米机炮，并将上部机枪更换为MG131型13毫米机枪。

■ Bf 109F-4热带型的机首特写，摄于1942年北非战场，注意F型浑圆的机首和螺旋桨毂罩中央的20毫米机炮炮口，而热带型在机首左侧增压器进气口上安装了特殊的空气滤清器，适应北非地区的沙尘环境。

■ 这幅罕见的彩照显示了Bf 109F-1型的武器布局，在拆除了发动机后可以看到穿过引擎中轴的20毫米机炮和位于机首上方的2挺7.92毫米机枪，这种布局使机身中轴火力集中，易于瞄准。

F型在1940年秋季问世后立即受到前线部队的欢迎，无论是速度、航程，还是转弯性能和爬升性能都优于E型，被认为是Bf 109型全系列中操纵性能最好的一型。莫尔德斯在1940年10月初得到一架新生产的Bf 109F-1型，在随后三周内就击落了8架飓风和4架喷火。Bf 109F型于1941年初开始大量装备，优先配备给驻扎在海峡前线的部队，在东线战场和北非战场上也多有使用，至1942年时已经取代E型成为德军战斗机部队的核心。F型也有至少6种改型，包括战斗轰炸型、侦察型和热带型，其中最主要的生产型号是F-4型，采用一门MG151型20毫米中轴机炮（备弹200发），加强了座舱装甲和防弹风挡，还能加装副油箱、炸弹挂架或机炮吊舱，以执行不同类型的作战任务。Bf 109F型各型号总共生产了约3450架，其中F-4型1841架。

Bf 109G 型 古斯塔夫 Gustav

Bf 109G型是Bf 109系列中生产数量最多的型号，于1942年初开始批量制造。G型是以F-4型为基础开发的，其改进的主要目标是牺牲一定的机动性以提高速度，为此安装了功率达1475马力的DB605A型发动机，虽然机身重量增大导致操纵性下降，但最高速度由F型的624公里／小时提高到690公里／小时，航空部认为这是可以

■ **Bf 109G-5型战斗机三视图及其武器配置**

（JG 5联队第1大队，1944年德国）

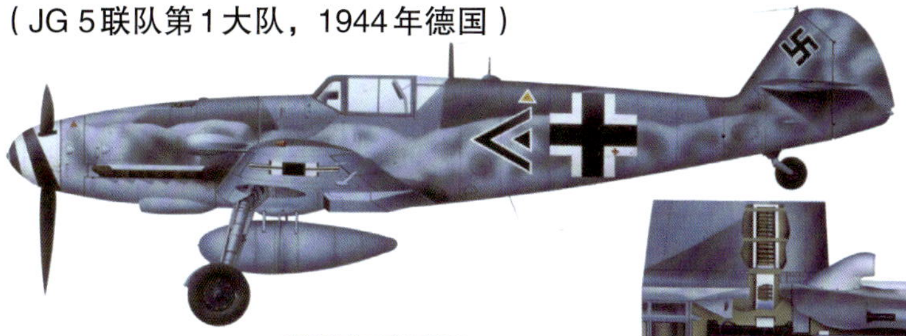

■ 机首上部引擎罩内的2挺MG17型7.92毫米机枪，后换装为MG131型13毫米机枪

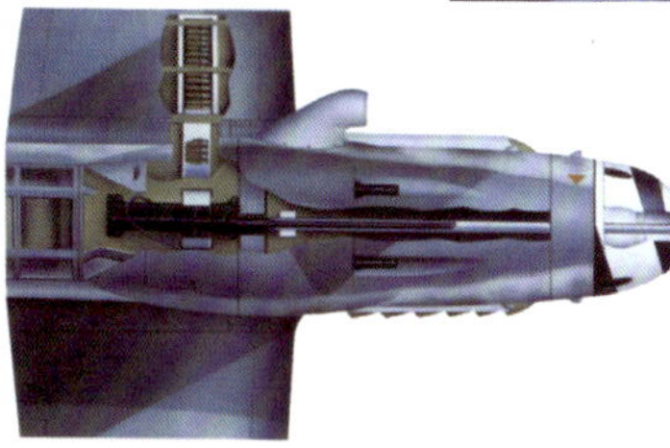

■ 引擎中轴内的1门MG151/20型20毫米机炮，后换装为MK108型30毫米机炮

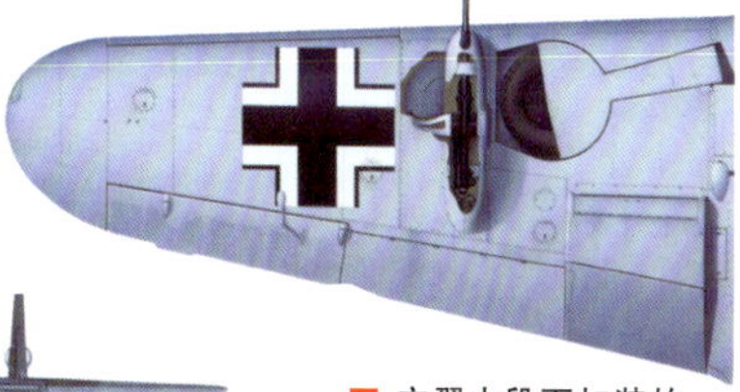

■ 主翼中段下加装的MG151/20型机炮吊舱

接受的，但前线飞行员并不赞同，认为是一种设计的倒退，而且由于后期生产的G型加强了装甲和武备，速度反而不及F型。G型还加强了主翼结构，为油箱增加轻合金装甲。为了适应空战向高空发展的趋势，G型还特别设计了增压座舱，并配置了GM-1型一氧化二氮高空加力装置，在低氧状态下为发动机注入额外的氧气，保持出力，使得G型的高空性能优于同期的英国战斗机，但并不是所有的G型都是增压型。后期制造的G型还换装了出力达1800马力的DB605D型发动机以及MW50型水-甲醇加力装置。

Bf 109G型的武备最初与Bf 109F型相同，但是在G-5型之后将2挺7.92毫米上部机枪更换为威力更大、射速更高的MG131型13毫米机枪，在一些后期制造的Bf 109G型上甚至将20毫米中轴机炮更换为大威力的MK108型30毫米机炮。为了应对越来越繁重的高空拦截和对地支援任务，Bf 109G型更广泛地使用各种附加武器组件以提升火力和性能，包括炸弹挂架、机炮吊舱、对空火箭弹和副油箱等。由于动力增强，G型的武器载荷有明显增长，个别战斗轰炸型能够在机翼下悬挂两个300升副油箱，并在机腹下挂载一枚500公斤炸弹，而在对付盟军重型轰炸机时常常在机翼下挂载机炮吊舱，有MG151型20毫米和

■ 1943年驻西线的Bf 109G-6型战斗机，属于JG2联队，在机首引擎罩后部出现了两个鼓包，以容纳MG131型13毫米机枪，为了强化火力主翼下还加装了MG151型20毫米机炮吊舱。

MK108型30毫米两款，可以给目标以致命伤害，但机动性降低，不足以对付灵活的护航战斗机。G型也有众多的改型，多达12种，投入量产的也有10种，制造数量在23000架以上。

Bf 109K 型 库菲尔斯特 Kurfürst

Bf 109K型是Bf 109系列的最后一种改型，1944年10月才开始生产，至1945年3月大约制造了1500架到2000架，但真正投入战斗的只有700架左右。Bf 109K型是基于Bf106G-10和G-14型改进而来，换装了功率达2000马力的DB605Dc型发动机，配合GM-1型加力装置，使得K型成为Bf 109家族中速度最快的量产型号，最高时速可达740公里/小时。此外，K型在机翼下方增加了起落架舱盖，在飞行时可以将收起的机轮完全遮盖，而且尾轮也能全部收入机身内。K型的标准武备是2挺MG131型13毫米上部机枪和1门MK108型30毫米中轴机炮，也曾尝试将13毫米机枪更换为MG151型15毫米机枪，K型也可以加挂各种附加武器组件。虽然K型至少有不下8种改型，但临近战争结束，投入量产的仅有K-4型。

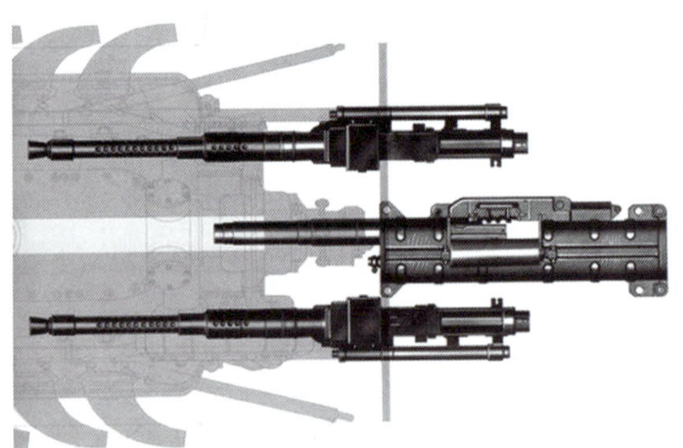

■ Bf 109K型的机首武器布局平面图，包括2挺MG131型13毫米上部机枪和1门MK108型30毫米机炮，阴影部分为引擎轮廓。

其他型号：Bf 109H/T/Z

除了早期量产型和四大主要型号外，Bf 109系列还有一些并未大量生产的改型，有些甚至停留于原型机阶段，其中最重要的是Bf 109T型。这是为德国海军齐柏林伯爵级航空母舰研制的舰载战斗机，以早期的Bf 109B/C/E型为基础加以改进，主要是加装着舰钩、弹射器配适装置，加大翼展和副翼的宽度，机翼不能折叠，但可以很轻松地拆卸下来，以节省空间，需要出动时也能迅速安装到机身上，这是所有Bf 109型的优点。Bf 109T安装的是DB601N型发动机，武备为2挺7.92毫米上部机枪和2门20毫米机翼机炮。Bf 109T型一共订购了70架，但仅有7架是

■ 这幅照片被认为是Bf 109T进行陆上弹射试验时拍摄的，作为舰载机设计的Bf 109T型因为航母计划的搁浅而被改作陆基战斗机。

■ Bf 109K型战斗机的彩绘，作为Bf 109系列最后一种主要量产型，其主要改进是增加动力，提高速度，强化火力。

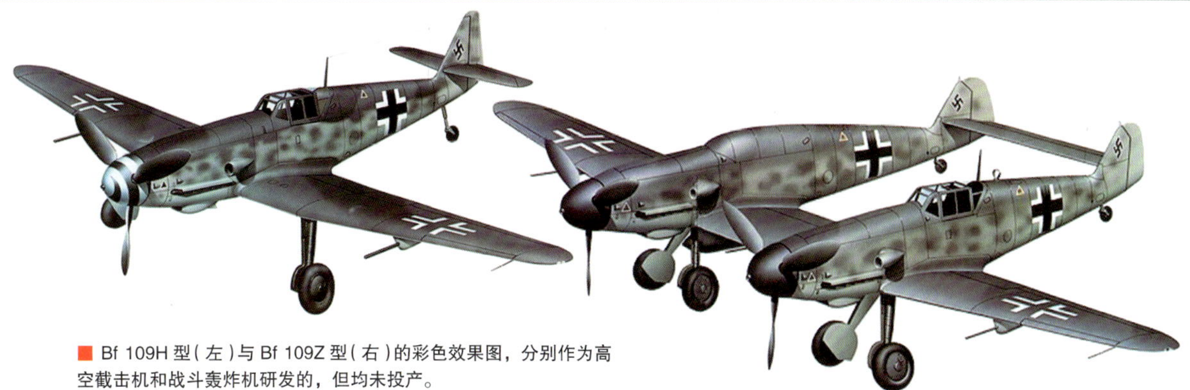

■ Bf 109H 型（左）与 Bf 109Z 型（右）的彩色效果图，分别作为高空截击机和战斗轰炸机研发的，但均未投产。

按照舰载型制造的，后来因为航母建造计划被搁置，余下63架在生产时取消了尾钩等航母设备，作为普通陆基战斗机出厂，先前的7架也被改成陆基型。Bf 109T 在性能上与 Bf 109E 型相当。

Bf 109H 型是1943年初为应对盟军轰炸机群而开发的高空截击机，以 Bf 109F 型为基础，加宽了翼展和水平尾翼，以获得更大的升力，计划安装带有加力装置的 Jumo213型发动机，实际上安装的 DB601E 型以及 GM−1 型加力装置，在10000米高度可达到750公里／小时的速度。Bf 109H 只生产了几架原型机，在试飞中发现机翼存在颤动现象，加上德国空军决定采用 Ta 152作为高空截击机，Bt 109H 型被放弃，少数几架该型飞机在1944年初被交给前线部队作为高空侦察机使用，据说在诺曼底战役时有一架 Bf 109H 型从15000米的高空飞越登陆滩头，几乎没有盟军战斗机能够达到那种高度。

Bf 109Z 是 Bf 109系列中最奇特的改型了，其实是由两架 Bf 109的机身结合而成的连体飞机，其设计初衷是获得一种高性能的战斗轰炸机。这一项目始于1942年初，将两架 Bf 109F 型并列连接，增加了中央主翼和水平尾翼，每个机身都带有两个主起落架，采用 DB605A 型发动机，最高速度可达743公里／小时，而且是单人驾驶，右侧机身的座舱被封闭，加装油箱，航程可达1995公里。Bf 109Z 原计划生产两种型号，一种是重型战斗机，装有5门30毫米机炮，取代 Bf 110，另一种是战斗轰炸机，可以在翼下挂架上携带重达1000公斤的炸弹。原型机于1943年中期完成，但由于 Me 262被希特勒钦定为战斗轰炸机，Bf 109Z 便被放弃了。

外国生产型号

战后，捷克人在德军遗留的工厂里发现了大量未组装的 Bf 109战斗机的部件，主要是 G−14型，生产线也保持完好，于是重新开工制造，命名为阿维亚 S−99战斗机装备捷克空军，产量约50架。由于 DB605型发动机短缺，捷克人用 Jumo211F 型发动机代替，被称为 S−199，但性能很差，大约制造了550架，一部分被卖给以色列。

另一个在战后继续生产 Bf 109的国家是西班牙，佛朗哥于1942年向希特勒要求购买 Bf 109的制造技术，由德国人提供零部件，在西班牙组装。大约25架 Bf 109G−2的机身被送到西班牙，但发动机迟迟不到货，无奈之下西班牙人只好用国

■ 博物馆中的 HA 1112型战斗机，即西班牙版的 Bf109型战斗机。

产发动机代替，命名为HA1109型，但操纵性较德国原装货逊色不少，后来又升级为HA1112型，产量约为65架，这批飞机服役到1954年。西班牙人决定采用英制罗伊尔－罗伊斯的梅林500发动机，也就是“喷火”的心脏，对HA1112型进行改进，产生了HA1112M型，制造了172架，服役至1965年。值得一提的是，在著名影片《不列颠空战》中就是由西班牙血统的HA1112M型扮演它们的前辈Bf 109E型。

生产及服役概况

从1937年2月到1945年3月，大约七家德国飞机制造厂参与了Bf 109型战斗机的制造，总产量为33984架，其中在战时生产了30573架，占德国战斗机制造总数的57%。Bf 109首次投入实战是在1937年的西班牙内战，1939年9月二战爆发时已经成为德国空军战斗机部队的主力机型，其服役经历贯穿战争始终，虽然在1942年之后被Fw 190部分取代，但直到战争结束Bf 109仍然占据着德国空军主力战斗机的位置。Bf 109在战争中最突出的成就莫过于造就了数量众多的超级王牌，有超过100名德国空军飞行员取得100架以上的击落战果，13人击落超过200架，两人击落超过300架，仅仅这些王牌的击落数量就超过15000架！历史上从未有一种战斗机能够取得如此辉煌的成绩，而位列德国战斗机王牌前三位的飞行员总计取得过928次空战胜利，这些战绩几乎全部都是在Bf 109上创造的。

在战时，Bf 109还被提供给芬兰、匈牙利、罗马尼亚、意大利等盟国，也战绩颇佳，其中最突出的是芬兰空军。1943年，芬兰从德国接收了162架Bf 109G型战斗机，装备四个战斗机中队，在芬兰退出战争之前，取得了667个确认战果，仅在空战中损失34架飞机，交换比例达到19 ：1！芬兰空军头号王牌尤蒂莱南（Juutilainen）的94个战果中有58个是用Bf 109获得的。日本陆军曾在1941年从德国获得了5架无武装的Bf 109E，但他们只对上面的DB601型发动机感兴趣，并利用相关技术开发了三式战斗机“飞燕”。

战争结束后，Bf 109还在捷克、西班牙、瑞士、以色列、芬兰、南斯拉夫等多个国家服役，最后一架同型飞机于1965年从西班牙空军中退役，服役时间接近30年。

■ 这幅航空画表现了1940年8月28日，JG 52联队第1大队长沃尔夫冈·埃瓦德上尉驾驶Bf 109 E型在海峡上空与英军“喷火”战斗机展开空战，他本人最终战果为78架，而JG 52联队因为取得超过10000次空战胜利，诞生了上百位王牌而闻名于世，该联队在战争期间一直使用Bf 109型战斗机。

梅塞施密特 Bf 109型战斗机主要型号性能一览

机型	Bf 109E	Bf 109F	Bf 109G	Bf 109K
服役时间	1939年	1940年	1942年	1944年
主尺寸	9.87×8.64×2.5米	9.92×8.9×2.59米	9.92×9.03×2.5米	9.92×9.03×2.5米
主翼面积	16.4平方米	16.2平方米	16.05平方米	16.05平方米
空重／全重	2000公斤/2665公斤	2390公斤/2900公斤	2800公斤/3400公斤	2216公斤/3375公斤
动力装置	DB601A	DB601E	DB605A	DB605D
输出功率	1175马力	1300马力	1475马力	2000马力
最高速度	560公里／小时	624公里／小时	690公里／小时	740公里／小时
实用升限	10500米	12000米	11600米	12500米
爬升率	1000米／分钟	1308米／分钟	1020米／分钟	1470米／分钟
续航距离	660公里	850公里	998公里	736公里
武备	7.92毫米×4或 7.92毫米×2、20毫米×2	7.92毫米×2、15/20毫米×1	7.92/13毫米×2、20/30毫米×1	13/15毫米×2、30毫米×1
载弹量	250公斤×1	250公斤×1	500公斤×1	500公斤×1

Bf 109型战斗机主要型号侧视图

Bf 109E-4型，第2教导联队第1大队长赫伯特·伊勒费尔德上尉座机，1941年7月。

Bf 109F-4型，第1战斗机联队第1大队长埃里希·米克斯少校座机，1941年夏。

Bf 109G-6型，第27战斗机联队第3大队长恩斯特·杜尔贝格少校座机，1944年3月。

Bf 109 K-4型，第53战斗机联队第11中队长京特·兰德特中尉座机，1945年2月。

1942年初北非前线，JG 27联队的一个小队正准备起飞执行任务，全部是Bf 109F-2/Trop型战斗机。

福克－沃尔夫 Fw 190型战斗机 Focke-Wulf Fw 190 Fighter

尽管许多德国超级王牌更钟情于Bf 109，但无人能够否认，福克－沃尔夫公司的Fw 190是二战德国空军装备的最好的战斗机。这种被称为“屠夫鸟”的空战利器一经问世，立即被盟军视为最可怕的敌人，性能全面超越同期的英军战斗机，并迅速成为与Bf 109并驾齐驱的主力型号。福克－沃尔夫Fw 190可以说是德国战斗机设计史上的另类作品，采用空冷星形发动机，动力充沛、操纵灵敏、火力强劲、坚固可靠，而且与Bf 109一样具良好的通用性，无论是作为防空战斗机、夜间战斗机，还是充当战斗轰炸机、对地攻击机，Fw 190都有可圈可点的表现，在战争中后期的空中战斗中扮演了举足轻重的角色。

研发与设计

在二战爆发前夕的30年代中期，世界各国都卷入军备竞赛的漩涡中，新型武器层出不穷，而在战斗机领域的竞争也异常激烈。虽然德国空军在1937年列装了一流的Bf 109，仍然担忧在未来几年内能否保持优势地位，情报显示其他强国都至少有两种新型战斗机即将服役，于是航空部在1937年秋季向各飞机制造商下达研制新战斗机的技术规范，作为对Bf 109的补充。当时，在整个欧洲范围内，直列式液冷发动机是单发战斗机的主流动力选择，因为正面迎风面积小，能够获得流畅的机首线形，减少阻力，提高速度，但是福克－沃尔夫的首席设计师库尔特·谭克（Kurt Tank）反其道而行，提出安装星形空冷发动机的Fw 190方案，他认为通过适当的设计能够减轻阻力大的缺陷，并获得更多的优点。航空部起初对Fw 190十分冷淡，但是其他公司的设计接连失败，而且德国空军大部分飞机都安装液冷发动机，导致引擎供应紧张，在这种情况下才勉强接受Fw 190。

曾在一战从军打仗的谭克深知武器可靠性和易维护性的重要，形成了独特的设计理念，他认为飞机不应该只讲究速度，还要坚固耐用，他设计的飞机“不是赛马，而是具备韧性和耐力的战马”。谭克对于可靠性的努力追求从Fw 190起落架的设计上可见一斑，其结构非常坚固，能够承受大速度降落的冲击和粗糙地面的颠簸，起落架置于主翼下方，较宽的轮距使得Fw 190起降时非常平稳，

■ 福克－沃尔夫公司的当家设计师库尔特·谭克（1898～1983），手下很多作品都堪称经典，包括Fw 190、Fw 200等。

■ 在梅塞施密特工厂生产线上进行组装的Bf 109型战斗机，该型战斗机采用直列液冷发动机，需求量极大，导致液冷引擎供应不足，因此德国空军勉强在新型战斗机上接受空冷发动机的设计。

■ 1939年6月首飞的Fw 190V1号原型机，为了改善气动外形，谭克特意设计了涵道式整流罩，以减少正面的空气阻力。

■ Fw 190型战斗机在设计理念上更加实用，不仅追求较高的性能，也努力平衡可靠性和易维护性的要求，在设计上也颇有创新，比如采用视野更加开阔的气泡形座舱。

不像Bf 109那样容易出现事故。Fw 190的另一个创新之处是用电力系统取代先前惯用的液压系统，起落架收放、武器控制都以电力驱动，谭克坚信电力系统相比液压系统，不易被敌军火力破坏。谭克在Fw 190的操纵性能上独具匠心，努力降低操纵杆力矩，减轻飞行员的驾驶强度，使飞机横向反应非常灵敏而准确，这成为Fw 190的突出特点。他还创造性地采用气泡式座舱，为飞行员提供全向视野，这方面比Bf 109高出一筹。

谭克很清楚，在阻力较大的情况下，Fw 190要在性能上不输于Bf 109必须采用更大功率的发动机，他最初选择了宝马公司新开发的BMW139型14缸双排空冷发动机，功率达1500马力，高出同期DB601系列引擎甚多。采用空冷发动机的一个关键问题是散热，为了保证充足的空气流量，又能减少阻力，谭克设计了一个奇特的涵道式整流罩，将螺旋桨毂包裹起来。但是，当Fw 190的首架原型机于1939年6月1日首飞时，这一设计被证明并不成功，座舱温度达到55℃，试飞员反映“双脚仿佛置于壁炉中一样”。谭克只能修改设计，恢复传统的圆柱形机首，但通过在引擎前方增加散热风扇的方式提高冷却效果，控制温度，这也成为Fw 190系列的标准设计。

尽管存在散热不良的问题，Fw 190的原型机还是在试飞中显示出非常优异的性能，达到595公里／小时的高速，操纵响应灵敏，飞行品质优良。在继续修改的过程中，航空部要求更换新型BMW801型发动机，功率达到1540马力，虽然直径与BMW139相同，但更长更重，谭克对机身做了重新设计，以适应新引擎。1940年春季，安装BMW801的5号原型机在试飞中发现，由于重量增大导致操纵性下降，谭克为此增加了机翼面积，减少翼面载荷，虽然速度上会有10公里／小时的损失，但机动性和爬升率都有明显改善，从而确定了随后Fw 190系列的翼面形状。1940年10月，德国空

■ 空军军备总监乌德特(背对镜头叉腰者)参观Fw 190V1号原型机，可以从正面观察到涵道式整流罩的外形，但这一设计未达预期效果，最后回归到传统的机首外形。

■ Fw 190型战斗机采用的大功率BMW801系列空冷引擎，以充沛的动力弥补气动外形上相对于液冷引擎飞机的劣势。

Fw190型战斗机在设计之初就强调重火力，在机首上部和主翼内配备了6门枪炮，图为其机首上部引擎罩内2挺MG131型13毫米机枪的特写，在早期型号上机首机枪为MG17型7.92毫米机枪。

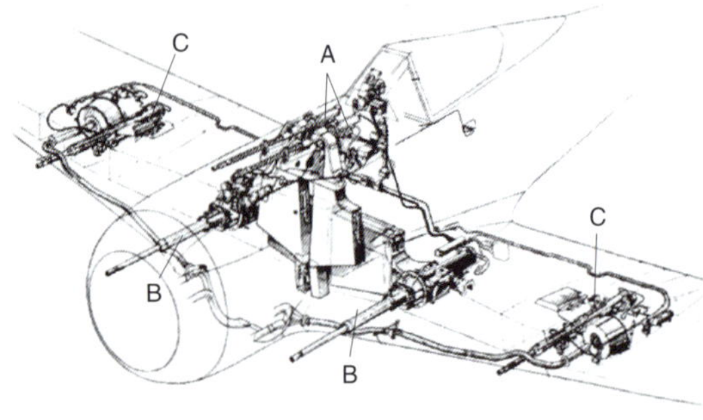

这幅透视图显示了Fw 190A型战斗机典型的武器配置方式，A为MG17型7.92毫米机枪，B为MG151/20型20毫米机炮，C为MG/FF型20毫米机炮。

军订购了首批40架预生产型Fw 190A–0，但只制造了28架，全部用于性能测试，其中包括武器试验。相比Bf 109只有3～4件机载武器的配置，Fw 190在诞生之初就显露出重火力战斗机的风貌，设置了6个火力输出点，在引擎罩上部、两翼翼根和主翼中段各装备2挺MG17型7.92毫米机枪，主翼内的机枪还能更换为MG/FF型或MG 151/20型20毫米机炮，后期型号将机首机枪更换为威力更大的MG131型13毫米机枪。此外,座舱、滑油箱、滑油散热器等关键部位都敷设了装甲。

1941年3月，德国空军成立了第190试验中队，专门负责对Fw 190进行服役前的最后测试。试用情况表明，发动机过热依然是困扰Fw 190的主要问题，引擎频频起火，甚至引发机枪弹药诱爆，这个严重缺陷几乎导致航空部放弃这种新战斗机。但是，试验中队的飞行员们纷纷表示，Fw 190具备的优良性能远远大于现存的缺陷。在经过大约50项改进后，福克－沃尔夫公司终于在1941年6月获得了批量生产Fw 190的许可，同年7月，第一批Fw 190A型战斗机开始部署到海峡前线，为德国空军战斗机部队的作战能力带来新的提升。

型号发展

在战争期间，Fw 190针对自身存在的问题和前线作战的需要，不断进行改进，提高性能，形成了A、B、C、D、F、G六种主要型号，其中A型是最主要的生产型，在其基础上又发展出10种亚改型。从1941年6月至1945年5月，Fw 190各型号的制造数量超过20000架，仅次于Bf 109。

Fw 190A型

Fw 190A–1是第一批量产型，配备BMW801C–1型引擎，功率1540马力，武备包括

Fw 190型战斗机的早期型号上存在引擎散热不良的问题，时常引发火灾，上图为地勤人员用泡沫灭火剂扑灭引擎起火，下图为1941年装备部队的Fw 190A–0或A–1型战斗机。

■ 一架早期生产的Fw 190A-1型战斗机，从其机身侧面的代号SB+KA可知，该机是用于测试飞行的样机，不属于任何作战部队。Fw 190A-1型生产了102架。

2挺7.92毫米上部机枪、2挺7.92毫米翼根机枪和2门20毫米机翼机炮。A-1型带有新设计的引擎罩和螺旋桨毂，配有敌我识别装置。引擎过热的问题仍然没有根除，发动机平均工作30 ～ 40小时就要更换。福克公司在1941年10月就完成了102架A-1型，随后转入A-2型的制造。A-2的主要改进是更换了BMW801C-2型引擎，修改了气缸排气系统，并通过在机身两侧设置通风槽的方法有效解决了散热问题。A-2的武备也得到升级，翼根处的机枪更换为MG151型20毫米机炮，同时更新了瞄准具。A-2型的制造数量是426架。

随后的A-3型更换了出力更大的BMW801D-2型引擎，功率1680马力，使用高辛烷值汽油。同时，从A-3型开始Fw 190型通过加装武器组件扩展作战用途，比如在两侧机翼下安装火箭发射器，每翼各携带三枚150毫米火箭。作为战斗轰炸机时拆除机翼中段的20毫米机炮，在机腹下携带一枚500公斤炸弹。A-3型的产量是509架。1942年7月投产的A-4型与A-3型相似，只是升级了新型电台，同时利用各种附加组件产生了多种变型，比如对地攻击机、侦察机或高空战斗机。A-4型也可以加装MW50型加力装置，使发动机功率在短时间内提高到2100马力，时速增加至670公里。A-4型制造了976架。A-5型与A-4型近似，将引擎前移15厘米，以调整重心位置，增加有效载荷，此外还更新了无线电，制造数量为1752架。

1943年7月开始制造的A-6型对机翼结构进行了修改，减轻重量，以容纳更多的弹药，并在翼下挂载各种武器。A-6将机翼内的4门20毫米机炮统一为MG151型，同时在翼下还能携带20毫米/30毫米机炮吊舱，火力极为凶狠，用以对付盟军重型轰炸机，也可装备其他组件。A-6型总共制造了963架。德国空军并不满足于A-6的火

■ JG 1联队装备的Fw 190A-3型战斗机，摄于1942年的荷兰，相比早期型号A-3型换装了功率更大的引擎，并且通过加装外挂武器组件执行多样化的任务，显示出多用途战斗机的潜力。

力，在A–7型上进一步强化，将7.92毫米上部机枪也更换为MG131型13毫米机枪，升级了瞄准具，还采用加强的起落架机轮，以承受新武器系统增加的重量。A–7型制造了701架。

1944年2月投产的A–8型是Fw 190A型中最重要的改型，MW50型加力装置和机腹炸弹挂架成为标准装备，机身关键部位的防护装甲由6毫米增加到10毫米，更换了新型木制螺旋桨和座舱盖，机身后部增加了一个115升的应急油箱。A–8型也可以加装各种武器组件，得到广泛使用，其生产一直持续到1945年5月，总产量达6650架。A–9是A系列的最后一个量产型，安装了功率达1970马力的BMW801S型引擎，再度强化防御，带有较大头部防护装甲的气泡形座舱盖成为标准设计。A–9与A–8一同生产至战争结束，产量为910架。1945年3月，少量Fw 190A–10型的原型机被送到飞行员手中，这是一种高空战斗机，采用加大的机翼以提升高空性能，同时增大的机翼空间用于装备MK108型30毫米机炮，动力装置为2400马力的BMW801F型，但由于更优秀的Ta 152的出现，A–10型没有量产。从1941年6月至1945年5月，Fw 190A型共计制造了超过13000架！

■ 一架被美军俘获的Fw 190A–8型战斗机，属于JG 4联队第5中队，该机在1945年1月的“底板”行动中因为引擎被防空炮火击伤迫降而成为美军的战利品。

■ **Fw 190A–8型战斗机三视图及其武器配置**

（JG26联队第7中队，1944年诺曼底战役）

■ 机首上部引擎罩内的2挺MG131型13毫米机枪

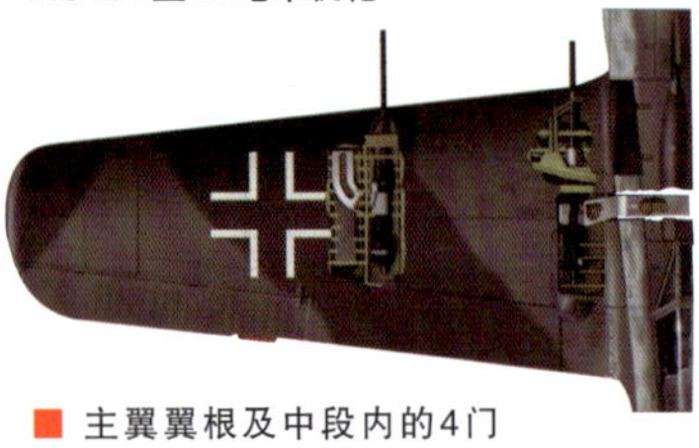

■ 主翼翼根及中段内的4门MG151/20型20毫米机炮

Fw 190D 型

BMW801系列发动机最初是为在中低空飞行的运输机或轰炸机研制的，并不适合高空飞行，因此造成了Fw 190A的一个主要缺点，在6000米以上高度性能明显下降，而Bf 109却具有良好的高空性能，这是Fw 190未能全面取代Bf 109的重要原因，在1943年之前，空战还主要在6000米以下进行，Fw 190的缺点倒也不明显，但在美国重轰炸机登场后，高空战斗变得愈加普遍，Fw 190开始装备加力装置，但只是权益之计，设计新的高空型号才是根本。谭克早在1941年就注意到这个问题，并提出使用涡轮增压机改善引擎的高空性能，并设计了三种方案：装备涡轮增压BMW801的Fw 190B，装备涡轮增压DB603的Fw 190C和装备增压Jumo213的Fw 190D，进行对比研究。前两者仅制造了少量原型机，只有Fw 190D投入量产，也就是著名的“长鼻子多拉”。

Fw 190D的首架原型机于1942年10月完成，利用A-5的机身和Jumo213型发动机结合而成，发展出D-9、D-11、D-12和D-13等几个型号。Jumo213液冷发动机功率达1725马力，使用MW50型加力装置时可以提高到2070马力。为了配合新引擎，Fw 190D延长了机首和机尾，相比Fw 190A增加了1.52米，使得机身更加纤细修长，设置了增压座舱，座舱盖采用与A-8相同的型号。最初生产的Fw 190D并没有装备MW50型加力装置，而是采用容克公司自行开发的附加组件，能够小幅提升动力，直到1944年底MW50才陆续到位。Fw 190D在横滚速率上比Fw 190A逊色不少，不太适合“狗斗”，但平飞速度、爬升率和俯冲速度都明显提高，最高速度可达680公里/小时，而且加速性能很出色，非常适于采用一击即脱战术。实际上，Fw 190D的高空性能并不比Fw 190A更好，但在中低空战斗中同样极具威胁，在有经验的飞行员手中足以抗衡任何一种盟军战斗机。在战争后期，Fw 190D编入JV44的机场保卫分队，在Me 262起降时防止敌机偷袭。

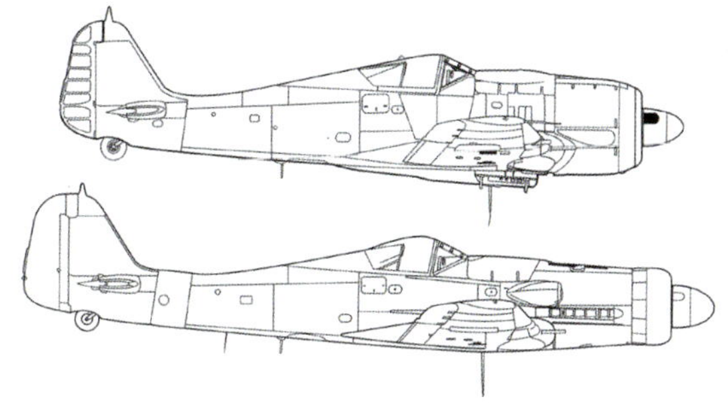

Fw190A-8（上）与Fw190D-9（下）侧面线图对比。

一架收藏于美国航空航天博物馆内的Fw 190D-9，机身上喷涂着JG3联队的队徽和第3大队技术军官座机的识别标志，实际上该机属于JG26联队，1945年5月向英军投降。

这幅彩绘展示了1945年初JV 44中队所属机场保卫分队装备的Fw 190D型战斗机，其任务是在Me 262起降时提供掩护，为了便于地面部队识别，在飞机下表面采用醒目的红底白条涂装。

■ 1945年2月，一架Fw190D-9型战斗机准备从野战机场上起飞，该机属于JG 26联队第7中队。

Fw 190D的主要生产型号是D-9，从1944年8月开始制造了1805架，D-9的武备包括2挺13毫米上部机枪和2门20毫米翼根机炮。D-11型换装了Jumo213E型发动机，并在机翼中段增加2门MK108型30毫米机炮。D-12、D-13就是在D-11基础上增加一门中轴机炮，D-12采用MK108型30毫米机炮，而D-13采用MG151型20毫米机炮，D-13还配有自动驾驶仪和加热风挡，具备全天候作战能力。在1944年底，航空部要求在1945年初建造820架D-11、1420架D-12和1060架D-13，但最后仅有17架D-11和17架D-13完成，而D-12的制造计划取消，仅有三架原型机。

Fw 190F/G型

Fw 190型具有坚固的机身、较强的火力和较大的武器载荷，是改装为战斗轰炸机的合适选择。福克公司在1942年5月利用Fw 190A-0进行相关试验，在两翼及机腹中线加装炸弹挂架，取得了良好效果，于是开始正式投产战斗轰炸机型号，执行对地攻击任务，这就是Fw 190F型。相比A型，F型的主要区别是在机腹和机翼下表面敷设装甲，保护油箱、驾驶员、引擎、机载武器，提高对地面火力的防御力，同时加装武器挂架，可在两翼各携带一枚500公斤炸弹或两枚50公斤炸弹或30毫米航炮吊舱，机腹挂架用于携带副油箱或炸弹。F型有F-1、F-2、F-3、F-8、F-9五种改型，F-1是以A-4为基础改进而来，F-2、3以A-5为基型，F-8和F-9分别源自A-8、A-9，其中F-8产量最大，制造了3400～3800架。F-8型的固定武器为2挺13毫米上部机枪和2门20毫米翼根机炮，引擎做过小改进，能短时间提高低空机动性，更新了通信设备，增强空地联络能力，能够挂载3枚250公斤炸弹或各种型号的火箭，甚至有挂载鱼雷的反舰型号，F-8还有安装自动驾驶仪的夜战型。从1942年夏至1945年5月，Fw 190F系列各型总共制造了4260～4800架。

■ 在美国航空航天博物馆内展出的Fw 190F型战斗轰炸机，在机腹和主翼下的挂架上挂载了5枚炸弹，取消了机翼中段机炮。

■ 福克-沃尔夫Fw 190F-2型战斗轰炸机的彩色侧视图，隶属于第1对地攻击机联队第1大队，机腹挂架上挂载了4枚轻型炸弹。

■ 一架机身下方挂载了250公斤炸弹的 Fw 190G-1型战斗轰炸机，其主翼中段的20毫米机炮被取消，翼下增加了副油箱挂架。

Fw 190F 型主要用于执行近程支援任务，而 Fw 190G 型则是作为远程战斗轰炸机开发的，同样以 A 型为基础，衍生出 G-1、G-2、G-3、G-8四种型号，分别由 A-4、A-5、A-6和 A-8改进而来，拆除部分固定枪炮，节省重量，增加外挂载荷或燃料载量，以提高航程，其载弹量最大可达1800公斤。Fw 190G 型产量在1300架以上。

除了上述主要型号外，Fw 190还有双座教练型 Fw 190S。到战争后期，Fw 190已经取代了 Ju 87成为对地攻击机联队的主力型号，为了帮助 Ju 87飞行员适应 Fw 190，德国空军将少量 A-5、A-8改为双座教练机，增加一个坐席，采用加长的座舱风挡，大约改装或新造了58架。

作战历程

首批生产的 Fw 190A 在1941年7月优先部署到西线的第26战斗机联队，9月首次参战，立即夺取了海峡上空的制空权，并保持优势直到次年夏季，在那段时间内英军的空战损失比一度攀升到4 ：1。1942年6月，一架属于第2战斗机联队的 Fw 190误降英军机场被俘获，在随后的对比测试中，英军惊讶地发现除了盘旋能力外，Fw 190全面超越“喷火”V 型，尤其是 Fw 190的横滚速率达160度／秒，可以通过滚转加俯冲的战术机动摆脱任何追击，即使是针对 Fw 190而紧急开发的“喷火”IX型也不过是旗鼓相当而已。除了进行空战，Fw 190还常常作为战斗轰炸机对英国海岸实施闪电袭击，十分活跃。从1941年至1945年，Fw 190始终是德国空军在西线的主力战斗机，在1942年8月反击盟军迪耶普登陆的行动中，德军以损失25架 Fw 190的代价，击落61架英军飞机，在1944年6月的诺曼底战役中，Fw 190宣称击落了526架敌机，而在1945年1月的“底板”行动中，至少有117架 Fw 190被击落。

在本土防空战中，Fw 190的战斗力得到更加有力的证明，其强劲的火力在对付 B-17等重型目标时明显优于 Bf 109。在1943年后，各战斗机联队均以火力强化型 Fw 190组成突击队，专门负责猎杀重轰炸机，这些 Fw 190通常会换装大口径机炮，并在翼下携带额外的2 ～ 4门机炮或对空火箭弹，以疾风骤雨般的进攻摧毁“空中堡垒”，由于机动性下降，它们通常需要 Bf 109的护航。一件轶事充分显示出 Fw 190对盟军造成的心理

■ Fw 190战斗机服役后优先装备驻海峡前线的部队，图为1942年春季配发给 JG 20联队的 Fw 190A-3型战斗机。

■ 1942年6月，JG 2联队第3大队的阿尼姆·法贝尔中尉驾驶 Fw 190A-3误降英国机场，为英军送上一份“厚礼”，图为英国飞行员准备进行测试飞行，机身上已喷涂了英军标志。

■ 1943年10月29日，JG 54联队的基尔特军士长（右）从其长官诺沃特尼上尉（中）手中接受骑士十字勋章后，两人并肩检阅部队。他们是最成功的Fw 190王牌，合计取得了525次空战胜利。

压力：一家美国飞机制造厂商曾制作了一幅讽刺Fw 190的海报，上书“谁会害怕大恶狼？（Who's afraid of the big bad Wulf）”，结果有许多美军飞行员把海报寄回厂家，上面写着“我们怕！”在夜间空战中，Fw 190也是“野猪战术”的主要施行者，在1943年秋冬的夜间防空作战中表现抢眼。

Fw 190型在1942年9月才被部署到东线，尽管苏军飞行员认为Bf 109威胁更大，但强悍的Fw 190带来的冲击是无可置疑的。与Bf 109一样，Fw 190在东线也产生了不少超级王牌，其中最出名的当属第54战斗机联队的奥托·基尔特（Otto Kittel）和瓦尔特·诺沃特尼，分别以267架和258架名列德国王牌排行榜的第4、5位，其中基尔特在Fw 190上取得了超过220次胜利，是战绩最高的Fw 190王牌。同时驾驶过Bf 109和Fw 190的德军飞行员认为，Fw 190在低空战斗中拥有更强的火力和更好的机动性。在1943年7月的库尔斯克战役中，第51、54战斗机联队宣称击落了1250架敌机，仅损失74架Fw 190，虽然过于夸张，但凸现出Fw 190在空战中的卓越表现。在1943年之后，Fw 190的战斗轰炸型已经成为东线对地攻击机联队的主力机型，承担起繁忙的对地支援任务，经常每天出击7～8次，通常以450公里/小时的高速，在低于10米的低空掠过战场，向地面的苏军部队倾泻炸弹和炮弹，成效卓著，比如在1944年7月28日，第3、4对地攻击机联队的Fw 190宣称一天内摧毁了超过400辆苏军车辆。

Fw 190的出色性能也让德国空军以外的外国用户颇为心动，匈牙利曾在1944年11月获得了72架Fw 190，土耳其也在1942年时购买了72架Fw 190，以促进空军的现代化进程，这些飞机一直服役到1949年。战后，法国空军还订购了64架Fw 190，短期装备部队。

■ 战后法国空军装备的Fw 190A-6型战斗机彩色侧视图

■ 1944年夏季，驻西线的 JG 3联队第4大队的 Fw 190A-8型机群在列队起飞，该大队是执行反轰炸机任务的突击队，装备了火力强化型 Fw 190。

■ Fw 190型战斗机主要型号侧视图

■ Fw 190A-3型，第1战斗机联队第11中队长威廉·莫里茨中尉座机，1942年7月。

■ Fw 190A-6型，第11战斗机联队第3大队长安东·哈克尔少校座机，1944年4月。

■ Fw 190A-8型，第3战斗机联队第14中队，驾驶者不明，1945年2月。

■ Fw 190D-13型，第26战斗机联队长弗兰茨·格茨少校座机，1945年5月。

福克－沃尔夫 Fw 190型战斗机主要型号性能一览

机型	Fw 190A-8型	Fw 190D-9型	Fw 190F 型
服役时间	1944年	1944年	1942年
主尺寸	10.5×9×3.95米	10.5×10.2×3.35米	10.5×9×3.95米
主翼面积	18.3平方米	18.3平方米	18.3平方米
空重／全重	3200公斤 /4417公斤	3490公斤 /4270公斤	3325公斤 /4920公斤
动力装置	BMW801D-2×1	Jumo213A×1	BMW801D-2×1
输出功率	1680马力	1725马力	1680马力
最高速度	656公里／小时	685公里／小时	634公里／小时
实用升限	11400米	12000米	10600米
爬升率	780米／分钟	1020米／分钟	643米／分钟
续航距离	800公里	835公里	750 ～ 1300公里
武备	13毫米 ×2、20毫米 ×4	13毫米 ×2、20毫米 ×2	13毫米 ×2、20毫米 ×2
载弹量	1000公斤	500公斤	1800公斤

福克－沃尔夫 Ta 152型战斗机 Focke-Wulf Ta 152 Fighter

1942年夏，美军B-17轰炸机登陆欧洲战场，给德国空军带来巨大冲击，这种大型飞机能够在6000米以上高空巡航，对德军战斗机的高空性能提出挑战，更有传闻说升限更高的B-29也将部署到欧洲，因此帝国航空部要求两大战斗机制造商梅塞施密特和福克－沃尔夫加速高空战斗机的研制，前者提交了Bf 109H的设计方案，而后者则是谭克教授以Fw 190D为基础改进的Ta 152，Ta是谭克姓名的字首缩写，这是Fw 190的成功为他在1943年带来的一项荣誉。谭克在改进Fw 190时就对提升高空性能进行了尝试，并推出了Fw 190D，在此基础上又进行了更大的改动，设计了Ta 152。谭克最初计划为Ta 152安装DB603型发动机，但这种引擎在Fw 190C进行测试时表现不佳，问题多多，于是转而采用功率1725马力的Jumo213E型发动机，但他并没有放弃DB603，也将它列为Ta 152的备用发动机。

Ta 152的机身是对Fw 190D的机身进行放大，加长了翼展，扩大了主翼面积，增大了垂尾和水平尾翼的尺寸，为了调整重心和保持平衡，机首也做了延长，外形轮廓比Fw 190D大了一圈。Ta 152采用了增压座舱，起落架的操控方式由电气式改为液压式，为了节省铝材，主翼的两条桁梁改为钢制，并在主翼内增设六个无防护的附加油箱，用于装载燃料或加力装置的增压剂。值得一提的是，Ta 152同时安装了MW50和GM-1两种加力装置，前者用于中低空，后者用于高空。Jumo213自身也配有双级三速增压器，在加力状态下输出功率可达2000马力，Ta 152在12500米的高空可以达到759公里／小时的高速，是二战中速度最快的螺旋桨飞机之一。据说在1944年底，谭克曾亲自试飞一架无武装的Ta 152原型机，意外遭遇两架P-51，他打开加力装置，以高速摆脱了美机，化险为夷。在武备方面，Ta 152配备一门MK108型30毫米中轴机炮和两门MG151型20毫米翼根机炮，足以对任何敌机以致命打击。Ta 152发展了C、E、H三种型号，其中Ta 152H型是唯一的量产型，也是真正的高空战斗型。Ta 152C安装了DB603引擎，翼展比H型略小，没有增压座舱，在引擎罩上部增加两门MG151型20毫米机炮，作为高性能战斗机使用，在中低空作战。Ta 152E是以C型和H型为基础

■ 在地面接受测试的Ta 152型战斗机，该机是以Fw 190D型为基础放大设计的高性能高空战斗机，性能出众，颇受好评，但服役时间过晚，数量很少，未能取得突出战果。

■ 从右前方拍摄的 Ta 152H-1 型战斗机，从设计路线的脉络看该机型可以视为 Fw 190 系列的终极发展型。

开发的战斗侦察型。

Ta 152以出色的性能击败了 Bf 109H，被德国空军选定为高空战斗机。1944年秋季，航空部催促福克－沃尔夫公司尽快投产 Ta 152，在11月间20架预生产型 Ta 152H-0被交给部队测试，量产型 Ta 152H-1迟至1945年1月底才被部署到前线部队中。第301战斗机联队第3大队是唯一装备 Ta 152的实战部队，在2月底开始换装，原计划配备35架 Ta 152，但最后只得到16架，并在3、4月间参加了战斗，至少取得了7次胜利，其中4架属于约瑟夫·基尔军士长，有4架 Ta 152被击落。虽然参战时间很短，但驾驶过 Ta 152的德军飞行员都对它赞不绝口，认为是最好的螺旋桨战斗机。Ta 152投产时已经临近战争结束，其确切产量已经无从得知，估计有220架被制造出来，而交付部队的仅有43架，另有6架原型机。

福克－沃尔夫 Ta 152H-1型战斗机性能数据	
机型	单发单座单翼高空战斗机
装备时间	1945年
主尺寸	翼展14.44米、全长10.82米、高3.36米
主翼面积	23.5平方米
空重／全重	4031公斤／5217公斤
动力装置	Jumo213E 型液冷发动机 ×1
输出功率	1725马力
最高速度	759公里／小时
实用升限	14800米
爬升率	1140米／分钟
续航距离	2000公里
武备	30毫米 MK108型机炮 ×1、20毫米 MG151型机炮 ×2
乘员	1人

■ Ta 152H-1型，第301战斗机联队本部小队约瑟夫·基尔军士长座机，1945年4月。右上图为 Ta 152使用的 Jumo213E 型引擎。

梅塞施密特 Bf 110型战斗机 Messerschmitt Bf 110 Fighter

在20世纪30年代，世界各国空中力量都处于由双翼机向单翼机的转变过程中，由于单发战斗机航程有限，产生了研制双发远程战斗机的构想，重建的德国空军也注意到这一点，在1933年帝国航空部提出未来德国空军将装备一种单座轻型战斗机和一种双座重型战斗机，前者就是后来著名的 Bf 109型，负责近程截击，而后者就是 Bf 110型，从事远程护航。

研发与设计

关于 Bf 110战斗机的起源有两种说法，一是由航空部长戈林提出的所谓“轰炸驱逐机”概念，这是一种兼具战斗机和高速轰炸机功能的多用途飞机，用于深入敌国领空展开空战，为己方轰炸机护航，拦截敌方轰炸机以及执行战术轰炸任务；二是空军总参谋长韦弗尔的要求，作为战略空军的支持者，他希望获得一种远程战斗机为重型轰炸机护航。1934年航空部向七家厂商下达了研制“轰炸驱逐机”的标书，要求必须是双发三座全金属单翼机，配置强大的武备和内置弹舱，最后有巴伐利亚、福克－沃尔夫和亨舍尔三家公司获准制造原型机。

■ 在20世纪30年代各国航空界流行的双发战斗机构想中，Bf 110型是最为成功的设计范例，尽管并不完全符合最初的设计目标，但只要合理运用仍不失为有效的空中作战平台。

■ 1936年5月首飞成功的 Bf 110V1 号原型机，注意其机首外形与量产型有所差异，梅塞施密特在设计时对性能要求进行了合理取舍。

福克和亨舍尔完全按照标书要求加以设计，结果飞机过大过重，很快出局，而巴伐利亚的当家设计师梅塞施密特和罗伯特·卢瑟尔（Robert Lusser）则认为，“轰炸驱逐机”的很多性能要求是自相矛盾的，因此有意忽略了对轰炸能力的追求，按照重型战斗机的标准设计，推出了 Bf 110。此时，航空部也做出调整，将“轰炸驱逐机”项目分离为“驱逐机”和“高速轰炸机”两部分，而 Bf 110就成为驱逐机的首选。第一架原型机于1936年5月试飞，达到了505公里／小时的平飞速度，甚至比 Bf 109B 型还快，让军方颇为满意，尽管试飞员指出 Bf 110机动性欠佳，但是航空部还是在1937年1月决定批量生产 Bf 110，戈林从单发战斗机部队中抽调最好的飞行员去驾驶这种重型战斗机，还组建了全新的“驱逐机联队”，将其视为精锐力量。

梅塞施密特 Bf 110型是一种双发双座单翼重型战斗机，采用全金属半硬壳式机体，悬臂式下单翼设计，机身修长纤细，两个发动机短舱置于主翼中段，最初确定的发动机型号是 DB600型，后来更换为 DB601B 型，速度可达560公里／小时。主翼安装了汉德利·佩

奇式自动前缘缝翼，在时速240公里以上、400公里以下时操纵非常轻盈，能够轻松地进行单发飞行，但在高速和低速飞行时略显笨重，虽然不能与敏捷的单发战斗机相比，但机动性在双发战斗机中算是非常出色的。Bf 110的主要武器集中在椭圆形机首内，包括2门20毫米机炮和4挺7.92毫米机枪，火力是Bf 109的两倍，具备强大的前向攻击力，串列式双人座舱视野开阔，并在后部坐席设置一挺7.92毫米自卫机枪，机尾采用双垂尾设计。虽然没有设计内置式弹舱，但在机腹和机翼下能够携带超过1000公斤的炸弹，对于低空轰炸任务也能应付自如。唯一让军方感到不满的是Bf 110的作战半径只有设计指标的40%，不过超过1000公里的续航距离对于一般战术行动也已经足够了。

型号发展

梅塞施密特Bf 110型战斗机于1937年8月开始生产，原计划在1941年由后续的Me 210型战斗机替换，但由于后者存在性能缺陷，迟迟未能列装，Bf 110只能继续生产，一直持续到战争末期，总产量达到6170架。在服役期间，Bf 110也在不断改进，提升性能，更新型号，发展出从A型至H型共计八种改型，还有各种亚改型，最主要的生产型号是C型和G型。

Df 110A型是预生产型，由于发动机供货延迟，安装的是Jumo210B型发动机，功率680马力，平飞速度仅有431公里／小时，武器为机首的4挺MG17型7.92毫米机枪和座舱后部的1挺MG15型7.92毫米活动机枪，仅生产了4架。Bf 110B型是第一种量产型，于1938年投产，将A型椭圆形机首修改为更符合气动特性的流线外形，并强化了火力，机首上部并排4挺7.92毫米机枪，机首下部安装2门MG/FF型20毫米机炮，发动机更换为700马力的Jumo210Ga型，总共生产了45架，仅用于训练。

■ Bf 110型战斗机的双人座舱内景照片，从后部无线电员席向前拍摄，整个座舱被长长的框架舱盖覆盖，视野相当开阔。

■ 从这幅照片中可以观察到Bf 110型在机首上部交错布置了4挺MG17型7.92毫米机枪，注意从侧面抽出的弹药箱。

■ 位于Bf 110型座舱后部的MG15型7.92毫米机枪，由弹鼓供弹，后部风挡可向上翻起，为射手提供良好的射界。

■ 修改了机首外形的Bf 110B型战斗机，也是全系列第一种量产型，但制造数量只有45架，仅用于训练。

■ 上图为 Bf 110C 型正面特写照片，可以观察到机首下方两门20毫米机炮的炮口和机腹炸弹挂架，在执行对地攻击任务时，Bf 110可以携带超过1000公斤炸弹，下图为地勤人员在为一架 Bf 110挂载500公斤航空炸弹。

Bf 110C 型是全系列中第一种主力量产型，于1938年底投产，发动机更换为 DB601B 型，功率1085马力，总算达到了预想的飞行性能，飞机的气动外形也进行修改，变得更为简洁。C 型有7种改型，包括两种战斗轰炸型和一种侦察型，作为战斗轰炸机时 Bf 110C 可以挂载1～2枚500公斤炸弹，作为侦察机时则拆除机首机炮，加装航空照相设备，其余几种改型有的更换了 DB601Ba/P 型发动机，更新无线电设备，增加座舱装甲，实验性地安装了 MG151型20毫米机炮或 MK101、108型30毫米机炮。从1939年夏季至1942年春季，Bf 110C 一直是德国空军驱逐机部队的主力，制造了888架。

Bf 110D 型是根据挪威战役的经验开发的远程战斗机，1940年7月投产，与 C 型的主要区别是在机腹下增加一个1200升的保形油箱，以增加航程，但是这个油箱增大了飞行阻力，降低了操纵性，并不受飞行员的欢迎，被讥讽为"猪獾肚子"，因此在后期生产的 D 型上用可抛式副油箱代替。D 型有4种改型，作为战斗轰炸机时理论上可以挂载2枚1000公斤炸弹，但实验表明起落架机轮无法承受如此沉重的载荷，通常只携带两枚500公斤炸弹或一枚1000公斤炸弹。Bf 110D 型制造了380架。Bf 110E 型是由 D 型发展而来，1940年8月投产，主要执行战术轰炸任务，因此安装了新型的轰炸瞄准具，加强了机身结构，武器载荷提高到1200公斤，还加装了一些夜航／高空设备，以适应夜间战斗的需要，此外也有侦察改型，E 型有4种改型，总共生产了866架。

德国空军原计划在1941年底关闭 Bf 110的生产线，但因为 Me 210性能欠佳，只好继续改进

■ 上图是一架安装了机腹保形油箱的 Bf 110D 型，保形油箱增加了飞行阻力，降低了操纵性，不受部队欢迎，因此后来用可抛弃式副油箱取代。下图是一架挂载两个900升副油箱的 Bf 110型。

Bf 110，于1941年9月推出Bf 110F型，换装了功率达1350马力的DB601F型发动机，动力的大幅提升使得F型在不降低机动性的情况下，可以加强机身结构，增加装甲和武器载荷，平飞速度达到570公里／小时，F型被认为是Bf 110系列中飞行性能最好的一型，有些方面甚至优于Bf 109，在武备方面后期生产的F型将后座机枪更换为射速更快的MG81Z型7.92毫米双管机枪，还可以加挂各种武器吊舱、副油箱等。F型有4种改型，其中F-4是Bf 110系列中第一种专用夜间战斗机型，采用三人机组，配备4门20毫米机炮和4挺7.92毫米机枪以及Fu202型机载雷达，但速度降至470公里／小时。Bf 110F型总产量为512架。

德国空军从1942年7月开始接收Bf 110G型，这是Bf 110系列中最重要、产量最大的改型。G型以F型为基础，安装了功率1475马力的DB605B型发动机，在6100米高度平飞速度达到595公里／小时，是Bf 110家族中最快的，武备为2门MG151型20毫米机炮，4挺MG17型7.92机枪和一座MG81Z型7.92毫米双管机枪，部分改型将4挺MG17型机枪更换为2门MK108型30毫米机炮。为了对付美军重型轰炸机，Bf 110G型在实战中大量挂载各种型号的武器吊舱和对空火箭，其中最奇特的是在机腹下挂载一个BK3.7型37毫米机炮吊舱，备弹66发，无论对于重型轰炸机还是地面的坦克装甲车，都有一发致命的威力，不过飞行性能大受影响。当G型服役时，Bf 110早已退出了昼间空战的行列，更多地从事对地支援任务，但在夜战领域，Bf 110依旧表现抢眼，其中最主要的夜战型就是G-4型，由G-2型改进而来，加强了机首装甲，配备新型电台和雷达设备，在1943年10月以后，所有G-4型都安装了斜射炮武器系统，位于座舱后部的机背上，速度为550公里／小时，但续航时间仅为90分钟。直到战争结束，Bf 110G-4都是德国空军主力夜间战斗机，许多夜战王牌坚持驾驶这种飞机作战，而不使用性能更好的Ju 88或He 219。G型有三种改型，总产量为3262架，其中G-4型为2293架。

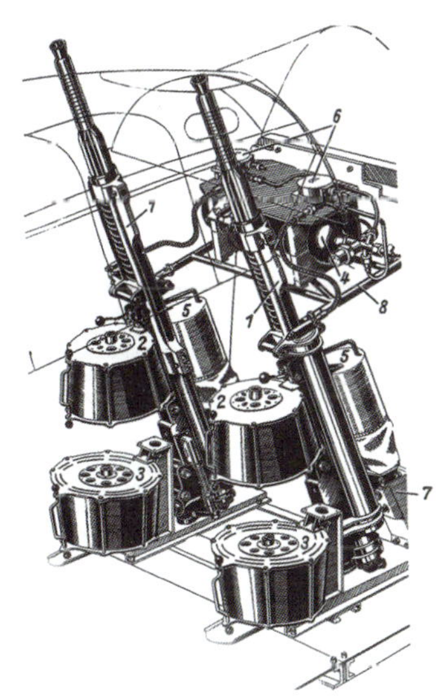

■ 从1943年底开始，“斜乐曲”武器系统成为德国空军夜间战斗机的标准武器，图为Bf 110G-4型配备的“斜乐曲”系统结构图，由两门MG/FF型20毫米机炮组成。

■ 1944年用于执行反轰炸机任务的火力强化型Bf 110G，在机腹下加装了双联装20毫米机炮吊舱，主翼下挂载四具对空火箭。

■ 安装对空搜索雷达的Bf 110G-4型战斗机，是全系列中最主要的夜战改型，作为德军夜战部队的主力装备一直服役到战争结束。

Bf 110的最后一种改型是Bf 110H型，是一种高空重型战斗机，配备DB605E型发动机和GM-1型加力装置，在10000米高度可达650公里的时速，但在设计阶段就被取消了。

■ 隶属于ZG76联队的Bf 110C型战斗机，注意其机首下部狰狞的"鲨鱼嘴"涂装和机首上部、引擎前部醒目的黄色识别色。

作战历程

梅塞施密特Bf 110在1939年战争爆发时与系出同门的Bf 109同为德国空军一线主力战斗机，在战争初期的波兰、挪威、丹麦、西欧等诸多战役中表现出色，充分发挥出多用途战机的优势，无论在空战还是对地攻击方面都取得了很大战果，特别是1939年12月18日德意志湾空战中，被击落的12架英国轰炸机有9架毁于第76驱逐机联队的Bf 110之手，更加坚定了戈林对驱逐机部队的信心。然而，在1940年夏季的不列颠之战中，Bf 110却遭到了噩梦般的损失，事实证明双发重型战斗机在与单发轻型战斗机的格斗中难有胜算，大量的Bf 110成为英军"飓风"、"喷火"战斗机的猎物，特别是在8月15日，总计有28架Bf 110被击落，包括第76驱逐机联队的两位大队长。当战役开始时，德国空军投入了237架Bf 110，结果损失了223架！

尽管在不列颠战役中蒙受重创，但Bf 110在1941年至1942年的巴尔干、北非、中东以及东线战场上仍然十分活跃，在"巴巴罗萨"行动的第一天，驱逐机部队就宣称取得了51次空战胜利，而在对地攻击行动中，Bf 110更是得心应手，摧毁了大量地面目标，例如来自第26驱逐机联队的约翰内斯·基尔中尉（Johannes Kiel）宣称取得了20次空战胜利，并在地面击毁了62架飞机、9辆坦克和20门火炮，此外还有1艘潜艇和3艘摩托快艇，并因此获得了骑士十字勋章。不过，在密集的防空炮火面前，Bf 110还是显得相当脆弱，损失较大，而且只有在己方掌握制空权的情况下才能有效战斗。在1942年以后，大部分Bf 110都被撤回德国，参与到本土防空战中。

■ 1940年6月，LG 1联队第5大队的Bf 110编队飞越巴黎，左下角可见著名的凯旋门，这张照片显示出战争初期Bf 110的风光。

■ 在1940年不列颠战役期间，Bf 110型在空战中蒙受惨重损失，图为一架受伤迫降的Bf 110被英国人拖上街头示众，以鼓舞士气。

■ Bf 110E 型战斗机，第210快速轰炸机联队第1中队长沃尔夫冈·申克中尉座机，1941年9月。

■ Bf 110G-4型夜间战斗机，第1夜战联队第12中队长海因茨-沃尔夫冈·施瑙费尔中尉座机，1944年2月。

在1943年初，随着美军开始展开大规模昼间轰炸行动，Bf 110也被投入迎战“空中堡垒”的战斗中，其中很多来自夜战部队。理论上说，Bf 110凭借强劲的火力能够给重型轰炸机构成严重威胁，但实际上面对B-17的密集编队和凶狠的防御火力，欠缺敏捷的Bf 110很难取得战果，反而损失很大，最多只能追击那些掉队的单架轰炸机，在盟军护航战斗机登场后，Bf 110更加难以招架，在1944年初退出了昼间防空战斗。不过，Bf 110作为夜间战斗机却非常成功，它早在1940年时就开始扮演这一角色，它们宽敞的座舱和较大的内部空间很方便加装夜航设备、武备和增加一名机组成员，在1942年英军扩大夜间轰炸规模后，Bf 110的夜战任务就变得十分繁重，配备机载雷达和斜射武器的专用夜战型Bf 110也被开发出来，成为德国空军夜战部队的核心力量，仅在1943年中就有2750架英军轰炸机被Bf 110击落，虽然德国空军也装备Do 17、Ju 88、He 219等夜战型号，但没有任何一种飞机的成就能够和Bf 110相比，直到战争结束它都是盟军夜航轰炸机最可怕的敌人。

在战争中，使用Bf 110的部队中也产生了不少王牌。在昼间驱逐机部队中击落敌机20架以上的飞行员有15人，其中战绩最高的是第26驱逐机联队的爱德华·特拉特少校(Eduard Tratt)，总共取得了38次空战胜利，其中包括4架B-17和5架P-38，此外还在地面击毁24辆坦克和26架飞机。在夜战部队中自然是头号王牌施瑙费尔，战绩121架，全部在Bf 110上取得的。不过，最有名的Bf 110飞行员却是纳粹党副元首鲁道夫·赫斯(Rudolf Hess)，他在1941年5月10日驾驶一架Bf 110独自飞往英国“寻求和平”，留下了一个难解之谜。

■ 隶属于第1夜战联队的Bf 110G型夜间战斗机，从其机首的大型鹿角形雷达天线判断，这幅照片应摄于1943年底或1944年。

梅塞施密特 Bf 110型战斗机主要型号性能一览

机型	Bf 110C-4型	Bf 110G-4型
服役时间	1939年	1943年
主尺寸	16.3×12.3×3.3米	16.2×12.65×4米
主翼面积	38.8平方米	38.5平方米
空重/全重	4500公斤/6700公斤	5100公斤/9400公斤
动力装置	DB601B-1×2	DB605B×2
输出功率	1085马力 ×2	1475马力 ×2
最高速度	560公里/小时	550/595公里/小时(G-2)
实用升限	10500米	11000米
爬升率	900米/分钟	750米/分钟
续航距离	1094公里	1300公里
武备	7.92毫米×4、20毫米×2(机首) 7.92毫米 ×1(后座)	7.92毫米 ×4、20毫米 ×2(机首) 7.92毫米 ×2、20毫米 ×2(后座)
载弹量	500公斤 ×2或1000公斤 ×1	2000公斤

梅塞施密特 Me 210/410型战斗机 Messerschmitt Me210/410 Fighter

1938年底，Bf 110刚刚批量生产，航空部就启动了其后续机型的研发项目，梅塞施密特提交了基于Bf 110改良的Me 210方案，而阿拉多公司也全新设计了Ar 240，但后者只是陪客，因为空军一致看好Me 210，甚至在原型机还没有首飞就下达了1000架的大订单，后来又追加到2000架。虽然Bf 110被空军接纳，但戈林对“轰炸驱逐机”念念不忘，指示梅塞施密特在设计后续机型时更多地考虑多用途性，特别是作为快速轰炸机的能力。

Me 210继承了Bf 110的特点，有很多相似之处，比如同样的双座双发下单翼布局，但也进行了大幅度的改进，使得外观令人耳目一新。Me 210缩短了机身长度，以调整重心位置，获得更好的机动性，机翼外形重新设计以提高巡航速度，计划安装1350马力的DB601F型发动机，在纸面上可以达到620公里/小时的高速。 Me 210的机首是全新，相比机身明显膨大，双人座舱向上凸起，视野良好，较大的机首也为便于布置武器。起落架设计借鉴了Ju 88，收起时可扭转90度，水平嵌入起落架舱。Bf 110通过外置挂架携带炸弹，造成额外阻力，而Me 210在座舱下方设计了内置弹舱，可以携带总重1000公斤的炸弹，或者用于安装其他武器组件。Me 210的武器配置非常特殊，在机首上安装2门MG151型20毫米机炮和2挺MG17型7.92毫米机枪，而在后部机身两侧各装有一个半水滴型遥控炮塔，配备一挺MG131型13毫米机枪，由后席炮手通过特别的瞄准装置

■ Me 210型双机编队，摄于1942年1月，此时该机型仍未列装。

■ Me 210型战斗机是作为Bf 110的后续机型设计的，因为技术原因和管理不善而致进程拖沓，近乎失败，图为Me 210V13号原型机，1941年1月摄于雷希林，安装四叶螺旋桨，量产型为三叶螺旋桨。

Me 210/410的武器系统非常有特色，在机首下部设内置弹舱，在机身中部两侧安装2挺13毫米遥控机枪。上图为地勤人员在为一架 Me 210A 型挂装两枚500公斤炸弹；下图为进行维护的侧面遥控机枪，炮塔外罩已被取掉，这种武器存在维护困难的问题。

遥控射击，射界开阔，相比 Bf 110射界狭窄的后座机枪，Me 210的后半球防御能力明显增强，不过这种武器存在维护困难的缺点。

然而，纸面的美好设计不等于实际飞行时的优良品质，Me 210的首架原型机于1939年9月首飞时立即暴露出严重问题，稳定性低劣，操纵困难，机身存在强烈震颤，即使将双垂尾修改为新设计的单垂尾也无济于事。随着试飞的深入，越来越多的问题浮出水面，大规模的修改、测试，以及航空部在管理上的混乱和官僚作风极大拖延了 Me 210项目的进度，梅塞施密特花费了两年时光改进存在的缺陷，在此期间制造了16架原型机和94架预生产型 Me 210A 用于试验，但直到1942年春季结果仍然不能令人满意。德国空军见 Me 210无法如期服役，只能继续生产 Bf 110。不过，匈牙利人倒对这种难产的飞机非常感兴趣，要求引进生产，并与德方达成协议，每生产三架就向德国空军提供两架。

1942年4月，安装 DB605B 型发动机的 Me 210C 型开始小批量生产，但一个月后就宣布停产，仅交付90架，另有320架半成品，而匈牙利工厂以 Me 210Ca 的编号继续生产，至1944年春季停产前制造了267架，其中108架交给德国空军。不足200架 Me 210被主要部署在突尼斯和撒丁岛，很快就被它的改良版 Me 410取代了。

虽然 Me 210项目被终止了，但在空军中还有不少重型战斗机的支持者，比如战斗机总监加兰德，在他们的要求下，对 Me 210的改进并没有停止，工程师们也逐渐找到了解决各种问题的方法。为了摆脱 Me 210的阴影，最终的改良型 Me 210D 获得了新的官方编号 Me 410，其实它不过是安装了 DB603A 型发动机的 Me 210终极改型而已。功率达1750马力的 DB603A 型发动机为 Me 410带来了脱胎换骨的变化，最大速度达到625公里／小时，巡航速度达579公里／小时，爬升率和升限都

今日保存在博物馆中的 Mc 410A-1型战斗机。

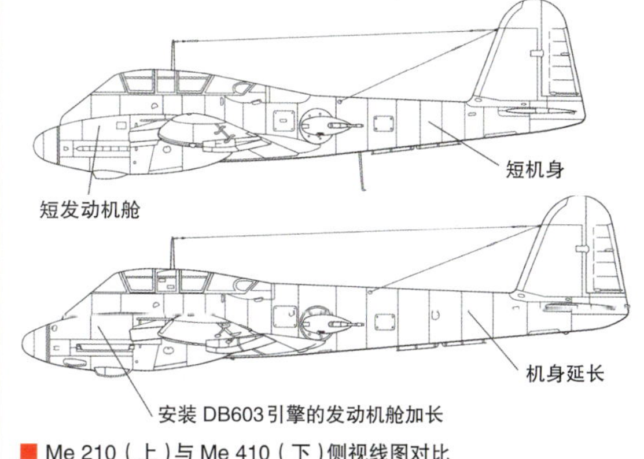

Me 210（上）与 Me 410（下）侧视线图对比

■ 战争末期，几名苏军士兵在围观一架缴获的 Me 410B 型战斗机，这架飞机安装了一门 BK5 型 50 毫米机炮，对于轰炸机或地面装甲目标具有非常可观的杀伤力。

■ 上图是 Me 410 型战斗机在弹舱内安装的 210 毫米六联装旋转火箭发射管，其射击方式类似于左轮手枪，但实战效果并不显著。

梅塞施密特 Me 210/410 型战斗机性能一览

机型	Me 210A 型	Me 410A 型
服役时间	1942 年	1943 年
主尺寸	16.4×11.2×4.28 米	16.35×12.4×4.28 米
主翼面积	36.2 平方米	36.2 平方米
空重 / 全重	7070 公斤 /9706 公斤	6627 公斤 /11244 公斤
动力装置	DB601F×2	DB603A×2
输出功率	1350 马力 ×2	1750 马力 ×2
最高速度	563 公里 / 小时	625 公里 / 小时
实用升限	8900 米	10000 米
爬升率	533 米 / 分钟	626 米 / 分钟
续航距离	2400 公里	2300 公里
武备	7.92 毫米 ×2、20 毫米 ×2（机首） 13 毫米 ×2（后座）	
载弹量	500 公斤 ×2 或 50 公斤 ×8	1680 公斤

有所提高，有效载荷比 Me 210 增加了 680 公斤，因为机身加长和新设计的前缘缝翼，Me 410 的飞行品质也大有改善，最终在 1943 年 1 月列装，比 Me 210 原定的服役时间表整整晚了两年！

Me 410 有 A、B、C、D 四种改型，Me 410A 型主要被当作轻型轰炸机、重型截击机和远程侦察机使用，其机首下方的弹舱可以安装不同类型的空对空或空对地武器，其中最引人注目的是 BK5 型 50 毫米机炮，备弹 21 发，可在盟军轰炸机自卫武器射程外开火，威力惊人，但后坐力大，备弹少，严重影响飞行性能，实战效果反而不如小口径武器。还有一种 210 毫米六联装旋转火箭

■ 下图这架 Me 410A-2 型战斗机于 1943 年 8 月在西西里岛被英军缴获，后送往美国接受测试，今日保存在美国航空航天博物馆中。

■ 表现 Me 410 型战斗机拦截美军 B–17 轰炸机群的绘画。

发射管也能安装在弹舱位置，像左轮枪一样发射，不过这类武器大多会降低飞机的操纵性，并不太普遍。作为远程侦察机时 Me 410则加装航空照相设备和更多的燃料。Me 410B 型与 A 型的主要区别在于将机首的7.92毫米机枪换为13毫米机枪，原计划换装1900马力的 DB603G 型发动机，使最高速度可达630公里／小时，巡航速度达到595公里／小时，未能实现。B 型的作战功用和 A 型相似，不过有几架 B 型被改装为远程反舰型，能够携带一枚鱼雷，并加装对海雷达，弹舱被改成油箱，后部遥控机枪也被拆除，以装载更多的燃料，还有一种近岸反舰型，仅加装对海雷达。Me 410C/D 型均为高空战斗型，但仅有少数几架原型机。

加入一线部队服役的 Me 410战斗机因为出色的性能而受到飞行员的称赞，获得了“大黄蜂”的绰号，尽管它仍然带有重型战斗机的通病——难以对付单发战斗机。针对 Me 410的使用一直存在争论，轰炸机部队要求将它作为高速轰炸机，实战证明 Me 410在对英国进行夜间轰炸时可以轻易逃脱“蚊”式战斗机的追杀。战斗机部队坚持将 Me 410充当“轰炸机杀手”，执行昼间拦截任务，1943年秋季的战斗表明，配备重型火器的 Me 410能对无护航的轰炸机实施无情的打击，效果颇佳，第26驱逐机联队的“大黄蜂”们曾经一举蛰死了10架 B–17，无一损失。但是，当1944年初 P–51远程战斗机出场后，Me 410就风光不再，比如3月6日的战斗，Me 410击落了8架 B–17，却被护航战斗机打掉了16架！从1944年夏季开始，Me 410离开了帝国防空战的舞台，仅作为侦察机继续服役至战争结束，Me 410的生产线也在1944年9月关闭，以节省资源建造更为优先的单发战斗机。最终，Me 410各型一共生产了1160架。

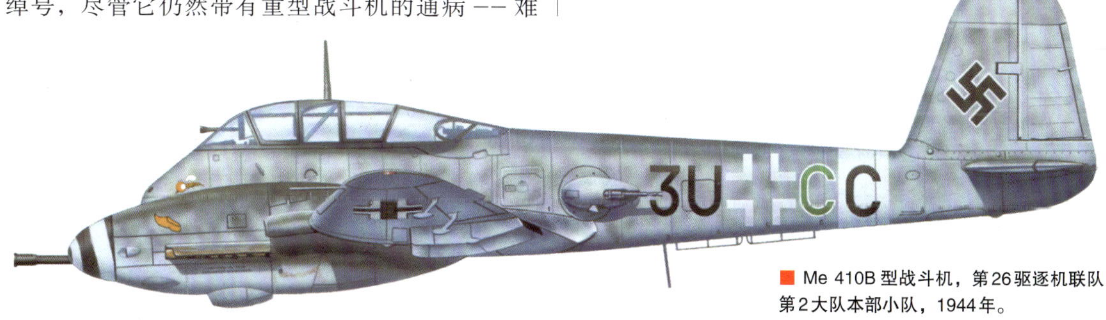

■ Me 410B 型战斗机，第26驱逐机联队第2大队本部小队，1944年。

道尼尔 Do 335型战斗机"箭" Dornier Do 335 Fighter Pfeil

■ 1940年道尼尔公司委托其他公司制造的Gö 9型技术验证机，以检验后置引擎长距离传动的可行性，实验结果为后来Do 335的设计提供了技术基础。

自从多引擎飞机出现以来，最常见的动力布局就是在机身和机翼上并排布置多个发动机，这样会增大正面迎风面积，增加飞行阻力，而且会降低机动性。为了解决这个问题，设计师们提出了纵向串联的引擎布局，将两台发动机前后布置于一条轴线上，获得与单发飞机相当的正面面积和机动性，又能得到双倍动力，关键是如何解决后部发动机的传动问题，这方面德国人又走在了前面。著名飞机制造商兼设计师道尼尔博士在一战时期就从事串联发动机研究，设计了两台发动机分别驱动前后两具螺旋桨的推拉式布局，并将其成功地运用在两次世界大战之间建造的一系列水上飞机上，比如Do J、Do X以及Do 26等。

但是，上述飞机都是采用发动机短舱与机身分离的结构，为了进一步降低阻力，道尼尔产生了将发动机串联安装在机身内的构想，并在1939年设计了一种采用推拉式布局的高速轰炸机，项目代号为P59，同时还委托其他公司建造了一架技术验证机Gö 9，以检验后置引擎长距离传动的可行性，实验取得成功。1940年初，根据戈林的指示，在一年内无法达到实用化的研发项目均被中止，道尼尔公司被迫取消P59项目，全力制造现有机型。1942年初，德国空军提出设计一种单座高速轰炸机，道尼尔以P59为基础推出了P231项目，采用串联动力布局，能够携带1000公斤炸弹，成功击败了阿拉多、容克等公司，赢得了军方订单，编号为Do 335。同年秋季，空军要求

■ Do 335型是德国空军在二战后期研发的奇葩机型之一。上图为107号机，为预生产型；下图为102号机的正面特写。

Do 335变更为多用途战斗机，道尼尔只好修改设计以适应新的角色，使研发进度受到拖延。

Do 335是航空史上设计最奇特的飞机之一，为前三点式起落架，宽大的下单翼位于机身中段，前缘略有后掠角，在修长的机身前后各安装一个三叶螺旋桨，两台1725马力的DB603A发动机分别安装在驾驶员座舱前后，各自驱动前后螺旋桨，为了容纳后部发动机和燃料箱，Do 335的机身后段十分粗壮，安装了独特的十字形尾翼，以改进操纵能力，并在紧急起飞时保护后部螺旋桨，还在后部机腹上设置了后引擎进气道。Do 335的武备最初为2门位于前引擎罩上部的MG151型15毫米机炮和1门置于前引擎中央的MK108型30毫米机炮，后来2门上部机炮更换为MG151型20毫米机炮，部分改型还在主翼上各加装1门30毫米机炮。在原型设计时，Do 335在机腹中部设有一个小型弹舱，可以携带一枚500公斤或两枚250公斤炸弹，有的改型取消了弹舱，更改为燃料箱，但增加了外挂点，能够携带炸弹、副油箱或机炮吊舱。值得一提的是，Do 335还配置了弹射座椅。

■ 现今唯一存世的Do 335A型战斗机，为第二架预生产型，于1945年4月被盟军缴获，随后运往美国接受测试，今天保存在美国国家航空航天博物馆内。

Do 335的首架原型机于1943年10月26日首飞，轻松达到600公里／小时的高速，试飞员非常惊讶于它的速度、加速性、转弯能力和操纵性，声称“虽然是双发飞机，但飞起来和单发飞机一样”。Do 335最大的特点就是极高的速度，在后

■ 上图为从后方拍摄的Do 335，注意机尾的后部螺旋桨，采用引擎串联推拉式动力布局是该机的最大特征，下图为Do 335双座教练型，教员座舱比学员座舱略高。

来量产的Do 335A-1上更换了功率达1800马力的DB603E-1型引擎，使用MW50加力装置时在6500米高度时速可达763公里，即使没有加力在8000米高度也可保持686公里／小时，在单发飞行时也有563公里／小时。1944年5月，根据希特勒指示，Do 335被列为应急战斗机计划中最优先的项目，道尼尔公司被要求在1946年3月之前制造120架预生产型和2000架量产型。不幸的是Do 335的生产线在1944年春季毁于空袭，被迫重建，加上原材料匮乏，引擎供应不足，从未进入正常量产状态，在战争结束前只完成了22架量产型，算上原型机总计只有37架。少量Do 335被交给部队测试，没有实战经历，在盟军方面仅有一次目击记录，4架英军“台风”战斗机于1945年4月在德国北部遭遇一架Do 335，但后者加速逃脱，英国人根本无法抓住这支高速飞离的“箭”。

在道尼尔的研发计划中，Do 335有16种以上的改型和至少4种后续开发项目，Do 335A型除了

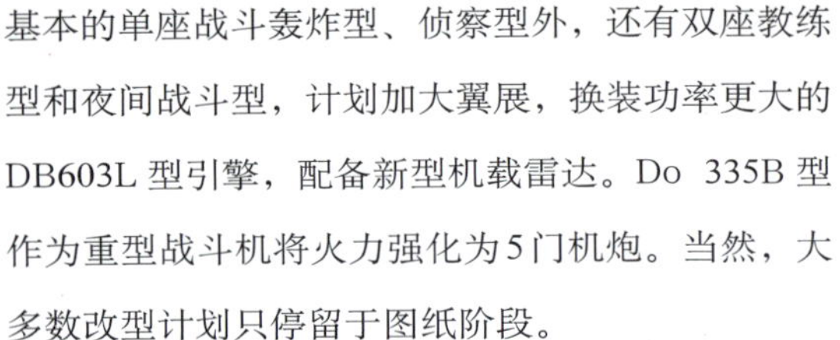
基本的单座战斗轰炸型、侦察型外，还有双座教练型和夜间战斗型，计划加大翼展，换装功率更大的DB603L型引擎，配备新型机载雷达。Do 335B型作为重型战斗机将火力强化为5门机炮。当然，大多数改型计划只停留于图纸阶段。

道尼尔Do 335A-0型战斗机性能数据	
机型	双发单座单翼战斗机
装备时间	1944年
主尺寸	翼展13.8米、全长13.85米、高4.55米
主翼面积	55平方米
空重／全重	5210公斤/8590公斤
动力装置	DB603A型液冷发动机 ×2
输出功率	1725马力 ×2
最高速度	763公里／小时（A-1）
实用升限	11400米
爬升率	1400米／分钟（A-1）
续航距离	1160公里
武备	20毫米MG151型机炮 ×2 30毫米MK108型机炮 ×1（B型 ×3）
载弹量	1000公斤
乘员	1人

■ 上图是Do 335型驾驶舱的内景照片，该机采用了先进的弹射座椅。下图是战后法国技术人员对缴获的Do 335型进行检查和研究，注意机首打开的引擎盖板，显露出DB603型引擎的结构特征。

■ Do 335V14号原型机的彩色侧视图，这架飞机在战后被法国人获得，在一番测试后因缺乏备件而报废。

夜间战斗机

亨克尔 He 219型夜间战斗机“夜枭” Heinkel He 219 Night Fighter Uhu

德国空军于1940年夏季建立了夜间战斗机部队，并不断加以扩充，但主力机型是半路出家的Bf 110、Ju 88等，夜战部队的领导者卡尔胡贝姆将军希望能够装备一种专职夜间战斗机，并提出三点技术要求：1、必须是双发飞机，具有足够的续航力在高空长时间追踪目标；2、双人并列座舱，便于协同操作；3、机炮置于座舱后方，防止炮口焰使飞行员暂时致盲。直到一年多后他才看到符合上述要求的飞机原型。

1942年底首飞的He 219V1号原型机，机身后部有明显的分段。

与此同时，曾经与梅塞施密特合作设计了Bf 109、Bf 110的工程师卢瑟尔为亨克尔公司设计了一种高速轰炸机，项目代号为P1055。为了拿下空军的订单，P1055集各种新颖技术于一身，包括增压座舱、弹射座椅、前三点式起落架、遥控自卫炮塔以及功率高达2950马力的DB610型并联发动机（由两台DB605型发动机并联而成），其中许多技术不仅在德国是首创，在世界上也是初次尝试。P1055的最大速度可达750公里/小时，航程4000公里，载弹2000公斤。然而，航空部在1940年8月以太过复杂和冒险为由拒绝了P1055，于是卢瑟又将其拆分为四个不同配置的子项目，仍然没有得到认可，结果遭到解雇。

公司老总亨克尔亲自出马，将P1055简化为P1060，去除一些怪异的设计，采用偏上的中单翼布局，在机背和机尾各安装一座13毫米遥控机枪，机腹武器舱内装有三门机炮，计划采用带增压器的DB603G型引擎，可以充当重型战斗机或夜间战斗机的角色，这就是He 219的原型。亨克尔对此信心满满，在得到官方批准前就自费制造首架原型机，然而航空部更倾向于Me 210，对P1060并不感冒，在1942年初给出了令亨克尔失望的答案。但是，卡尔胡贝姆在1941年底访问亨克尔工厂时对P1060大为赞赏，要求加紧研发，使得He

He 219V14号原型机被亨克尔公司用于广泛的测试工作，图中该机机腹中线处安装了一台BMW 003型喷气发动机，亨克尔公司希望通过这种方式改善He 219的操纵性能。

■ 施特莱贝上尉（左）和夜战部队创始人法尔克少校（右），前者在1943年6月11日夜间驾驶He 219V9号原型机一举击落5架敌机。

■ 1943年夏季，一班空军高官在参观He 219V5号原型机，该机试验性地安装了四叶螺旋桨和FuG202型机载雷达。

219才没有就此夭折，但此举激怒了掌握空军军备大权的米尔希，后者认为现有的夜战飞机已经足以胜任，此后对He 219的研发多有责难，这种难解的人际矛盾为He 219的前途蒙上了阴影。

另一方面，原型机的建造也不顺利，由于发动机交付不及，只能使用DB603C代替。1942年4月间，亨克尔厂区遭到英军轰炸，He 219的大部分图纸被毁。在1942年夏秋，亨克尔对方案进行了修改，去掉了复杂的遥控机枪，将机腹武器数量增加到4门，并在翼根处增加两门机炮，以确保火力。尽管卡尔胡贝姆一催再催，原型机的首飞还是拖到11月6日，总体表现不错，但暴露出纵向稳定性不足的问题。亨克尔在公司内部悬赏10000马克寻求解决办法，最终在1943年2月完成改进。此时，英军的夜间轰炸愈演愈烈，夜战部队急不可待地要求测试He 219的性能。1943年6月，三架原型机被送往驻荷兰的第1夜战联队，11日夜间，拥有65架战果的夜战王牌维尔纳·施特莱贝少校驾驶He 219首次出战就震惊全场，在30分钟内连续击落5架英军轰炸机，更有一份报告声称，这三架原型机在10天内击落了包括6架蚊式在内的20架敌机！卡尔胡贝姆大受鼓舞，要求批量装备，但盟军的轰炸阻碍了He 219的生产计划，首批10～15架量产型He 219A直到10月才交付部队，在此之前，亨克尔又对其进行了改进，增设两门30毫米斜射炮，并加装了FuG212型机载雷达。

■ 隶属于第1夜战联队的He 219A-1型战斗机，安装了FuG220型雷达，摄于1944/45年冬季德国明斯特附近的汉多夫基地，由于生产数量很少，这种优秀战斗机仅小范围装备部队。

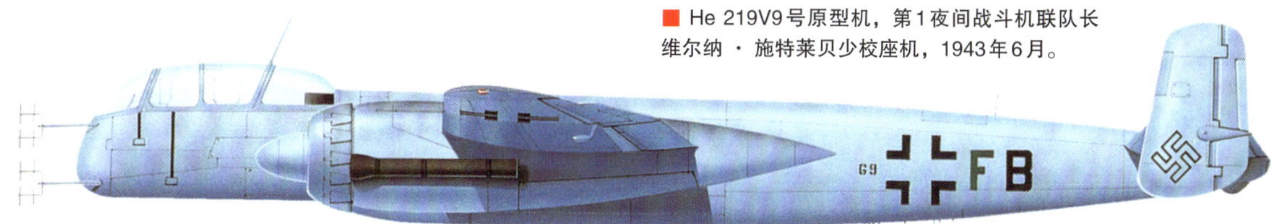

■ He 219V9号原型机，第1夜间战斗机联队长维尔纳 · 施特莱贝少校座机，1943年6月。

然而，1943年夏，卡尔胡贝姆将军失宠，被解除夜战部队的指挥权，He 219失去了最坚定的捍卫者，而米尔希不遗余力地试图将其扼杀，He 219的生产一直维持着很低的水平，甚至一度停止，在量产的15个月内仅制造了206架。虽然米尔希的地位在1944年春季被军备部长施佩尔取代，后者始终对He 219表示支持，将其列为优先生产的机型，但盟军的轰炸已经严重破坏了亨克尔公司的生产能力，加上He 219技术复杂，成本高昂，在资源匮乏的战争后期很难形成足够的生产规模，至1945年初，亨克尔总共只制造了294架He 219，只有268架投入实战，仅装备第1夜战联队等少数部队，未能对战局产生积极影响。

虽然数量很少，但He 219仍然发展出至少5种型号，A-0是最初的量产型，A-2在A-0基础上加长了发动机舱，以携带更多的燃料，并配备了斜射炮系统和机载雷达；A-5则更新为SN-2型雷达；A-6是专门为了对付蚊式而改进的高速型，拆除了防护装甲，削减了部分武器和雷达系统，以达到650公里／小时的速度，武备为4门20毫米机炮和2门30毫米斜射炮；A-7是最后的量产型，换装了1800马力的DB603E型引擎，强化了武备，在1944年11月订购了210架，但制造完成的寥寥无几。He 219还有后续发展的B、C、E等型号，计划安装2500马力的Jumo222型引擎，时速高达700公里／小时，但从未投产。实战证明，He 219是一种性能优秀的夜间战斗机，在速度、机动性和火力上均优于Bf 110夜战型，是德国空军唯一能与蚊式相媲美的活塞式夜间战斗机，如果它能在1943年大规模装备夜战部队，很可能使英军的战略轰炸归于失败。

■ 战争结束后美军在一座废弃机库内发现的一架He 219型战斗机，左侧发动机已经不翼而飞，但仍可以看到机腹四联装20毫米机炮吊舱和机载雷达的某些细节。

■ 1945年10月间一架相对完好的He 219型战斗机出现在盟国举行的战利品展览上，该机装有完整的SN-2型机载雷达天线。

亨克尔 He 219A-7型夜间战斗机性能数据

机型	双发双座单翼夜间战斗机
装备时间	1944年
主尺寸	翼展18.5米、全长15.5米、高4.4米
主翼面积	44.4平方米
空重／全重	11200公斤 /15200公斤
动力装置	DB603E 型液冷发动机 ×2
输出功率	1800马力 ×2
最高速度	616公里／小时
实用升限	12700米
爬升率	550米／分钟
续航距离	1540 ~ 2150公里
武备	20毫米 MG151型机炮 ×4（机腹） 20毫米 MG151型机炮 ×2（翼根） 30毫米 MK108型机炮 ×2（机背）*
乘员	2人

注：部分型号将武备强化为6门30毫米机炮和2门20毫米机炮。

梅塞施密特 Me 262型喷气式战斗机“燕子” Messerschmitt Me262 Jet Fighter Schwalbe

德国是世界上最早开发喷气式飞机的国家之一，早在1937年9月汉斯·冯·奥海因教授(Hans von Ohain)就制造了德国第一台涡轮喷气发动机，并协助亨克尔公司设计了He 178喷气验证机，在1939年8月首飞成功，这是世界上第一架依靠喷气动力飞行的航空器。因为设计、生产Bf 109而名声大噪的梅塞施密特公司也不甘人后，在1938年10月启动研发喷气式飞机的计划，项目代号为P1065，这就是后来Me 262的原型。

研发与设计

P1065项目的基本轮廓在1939年4月成形，其机身由路德维希·伯尔科(Ludwig Bölkow)设计，为单座双发战斗机，采用平直梯形翼和常规单垂尾布局，两个发动机舱嵌入主翼中段，后三点式起落架，又分为中单翼和下单翼两种方案，计划采用巴伐利亚发动机公司开发的BMW003型涡喷发动机，时速可达900公里。不过，喷气机项目在当时并不受到重视，空军高层普遍认为依靠现有装备足以在短时间内赢得战争，戈林将喷气引擎的制造数量限制在35台以下，战斗机总监加兰德在亲自试飞Me 262之前也没有意识到喷气机的优势，甚至身为公司领导的梅塞施密特本人也对此不太上心，更在意Bf 109的批量生产及其后续机型Me 209的研制。

■ 1942年4月2日抢先首飞的He 280V1号原型机，该机采用双发双垂尾布局，时速可达820公里，但最终被Me 262击败。

■ 安装BMW003型喷气引擎的Me 262V1号原型机，还保留着Jumo210型活塞引擎和螺旋桨，Me 262的首飞是靠螺旋桨完成的，并且还在首次喷气动力飞行中挽救了飞机。

1940年3月，航空部向亨克尔和梅塞施密特下达了试制喷气式战斗机的命令，前者提交了He 280的设计方案，而后者以P1056为基础，并获得了官方编号Me 262。与此同时，巴伐利亚公司传来消息，BMW003型引擎的尺寸大于预期。梅塞施密特的技术团队修改了Me 262的设计，尺寸比P1056的原始设计略大，采用横截面为三角形的纺锤形机身，下单翼布局，发动机短舱改为翼下吊舱形式，机首圆钝，水滴形座舱盖，机翼为单梁悬臂结构并铺以应力蒙皮。主翼内段平直，外段则有一定后掠角，后三点式起落架，武器布置于机首，非常接近Me 262的最终形态。然而，引擎迟迟不能交付，导致整个项目进度陷于停滞，而竞争对手He 280却在1941年4月2日抢先首飞成功，梅塞施密特团队无法继续等待，采取非常手段，在已经完成的一号原型机机首加装一台680马力Jumo210G型液冷发动机，驱动一副双叶螺旋桨，在4月18日首飞，作为喷气式战斗机设计的Me 262居然使用活塞动力完成处女航，让人啼笑皆非。试飞很成功，虽然速度较低，但Me 262仍然表现出良好的操纵性和飞行品质。

1941年7月底，BMW003型发动机终于到位，安装在原型机上，出于安全考虑，临时客串的活塞发动机被保留，这被证明是明智之举，后来挽救了飞机和试飞员的生命。1942年3月25日，

Me 262准备进行首次喷气动力试飞，刚刚爬升到50米高度喷气引擎就空中停车，最后依靠活塞动力安全降落，检查发现BMW003引擎负荷过大，涡轮叶片断裂，而新引擎还要很长时间才能制造出来，项目顿时陷入困境。此时，在航空部授意下，梅塞施密特公司决定用容克公司的Jumo004型涡喷发动机作为替代，为Me 262带来转机。Jumo004比BMW引擎更大，因此发动机吊舱做了重新设计。7月18日，安装新引擎的Me 262再次试飞，但尾翼升降舵因为气流紊乱而失效，无法起飞，最后试飞员通过轻踩刹车，压低机首的方法才让飞机升空，飞行状况令人欣喜。根据试飞情况，设计团队将主翼改为整体后掠的形式，Me 262终于宣告诞生了。

在前景一片光明之时，航空部再度表现出保守的一面，在1942年10月降低了Me 262的优先级别，并倾向于采购Me 209，项目再度搁置长达半年。1943年4月22日，加兰德试飞了Me 262，立即为之折服，甚至向戈林建议停止除Fw 190之外所有螺旋桨战斗机的制造，全力生产Me 262，虽然没有被接纳，但Me 262终于准备投产。在此期间，飞机也接受了新的改进，改为前三点式起落架，并通过机腹下的两枚助推火箭改善起飞性能。由于缺乏原材料、专用工具和官方的拖沓态度，首架预生产型Me 262直到1943年11月才下线。11月26日，梅塞施密特向希特勒展示了Me 262，但得到的却是按照轰炸机制造的命令，元首不想要防御性质的战斗机，而是要快速轰炸机对敌人实施报复空袭！厂方对此阳奉阴违，直到后来为了平息希特勒的怒气才发展出战斗轰炸型，这一决定拖延了Me 262形成战斗力的时间，扼杀了这种新锐战机改变战局的可能。

无论如何，Me 262终于在1944年开始小批量投产，然而受到盟军轰炸的影响，工厂被迫疏散，生产无法正常进行，而且德国已经严重缺乏制造喷气引擎的关键材料，Me 262本身又是一种非常昂贵、耗工费时的飞机，仅仅机身造价就高达87400马克，相当于两架Bf 109，每个机身要耗费6400个工时，这些因素导致Me 262难以达到足够的产量，至1945年5月大约制造了1430架左右，其中交付部队的仅有数百架，加之战争末期德国空军在人员训练和燃料供给上都陷入严重危机，使得这种跨时代的先进战机难以发挥出应有的战斗力。

■ 1942年7月18日准备进行首次纯喷气动力飞行的Me 262V1，此时换装了Jumo004型引擎，仍为后三点式起落架，机首高高仰起。

■ 一架编号V186的Me 262型试验机在起飞滑跑中，此时已改为前三点式起落架，并且在机腹安装了助推火箭，帮助改善起飞性能。

■ 在希特勒强令下，Me 262最初是以战斗轰炸机的面貌装备德国空军的，这个决定对这种新锐战机来说是极具悲剧性的，图为挂载两枚500公斤炸弹的Me 262A型。

型号发展

和德国空军其他作战飞机一样，Me 262也根据不同的作战需求发展出各种改型。Me 262A-0是预生产型，制造了23架，主要用于飞行测试。Me 262A-1a是基本量产型，绰号“燕子”，配备两台Jumo004B型引擎，时速高达900公里，携带2000升燃料，续航时间为60～90分钟。Me 262在高速飞行时具有极佳的操纵性和机动性，即使以单发飞行也能保持500公里/小时的速度，但是在时速300公里以下时，就变得迟钝、笨拙，机动性大幅下降，因此在起降阶段非常脆弱。Jumo004型引擎仅比BMW003略微可靠，实际上并不完善，工作时间仅有20～25小时，更换一次引擎需要三个小时，而训练不足的地勤人员可能要花上三倍的时间才能完成。至少有两架A-1机身安装了改良的BMW003引擎，被称为Me 262A-1b，仅用于测试，时速为800公里，但加速性更好，噪音更低。

Me 262A-1a的标准武器是布置于机首的4门MK108型30毫米机炮，在机腹下还有两个挂架，能够携带两枚250公斤炸弹。在A-1a基础上衍生出搭载各种武器的改型，比如将武器强化为4门30毫米机炮和2门20毫米机炮，或6门30毫米机炮，甚至有两架A-1a在机首安装了一门MK214或BK5型50毫米机炮，用于猎杀重型轰炸机，还有在翼下搭载55毫米R4M型对空火箭弹的型号，可以携带24～34枚火箭弹。在改装为侦察型时，Me 262A-1a会拆去全部机炮或仅留一门机炮，在机首下方安装照相设备。Me 262A-1a还有一架加装了SN2机载雷达的夜战试验型。

Me 262A-2a是应希特勒的要求开发的战斗

一幅Me 262A型的俯拍照片，很好地展示了Me262的气动布局。

Me 262在机首前部安装了4门MK108型30毫米机炮，图中这架Me 262在维护时机首武器舱盖板掀开，露出30毫米机炮的炮身。

战争结束后，几名美军陆航军官在饶有兴趣地观看一架特殊的Me 262A-1a，该机安装了一门MK214型50毫米机炮，用于猎杀盟军重型轰炸机。

■ 1945年6月，一架原属于第11夜战联队第10中队的 Me 262B-1a 型夜间战斗机停放在法国某机场，等待盟军高官的参观，注意机首安装的雷达天线和下方的副油箱。

轰炸型，绰号“海燕”（又译“风暴鸟”），强化了机首结构和前起落架，机首武备削减为两门30毫米机炮，机腹的一对炸弹挂架最多可携带两枚500公斤炸弹，还加装了轰炸瞄准设备。A-2a 还有双座改型，增加一名领航员兼轰炸瞄准手，他在机首新设的领航舱内以卧姿操作瞄准，仅有两架原型机。

Me 262B 型是由 A 型发展而来的双座教练型，将机身后部的两个容积1650升的油箱用一个容积400升的内部油箱代替，以省出空间增设第二个坐席。在量产型 B-1a 基础上，梅塞施密特公司还改装了夜间战斗型，安装 FuG218 型机载雷达。少量夜战型被送往实战部队，取得了非常满意的战果，但毕竟是由教练型改进而来，存在先天不足，于是又后续开发了 Me 262B-2a，这是真正的双座夜战型，机身加长1.5米，重新设计了座舱和座舱盖，安装升级后的 FuG218 型雷达，取消了先前的鹿角形天线，用容纳于流线形整流罩内的盘形天线代替，使机身更符合气动要求，武器系统仍为4门30毫米机炮，但可以增配2门30毫米斜射炮，但这种机型甚至没有来得及试飞。

除了 Me 262A/B 型外，还有 C、D 等其他后续改型，主要是昼间截击型，通过更换新型引擎或加装火箭发动机提升速度和机动性，但仅有少量原型机试飞，大部分都止于图纸作业阶段。

■ 一架用于测试的 Me 262A-1a 在进行武器检修，注意机首两侧向上翻开的盖板和机载雷达天线，显然在进行夜战方面的测试。

■ Me 262A-1a 型驾驶舱内景照片，作为跨时代的喷气战斗机，其操控相比传统的螺旋桨飞机有很大不同，只有老手能够熟练掌握。

作战历程

1944年4月，在首批23架Me 262A-0交付德国空军的同时，由维尔纳·蒂尔费尔德上尉领导的第262试验飞行队成立，由资深试飞员和尖子王牌组成，负责测试Me 262的性能和摸索战术。7月26日，阿尔弗雷德·施莱伯少尉驾驶Me 262击落了一架英军“蚊”式侦察机，这是Me 262的第一个战果，也是历史上喷气式战斗机的首次空战胜利。同月，在蒂尔费尔德上尉不幸阵亡后，由来自东线的顶尖王牌诺沃特尼接替，这个小单位也更名为“诺沃特尼”飞行队。在7月份该飞行队宣称击落了19架敌机，损失6架，到10月份，又增添了22个战果，不过损失了27架飞机，其中大多数是因为操作不当或机械故障。11月8日，诺沃特尼驾机取得了个人第258个战果后，一具引擎停车，他以单发返场时遭到P-51的追杀，被击落身亡。“诺沃特尼”飞行队随后被撤到后方休整，并以它为基础，在1944年12月编成新组建的第7战斗机联队的第3大队，该联队是世界上第一支喷气式战斗机联队，被命名为“诺沃特尼”联队，不过直到1945年2月该部才展开积极作战行动。

1944年11月初，第11夜间战斗机联队成立了一个试验小组，由王牌飞行员库尔特·维尔特中尉领导，负责测试Me 262夜战型，他驾驶当时唯一一架原型机在12月12日晚上击落一架兰开斯特轰炸机，这是喷气式战斗机的第一个夜间战果，在1945年1月，他又取得了5个战果，成为史上第一位喷气式夜战王牌。这个小组后来改编为第11夜战联队第10中队，成为德国空军中唯一装备喷气式夜间战斗机的部队。在1944年秋季，首先装备Me 262A-2a型战斗轰炸机的第51轰炸机联队第1大队也开始投入作战，不过实战证明，Me 262作为战斗轰炸机并不十分称职，由于速度太快加上缺乏合适的瞄准具，炸弹往往偏离目标达1000米！后来才逐渐摸索出小角度俯冲投弹的方法，轰炸效

■ 战争末期，在德国西部某机场的滑行道上列队准备起飞的Me 262型机群，部队隶属不明，近处是一架Me 262B-1a双座教练型，判断可能为一支训练部队。

果略有提高，但无论如何执行对地支援任务不是Me 262的强项，第51轰炸机联队在1945年1月时装备51架Me 262，但在两周内就损失了12架。

1945年2月底，第7战斗机联队开始大规模出击，编制上该部装备90架Me 262，但能够出动的仅有一半，在2月最后一周内就宣称击落了45架四发重轰炸机和15架战斗机。进入3月，第7战斗机联队的攻势更加猛烈，屡有斩获，在3月18日发动了战争中规模最大的一次进攻，37架Me 262击落了12架轰炸机和1架战斗机，自身仅损失3架，但是相比当天盟军出动的1800架飞机而言，这点战果近乎乌有。至战争结束，第7战斗机联队宣称击落敌机479架，其中超过300架是重型轰炸机，是所有装备Me 262的部队中战绩最高的。1945年4月，由加兰德中将亲自指挥的传奇单位

■ 一架属于JG 7联队的Me 262A-1a型战斗机，机身侧面绘有联队标志，座舱盖已经丢失，JG 7是德国空军唯一的喷气战斗机联队。

JV44中队也投入作战，队中大多是功勋卓著的顶级王牌，是名副其实的精英部队，但是在他们取得骄人战绩之前，战争就结束了，盟军甚至都没有察觉这支部队的存在。在1945年初，Me 262的作战面临着燃料短缺、供给混乱、人员不整的困难，限制了战斗力的发挥，尽管Me 262的产量达到了每月150架，但在4月初整个德国空军仅有180架Me 262可以作战。盟军也逐渐找到了对付Me 262的方法，频繁扫荡德国境内配有混凝土跑道的机场，因为Me 262只能使用地面坚实的机场，而且在起降阶段非常容易被击落。

至1945年5月，德国空军宣称Me 262取得了542次空战胜利，战斗损失约100架，这个交换比率充分证明了喷气式战斗机相比活塞螺旋桨战斗机的优势。同时，德国空军还产生了历史上第一批喷气机王牌，至少有40名飞行员在Me 262上获得5次以上胜利，其中10位战果在10架以上，战绩最高的是来自第11夜间战斗机联队的维尔特，总共取得了29个战果，其中夜间战果27个。昼间部队的头号喷气式王牌是第7战斗机联队的弗兰茨·沙尔上尉，战果为17架。

梅塞施密特 Me 262A-1a 型喷气战斗机性能数据

机型	双发单座单翼喷气式战斗机
装备时间	1944年
主尺寸	翼展12.6米、全长10.6米、高3.5米
主翼面积	21.7平方米
空重 / 全重	3795公斤 /7130公斤
动力装置	Jumo004B-1型涡喷发动机 ×2
引擎推力	900公斤 ×2
最高速度	900公里 / 小时
实用升限	11450米
爬升率	1200米 / 分钟
续航距离	1050公里
武备	30毫米 MK108型机炮 ×4
载弹量	250公斤 ×2
乘员	1人

Me 262型喷气式战斗机主要型号侧视图

Me 262A-1a型战斗机，第7战斗机联队第3大队长鲁道夫·辛纳少校座机，1945年3月。

Me 262A-2a型战斗轰炸机，第51轰炸机联队第1大队威廉·巴特尔少尉座机，1945年5月。

Me 262B-1a型夜间战斗机，第11夜间战斗机联队第10中队赫伯特·阿尔特纳少尉座机，1945年5月。

Me 262A-1a/U-4型战斗机V083号，安装一门莱茵金属BK5型50毫米机炮，本图为该机被美军缴获后的状态。

亨克尔 He 162型喷气式战斗机“火蜥蜴” Heinkel He 162 Jet Fighter Salamander

1944年初，在得到P-51战斗机的护航后，成群结队的B-17以更剧烈的攻势将对德战略轰炸推向高潮，到4月时，德国空军防空战斗机部队的脊梁已经被打断，现有的战斗力量已经无法抗衡如此猛烈的攻击。为了应对这一危机，在空军内部形成两派意见，一派以战斗机总监加兰德为代表，要求全力制造Me 262，以质量优势战胜数量优势，另一派以航空部主管战斗机生产的绍尔工程师（Saur）为代表，他认为Me 262工艺复杂，造价昂贵，生产缓慢，而且双发飞机油耗高，在燃料日渐匮乏的战争后期是一个严重问题。绍尔提出设计一种造价低廉、易于制造的轻型单发喷气式战斗机，可在短时间内大量生产，而且要求便于操纵，甚至普通人在接受短期训练之后都能驾机升空作战，美其名曰“国民战斗机”。

绍尔的设想受到戈林和施佩尔的支持，航空部在1944年9月向各大厂商提出“国民战斗机”的设计指标：重量不超过2000公斤，海平面时速达到750公里，续航时间不少于30分钟，起飞滑跑距离不大于500米，装备两门30毫米或20毫米机炮，易于操纵，尽量使用木材等非稀缺资源，结构力求简单，即使非熟练工人也能完成组装，最为苛刻的要求是在10天内完成基础设计，在1945年1月1日开始大规模生产！经过一番激烈竞争，亨克尔公司的P1073方案胜出，最初被赋予He 500的编号，但为了迷惑盟军情报部门而改为He 162，绰号“火蜥蜴”，而在公司内部则被称为“麻雀”。He 162的研发进度十分神速，从招标开始到首架原型机试飞只用了90天时间！

■ 上图是1944年12月6日首飞的He 162V1号原型机，从招标到首飞仅用了90天时间，但在四天后的第二次试飞中就因空中解体而报销。下图为飞行中的He 162A型，从下方观察流线形机身简洁优美，实际上He 162的线形设计相当漂亮。

作为一款战时应急设计，He 162不可避免地存在缺陷，但平心而论，除去机背上怪异的发动机舱，它的确是一架漂亮的飞机，机身具有完美流畅的线形，机首浑圆，线条柔和，除了机鼻采用胶合板制作外，机身整体为钢管骨架铝蒙皮结构，气泡形座舱在前方和两侧都有良好的视野，配有简易弹射座椅，飞行仪表也简单化。He 162采用前三点式起落架，为了节约工时，前起落架直接取自Ju 88，主起落架来自Bf 109。He 162的机翼设计突出体现了节省资源的要求，悬臂式上单翼除了翼梁和翼端

■ 从右前方观察He 162A型，背负式引擎布局是该机的最大特点。

■ 隶属于JG 1联队第1中队的He 162A型战斗机，注意向后方掀起的座舱盖和机首侧下方的20毫米机炮。

■ He162驾驶舱仪表盘细节照片，可见其仪表设置相当简单。虽说号称“国民战斗机”，以操纵简易为设计目标，但实际上He 162的驾驶技术完全不是普通新手能够掌握的，即使老手也很难驾驭。

采用金属材料外，大部由木材制成。背负式引擎布局是He 162最大的特点，在机身上方的发动机舱内安装一台BMW003型涡喷发动机，这本是为Me 262研制的型号，为了避开发动机尾流，He 162采用V形平尾和双垂尾设计，其中垂尾也为木质结构。在武备上航空部希望配备两门MK108型30毫米机炮，但后来的试验表明射击后坐力对飞行影响较大，且备弹较少，遂改为两门MG151型20毫米机炮，位于机首下方。

有资料称He 162在海平面的最大平飞速度可达790公里/小时，在6000米高度达839公里/小时，但根据有驾驶经历的飞行员回忆，速度很少超过600公里/小时。另外，He 162在操纵性上远远没有达到预想的简便，按照官方的计划，这种飞机将交给完成滑翔机培训课程的希特勒青年团员驾驶，实际上对于有经验的老手而言，He 162都是一种难以操控的飞机，那些毛头小子不要说进行空战，能否顺利起飞都很成问题，至于飞机本身的空战能力也很难值得期待。不过，在易生产性上亨克尔公司倒是完全满足了军方的要求，He 162的制造工时为1050小时，是Bf 109的六分之一。He 162发展了A、B、C、D、E等多种改型，但只有A-2实现了量产，其余大多只存在设计方案，在后续改型中计划换装Jumo004、BMW003R等新引擎，采用新的翼型和加强武备。

■ 从后方观察He 162A型，注意其颇有特色的V型双垂尾设计。

He 162的首架原型机于1944年12月6日首飞，但在四天后的第二次试飞中就发生了机翼断裂，机毁人亡的事故，原因是机翼的木材粘合剂不过关。尽管存在如此严重的缺陷，He 162还是在1945年

初全面投产，计划到5月间达到2000架的月产量，到1945年5月战争结束时，大约只有120架飞机交付部队，另有255架制造完成，总计为375架，此外盟军在战后还发现了800架未完成的He 162。与量产同步，He 162也在1945年初开始装备部队，第162试验飞行队在1月间组建，由战绩超过200架的王牌海因茨 · 贝尔领导，不过没有资料显示他曾经驾驶过He 162。第一支换装He 162的实战部队是第1战斗机联队第1大队，该部于2月间开始接收新飞机，但直到战争结束也没有真正做好战斗准备。关于He 162的实战记录非常稀少，大多数He 162飞行员都被告诫不要与盟军战斗机交战，仅在5月4日第1战斗机联队第1中队的鲁道夫 · 施密特少尉（Rudolf Schmitt）宣称击落了一架英军“台风”战斗机，但这次胜利颇受争议。实际上He 162没有达到其设计初衷所期望的实效，几乎从未进行过有效的战斗，倒是在改装训练中损失了相当数量的飞机和飞行员。

■ 1945年5月初德国北部莱克机场，JG1联队装备的He 162整齐列队向英军投降，该联队是德国空军中唯一装备He 162的部队。下图是今日保存在博物馆中的He 162A型战斗机。

亨克尔He 162A-2型喷气式战斗机性能数据

机型	单发单座单翼喷气式战斗机
装备时间	1945年
主尺寸	翼展7.2米、全长9.05米、高2.6米
主翼面积	11.16平方米
空重 / 全重	1660公斤 /2800公斤
动力装置	BMW003A 型涡喷发动机
引擎推力	800公斤
最高速度	839公里 / 小时（A-1）
实用升限	12000米
爬升率	1405米 / 分钟
续航距离	975公里
武备	20毫米 MG151 型机炮 ×2
乘员	1人

■ He 162A-2型战斗机，第1战斗机联队第3中队埃米尔 · 德穆特中尉座机，1945年5月。

火箭动力战斗机

梅塞施密特 Me 163型火箭截击机“彗星” Messerschmitt Me 163 Rocket Fighter Komet

梅塞施密特 Me 163“彗星”截击机是世界上唯一参加过实战的火箭动力战斗机，但它并不像很多人想象的那样，是战争末期德军最后妄想的产物，其实早在战前德国就已经开始了火箭动力飞机的研制。1940年初，德国火箭动力权威亚历山大·利佩什（Alexander Lippisch）在梅塞施密特公司资助下研制成功了DSF194火箭动力飞机，试飞速度达到550公里/小时。应德国空军的要求，利佩什开始在DSF194基础上研制一种能对高空目标实施攻击的火箭战斗机，这就是Me 163截击机。

1941年春，原型机Me 163A制作完成，并在试飞中达到855公里/小时的高速，而在另一次空中释放试验时甚至飞出了1000公里/小时的惊人速度。之后，利佩什又进一步改进研制了Me 163B，但由于发动机生产延误，这一型号直到1943年夏才最后完成，生产了76架，一半用于试验，一半装备第16训练飞行队，用于训练飞行员，投入实战的很少。Me 163真正参加实战的是Me 163B-1a，该型号在1944年2月首飞，但直到7月才装备部队。由于许多零件都是由战俘加工的，这批飞机的质量要比先前的产品差很多。Me 163B-1a大约生产了250架，全部装备第400战斗机联队，该联队是德军专门组建的火箭动力战斗机部队，由沃尔夫冈·施佩特少校（Wolfgang Spate）任联队长。除了以上几种型号外，Me 163还有几种小改型，生产数量都很少。

Me 163外形十分奇特，它有一个短粗的水滴型金属机身，一对宽大的木质中单翼，有27度的后掠角，整体式风挡，视野良好，没有水平尾翼，也没有起落架，只有一个像小尾巴似的尾轮，由于外形短粗，又比较小巧，德军飞行员给它起了一个十分形象的绰号“跳蚤”。Me 163安装一台推力达1700公斤的瓦尔特HWK509A-2火箭发动机，

■ 预生产型 Me 163A-0（左）和量产型 Me 163B（右）的对比照片，可见后者机身更大，机首形状修改为锥形，以改善飞行性能。

■ 作为世界上唯一取得过实战战果的火箭动力截击机，Me 163的设计相当有特色，机身短粗，无水平尾翼和起落架，因为形体小巧而被戏称为“跳蚤”。

■ 地勤人员在为 Me 163的燃料箱加注燃料，该机使用的燃料为高腐蚀性有毒化学品，易燃易爆，十分危险。

时速可达1060公里/小时，武备是安装在机翼根部的两门MG151型20毫米或MK108型30毫米机炮。德军还为Me 163配备了SG500特殊武器系统，这是一种在飞机从敌军轰炸机下方飞过时能够自动击发、向上发射的无后座力炮，口径50毫米，10

■ 贴近地面飞行的Me 163型截击机，应摄于起飞阶段，可见机尾后方留下火箭发动机的细长尾迹，而在燃料耗尽后，该机以滑翔姿态返回地面，由于发动机工作时间短，其续航距离很有限。

根发射管垂直安装在Me162翼根处，每侧5根，有12架Me 163接受了装备SG500的改装，有资料称至少击落了一架轰炸机。

虽然Me 163速度快，体形小，而且飞行性能和操纵性能都十分出色，但它的实用性却很差，首要问题来自于它那引以为豪的高速度。因为速度太快，从接近目标到脱离接触的时间非常短，留给飞行员瞄准射击的时间也极少，因此开火前必须计算提前量，即使如此在极短时间内也不可能向目标发射足够的弹药将其击落；其次是航程问题，由于使用火箭发动机，Me 163的续航时间只有6～8分钟，往往只能发起一两次攻击就因燃料耗尽而降落，仅能部署在美军轰炸航线附近，在敌机临头时才能升空作战。Me 163的起降非常危险，因为没有起落架，Me 163在起飞时使用一部滑车，在升空后滑车脱离，而且只能迎风起飞，在低速情况下方向舵效能很差，侧风很容易让它偏离跑道。降落更是一件要命的事，Me 163使用机身中部的滑橇降落，必须在松软的草地上着陆，如果遇到凹凸不平的地面，极易侧翻，降落时震动非常剧烈，更危险的是Me 163使用的燃料极具腐蚀性和剧毒，容易爆炸。据统计在损失的Me 163中有80%是在起降时发生事故造成的，而真正的战损只有5%。可以说，Me 163对飞行员本人造成的威胁比对敌人更大。

Me 163的首次出击记录是在1944年5月13日，当时还是第16训练飞行队指挥官的施佩特少校驾驶一架全红色的Me 163出击，但没有取得任何战果。此后，Me 163多次零星出击，但一直都没有斩获，反而因事故损失不少。直到1944年8月初，Me 163才取得了第一次空战胜利，在9月间略有斩获，但之后五个月竟然颗粒无收。第400战斗机联队第1大队宣称击落了9架轰炸机，自损14架，而整个联队的战果总数不超过10架，而损失更数倍于此，可谓得不偿失。最终，Me 163就像彗星一样在天空中一闪而过，在世界航空史上留下了一条长长的尾巴，让后人回味。

梅塞施密特 Me 163B-1a 型火箭截击机性能数据

机型	单发单座单翼火箭战斗机
装备时间	1944年
主尺寸	翼展9.32米、全长5.84米、高2.77米
主翼面积	18.5平方米
空重／全重	1901公斤 /4310公斤
动力装置	HWK509A-2火箭发动机
引擎推力	1700公斤
最高速度	1060公里／小时
实用升限	12100米
爬升率	4862米／分钟
续航距离	40公里
武备	30毫米 MK108型机炮 ×2或 20毫米 MG151型机炮 ×2 SG500型50毫米无后座力炮武器系统
乘员	1人

■ Me 163B型截击机，第400战斗机联队第1中队哈特穆特·鲁尔少尉座机，1944年8月。

火箭动力战斗机

巴赫姆 Ba 349 型火箭截击机"蝮蛇" Bachem Ba 349 Rocket Fighter Natter

1944年春夏，面对国土防空的严峻形势，德国空军对于新奇武器的渴求达到近乎癫狂的地步，某些武器的作战构想已经超出正常思维范畴，而巴赫姆Ba 349火箭截击机就是这类疯狂武器的典型代表。1944年春，航空部要求研发一种点防御截击机，对场地、后勤的依赖程度降至最低，结构简单，便于批量建造，易于操纵，能在最短时间内爬升至高空，对盟军轰炸机群实施一击必杀的攻击。梅塞施密特、容克、亨克尔都提交了各自的方案，而巴赫姆公司也参与竞标，它的EP–20方案是一种垂直起飞的火箭截击机，使用一次即可抛弃，但动力装置可以回收再利用。尽管加兰德对EP–20很感兴趣，但航空部还是选择了亨克尔、容克公司的方案。EP–20的设计者埃里希 · 巴赫姆没有放弃，他设法得到了党卫队全国领袖希姆莱的支持，使航空部接受了他的方案，并获得官方编号Ba 349，绰号"蝮蛇"。

Ba 349浑身上下都散发着廉价货的气息，非常配合战争后期资源匮乏的氛围。Ba 349机身呈圆柱形，大部为木制，机身前部的驾驶舱有装甲保护，仅有简单的飞行仪表和操控装置，机身中部有一对短而平直的机翼，没有任何操纵面，对飞行姿态的控制完全靠十字形的尾翼实现，从外观上与其说是一架飞机，不如说是一枚火箭。Ba 349的动力装置与Me 163一致，为一台瓦尔特HWK509A–2火箭发动机，为了增加起飞速度，在机身尾部还绑有4枚施密丁SG34式固体助推火箭，能够在10秒内提供4800公斤的强大推力，使Ba 349在一分钟内爬升到11000米的高度。Ba 349的武备最初为两门MK108型30毫米机炮，但这种飞机与目标的接触时间极短，仅靠机炮无法给予致命攻击，因此改为威力强大的对空火箭，其整个机首被改装为一个火箭发射器，

作为应急计划产生的廉价产品，Ba 349型的设计很粗糙，外形十分丑陋，毫无美感，注意机首前部的火箭发射管。

安置于垂直发射架上的Ba 349型截击机，后机身侧面捆绑着四枚助推火箭，垂直起飞意味着不需要任何机场设施，易于部署，这是整个开发计划中最具吸引力的地方。

内藏24枚73毫米Hs217型火箭或33枚55毫米R4M型火箭。

Ba 349的作战方式非同寻常，通过一个24米高的发射架以近乎垂直的大角度点火启动，因此不需要任何机场设施，只需一块合适的空地即可，这也是整个项目最有价值的地方。升空10秒后，助推火箭燃尽，在爆炸螺栓作用下与机身分离，飞机在地面无线电控制下依靠自身动力继续爬升到万米高空，然后驾驶员操纵飞机向美军轰炸机群俯冲，在接近到1600米左右，将机首头锥抛掉，露出狰狞的火箭，向目标实施短促猛烈的齐射。完成攻击后，飞机下降至1400米高度，驾驶员启动机身中部的爆炸螺栓，使前后机身分离，带有发动机的后机身自动打开降落伞落到地面，火箭引擎可以回收利用。驾驶员稍后跳伞逃生，而前机身就此抛弃。这种空中解体的回收方式相当有创意，但很显然要完成这一系列空中特技式的操纵对于飞行员的胆量和技术都是极大的考验，绝非普通人能够顺利完成的。Ba 349的作战方式并不像一架战斗机，更像一枚人工制导的地空导弹。

Ba 349的早期气动试验在1944年11月进行，结果令人满意，但制造火箭发动机的瓦尔特公司遭到轰炸，直到1945年2月25日才交付发动机，进行了载有假人的动力飞行试验，同样取得成功。然而，三天后进行的载人试验却发生不幸，起飞后不到10秒就坠毁了，年仅23岁的志愿试飞员洛塔尔·西贝尔（Lothar Sieber）当场死亡。之后又进行了三次载人试验，都获得成功。Ba 349总共进行了25次试验，其中包括7次载人试验。Ba 349只制造了36架，包括33架A型和3架B型，后者采用了续航时间更长的HWK509C型火箭发动机。1945年4月，德国空军开始实战部署Ba 349，大约10架A型被置于斯图加特（Stuttgart）附近的发射阵地上，等待美军轰炸机的到来，但从未得到攻击机会，在盟军地面部队到达前这些飞机就被德军自行摧毁了。最后，这种奇特的武器作为德国空军在战争末期的终极狂想之一留在了战争史册上。

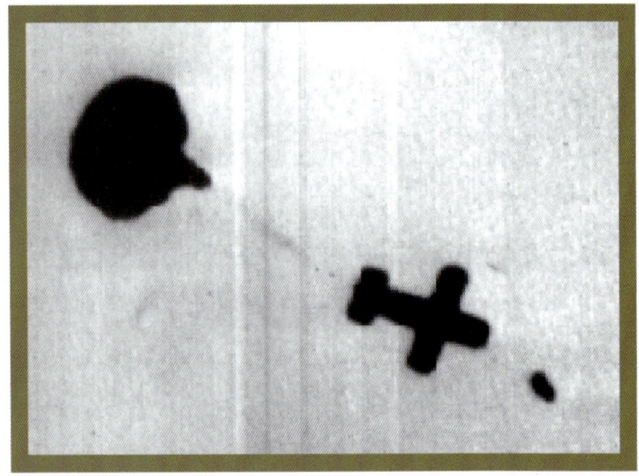

■ Ba 349型截击机在空中解体的珍贵照片，后部机身的降落伞已经打开，便于回收火箭引擎，驾驶员则跳伞逃生。

■ 和许多战争末期德国空军的奇特机型一样，Ba 349型如今也成为博物馆中的珍贵藏品，背景中可以看到V-1导弹和He 162。

巴赫姆Ba 349A型火箭截击机性能数据

机型	单发单座单翼火箭战斗机
装备时间	1945年
主尺寸	翼展3.65米、全长6.06米、高0.9米
主翼面积	3.6平方米
空重／全重	--/2200公斤
动力装置	瓦尔特HWK509A-2火箭发动机 ×1 施密丁SG34式固体助推火箭 ×4
引擎推力	1700公斤+4800公斤
最高速度	998公里／小时
实用升限	12000米
爬升率	11000米／分钟
续航距离	48公里
武备	73毫米Hs217型火箭 ×24或 55毫米R4M型火箭 ×33
乘员	1人

德国空军其他战斗机研发型号列表（1933 ~ 1945）

飞机型号	研发时间	机 型	基本性能
阿拉多 Ar 80	1934年	单发单座单翼战斗机	时速415公里/小时，航程800公里，武备7.92毫米 ×2
阿拉多 Ar 197	1935年	单发单座双翼舰载战斗机	时速400公里/小时，航程700公里，武备20毫米 ×1、7.92毫米 ×2
阿拉多 Ar 240/440	1938年	双发三座单翼重型战斗机	时速618公里/小时，航程2000公里，武备13毫米 ×2、7.92毫米 ×2
布洛姆 – 福斯 BV 155	1942年	单发单座单翼高空截击机	时速690公里/小时，航程1500公里，武备30毫米 ×1、20毫米 ×2
布洛姆 – 福斯 BV 40	1944年	单座单翼滑翔战斗机	时速470公里/小时，航程40公里，武备30毫米 ×2
福克 – 沃尔夫 Fw 57	1934年	双发三座单翼重型战斗机	时速404公里/小时，航程不明，武备20毫米 ×3
福克 – 沃尔夫 Fw 159	1934年	单发单座单翼战斗机	时速385公里/小时，航程650公里，武备7.92毫米 ×2
福克 – 沃尔夫 Fw 187	1936年	双发双座单翼重型战斗机	时速529公里/小时，航程900公里，武备20毫米 ×2、7.92毫米 ×4
福克 – 沃尔夫 Ta 154	1942年	双发双座单翼夜间战斗机	时速615公里/小时，航程1400公里，武备30毫米 ×4、20毫米 ×2
福克 – 沃尔夫 Ta 183	1942年	单发单座单翼喷气战斗机	时速962公里/小时，航程1740公里，武备30毫米 ×4
亨克尔 He 112	1934年	单发单座单翼战斗机	时速510公里/小时，航程1100公里，武备20毫米 ×2、7.92毫米 ×2
亨克尔 He 100	1937年	单发单座单翼战斗机	时速670公里/小时，航程1010公里，武备20毫米 ×1、7.92毫米 ×2
亨克尔 He 280	1940年	双发单座单翼喷气战斗机	时速900公里/小时，航程650公里，武备20毫米 ×3
亨克尔 P 1079	1945年	双发单座单翼喷气战斗机	时速950公里/小时，航程 不明，武备30毫米 ×4
亨舍尔 Hs 124	1934年	双发三座单翼战斗轰炸机	时速435公里/小时，航程4200公里，武备20毫米 ×2、7.92毫米 ×1
霍顿 Ho 229	1943年	双发单座单翼喷气战斗机	时速977公里/小时，航程1500公里，武备30毫米 ×4
梅塞施密特 Me 309	1940年	单发单座单翼战斗机	时速733公里/小时，航程1100公里，武备15毫米 ×2、13毫米 ×3
梅塞施密特 Me 209	1943年	单发单座单翼战斗机	时速678公里/小时，航程 不明，武备30毫米 ×1、13毫米 ×2
梅塞施密特 Me 328	1941年	双发单座单翼喷气战斗机	时速604公里/小时，航程565公里，武备20毫米 ×2
梅塞施密特 P 1101	1944年	单发单座单翼喷气战斗机	时速980公里/小时，航程1500公里，武备30毫米 ×4、X–4导弹 ×4

附录Ⅰ：1933 ~ 1945年德国空军的飞机命名规则

1933年帝国航空部成立后，着手对全德国的航空工业进行统一管理和规范，其中一项重要举措就是建立了一套标准的飞机命名规则，也就是RLM飞机命名系统（RLM aircraft designation system）。在此之前，国防部陆军武器局曾在1929年至1930年间确立了一套命名规则，同时航空业内部也有自己的命名方法，结果引起了不少混淆，比如至少有6种来自不同厂家的飞机都使用了33的数字序号。RLM系统在旧规则基础上对全德国现有的飞机型号和计划研制的飞机进行重新编号，使每一种由德国厂商制造的飞机都有自己独有的名称。

RLM系统的核心是一套数字编号系统，每一种飞机都会由航空部赋予唯一的数字序号，它与飞机种类无关，只是由官方确定的编号，尽可能依据1933年已经存在的飞机编号继续排序。航空部按照一定的数字区段将编号分配给各公司，比如

1938年时的德国柏林帝国航空部大楼，这里是整个德国航空业的管理中枢，负责制定飞机生产和机型研发计划，并对军队和民间的航空活动进行管理。

■ 梅塞施密特公司在1936年设计的Bf 163型联络机，由于未能赢得竞标而没有投产，其编号后来被火箭动力截击机Me163所继承。

梅塞施密特公司获得了108 ~ 110，亨克尔公司得到111 ~ 120，亨舍尔公司得到121 ~ 130等，不过出于保密防谍，打乱区段命名的情况也很常见。在官方文件中，这些编号会加上简单的数字前缀，“8-”表示飞机，“9-”表示活塞式航空发动机，“108”表示滑翔机，“109”则表示喷气发动机、火箭发动机等新型引擎，例如Bf 109战斗机在官方文件中记录为“8-109”，DFS 230滑翔机则为“108-230”。通常情况下每种飞机的编号是唯一的，但有时也会重复使用，如果某个设计项目被放弃，在相隔一段时间后可以被授予另一个项目，比如8-163起初是梅塞施密特Bf 163联络机的编号，但这一型号没有投产，其编号被转用于火箭动力截击机Me 163。

根据新规则，飞机的正式名称是由制造厂商名称的两位字母缩写加官方编号共同构成，缩写的第一个字母为大写，第二个字母为小写，比如Ju表示Junkers（容克），Fw表示Focke-Wulf（福克－沃尔夫）等，但存在某些例外情况和变化。1933年，德国最大的造船商布洛姆－福斯公司涉足航空业，成立了汉堡飞机制造公司，航空部最初为新公司规定的缩写是Ha，但它的母公司名声太过响亮，汉堡公司制造的飞机往往被打上布洛姆－福斯的标签，于是航空部采用母公司的缩写BV（Blohm & Voss）取代了Ha，两个字母都用大写。德国滑翔机研究所设计的滑翔机直接用该机构的字母缩写DFS加数字编号命名。在1938年之前，由梅塞施密特设计的飞机都使用Bf的缩写，即巴伐利亚飞机制造公司，在1938年，梅塞施密特成为公司董事会主席和总经理，公司改称梅塞施密特飞机制造公司，之后出品的飞机改用Me作为厂商缩写，而之前的Bf 108、Bf 109、Bf 110继续沿用。在战时，为了充分发掘航空业产能，加快制造速度，以及为躲避盟军轰炸而进行疏散，某型飞机的制造往往会分配给多个厂家，于是某些工厂并不生产本厂设计的飞机，为了体现飞机的独特性和设计渊源，航空部对某些飞机的命名进行了更改，用设计者的姓氏缩写取代制造商的缩写，最典型的例子就是福克－沃尔夫的首席设计师谭克，在1943年后以他的姓氏命名了Ta 152、Ta 154等机型，这种命名法也被认为是对设计师个人的一种褒奖。

1935年2月以后，航空部对飞机的改型、衍生型、发展型也确立了更为细致的命名规则。飞机的原型机在正式名称后加字母后缀V和数字序号，V为德语Versuchs（原型）的首字母，而数字为原型机的建造序号，比如Me 262V3就是Me 262型战斗机的第三架原型机，但也有飞机使用M或S代替V。一种飞机量产后的主要改型则按照字母顺序在名称后加大写字母表示，如Bf 109A、Bf 109B、

■ 这幅彩绘是福克－沃尔夫公司在1943年首飞的Ta 154型夜间战斗机，由于性能未尽人意没有批量投产装备，其命名采用设计者谭克的姓氏缩写，这是航空部在1943年后使用的新命名方法。

Bf 109C 等，有时字母顺序并不是连续的，也有的字母表示某种特殊改型，如 H 表示高空战斗机（HöhenJäger），Z 表示双体飞机（Zwilling），如 Ta 152H、He 111Z 等。主要改型之下的子型号用增加的数字后缀表示，其中 0 表示预生产型，例如 Ju 88A-0 即为 Ju 88A 型轰炸机的预生产型，而 Ju 88A-4 为 A 型的第四种子型号。有时子型号之下还有更细微的改型，则在数字后缀之后按顺序增加小写字母表示，比如 Me 262A-1a 和 Me 262A-1b 分别指安装了不同型号喷气引擎的 Me262A-1 型。

为了增强战机的作战能力或完成某种特定的作战任务，还会利用一些装备套件对战机进行临时改装，比如武器吊舱、额外的炸弹挂架、副油箱或航空照相机等，这类改装套件分为 R 和 U 两种，前者是前线部队自行安装的，而后者由工厂提供，在生产线上或维修期间加装的。在配备套件时在飞机名称后面缀以 R 或 U 加数字编号，表示不同类型的套件，比如 Bf 109F-4/R-6 就是加装 R-6 型套件的 Bf 109F-4 型战斗机，而 R-6 套件即在机翼下加挂两个 MG151 型 20 毫米机炮吊舱。对于那些特意为北非、地中海以及东线南部炎热气候条件下作战而改装的机型，则加以 trop 的后缀，表示热带型，比如 Ju 87D-1/Trop 就是 Ju 87D-1 的热带型。

■ 一架隶属于 JG3 联队的 Bf109G-14/R-6 型战斗机，该机安装了 R-6 型装备套件，即在主翼下挂载两具 MG151 型 20 毫米机炮吊舱。

■ 今日保存在美国芝加哥科学与工业博物馆内的 Ju 87B-2/Trop 型俯冲轰炸机，即 Ju 87B-2 的热带改型，可能缴获自北非战场。

在战时，制造厂商为了节省开发时间，会在某种性能优良的机型基础上进行大幅度改进，产生作战能力更强的替代机型，而不是重新研制一种新飞机，针对这种情况航空部也规定了一种特殊的命名方法，即在基础型号的编号上加 100 即为后续型号的编号，比如以 Ju 88 为基型发展而来的 Ju 188、Ju 288、Ju 388 以及 Ju 488 等。

■ 容克公司于 1940 年完成的 Ju 288V1 号原型机，该机型是以非常成功的 Ju 88 型轰炸机为基础设计的深化改进型，以原型 Ju 88 的编号增加百位数字来命名，类似情况还有 Ju 188、Ju 388 等。

轰炸机、攻击机篇
Kampflugzeug/Schlachtflugzeug

轰炸机是使用炸弹、鱼雷等武器，以攻击敌方地面及水面目标为主要任务的作战飞机，是空军打击敌方作战力量、摧毁其战争能力的主要武器，也是对地支援任务的主要执行者。在崇尚进攻和强调空地协同的德国空军中，轰炸机在战争前期处于核心地位。在二战爆发时，德国空军的轰炸机主要有两种类型，分别是双引擎中型轰炸机和单引擎俯冲轰炸机，前者数量较多，主要负责对敌方部队集群、防御阵地、交通枢纽乃至城市实施水平轰炸，后者则配合地面部队的进攻，以俯冲轰炸实施精确打击。随着战争的进展，德国空军又发展出重装甲、强火力，以实施近距空中支援为主要任务的对地攻击机，加上制导炸弹、空对地火箭等武器的开发，使得打击手段更加多样化。值得注意的是，德国空军的轰炸机并不是单一用途的武器，而是多用途的作战平台，常常会被用于改装为其他机种，比如夜间战斗机、远程侦察机，甚至临时承担运输机的任务。

双发中型轰炸机

道尼尔 Do 17型轰炸机“飞行铅笔” Dornier Do 17 Bomber Fliegender Bleistift

作为战争初期德国空军三大主力轰炸机之一，Do 17曾经因为较快的速度而受到青睐，并在1939年到1940年的几次主要战役中发挥了重要作用，但其航程和载弹量都比较有限，自卫能力薄弱，在不列颠之战中损失很大，于1940年夏季停产，1941年底之后就基本退出一线行动。不过，Do 17的各种改型及其后续发展型号一直服役到战争结束。

研发与设计

Do 17原本是道尼尔公司在1934年设计的一型六座高速邮政飞机，同亨克尔公司的He 70竞争汉莎航空的订单，航空部要求当时设计的邮政飞机都要“可以携带特殊装备”，即能作为轰炸机使用，因此在设计阶段Do 17就确定了加装自卫机枪和投弹装置的方案。1934年11月，一号原型机首飞，为了提高速度，设计师刻意减少正面面积，Do 17的机身修长纤细，线条笔直，因此被戏称为“飞行铅笔”，这成为伴随它一生的绰号，时速可达400公里。然而，Do 17却在竞争中落

1934年底首飞的Do 17V1号原型机，纤细的机身为它赢得了“飞行铅笔”的绰号，注意其尖削的机首和单垂尾，与量产型明显不同。

败，因为没有乘客愿意在它仅1.5米宽的狭窄客舱里飞上第二次。虽然未被汉莎航空相中，但军方并未放弃Do 17，订购了7架军用型，按照轰炸机和侦察机的要求略作修改后于1936年底开始量产，1937年初服役，与He 111一道成为德国空军在战前的主力轰炸机型号。有种说法将Do 17的成功归因于供职航空部的前汉莎航空机长罗伯特·翁图切特（Robert Untucht）试驾原型机之后向上级大力推荐，使其重新获得军方的关注，但这并不是事实。

Do 17型轰炸机早期型的机首和前部机身具有传统的阶梯状外形，机首覆盖大面积的玻璃风挡，为机组乘员提供开阔的视野。Do 17后期型接受西班牙内战的教训，对机首外形做了大幅度修改，座舱向上下扩大，形成类似豆荚形、又如温室般的外观，以增加内部空间，容纳更多的乘员、设备和武器，同时改善自卫机枪的射界，这种机首设计也被后续的德军轰炸机所继承，在空军内部被称为“轰炸头”。Do 17的机身笔直修长，采用悬臂式上单翼布局，宽大的机翼上装有发动机舱，翼端修圆，而且机翼与机身、发动机舱的连接处都是圆滑过渡，以减少飞行阻力。在最初的原型机上，Do 17采用单垂尾，后来改为双垂尾，以提高横向稳定性，但这一修改限制了自卫机枪的射界。在机身及机翼内设有自封油箱，以减少中弹后燃料的流失，降低火灾隐患。Do 17早期型配有三名乘员：驾驶员、无线电操作员和轰炸瞄准手，后两者还兼为机枪手，操纵位于座舱前方和两侧的2～3挺MG15型7.92毫米机枪，后期型增加到4～5名乘员，在机首座舱的前后、两侧及下部配备了5～6挺机枪，备弹3300发，容纳于44个弹鼓中。位于机身中段的弹舱内配有四个炸弹挂架，最大载弹量可达1000公斤，可携带4枚250公斤炸弹，但在满载状态下航程会明显减少，通常会挂载10枚50公斤炸弹。

1930年代末期装备德国空军的Do 17E型，注意其机首外形与后期型号有明显差别，仍带有民用客机的痕迹。

Do 17早期型在座舱周边配备2～3挺7.92毫米自卫机枪，后来有所增强，从本图中可以观察到后期型Do 17座舱后部及侧面的机枪布置情况，自卫火力贫弱是Do 17的一个主要弱点。

这幅战时彩色照片上清晰地展示了Do 17后期型机首的外观特征，大面积的玻璃风挡为机组成员提供了良好的视野。

型号发展

Do 17E/F 是最初的量产型，其中 E 型为轰炸型，装备两台750马力 BMW Ⅵ 7.3D 型直列液冷发动机，时速330公里，配有2挺 MG15型7.92毫米机枪，载弹量仅有500公斤，曾计划在机身两侧增设挂点，额外携带两枚500公斤炸弹，但实验表明发动机无法承担如此沉重的负荷，于是放弃，即使在战时 E 型也保持着较低的载弹量。F 型则是基于 E 型设计的远程侦察型，安装了两部航空照相机。道尼尔公司总共制造了328架 E 型和77架 F 型。

早在20年代，道尼尔公司就在国外享有良好的声誉，因此当 Do 17问世后也引起一些外国用户的兴趣，南斯拉夫空军在1938年以超过500万马克的高价向德国购买了52架 Do 17及其特许生产权。出口南斯拉夫的型号为 Do 17K，总共制造了84架，基本性能与 E 型相当。不过，当时亨克尔公司缺乏配件，特别是发动机，因此交给南斯拉夫人的大多是半成品，仅有一架是全套原装货。大多数 Do 17K 都由南斯拉夫人自行安装了功率870马力的法制格诺姆－罗恩14N 型发动机，据说时速可达420公里，自卫武备也更新为1门20毫米 HS404型机炮和3挺7.92毫米勃朗宁机枪。

■ 德国空军早期装备的 Do 17E/F 型轰炸机的近距离特写，注意其阶梯状的机首造型和发动机短舱的外形，都与后期型存在差异。

■ Do 17M 型的正面照片，由于液冷引擎供货不足，M 型采用空冷引擎，发动机短舱外形变得粗壮，此外增加了自卫机枪和载弹量。

■ Do 17P 型是以 M 型为基础开发的侦察型，进一步强化了武备。

Do 17L/M 型是为替换 E/F 型而研发的，其中 M 为轰炸型，L 为侦察型，计划安装功率1000马力的 DB600A 型发动机。在1937年瑞士苏黎世国际军用机飞行大赛上，配备 DB600A 的 Do 17M 原型机以425公里／小时的速度勇夺魁首，压倒了许多外国战斗机，让德国人着实光彩了一把。但是，DB600系列发动机供货不足，因此量产型 Do 17M 只能安装布拉默323A 型星形空冷发动机，功率900马力，时速420公里，航程1570公里，自卫机枪数量增加到3挺，载弹量增加到1000公斤，总产量为200架。但是，布拉默323型引擎油耗较高，不能提供侦察机所需的大航程，因此 Do 17L 没有量产，转而在 M 型基础上换装853马力的 BMW132N 型发动机，开发了 Do 17P，作为新的侦察型，机枪数量增加到4挺，产量为230架。Do 17R 是一种高速远程侦察机，计划安装 DB600G 或 DB601A 型引擎，但没有投产。部分早期型 Do 17被派往西班牙作战，根据作战教训，道尼尔公司对机首形状进行了修改，最先采用新型机首的是 Do 17S/U 型，但只是试验型号，S 型制造了3架，U 型制造了15架，它们成为后来Do 17Z型的基础。

Do 17Z型是Do 17系列最主要的生产型，吸取了Do 17S/U型的经验，重新设计了前部机身，采用扩大的新型机首，乘员增加到四人，自卫武备增加到6挺7.92毫米机枪，但有一名乘员需要负责操控3挺机枪，实际上火力提升有限。由于DB600系列引擎的供应情况没有改善，早期生产的Z型只能继续使用布拉默323A型引擎，但大型机首和新增武备带来的增重使得飞机的速度和机动性明显下降，载弹量降至500公斤，时速为352公里/小时，平均航程为740公里，军方对此非常不满，责令改进。从Z-2型开始换装1000马力的布拉默323P型引擎，航速提高到427公里/小时，机动性也有所改善，载弹量恢复为1000公斤，但是在满载状态下作战半径只有330公里。Do 17Z型至少有9种改型，包括侦察型、教练型等，其中Do 17Z-7为夜战型，换装了源自Ju88C的封闭式机首，在机首上安装1门20毫米MG/FF型机炮和3挺7.92毫米MG17型机枪，后来还加装了红外探照灯，机首武备增加到2门20毫米机炮和4挺7.92毫米机枪。Do 17Z型是整个系列中产量最多的，达887架。

在开发Do 17Z型的同时，道尼尔公司继续积极开拓国外市场，在Z型基础上设计了出口型Do 215，安装1160马力的DB601Ba型引擎，速度达到470公里/小时，航程达2450公里，均优于德国空军自己装备的Do 17Z型。1939年春季，道尼尔公司接受瑞典空军的订货，但到8月时受到政治局势的影响，这项交易被取消，已经完成的18架飞机被移交德国空军，称为Do 215A，而继续制造的同型飞机则为Do 215B，于1941年停产，两个型号总共制造了105架，在德国空军中服役到1944年底，也有轰炸型、侦察型、夜战型等多种改型。从1936年到1941年间，Do 17型轰炸机各型号总产量为2139架。

■ Do 17Z型是全系列中制造数量最多的型号，也是战争初期的主力机型之一，采用扩大的新型机首造型。

■ 在工厂进行维护的Do 17Z，注意右侧拆卸下来的发动机。

■ 夜战型Do 17Z，采用封闭式机首，强化机首武备并加装雷达。

■ Do 215型是在Do 17Z型基础上开发的改进出口型，换装了液冷引擎，性能略有提升，计划出口瑞典，交易取消后供德国空军自用。

作战历程

1936年底Do 17E/F型开始量产，最先装备这种新轰炸机的部队是第153、155轰炸机联队和第122侦察机大队。第一批下线的Do 17中有一部分先被送往西班牙，装备秃鹰军团，接受实战检验。西班牙人管这种机身细长的飞机叫“鳕鱼”。Do 17参与了广泛的战斗行动，包括著名的格尔尼卡空袭，并受到共和军战斗机的攻击，大约有100架Do 17在西班牙损毁或移交给佛朗哥军队。根据战场经验，道尼尔公司在战争前夕推出最新改型Do 17Z。

在西班牙内战的战场上飞翔的Do 17P型轰炸机编队，根据作战经验道尼尔公司对Do 17型进行了改良，提升其性能。

1939年9月1日德军入侵波兰时，Do 17与He 111是德国空军轰炸机部队的核心，533架Do 17已经做好战斗准备，装备第2、3、76、77轰炸机联队。在战役打响后Do 17积极参与了对波军后方机场、集结地、交通枢纽的空袭行动，战果显著，凭借超过420公里／小时的高速，它们能够轻易摆脱波军战斗机的追逐。在西线，第一架在法国上空损失的德军飞机是第123侦察机大队的一架Do 17P，于10月30日被英军战斗机击落。在1940年5月开始的西欧战役中，Do 17的航程和载弹量不足，导致作战效果有所降低，但因为拥有优于He 111和Ju 88的低空机动性，Do 17常常被用于发起低空突袭，在整个战役期间损失很少。

1940年夏季的不列颠战役对任何德军轰炸机来说都是一场灾难，Do 17也不例外，曾经的速度优势在“飓风”和“喷火”面前荡然无存，贫弱的火力难以自保，损失率剧增。在战役期间，Do 17继续利用低空机动优势实施低空轰炸，并希望避开英军战斗机的截杀，但英国人利用高射炮、防空气球、对空火箭等各种武器应对，让低空变得越来越

这幅航空画表现了1940年夏季不列颠战役期间，Do 17Z型轰炸机对英国皇家空军的机场实施低空轰炸的情景，由于防御能力低下，Do 17型在空袭英国的行动中损失很大。

危险，而对伦敦的轰炸基本在中空进行，Do 17的处境更加困难，在8月至9月间近200架Do 17因各种原因损毁，尤其在9月15日的战斗中，竟有20架被击落，13架被击伤，一位大队长和七位中队长阵亡！

鉴于性能更好的Ju 88和Do 217开始批量服役，Do 17渐渐退居二线，生产也于1940年夏季停止，但剩余的Do 17仍然在随后的战役中有所表现。在1941年春季的巴尔干战役中，有110架Do 17参战，损失13架。在6月的“巴巴罗萨”行动中，仅有两个侦察机中队和三个轰炸机大队还在使用Do 17，第2轰炸机联队是当时唯一全部装备Do 17的轰炸机联队，该部在6月23日至24日间，以密集有效的攻击协助陆军挫败了苏军的一次反击，德国空军宣称至少击毁了105辆坦克，杀伤了大量步兵。不过，在幅员辽阔的俄国战场上Do 17的弱点再度暴露出来，作战效率降低，第2轰炸机联队在6月到10月间损失了25架Do 17，随后返回国内换装Ju 88，此后Do 17退出了一线轰炸机的行列，转而承担辅助角色，比如新技术的试验平台、教练机、滑翔机拖曳机以及夜间战斗机，还有相当一部分剩余的Do 17被交给德国的盟友使用，比如保加利亚、罗马尼亚、克罗地亚和芬兰，有15架Do 17Z型在芬兰空军中服役，在战争中损失了10架，但余下5架在战后继续服役至1952年。

道尼尔Do 17型轰炸机主要型号性能一览

机型	Do 17E-1型	Do17 Z-2型	Do 215B型
服役时间	1937年	1939年	1939年
主尺寸	18×16.24×4.56米	18×15.8×4.56米	18×15.8×4.56米
主翼面积	55平方米	55平方米	55平方米
空重／全重	4500公斤/7040公斤	5210公斤/8850公斤	5780公斤/8800公斤
动力装置	BMW Ⅵ 7.3D×2	Bramo323P×2	DB601Ba×2
输出功率	750马力×2	1000马力×2	1160马力×2
最高速度	379公里／小时	427公里／小时	470公里／小时
实用升限	5500米	7000米	9000米
续航距离	1590公里	1160公里	2450公里
武备	7.92毫米×3	7.92毫米×6	7.92毫米×4
载弹量	500公斤	1000公斤	1000公斤
乘员	3人	4人	4人

属于KG 3联队第3大队的Do 17Z型轰炸机，摄于1941年冬季东线某野战机场，可见使用马拉雪橇运送航弹，在1941年“巴巴罗萨”行动之后，Do 17退出主力行列，转为二线装备。

芬兰空军第46中队装备的Do 17Z型轰炸机，德国空军在1942年1月向芬兰空军移交了15架Do 17，一直服役至战后。

Do 17Z型轰炸机“F1+FS”，隶属于第76轰炸机联队第3大队第8中队，1940年。

道尼尔 Do 217型轰炸机 Dornier Do 217 Bomber

早在1937年道尼尔公司就已经认识到Do 17的不足，尤其逊色于容克公司正在开发的Ju 88型轰炸机，因此在1938年以Do 17为基础开始设计一型压倒竞争对手的新型轰炸机，官方编号为Do 217型。1938年2月，航空部对Do 217提出多方面的性能要求，其时速要达到520公里，满载起飞重量达到10200公斤，载弹量达到1500公斤，更为重要的是，鉴于空军缺乏具备对海作战能力的轰炸机，Do 217还要被设计为“海上斯图卡”，能够携带炸弹、鱼雷和水雷从事海上作战，并能对敌军舰船实施俯冲轰炸！

道尼尔公司以Do 17M的机身结合Do 17Z的机首展开设计，Do 217的基本外观和Do 17很相似，同样的悬臂上单翼双发双垂尾布局，尺寸上比Do 17略有扩大，为符合俯冲轰炸的需要，并提高载荷能力，对机翼和机身结构做了加强，并在水平尾翼上增添了俯冲减速板。在加大的机身内部设置了大型弹舱和油箱，值得一提的是部分弹舱可以用可抛弃式内置油箱来代替，部分油箱也能改为弹舱，从而根据不同任务的需要增加载弹量或提高燃料搭载量，以延伸航程，具有很高的作战灵活性，而且还可在机翼下挂载副油箱。考虑到海上作战的需要，Do 217也能在机腹下携

■ Do 217型是以超越 Ju 88型为目标进行设计的，以 Do 17型为基础，换装大功率引擎，强化了机身结构，性能有明显提升。

带一枚LT F5型航空鱼雷或在弹舱内装载2～3枚水雷，还在机身内设有一个容纳小型舢板的装甲隔舱，在设计初期还有安装浮舟的水上型，不过并未投产。

为了满足军方的苛刻要求，最关键的问题还是要赋予Do 217充沛的动力，在设计阶段曾经试验过多种引擎，包括DB601、Jumo211、Bramo329和BMW139等，最后初期量产型安装的是功率1540马力的BMW801A型星形空冷发动机，使海平面最高时速达470公里，在6700米高度最大时速为530公里，实用升限可达8200米，轻载状态下最大航程更是达到惊人的3900公里，以德国空军的标准远远超出中型轰炸机的范畴。在Do 217的后期改型上还换装了功率1725马力的DB603A型引擎，时速更是超过550公里！

■ 战争中期装备部队的 Do 217K 型轰炸机，注意其浑圆的新型机首。

Do 217早期型的机首座舱与Do 17Z相似，但从K型开始采用外形浑圆的新型机首。Do 217的机组乘员有4名，分别为飞行员、轰炸瞄准手、机枪手和飞行工程师，几乎每位乘员都负有操作自卫武器的职责，在坐席周围有装甲保护。Do 217的武备较Do 17有明显

Do 217型背部炮塔和座舱侧面机枪的细节照片，Do 217型的自卫武备较Do 17型明显强化。

Do 217型机腹弹舱的特写照片，其载弹量相比Do 17型成倍提升，最多可达4000公斤，还可以携带鱼雷、水雷等武器执行海上任务。

强化，早期型的标准配备是一挺固定在机首前方，由飞行员控制的MG151型15毫米机炮和布置在座舱前后上下的5挺MG15型7.92毫米机枪，但在后续改型上做了进一步强化，15毫米机炮更换为20毫米机炮，部分MG15型机枪被MG131型13毫米机枪取代，还有的型号配备1门20毫米机炮外加7挺7.92毫米机枪。在载弹量方面，Do 217比起Do 17成倍提升，在不牺牲燃油搭载量的情况下可搭载3500公斤炸弹，其中3000公斤置于机身弹舱内，如果将一个机身油箱去除，则最大载弹量将达到4000公斤，不过速度和航程都要受到影响。出色的搭载能力使得德国空军对Do 217的战术定位发生了变化，通常将它作为重型轰炸机，而不是中型轰炸机来使用。除了各型航空炸弹外，Do 217还能挂载航空鱼雷、水雷等武器，但它最具威力的杀手锏还是战争后期装备的弗里茨-X和Hs293型遥控滑翔炸弹，每架飞机可以携带1～2枚，Do 217被认为是性能最好的滑翔炸弹搭载平台。

Do 217的首架原型机于1938年10月4日首飞，在1940年底开始量产，1941年初列装部队，生产一直持续到1943年12月，总产量为1925架，发展出超过11种改型，其中最主要的生产型号是E、K、M、J、N等。Do 217E型是早期生产型，安装BMW801A型引擎；Do 217K型更换了新型机首和BMW801L型引擎；Do 217M型是在K型基础上换装DB603A型引擎的改型，上述型号基本是水平轰炸机，略作改进后都能携带遥控炸弹。Do 217J型是基于E型改进的夜战型，在封闭式机首内加装4挺MG17型7.92毫米机枪和4门MG/FF型20毫米机炮，早期生产型还保留了机身弹舱，后来取消。Do 217N型是以M型为基础改进的夜战型，武备与J型相似，但20毫米MG/FF型机炮更新为MG151型，还加装了4门

右翼下挂载一枚Hs 293型遥控滑翔炸弹的Do 217型轰炸机，该机型被认为是最佳的滑翔炸弹搭载平台。

Do 217N型夜间战斗机机首特写，安装了FuG202型雷达，天线下方可见4门20毫米机炮的炮口。

■ Do 217E-5型轰炸机“6N+NP”（Hs293载机），第100轰炸机联队第6中队，1943年9月。

同型号的斜射炮。在Do 217之后，道尼尔公司还在1940年再接再厉，启动了Do 317项目，采用增压座舱和Jumo222或DB610等大功率引擎，时速可达670公里，载弹量高达9200公斤，但仅仅制造了6架原型机。

在服役后，Do 217型广泛活跃于各条战线上，扮演了多样化的角色，包括远程轰炸机、鱼雷轰炸机、侦察机和夜间战斗机。在1940年底，最初制造的少量Do 217首先作为远程侦察机部署到东线，而第一支换装轰炸型Do 217的部队是驻法国的第40轰炸机联队和第2轰炸机联队，它们参与了1941年至1944年西线的大部分海空行动，包括布雷、反舰和对英国本土的空袭。最著名的Do 217部队是第100轰炸机联队，下辖两个大队的Do 217都装备了遥控滑翔炸弹。1943年8月27日，第100联队的Do 217在比斯开湾用遥控炸弹击沉了英国海军“白鹭”号护卫舰，创造了历史上空射制导武器的首个战果。两周后的9月9日，Do 217又在地中海再创佳绩，击沉了意大利战列舰“罗马”号。在此后意大利沿岸的登陆战役和诺曼底战役中，使用遥控炸弹的Do 217都屡屡出战，取得了一定的战果。Do 217的夜战型参加了本土防空战，但因为机动性欠佳，并不受欢迎，常与Bf 110配合作战，但装备范围很广，至少有11个夜战大队使用过该型飞机，在东线和意大利都留下过战斗的足迹。Do 217在德国空军中一直服役到战争结束，至少有一架在瑞士空军中服役到1946年。

■ Do 217型服役后活跃于各条战线，上图是在前线集结的Do 217E型机群，下图是在地中海战区作战的Do 217K型。

道尼尔Do 217型轰炸机主要型号性能一览

机型	Do 217M-1型（轰炸型）	Do 217J-2型（夜战型）
服役时间	1942年	1942年
主尺寸	19×17×4.96米	19×18.2×5米
主翼面积	57平方米	57平方米
空重／全重	9100公斤／16700公斤	9350公斤／13180公斤
动力装置	DB603A×2	BMW801A×2
输出功率	1725马力 ×2	1540马力 ×2
最高速度	557公里／小时	487公里／小时
实用升限	7370米	8400米
续航距离	2145公里	2050公里
武备	7.92毫米 ×4，13毫米 ×2	7.92毫米 ×4，20毫米 ×4（机首） 13毫米 ×2（后部及机腹）
载弹量	4000公斤	——
乘员	4人	3人

双发中型轰炸机

亨克尔 He 111型轰炸机 Heinkel He 111 Bomber

在20世纪20、30年代的德国，军用飞机的设计受到条约禁止，因此未来德国空军的部分主力机型起初都是借助民用飞机的伪装进行研发，而亨克尔公司的 He 111型轰炸机就是其中的典型代表，它是以高速客机的名义设计的，实质上是为空军打造的快速中型轰炸机，被形容为“披着羊皮的狼”，其军用型号的制造数量是民用型号的540倍！He 111是德国空军在战争初期装备数量最多的轰炸机型号，被认为是轰炸机部队的形象代表，承担着多种作战任务，虽然在战争中期就显得过时，但后续机型的难产使它的作战生涯一直延续到1945年战争结束。

研发与设计

30年代初期，恩斯特·亨克尔(Ernst Heinkel)决心制造世界上最快的客机，以挑战新型的美国客机，比如道格拉斯 DC-2等。尽管受到诸多质疑，他还是大胆启用新人齐格弗里德和瓦尔特兄弟，后者在1932年拿出了第一个作品 He 70“闪电”，这种单发单翼四座客机由一台600马力 BMW Ⅵ型引擎驱动，时速达380公里，轰动一时，具有椭圆形曲线的机翼设计成为一大特色。He 70也引起了德国军方的兴趣，他们此时正在寻找未来轰炸/运输机的候选型号。

在 He 70基础上，亨克尔公司开始了 He 111的设计，继承了 He 70的许多特点，采用椭圆形倒鸥型翼面、小而圆滑的操纵面以及 BMW 引擎，被称为“双重闪电”。首架原型机于1935年2月24日首飞，试飞员反映 He 111的低空机动性相当出色，具有不错的速度和飞行品质，起降性能也令人满意，只是在纵向稳定性和副翼操控上存在缺陷。经过改良后，He 111成为一款时速410公里的十座高速客机，总共为汉莎航空制造了12架。不过，亨克尔研发 He 111的真正目的是为了和容克、道尼尔竞争德国空军主力轰炸机的订单，当时它最主要的对手是容克公司的 Ju 86，两者在各项性能上都旗鼓相当，让军方举棋不定，最后同两家公司都签订了发展合同，但是容克公司在1935年陷入财务危机，Ju 86也暴露出在机动性上的劣势，最后出局，He 111胜出，被选定为空军

■ 亨克尔公司在1932年开发的 He 70型快速客机以新颖的设计、优良的性能获得好评，He 111吸取了很多 He 70的技术元素。

■ He 111型是以民用客机为掩护进行研发的，图为属于汉莎航空的 He 111C 型十座高速客机，周围还有几架 Ju 52型客机。

■ He 111型的最大竞争对手 Ju 86型轰炸机，该机在设计时采用 Jumo205型柴油发动机以提升航程，机动性略逊于 He 111型，最终仅有少量高空侦察型进入德国空军服役。

■ 从上方拍摄正在飞行的He 111型轰炸机，从这个角度可以很好地观察到He 111型独特的翼面造型和具有优美曲线的机身。

■ He 111型机首座舱内景，近处为驾驶员，他前方为轰炸瞄准手，可见形如温室的座舱内视野相当开阔，便于观察。

一线主力机型。

He 111为传统的双发下单翼单垂尾布局，但是充满了曲线之美，通体都是流畅顺滑的线条，宽大的主翼略呈倒鸥翼状，平面与昆虫的飞翅很相似，前缘平展，翼端圆滑，后缘呈现优美的弧线，在翼根处向前凹陷，类似特征也出现在尾翼上。圆柱形的机身从中部向机尾逐渐变细，呈流线形。He 111早期型采用样式传统的阶梯形机首造形，后来改为别具特色的子弹头形机首，而且整个机首除了右下部用于安装轰炸瞄准具的平台外，均被大面积的透明风挡所覆盖，形似玻璃温室，视野极佳，成为He 111最典型的特征，不过在恶劣天气时风挡容易被雨雪打湿，反而令视野模糊。He 111的机身内部有两道主隔壁，前部隔壁将驾驶舱和弹舱隔开，而在弹舱与后部隔壁之后是无线电操作间。He 111的机组乘员有5人，其中驾驶员、领航员、轰炸瞄准手位于机首，无线电员和后部炮手位于无线电操作间。He 111的自卫武备可以安装在机首、机身中部的腹部炮塔、背部炮塔以及两侧的炮位上，早期型号通常装有3～6挺7.92毫米机枪，后续型号多有强化，包括在机尾加装一挺遥控机枪。He 111早期型的载弹量为1000公斤，后期型增加至2000～3600吨，有趣的是在早期型号上炸弹以首部向上的垂直状态挂载在弹舱内。

型号发展

从1935年至1944年，He 111系列总共制造了6508架，其中包括32架原型机、12架民用型和6464架军用型，衍生出至少14种改型，其中民用型只有两种，而更细微的变型数量超过50种！

■ 1938年秃鹰军团装备的He 111E型轰炸机，摄于西班牙内战前线，注意其机首仍是传统的阶梯状造型。

■ 在工厂内进行主翼大梁安装的He 111型，可以从近距离观察其经典的子弹头机首造型，可见大部分机首都被风挡玻璃覆盖。

■ He 111A-0型轰炸机，中国空军第8大队第19中队1902号机，1937年秋季南昌机场，注意其机腹的吊篮式机枪塔。

He 111A是最初的生产型，采用578马力的BMW Ⅵ型引擎，载弹量仅有680公斤，德国空军以动力不足为由拒绝接收，仅制造了10架，其中6架出口中国。He 111B、D（C型为民用型）于1936年至1937年投产，更换了DB600系列引擎，发动机功率提升到900马力以上，载弹量达到1500公斤，自卫武器为3挺7.92毫米机枪，它们是最早装备德国空军的型号，但制造数量也很少。由于DB600型引擎供应不足，He 111E型转而采用Jumo211A型引擎，于1938年2月下线，早期生产的E型安装1000马力Jumo211A-1型引擎，时速390公里，载弹量达到2000公斤，其弹舱内可以挂载8枚250公斤炸弹或32枚50公斤炸弹，由于其垂直挂架设计，He 111E型只能携带这两种规格的炸弹。后期生产的E型更换为Jumo211A-3型引擎，功率1100马力，而且部分弹舱可以改为辅助油箱，以增加航程。德国空军还在He 111E型上试验了可回收式火箭助飞装置。

同在1938年投产的He 111F型与E型相似，但是采取了一项重要改进，就是将曲线的机翼前缘和后缘改为直线，以减少制造难度，提高生产效率。由于He 111具有优良的低空机动性，被德国海军相中作为鱼雷轰炸机，发展出He 111J型，但海军不久即放弃了这一项目，因为他们认为四人机组太过浪费了，空军继续完成了J型的开发，作为水平轰炸机服役，其特征与F型相似，唯一的区别是采用了DB600G型引擎。随后的He 111P是本系列在战前最重要的改型，采用全新的流线形机首和新型机腹炮塔，奠定了He 111的经典外形，动力装置为1150马力的DB601A型引擎，使最高速度达到475公里／小时，无线电设备、轰炸瞄准具以及炸弹挂架都做了更新，自卫武备增强为5～6挺机枪，乘员数量也由4人增加到5人。

■ 战争初期在德国空军中服役的He 111E型，是早期主要量产型。

1939年初下线的He 111H型是制造数量最多，应用范围最广的改型，其衍生出的子型号就超过20种，生产一直持续到1944年。H型实际上就是换装了Jumo211系列引擎的P型，这一改变还是因为DB系列发动机的供应不足。最初制造

■ 在亨克尔工厂生产线上进行组装的He 111P型，该型号进行了很多改进，包括新型机首，在整个系列中具有承上启下的地位。

的H-1\2型具备早期He 111的标准配置：3挺自卫机枪，挂载8枚250公斤炸弹或32枚50公斤炸弹。到战争爆发前夕，H型已经取代P型成为主要生产型，在战前四个月内制造了超过400架He 111H型，构成了战争初期轰炸机部队的核心力量。在战争中H型始终处于不断改进中，1939年10月投产的H-3型更换了1200马力的Jumo211D型引擎，并根据波兰战役的经验增强了自卫火力，机枪数量增加到7挺，部分飞机还加装了遥控的机尾机枪。不列颠战役之后投产的H-4/5型主要改进之处是加强了外挂能力，通过在机腹下安装各型挂架，使He 111能够携带1000公斤、1800公斤，甚至2500公斤的重磅炸弹，此外还能够挂载鱼雷或航空水雷，其中H-5型将弹舱全部改为内置油箱，作为远程鱼雷轰炸机使用。H-6型是作为专职的鱼雷轰炸机开发的，换装1350马力的Jumo211F型引擎，机动性和爬升率都有明显提高，在机腹下挂载两枚航空鱼雷，也能携带炸弹，自卫武备增强为1门MG/FF型20毫米机炮和6挺MG15型7.92毫米机枪。

1942年夏季投产的H-11型是He 111系列一种重要的战时改型，以H-3型为基础，使用Jumo211F型引擎，重点加强了装甲防护和自卫武器，弹鼓供弹的MG15型机枪被弹链供弹的MG131型13毫米机枪以及高射速的MG81Z型7.92毫米双管机枪所取代，这两种武器成为He 111后期型的标准配置。乘员舱都加装了防护装甲，其中位于机腹的部分装甲板在紧急情况下可以抛弃。H-11型在携带2000公斤载荷的情况下航程达2340公里，除了230架新造的H-11型外，至少有100架H-3型被升级为H-11型。在H-11

■ 作为鱼雷轰炸机使用时的He 111H型具有在机腹下挂载两枚航空鱼雷的能力，H-6型就是作为专职鱼雷轰炸机而改进的。

■ He 111H-6型的机首特写，注意其机首前部安装了一门MG/FF型20毫米机炮和一挺MG15型7.92毫米机枪，He 111的后期型号普遍强化了自卫能力。

■ 1939年初开始生产的He 111H型是全系列中产量最大、改型最多的型号，图为属于KG 53联队的He 111H型，摄于战争初期，注意机腹武器吊舱的位置。

■ He 111Z 型双体机是为拖曳巨型滑翔机 Me 321 型而开发的。

型基础上改进的H-16型于1942年底开始生产，以执行低空轰炸任务为目标，将机首固定的20毫米机炮更换为MG131型活动机枪，机背炮塔改为电动式，通信、导航设备进行了更新，以适应夜航的需要。H-16型的产量为1155架，还有少量H-6、H-11型被升级为H-16。H型的最后一个主要改型是H-20型，1944年初投产，安装1750马力Jumo213E型引擎，具有更强的武备和更好的无线电设备，制造数量为550架，另有586架H-6型升级为H-20型。

尽管He 111拥有众多改型，但其中最吸引眼球的肯定是Z型，它是由两架H-6型的机体组成的双体飞机，是专为牵引Me 321型巨型滑翔机而设计的，左右机体通过一段新设计的中央机翼连接起来，由5台Jumo211F型引擎驱动，即使中间的三台引擎熄火时也能保持飞行，燃油载量8500升，足以拖带一架Me 321巡航10小时，在作为远程轰炸机时能携带1800公斤炸弹飞行4000公里，还能携带4枚Hs293型制导炸弹，作为侦察机时航程更达6000公里。He 111Z的操纵系统位于左侧机身，机组乘员为7人，其中驾驶员、一号机械师、无线电员和一号炮手在左侧机身，二号机械师、观察员和二号炮手在右侧机身。有10架Z型被制造出来，另有5架利用现有的H-6型机身改装而成，但它们在实战中发挥的作用很有限，大多被摧毁于地面。

He 111还有国外生产的型号，1940年西班牙向德国购买了He 111的特许生产权，以He 111H型为基础自行制造，被称为CASA2.111型，换装了英制梅林发动机，一直生产至1956年，产量为236架。

作战历程

最初制造的10架He 111A中有7架出口中国，作为中国空军的一部分参加了抗日战争，但很快损失殆尽，仅有一架改为运输机使用。1937年2月，4架He 111B与4架Do 17、4架Ju 86一道被派往西班牙，取代秃鹰军团中的Ju 52型，3月间首次参战，很快证明了性能的优越，占据主力位置。在内战期间，大约有94架He 111B\E型装备秃鹰军团，有21架毁于战斗，有58架在战后移交西班牙空军。

当1939年9月二战爆发时，德国空军已经装备了787架He 111，其中705架做好了战斗准备，在参加波兰战役的轰炸机部队中，有五个联队装备了He 111，它们是第1、4、26、27、53轰炸

■ 1937年在西班牙作战的He 111 B型轰炸机，隶属于秃鹰军团K/88大队，He 111后期型号的改进得益于西班牙内战的实战经验。

■ 1939年9月波兰战役期间，一架He 111型向地面目标投弹的瞬间。在战争爆发时，He 111是德国空军轰炸机部队的绝对主力。

■ 战争初期KG 76联队的He 111机群在执行轰炸任务途中，从一架He 111的驾驶席角度拍摄，可以看到另一架友机相伴而行。

机联队，在战役中为陆军部队提供了有力支援。在西线，He 111最初的目标是英国海军基地以及在北海活动的盟国舰船，在1939年至1940年的冬季，He 111屡次光临斯卡帕湾等重要基地，不过在英军战斗机的拦截下也蒙受了相当的损失。在1940年4月的“威悉河演习”行动中，有189架He 111P/H型担负起支援登陆行动，压制敌军抵抗的任务，只取得了部分成功，未能阻止挪威海岸炮台击沉德国重巡洋舰“布吕歇尔”号，但在战役后期对在挪威海域活动的英法舰艇造成了较大威胁。在5月间的西欧战役中，He 111继续表现良好，承担了大量的轰炸任务，比如在德军突破色当法军防线时，He 111出动3940架次实施支援，对法军后方的交通网、机场、补给基地的空袭行动也颇有成效。

在1940年夏季的不列颠之战中，He 111再度成为主角。在第2、3航空队参与对英空袭的34个轰炸机大队中有15个装备了He 111，相比更新型的Ju 88，两者载弹量相当，Ju 88速度更快，而He 111机身更坚固，能够承受更大的破坏，不过其全透明机首对于来自正面的攻击显得非常脆弱。在与英军战斗机的战斗中，He 111暴露出在机动性和自卫火力上的弱点，损失很大，尽管如此还是给目标造成了严重破坏。在7月至10月间，有242架He 111毁于敌对行动，损失数量少于Ju 88。在1940年至1941年的冬季，He 111还积极参与了对英国城市的夜间空袭。

从1941年春季开始，德国空军将He 111作为鱼雷轰炸机执行反舰任务，在此之前德军轰炸机多使用常规炸弹攻击舰船，损失很大，在1941年后获得了有效的航空鱼雷后，对舰攻击才变得更有效率。He 111出色地扮演了商船杀手的角色，在大西洋之战中，特别是对北极航线的攻击中屡获战果，在海峡前线、黑海以及地中海，He 111的鱼雷攻击也被盟军视为严重威胁。在1941年至1943年的北非战役中，He 111和Ju 88一道为非洲军的攻防行动提供了有力支援。

1941年6月开始的“巴巴罗萨”行动中，有三个联队的He 111参与了进攻，分别是第27、53、55轰炸机联队，主要负责战术支援任务，特别是对苏军后方铁路运输的打击成果很大，比如第55联队宣称击毁了122辆火车车厢和64台机车。在1941年和1942年中，He 111除了执行常规轰炸任

■ 在不列颠战役期间，为了突破英军防空气球的阻拦，德国空军为部分He 111H型加装了防空气球切割器。

务外，还在迭米扬斯克和斯大林格勒两次战役中担当起空中补给的重任。进入1943年后，He 111的地位逐渐被Ju 88和Do217所取代，不过依旧是轰炸机部队的骨干力量，在东线战场上被赋予了有限的战略轰炸任务。在1943年6月4日夜间，来自第1、3、4、55、100联队的He 111投弹161吨，给高尔基1号坦克工厂造成严重破坏，但是这类成功战例相当稀少，德国空军没有足够的力量实施大规模的战略空袭。1944年春季，鉴于昼间空袭的高昂代价，He 111大多转入夜间轰炸行动，对乌克兰境内的铁路枢纽进行了一系列攻击，以延缓苏军的进攻。这一年最成功的行动是6月21日夜间对波尔塔瓦机场的突袭，炸毁了47架B-17轰炸机。

亨克尔 He 111型轰炸机主要型号性能一览

机型	He 111F-4型	He 111H-6型	He 111Z型
服役时间	1938年	1941年	1942年
主尺寸	22.5×17.5×4.2米	22.5×16.4×4米	35.2×16.4×3.9米
主翼面积	86.5平方米	87.6平方米	147.4平方米
空重/全重	6200公斤/10600公斤	6800公斤/13200公斤	21300公斤/29700公斤
动力装置	Jumo211A×2	Jumo211F×2	Jumo211F×5
输出功率	1100马力×2	1350马力×2	1350马力×5
最高速度	370公里/小时	440公里/小时	437公里/小时
实用升限	8000米	8500米	10200米
续航距离	1820公里	2060公里	4000公里
武备	7.92毫米×3	7.92毫米×5、13毫米×2 20毫米×1	7.92毫米×6, 13毫米×1
载弹量	2000公斤	2000公斤	——
乘员	5人	5人	7人

在战争末期，随着德国空军逐渐丧失制空权，性能已显落后的He 111难有出彩的机会。1944年秋季，当盟军地面部队占领位于法国、荷兰境内的V1发射基地后，He 111开始充当发射V-1的空中平台，这项任务相当危险，为了躲避英军战斗机，飞机必须以低空飞越北海，在接近英国海岸后爬升到500米释放导弹，然后低空返航。在东线战争的最后阶段，He 111还在尽最后的职责，作为运输机协助从巴尔干撤军，为被围困的城市空运补给，对苏军前进方向上的道路、桥梁进行破坏等等。He 111在战争中的最后一次行动是1945年2月轰炸奥德河上的桥梁，阻止苏军向柏林推进。

除了德国空军外，西班牙、土耳其、保加利亚、罗马尼亚、匈牙利等国空军都曾使用过He 111，在西班牙空军中服役的He 111服役至1958年，而自制的CASA2.111直到1973年才退役。

今日在博物馆中展出的西班牙CASA2.111型轰炸机，即西班牙自产的He 111H-16型，该机在西班牙空军中服役至1973年。

战争后期，退出主力位置的He 111被用作制导武器搭载平台，这幅彩绘为1944年夏末作为V1空中发射平台的He 111H-22型，属于KG 3联队第3大队。

容克 Ju 88型轰炸机 Junkers Ju 88 Bomber

■ 1936年底在保密情况下试飞的 Ju 88V1 号原型机。

■ KG 3联队的 Ju 88A 型，可见采用双发下单翼单垂尾气动布局。

■ Ju 88的机首特写照片，注意驾驶舱和机鼻处的大型玻璃风挡和右下方的船型吊舱。下图为 Ju 88驾驶舱内景，可见驾驶员、无线电员和机械师等机组成员。

作为德国空军建造数量最多，作战用途最广泛的双引擎飞机，Ju 88素有“万能轰炸机”之称，可以承担除了近距离空中格斗之外的各种作战任务，无论是水平轰炸、俯冲轰炸、远程护航、侦察巡逻，还是夜间截击、滑翔机拖曳、空投空运、反潜反舰，几乎样样得心应手，被公认为德国空军最成功的多功能空中作战平台，改型众多，性能优异。自1941年开始，Ju 88就取代 Do 17、He 111成为德国空军的主力轰炸机型号，直至战争结束。

研发与设计

1935年春，航空部提出设计一种兼顾轰炸、截击、侦察任务的“轰炸驱逐机”，这一设想后来被一种载弹量800公斤、时速超过500公里的“快速轰炸机”取代，但多用途的理念被继承下来。容克公司力图胜出，倾尽全力，为了获取先进的承力蒙皮技术，还特意聘请了两位美国专家埃巴斯和戈纳斯参与原型设计，总体工作由恩斯特·岑德尔主持，获得了 Ju 88的官方编号。首架原型机于1936年12月21日在保密状态下首飞，在经过近两年的修改、测试后，Ju 88击败了 Bf 162、Hs 127等竞争对手，在1938年9月获得军方的大宗订单。Ju 88在设计初期就表现出优良的性能，其5号原型机在1939年3月曾创造了载重2吨，在1000公里航线上平均时速517公里的世界纪录，令德国空军对 Ju 88的战斗力充满期待，尚未服役就被称呼为“神奇轰炸机”。

Ju 88采用常规的双发单垂尾悬臂下单翼布局，机身为全金属半硬壳结构，机首驾驶舱配有凸出的框架式大型透明风挡，明亮且视野开阔，机鼻处覆盖多块玻璃风挡，便于轰炸瞄准，部分改型也采用封闭式机首。在机首下方偏右位置设

■ Ju 88型的机首座舱前后安装了3挺 MG15型7.92毫米机枪。

■ Ju 88型在主翼内段设有四处外挂点，以挂载额外的炸弹，以增加载弹量，Ju 88型最多可以装载2400公斤炸弹。

有船形吊舱，以容纳机载设备和自卫武备。悬臂下单翼为梯形，多为直线外观，略有上反角，机翼外段装有俯冲减速板，不过大角度俯冲时机身负荷较大，在战时多以45度以下的小角度俯冲实施攻击，并且拆除了减速板。主翼中段装有一对大直径圆柱形发动机短舱，先前突出，其前端几乎与机鼻齐平。Ju 88的动力装置主要为Jumo211/213系列液冷发动机，但也能安装BMW801系列空冷发动机，多种动力选择减少了Ju 88对引擎供应的依赖性，便于维持生产。发动机舱下方的主起落架在收起时先翻转90度，再完全收入起落架舱内。Ju 88基本型的机组成员有四人，包括驾驶员、轰炸瞄准手、无线电员和机械师，他们还各自兼任自卫武器射手，全部位于机首驾驶舱内，部分改型配有三人机组，在驾驶员、机械师周围及机腹炮位处都设有防护装甲。

作为一种战术轰炸机，德国空军对Ju 88的航程没有太高的要求，在机翼及发动机短舱内的油箱可携带1677升燃料，如果在弹舱内挂载附加油箱，燃料载量可增至3575升，以执行远程任务。Ju 88型最初自卫武备较为薄弱，在驾驶舱前后、机鼻及机腹吊舱内设有4挺MG15型7.92毫米机枪，使用75发弹鼓供弹。在战争期间Ju 88不断强化火力，产生了不下40种武器配置方案，主要混装弹链供弹的MG81Z型7.92毫米双管机枪和MG131型13毫米机枪，数量4～6挺，部分改型甚至装有20、30毫米甚至75毫米的大口径武器。Ju 88的机腹弹舱内可以挂载1400公斤炸弹，此外在机翼内段还设有四处挂点，可以携带4枚500公斤炸弹，不过通常情况下只挂载100公斤炸弹，总载弹量为1800～2400公斤。

型号发展

与其他德军主力飞机一样，Ju 88型也拥有一张令人眼花缭乱的改型清单，在战争期间产生了A、B、C、D、G、H、P、R、S、T等多种改型和Ju 188、Ju 388两种衍生型。Ju 88型的总产量超过15000架，其中9122架为轰炸型，如果加上Ju 188、Ju 388的数量，总数达到16425架，仅次于Bf 109型和Fw 190型战斗机，远远超过其他型号的轰炸机。

Ju 88A型是最主要的生产型号，其产量占到Ju 88总产量的一半，产生了至少17种子型号。早期生产的Ju 88A安装1200马力的Jumo211B

■ 容克公司车间内成排的Ju 88型轰炸机机身，其制造数量居德军各型轰炸机之首，总产量超过15000架！

■ 这幅彩绘完美再现了Ju 88A-5型轰炸机投掷水雷的姿态，从机首侧面的徽标判断该机隶属于KG 30联队第2大队。

型引擎，从A-4型开始将翼展从18.37米增加至20米，以改善操纵性能，同时换装1400马力的Jumo211J型引擎，时速可达510公里，自卫武器也得到增强。A-6型重点改善了操纵稳定性，机动性突出，即使在俯冲拉起过程中也可进行机动。Ju 88A型主要是作为四座轰炸机列装的，但除了常规轰炸型外也发展出对地攻击机、鱼雷轰炸机、教练机以及热带改型等。

Ju 88B型换装了新设计的流线形机首和BMW系列空冷发动机，只制造了10架，作为远程侦察机使用，但成为Ju 188的基型。

Ju 88C型是以三座重型昼间战斗机和夜间战斗机的面貌问世的，有7种改型。C型的主要特征是更换为封闭式机首，强化武备，添置必要的机载设备，比如雷达等，其中C-5及部分C-7型还换装了1700马力的BMW801D型引擎。C-4型是Ju 88系列的第一种夜战型，以A-4型为基础，增加了额外的2门MG/FF型20毫米机炮和多挺MG81型7.92毫米机枪。后期制造的C-6型还安装了机载雷达和斜射炮系统。

■ 作为昼间重型战斗机和夜间战斗机而改进的Ju 88C型，采用封闭式机首，在机鼻右侧装有1门20毫米机炮和3挺7.92毫米机枪。

Ju 88D型为四座侦察型，安装Jumo211系列引擎，携带航空照相设备，部分子型号还设有外挂点，用于挂载炸弹或副油箱。

Ju 88G型为夜间战斗型，以C-6型为基础发展而来，更换了Ju 188的机尾，垂尾翼尖由圆形改为方角型，安装BMW801G型引擎，加

■ 在进行试飞的Ju 88G型夜间战斗机，以Ju 88C型为基础改进而来，机首装有大型雷达天线。虽然Ju 88是作为中型轰炸机研制的，但具有良好的通用性，无愧于“万能轰炸机”的美名。

装了4门MG151型20毫米机炮、SN-2型雷达及其他设备，最初为三人机组，后来为了减轻乘员的工作强度，增加了第四名乘员。G-6型更换了BMW801G型引擎，并在机尾也加装了雷达天线，还配备了斜射炮系统。G-6c型更换了1750马力的Jumo213A型引擎，G-7型换装了Jumo213E型引擎，配备了多种型号的雷达及电子设备，最终的G-7c型安装了带有内置天线的FuG240型厘米波雷达，减少了飞行阻力，时速高达674公里。

Ju 88H型为远程侦察型，利用D型的机身和G型的机翼混合组装而成，机身加长了3.3米，以扩大油箱容积，航程可达5000公里，可以携带三部航空相机和一部FuG200型雷达。H-2型为三座驱逐机改型，配备6门前射的MG151型20毫米机炮，H-3型换装了2240马力的Jumo213A-12型引擎，H型的产量较少。

Ju 88P型是专门的反坦克攻击机改型，以Ju 88A-4为基础，加强了装甲防护，在机腹下挂载大型武器吊舱，配置多种型号的机载反坦克炮，具有强大的反装甲能力。P-1型配置1门PaK40型75毫米反坦克炮，手动装填，P-2型携带2门BK3.7型37毫米机炮，P-3型在P-2型基础上增加了装甲，P-4型配备1门BK5型50毫米机炮。在紧急情况下，P型可以抛弃武器吊舱。虽然威力很大，但P型的飞行能力大幅下降，因此没有大量投产。

Ju 88R型夜间战斗机机首特写，配备了FuG202型机载雷达，在机首偏右位置安装了4门MG151型20毫米机炮。

Ju 88P型是为对付敌军装甲集群而专门开发的对地攻击型，图中的Ju 88P-1型配备了一门PaK40型75毫米反坦克炮。

Ju 88R型为夜间战斗型，安装1700马力的BMW801M型引擎，机首配备4门20毫米机炮和FuG202型雷达，性能出色。

Ju 88S型是1944年初发展的三座高速轰炸型，以Ju 88A-4型为基础，为了提高速度对机身进行了减重处理，拆除机首吊舱、俯冲减速板

战争末期开发的Ju 88S型高速轰炸机，时速超过600公里。

和部分装甲，乘员减为三人，机鼻改为圆滑的半球形，安装BMW801型引擎和GM-1型加力装置，仅保留1挺13毫米机枪，后期生产的S-3型换装2240马力的Jumo213A型引擎，在加力状态下可在8000米高空保持610公里／小时的高速，但载弹量有所减少。在战争末期基于S型还研发了三座高速侦察型Ju 88T型，在弹舱内增设油箱，增加航程，速度可达660公里／小时。

■ Ju 88双机编队，这种新型轰炸机在战争爆发前夕才列装部队，随着装备数量的增加，很快奠定了主力位置。

作战历程

德国空军原计划在1938年秋季批量列装Ju 88，制造商也承诺月产量将达到300架，但受到技术发展问题的阻碍，Ju 88的初期生产极为缓慢，甚至一周只有一架下线，到1939年9月战争爆发前夕仅有12架Ju 88服役，装备试验部队，附属于第25轰炸机联队参加了波兰战役，但未发挥突出作用。在1939年末至1940年初，Ju 88主要用于在北海袭击英军舰船和海军基地，曾于10月17日空袭斯卡帕湾，重创了训练舰“铁公爵”号。约130架Ju 88参加了1940年春的“威悉河演习”行动，在4月9日于挪威外海击伤了“罗德尼”号战列舰，击沉“廓尔喀人”号驱逐舰，但损失4架飞机。在西线战役中，Ju 88开始充分显示出威力，对盟军机场、交通线、部队集结地以及舰船实施了卓有成效的攻击，在5月10日至13日间，第51轰炸机联队的Ju 88就宣称在地面击毁了230～250架敌机，而在随后一周内，其他部队的Ju 88又

■ 这幅画作展示了Ju 88型轰炸机对一艘英军驱逐舰实施低空俯冲轰炸的场面，在1940年4月间的挪威战役中，Ju 88型显示了出色的反舰能力，击沉、击伤多艘英军舰船。

对法国铁路网实施了174次攻击，严重破坏了法军的供给和机动能力。不过，由于初期装备的Ju 88A-1存在技术缺陷，战损率很高，以至于有的机组成员要求调往He 111部队服役，这些缺陷在不列颠战役中得到更充分的暴露，尽管Ju 88具有较高的速度，在英军战斗机面前依然难逃厄运，在1940年7月至10月间，有313架Ju 88被击落，损失数量超过了He 111和Do 17。

1940年夏秋，经过重大改进的Ju 88A-4型投入服役，解决了初期型存在的种种问题，Ju 88开始作为一种性能一流的轰炸机取代He 111和Do 17成为德军轰炸航空兵的主力装备，被广泛运用于各条战线上。在西线，Ju 88继续参与对英国本土的空袭，攻击沿海航行的盟军舰船；在南线，Ju 88在巴尔干、克里特、马耳他等战场的作战中都表现出色，摧毁了大量舰船和地面目标，还有力支援了非洲军的攻防行动；在北线，驻扎在挪威沿岸基地的Ju 88成为盟军北极航线最凶狠的敌人之一，在1942年夏季频繁的袭击中取得了较大战果，例如在对PQ-17船队的拦截中，第30轰炸机联队的Ju 88击沉6艘商船，击伤2艘；在东线，Ju 88获得了最为突出的成就，到1941年夏季，大多数装备Do 17的部队都换装Ju 88，它们与He 111一道在战争爆发首日就重创了苏联空军，数以千计的飞机被Ju 88以低空突袭的方式摧毁，例如第1轰炸机联队的Ju 88将465架敌机击毁于地面。此外，Ju 88还发挥俯冲轰炸能力，执行了大量对地攻击和战场遮断任务，来自第51、54轰炸机联队的Ju 88在7月1日宣称击毁了220辆卡车和40辆坦克。在波罗的海方向，Ju 88还扮演了海上杀手的角色，将大量苏军舰船送上不归路。在随后数年的东线战争中，Ju 88始终是德国空军最重要的战斗力量，它们担负着各种类型的作战任务，包括加装大口径航炮，作为反坦克攻击机阻止苏军装甲部队的推进。

1942年夏季在东部前线某机场上，一架Ju 88A型轰炸机的机组成员在座机前的草地上打牌娱乐。

除了作为轰炸机和攻击机外，Ju 88还作为重型战斗机和夜间战斗机活跃于战争期间。当1940年夏季首批Ju 88C型服役时受到部队的欢迎，它们拥有与Bf 110相当的速度，但航程是后者的两倍，不过实战表明它们都不是单发战斗机的对手，因此

KG 77联队的一架Ju 88A-4型轰炸机在前线机场加油装弹，摄于1943年西西里岛。作为德国空军性能最出色的中型轰炸机，Ju 88在各条战线上都有出色的表现。

Ju 88C开始陆续转入夜战部队服役，成为对英国远程夜袭的主力，在1940年中，第1夜战联队的Ju 88C至少击落了31架英军轰炸机，仅损失4架。在1941年之后，Ju 88更多地被用于夜间防空，陆续出现了G、R等夜战改型，装备各种型号的机载雷达和斜射炮系统，许多夜战王牌都曾驾驶Ju 88系列叱咤夜空，比如拥有110架战果的二号夜战王牌赫尔穆特 · 兰特。1943年5月9日，驻挪威的第3夜战联队的一架Ju 88R叛逃英国，在航程末段还得到英军战斗机的护航，表明这次行动是早有预谋的，这是德国空军在战争中的少数几次叛逃行动之一，这架飞机至今仍在博物馆中展出。

容克 Ju 88型轰炸机主要型号性能一览

机型	Ju 88A-4型	Ju88 G-1型	Ju88 P-3型
服役时间	1940年	1944年	1942年
主尺寸	20.08×14.36×5.07米	20.08×15.5×5.07米	20×14.85×4.85米
主翼面积	54.7平方米	54.7平方米	54.56平方米
空重/全重	8500公斤/14000公斤	9081公斤/13100公斤	11080公斤/12670公斤
动力装置	Jumo211J×2	BMW801G-2×2	Jumo211J×2
输出功率	1400马力×2	1670马力×2	1400马力×2
最高速度	510公里/小时	550公里/小时	360公里/小时
实用升限	9000米	9900米	5500米
续航距离	2430公里	2500公里	1580公里
武备	7.92毫米×4*	20毫米×6、13毫米×2	37毫米×2 7.92毫米×6
载弹量	2400公斤	——	——
乘员	4人	3人	3人

注：Ju 88A-4型的机载武器还有各种改造方案，换装20毫米机炮和13毫米机枪。

在战争末期，由于战场形势的恶化，Ju 88作为常规轰炸机几乎没有生存空间，于是被用于“寄生斛”项目的改造，即将机首去除，更换为一个大型战斗部，由一架单发战斗机挂载，在接近目标时分离，在无线电遥控下对目标进行撞击，主要对桥梁、部队集结地进行打击，但战果并不显著。

除了德国空军外，保加利亚、芬兰、罗马尼亚、意大利、西班牙、法国、匈牙利等国空军都曾装备过Ju 88型轰炸机。

美军士兵在察看一架在地面焚毁的Ju 88G型夜间战斗机。

由Bf 109和Ju 88A组合的“寄生斛”，Ju 88机首换为大型战斗部。

Ju 88A-4/Trop型轰炸机“1T+ET”，第26轰炸机联队第9中队，1943年4月，注意该机挂载了鱼雷。

Ju 88C-6型夜间战斗机“R4+XM”，第2夜间战斗机联队长海因里希 · 塞恩-维特根斯坦因少校座机，1944年1月，注意该机安装了斜射炮系统。

容克 Ju 188型轰炸机 Junkers Ju 188 Bomber

1936年，容克公司提出Ju 88方案参与德国空军“快速轰炸机”项目的竞标，同时也着手进行改良，推出Ju 88B方案，最主要的改进是采用一种全透明卵形机首，具有更加良好的视野，改善了气动外形，减少飞行阻力，不过在航空部看来，这种机首过于前卫，最终选择了机首相对传统的Ju 88A。1939年，德国空军又提出“B型轰炸机”项目，研发一型足以取代现有所有中型轰炸机的高性能轰炸机，参与竞争的有Do 317、Fw 191、Ju 288等，但是由于缺乏2500马力大功率引擎，项目进展迟缓，于是航空部要求容克公司继续改进Ju 88B，作为新型轰炸机服役前的替补，并要求动力装置选用1500马力BMW801型或Jumo213型。

1940年初，首架原型机Ju 88B-V1完成首飞，以Ju 88A-1的机身为基础，装备BMW801A/B型引擎。由于动力提升，携弹量大于Ju 88A，但是弹舱尺寸有限，只能在机翼外段增设挂架，飞行性能受到较大影响。同年夏季，容克公司又以Ju 88A-4的机身为基础制造了10架Ju 88B-0，翼展增加到20米，改良了翼面形状，提高高空性能，卵形机首略微延长，以平衡重心，改善视野。Ju 88B的试飞非常成功，特别是流线型的机首设计颇受好评，但是航空部认为Ju 88B相比现役的Ju 88A系列性能提升不大，不值得花费时间，因此没有量产，10架Ju 88B-0作为无武装的远程侦察机服役。

1942年，B型轰炸机的定型依然遥遥无期，而随着战场形势的变化，Ju 88在实战中面临愈加严峻的挑战，此时德国空军终于意识到Ju 88B型的价值，要求在其基础上开发Ju 88的升级型号，并赋予新代号Ju 188，在1942年10月基本定型。相比Ju 88B-0，Ju 188的翼展增加到22米，采用

■ Ju 188型轰炸机是由Ju 88B型发展而来的中型双发轰炸机，可视为Ju 88的技术升级版，性能上相比母型略有提升，但不足以取代Ju 88的主力地位，产量两者相差悬殊。

■ Ju 188型机首座舱背部呈背负式布局的自卫枪炮，标准配备为两挺MG131型13毫米机枪，图中这架飞机在机背炮塔内安装了一门MG151型20毫米机炮。

面积更大的梯形垂直尾翼，去除了俯冲减速板，在机首前部加装一门MG151型20毫米机炮，在座舱顶部的炮塔内和后部装2挺MG131型13毫米机枪，在机首下部的突出部后端配备一挺MG81Z型7.92毫米双联机枪，有4 ～ 5名机组成员。Ju 188于1943年2月开始小批量投产，同年5月列装，驻西线的第6轰炸机联队成为首支装备Ju 188的前线部队，并在1943年8月13日执行了首次作战任务，目标是英国南部林肯郡的工厂，到1943年底，容克公司已经生产了283架Ju 188。

Ju 188最初量产型根据引擎型号不同分为A型和E型，前者采用1730马力Jumo213A型，后者配备1680马力BMW801G-2型，由于Jumo213

■ 属于KG 6联队的Ju 188型轰炸机，该联队是第一支装备该型飞机的部队，注意其卵形机首造型和机首前端安装的MG151型20毫米机炮。Ju 188型相比原型的一项重要改进就是强化了自卫火力。

型引擎供应不足，Ju 188E型占据多数。Ju 188A/E型主要是五座中型轰炸机，另有鱼雷轰炸机改型，用于反舰船作战，可在主翼内段挂载两枚航空鱼雷，扩大了机首下方突出部，以容纳鱼雷瞄准具，还在机首加装FuG200型对海搜索雷达，主翼外段的挂架被去除。Ju 188C型是强化后方自卫火力的改型，在机尾安装一个FA15型遥控炮塔，内装一挺MG131Z型13毫米双联机枪，由机组成员通过潜望镜式瞄准具在座舱内操纵射击，但这套武器系统可靠性不高，最终Ju 188C型没有投产。1944年初，在Ju 188A/E型基础上又发展出侦察型的Ju 188D/F型，去除了机首的20毫米机炮和轰炸瞄准具，在机身内增设油箱，航程提高到3400公里，加装航空照相机等设备，个别亚改型还配备了FuG200型机载雷达。

■ Ju 188E-2型鱼雷轰炸机是专门为海上反舰作战研发的改型，可在右翼翼根下挂载一枚800公斤航空鱼雷，并配备了FuG200型对海搜索雷达，注意其机首前方伸出的雷达天线。

Ju 188从母型Ju 88那里继承了机身弹舱空间不足的缺陷，只能使用外置挂架携带炸弹，降低了飞行性能，容克公司在Ju 188G/H型上尝试改进，通过在机身下方加装木制保形机腹的方法扩大弹舱，在不影响性能的前提下提高载弹量，同时内部空间的扩容也为加装人力操纵机尾炮塔提供了条件，但初步测试表明，由于炮塔十分狭窄，炮手几乎难以行动，功效并不比FA15型遥控炮塔更好，最后被放弃。在1944年夏季，有3架Ju 188E型被改装为夜间战斗机，这就是Ju 188R的原型，在封闭式机首内加装4门MG151型20毫米机炮或2门MK103毫米30毫米机炮，配备雷达，但由于阻力增加，速度损失不小，最终没有投产。

1943年，容克公司还为Ju 188制定了以提升高空性能为目标的全面升级计划，包括重型截击型Ju 188J、轰炸型Ju 188K和侦察型Ju 188L等型号，主要改进在于扩大翼面面积，采用增压座舱，将机首下方的突出部去除，保留了G/H型的附加机腹，增大弹舱容积等，配备2000马力的Jumo213E-1型引擎，最终制造了少量昼间战斗型Ju 188S和轰炸型Ju 188T，前者在9500米高度时速可达700公里。但是，Ju 188S/T都未投产，而是衍生为Ju 388型。

Ju 388型是德国空军1943年为应对美军B-29轰炸机的威胁而提出的一项多用途飞机开发项目，以Ju 188为基础，也分为战斗型Ju 388J、高空轰炸型Ju 388K和远程侦察型Ju 388L。为了提高性能，Ju 388K/L型将布置在机首各处的自卫枪炮全部取消，仅在机尾安装一座遥控炮塔，内置13毫米双联机枪一挺，采用1800马力BMW801J型或2500马力Jumo222型引擎，最高时速可达616公里。Ju 388J型在封闭机首内加装2门MG151型20毫米机炮和2门MK103型30毫米机炮，而其夜战型号将MK103型更换为较轻的MK108型，加装2门MK108型斜射炮和机载雷达，时速比昼间型下降25公里。Ju 388的原型机于1943年12月首飞，1944年夏季投产，但数量很少，主要是侦察型Ju 388L。

容克 Ju 188/388型轰炸机主要型号性能一览

机型	Ju 188E 型（轰炸型）	Ju 388L 型（侦察型）
服役时间	1943年	1944年
主尺寸	22×15×4.4米	22×15.2×4.35米
主翼面积	56平方米	56平方米
空重/全重	9900公斤/14500公斤	10252公斤/14675公斤
动力装置	BMW801G-2×2	BMW801J×2
输出功率	1680马力×2	1810马力×2
最高速度	499/525公里/小时（A型）	616公里/小时
实用升限	9500米	13400米
续航距离	2190公里	3475公里
武备	20毫米×1，13毫米×2，7.92毫米×2	13毫米×2（机尾炮塔）
载弹量	3000公斤	——
乘员	5人	3人

Ju 388型是基于Ju 188型开发的多用途作战飞机，取消了机首下方的突出部，加装大型机腹以扩大弹舱容积。

Ju 188的性能相比Ju 88略有提升，但不足以取代后者成为一线主力，而且当它列装部队时，德国空军已经转攻为守，战斗机的制造处于优先地位，因此Ju 188的产量与Ju 88相差甚远，在1944年夏季停产前仅有1079架飞机交付部队，另有资料称产量为1234架，至于1944年夏才投产的Ju 388仅完成了103架。不过，Ju 188在战争结束后却受到昔日敌人的青睐，至少30架缴获的Ju 188加入法国空军服役，法国人还另行制造了少量新机，直至1951年退役。

一架被盟军缴获的Ju 188型轰炸机，机身上已经涂绘了皇家空军的机徽。由于性能优良，Ju 188型进入法国空军服役至50年代。

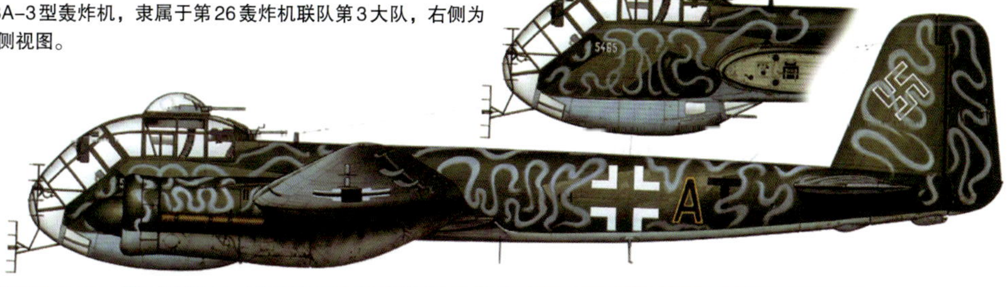

Ju 188A-3型轰炸机，隶属于第26轰炸机联队第3大队，右侧为机首局部侧视图。

亨克尔He 177型轰炸机“狮鹫” Heinkel He 177 Bomber Greif

1936年，由韦弗尔支持的“乌拉尔轰炸机”项目流产后，航空部又提出“A型轰炸机”项目，要求研发一型时速超过500公里、载弹1000公斤时航程超过5000公里的重型轰炸机，这在当时是极高的性能指标。作为回应，亨克尔公司在1937年夏季提出P1041方案，并在年底完成初步模型，被军方接受，获得编号为He 177。然而，受到Ju 87在西班牙战场表现优异的影响，德国空军要求He 177必须具备以50～60度角进行俯冲轰炸的能力！对于一架全重超过25吨的大型飞机来说，进行俯冲轰炸实在过于苛求了，这一决定迫使亨克尔公司大幅修改设计，是导致He 177研发进程拖沓、性能不佳的根本原因。

He 177是由齐格弗里德·京特领导的团队设计的，采用双发中单翼单垂尾布局，其最大的特色在于其动力装置的设计。为了达到军方苛刻的要求，必须使用功率达2000马力的发动机，但当时德国尚无此等大功率航空引擎，如果采取常规的四发布局，不仅会增加飞行阻力，也不容易实现俯冲能力，因此采用DB606型引擎，实际上是由两台DB601型引擎并联而成，共用一个变速箱，同时驱动一具螺旋桨，功率达2700马力，所以He 177虽然表面是双发布局，实为四发驱动，既保证了动力需要，又利于提高速度和机动性，一举两得。然而，DB606型引擎存在散热不良和容易起火的严重缺陷，成为困扰He 177的顽疾，屡次造成飞行事故，令He 177背负“燃烧棺材”的恶名。为了进行俯冲轰炸，He 177对机身结构进行了强化，为了保证航程又增设油箱，导致重量高达30吨，为此对起落架也做了特殊设计，在两翼发动机短舱下各设一对主起落架，分别向两侧收入机翼内，总共有四个主起落架。

He 177机首覆盖着大片的玻璃风挡，机身前

■ 为了减少阻力、实现俯冲能力，He 177型采用特殊的并联引擎布局，表面上为双发飞机，实际上却是四发动力。

■ 地勤人员在对He 177型的引擎进行维护，DB606型并联引擎虽然动力强劲，但存在散热不良、容易起火的缺陷，这是造成He 177型迟迟不能服役的主要原因。

■ He 177型主起落架特写照片，为了承受沉重的机身，四具主起落架成对布置与发动机舱下，向两侧收起于主翼内。

■ He 177型机首特写，秉承德国轰炸机的传统，采用大面积风挡。

■ He 177型机背前部遥控炮塔，安装两挺 MG131型13毫米机枪。

部为驾驶舱，机身中段设有主油箱和弹舱，机身后段及机尾设有自卫炮塔，机翼内也设有油箱。He 177机组乘员为6人，其中驾驶员、副驾驶员、领航员和前部炮手位于驾驶舱内，后部炮手及尾炮手分别位于机身后部的各自炮位上，所有乘员坐席都受到装甲保护。由于设计时预计航速高于大多数战斗机，He 177最初自卫武备并不强，仅有三座遥控炮塔和一座人力操控尾炮塔，但当它服役时其速度上已无优势，自卫火力得到加强，在机身背部设有两座自卫炮塔，各装1～2挺MG131型13毫米机枪，其中前部炮塔为遥控式，由前部炮手在驾驶舱后部一个半球形玻璃罩内进行操控，在机首正面风挡偏右位置安装一挺MG81型7.92毫米机枪，在驾驶舱下方设有一个狭长吊舱，前部装一门MG151型20毫米机炮，后部装一挺MG131型机枪或MG81Z型双管机枪，在机尾装甲炮塔内装一门MG151型20毫米机炮。He 177设有两个弹舱，可以挂载6000公斤炸弹，如果加上外置挂架，载弹量可达7200公斤。如果携带遥控滑翔炸弹，可在两翼和机腹下挂载3枚。

He 177首架原型机于1939年11月17日首飞，因为引擎过热仅仅进行了12分钟就草草结束，后续的试飞和改进持续了两年时间，层出不穷的问题让亨克尔公司焦头烂额，首批5架原型机中竟摔掉了3架，可见问题之严重。事实证明，让重型轰炸机具备俯冲轰炸能力是不切实际的，军方最后放弃了这一要求，He 177才得以在1941年11月开始量产，但引擎的可靠性依旧不乐观。He 177的量产型为He 177A型，至少有10种子型号，但最主要的是A-1、A-3和A-5。A-1型为初期量产型，制造了130架，使用DB606型引擎。A-3型相比A-1型后部机身加长了1.6米，并且从第

■ 表现He 177型轰炸机编队挂载Hs293型遥控滑翔炸弹实施攻击的绘画，这种大型轰炸机可以在机腹和两翼挂载三枚Hs293，但由于存在性能缺陷，它并不是一个适用的空中作战平台。

■ 德国空军第16机长培训学校配属的He 177A-3型轰炸机，由于服役时间晚，生产数量不多，He 177的装备规模很有限，仅有KG1、KG40、KG50、KG100等少数部队装备，未能发挥积极作用。

16架开始换装了功率2900马力的DB610型引擎，由两台DB605型引擎并联而成，强化了自卫武器，A-3型总共建造了170架。A-5型是在A-3型基础上提高了外挂能力，改进了机翼和起落架，制造数量为826架。由于并联引擎固有的技术缺陷，亨克尔公司在对He 177的后续改进中计划采用常规的四发布局，用四台DB603型引擎取代两台DB610型，这就是He 177B型，但从未建造。从1941年底到1944年底，He 177各型总共建造了1169架。

He 177虽然在1942年初开始列装部队，但各种性能缺陷使这种飞机直到这年年底才形成作战能力。第一支换装He 177的部队是驻法国的第40轰炸机联队，主要替代Fw 200执行远程巡逻和反舰任务，在1943年中，该联队的He 177多次携带遥控炸弹攻击盟军船队，鲜有佳绩。在东线，第50轰炸机联队的He 177参加了对斯大林格勒的空运行动，但完全不适合担负运输任务，转而继续从事轰炸行动，在作战期间损失7架飞机。第40、100联队的He 177参加了1944年初轰炸英国本土的“野山羊”行动，通常在7000米高空侵入英国领空，在4500米高度投弹，然后以下滑姿态撤离，这使它能够保持超过600公里/小时的高速，便于摆脱敌机拦截，实战证明这一战术非常有效，在参加行动的各型轰炸机中，He 177的战损率是最低的。1944年初，驻东线的第1轰炸机联队全部换装He 177，装备数量多达90架，成为德国空军最强大的远程打击力量，但受到燃料供给和机械故障的影响，出动率较低，尽管如此还是承担了很多战略空袭任务，对苏军后方的交通枢纽和重要工厂实施高空轰炸，收到了不错的效果，苏军飞机很难对其构成威胁。不过，从整体而言，He 177的服役生涯并无突出的战绩，设计上的先天不足和较少的数量使它始终没有发挥出全部的作战潜力。

亨克尔He 177型轰炸机主要型号性能一览

机型	He 177A-1型	He 177A-5型
服役时间	1942年	1943年
主尺寸	31.4×21.8×6.7米	31.4×21.8×6.7米
主翼面积	102平方米	102平方米
空重/全重	——/30530公斤	16800公斤/31000公斤
动力装置	DB606×2	DB610×2
输出功率	2700马力×2	2900马力×2
最高速度	510公里/小时	565公里/小时
实用升限	8800米	9400米
续航距离	3700公里	5600公里
武备	7.92毫米×1，13毫米×4 20毫米×1	7.92毫米×3，13毫米×3 20毫米×2
载弹量	6000公斤	7200公斤
乘员	6人	6人

俯冲轰炸机

亨舍尔 Hs 123型俯冲轰炸机 Henschel Hs 123 Dive-Bomber

1933年，尚处于隐秘状态的德国空军着手研制俯冲轰炸机，这一项目将按照两个阶段进行，首先利用现有技术设计一款双翼俯冲轰炸机，积累经验，然后再采用最新的技术成果设计全新的俯冲轰炸机。亨舍尔和菲泽勒两家公司参与了第一阶段的竞标，分别提出 Hs 123和 Fi 98方案，均采用 BMW132A 型空冷发动机。Hs 123是亨舍尔公司涉足航空业后最早设计的机型之一，第一架原型机于1935年4月1日首飞，而在同年5月8日的首次公开展示中，俯冲轰炸机的狂热支持者乌德特亲自试驾了一号原型机。Hs 123的一号、三号原型机安装650马力的 BMW132A 型引擎，而二号原型机配置了770马力的美制怀特 R-1820型发动机。Hs 123型在试飞中表现出的优良性能明显压倒了竞争对手，Fi 98型仅制造了一架原型机后即中止设计。在测试中 Hs 123被证明能够完成“近乎垂直”的俯冲并改平，但接连两架原型机在进行高速俯冲时因机翼断裂而坠毁，第四架原型机在加强了主翼结构后解决了问题，最终被军方批准投产，于1936年夏季列装，取代早期的 He 50型俯冲轰炸机，也是德国空军装备的最后一种双翼机。

■ 1935年4月试飞的 Hs 123V1号原型机，采用双翼固定式起落架设计，在竞争中轻松击败 Fi 98，赢得德国空军的订单。

■ Hs 123型是德国空军装备的第一种俯冲轰炸机，原本只是过渡机型，但其实战经历远比预想的要长，下图为 Hs 123三机编队。

Hs 123型为单发双翼单座单垂尾布局，全金属机身，量产型安装了880马力的 BMW132D 型引擎，配合流畅洗练的机身线形，使 Hs 123获得了极佳的机动性。Hs 123的机首装有显眼的环形引擎罩，安装在下翼下方的主起落架为固定式，配有整流罩，上下主翼翼展不等，上宽下窄，翼形也有差异，两者之间以两根粗大的支柱相连，在驾驶舱前方另有数根小型支柱支撑上层主翼，水平尾翼也有尾撑加固。Hs 123的单人座舱为开放式，在前部有一个小型玻璃风挡，后期型在座舱后部有一个隆起，为飞行员头部提供一定的后方保护。Hs 123的武备最初为两挺 MG17型7.92毫米机枪，安装在引擎罩上部，在机腹中央挂架上可挂载一枚250公斤炸弹，在下层主翼外侧挂架上另可挂载4枚50公斤炸弹。Hs 123实际上是在 Ju 87服役前的过渡型号，双翼机的设计在当时也显得落伍，但亨舍尔公司仍然为其提出了改进方案。Hs 123有 A、B、C 三种型号，A 型为主要量产型，B 型换装了960马力的 BMW132K 型引

■ 1941年在东线作战的Hs123机群，翼下挂载50公斤炸弹，侧面绘有步兵突击章。

■ Hs 123型俯冲轰炸机，第2教导联队第2大队，1940年5月，右上小图为大队队徽。。

擎，而C型计划在主翼上加装机枪，并改为封闭式座舱，并在座舱后部增设防护装甲，但是B、C型均停留于原型机阶段，未能量产。Hs 123型在列装仅仅两年后就于1938年10月停产，以便集中资源制造更先进的Ju 87，其总产量为248架。

第一支装备Hs 123的部队是第162轰炸机联队，也就是后来著名的第2"殷麦曼"俯冲轰炸机联队。1937年初，5架Hs 123A型被派往西班牙战场，主要被用于近距对地支援任务，实战表明它非常适合此类行动，西班牙人对其性能非常欣赏，后来接收了这5架飞机，还另外订购了11架，其中至少一架服役到战后。在1937年中国政府向亨舍尔公司订购了12架Hs 123A型，后编入中国空军第6大队第15中队，在1938年的武汉会战期间用于轰炸长江上的日军舰船。

1937年后，随着Ju 87的入役，Hs 123很快被替代，转入二线训练部队服役。到1939年9月战争爆发时，在一线部队中仅有第2教导联队第2大队还装备着39架Hs 123，这些飞机参加了波兰战役，它们的出色表现使德军暂缓为该大队换装的计划。Hs 123又参加了1940年5月的西欧战役，在比利时、卢森堡、法国作战，其优良的可靠性和抗损性深受前线部队好评，当时Ju 87仍被当作战术轰炸机用于打击特定的目标，实际上Hs 123才是真正的近距支援飞机，可以随时为一线部队提供支援。在西线战役结束后，第2教导联队第2大队奉命换装Bf 109E时仍有一个中队的Hs 123被保留在现役行列。少量Hs 123还参加了1941年的巴尔干及东线战役，作为近距支援飞机表现活跃，通常在机翼下挂载4枚50公斤炸弹或92枚2公斤反人员炸弹，还能挂载两个MG/FF型20毫米机炮吊舱。坚固耐用的Hs 123非常适于在设施简陋的前线机场上起降，尤其在自然条件恶劣的东线战场上表现出极好的适应性，德军甚至在1943年打算重启生产线，继续制造这种双翼飞机，但由于亨舍尔公司已经在1940年废弃了生产模具而作罢，为了确保少数Hs 123的作战，德军将训练学校中的同型机都搜集起来为前线提供配件。数量不多的Hs 123参与一线作战行动直至1944年中期，最后由于缺少熟练飞行员和零配件而退居二线，但仍从事空投或拖曳滑翔机等次要任务直至战争结束。

亨舍尔 Hs 123A 型俯冲轰炸机性能数据

机型	单发单座双翼俯冲轰炸机
装备时间	1936年
主尺寸	翼展10.5米、全长8.33米、高3.22米
主翼面积	24.85平方米
空重／全重	1505公斤/2217公斤
动力装置	BMW132D型9缸空冷发动机 ×1
输出功率	880马力
最高速度	341公里／小时
实用升限	9000米
爬升率	900米／分钟
续航距离	860公里
武备	7.92毫米MG17型机枪 ×2 250公斤炸弹 ×1、50公斤炸弹 ×4
乘员	1人

俯冲轰炸机

容克 Ju 87型俯冲轰炸机 “斯图卡” Junkers Ju 87 Dive-Bomber Stuka

如果评选二战中最具心理威慑力的德军飞机，那么Ju 87必定独占榜首。在战争第一年中，没有一种武器能够像这种外形奇特的飞机一样给对手带来深入骨髓的恐惧，近乎垂直的精确俯冲轰炸和令人摧肝裂脾的啸叫造成了物质上和心理上的双重杀伤效果，是德军在闪电战中攻城拔寨、破坚折锐的法宝利器，它的绰号“斯图卡”（注：Stuka，德语“俯冲轰炸机”Sturzkampflugzeug的缩写）被敌人视为死亡的代名词。不列颠战役表明在缺乏保护的情况下，速度缓慢的Ju 87是非常脆弱的，而且在1942年之后它已经很难展示俯冲轰炸的拿手好戏，更多地转变为对地攻击机，甚至只能在夜间出动，风光不再。但是，Ju 87仍然是二战中最著名的俯冲轰炸机之一，它在战争初期建立的声望只有苏联的伊尔－2强击机能够比肩。

研发与设计

俯冲轰炸战术发源于一战时期，但在20世纪20年代之前还没有专门设计的机型用于实施俯冲轰炸。德国容克公司在1928年秘密设计、建造了14架K47型试验机，对俯冲轰炸进行了深入研究，得出结论：飞机在60～90度进行俯冲时可获得最佳的投弹精度，但机身结构必须极为坚固，飞行员也要反应敏锐。同一时期，美国在俯冲轰炸机的研发上取得很大进展，德国传奇飞行员乌德特在观看了美国寇蒂斯公司“鹰”式飞机的俯冲表演后深为着迷，成为俯冲轰炸机的狂热支持者，强烈要求德国也要拥有同类飞机。在他的鼓吹下，德国空军在1933年开始着手研制俯冲轰炸机，并

■ 容克公司在20年代研制的K47型试验机，用于研究俯冲轰炸。

首先列装了Hs 123，但这种外观老旧的双翼机显然不是乌德特心中的理想机型。初创时期的德国空军缺乏高精度的轰炸瞄准具，限制了中型轰炸机的攻击能力，这使得俯冲轰炸的精度优势非常具有诱惑力，在这一因素促使下，德国空军于1935年初展开研制新型俯冲轰炸机的竞标，出于隐蔽目的，以竞技飞机的名义向亨克尔、容克、阿拉多等多家公司发出标书，而乌德特亲自试飞了每一家公司的原型机。

容克公司组建了由赫尔曼·鲍曼（Hermann Pohlmann）领导的技术团队，负责新机研制，官方编号为Ju 87。它继承了K47的成果，采用单发下单翼双垂尾布局，全金属承力蒙皮结构，固定式起落架，机身短粗，机首较短，下方是粗大的散热器，仿佛是一张血盆大口；双座串列座舱上覆盖以大型框架式座舱盖，位置突出，视野良好，两位乘员背靠背坐于舱内；一对梯形下单翼采用

■ 1935年9月试飞的Ju87 V1号原型机，采用双垂尾设计，机首下方的散热器进气口也和后来的量产型有明显差别，固定式主起落架被包裹在大型整流罩中。

■ Ju 87A 型的正面照片，粗壮的固定式起落架，机首下方的散热器进气口和新颖的倒鸥式翼形，构成了“斯图卡”狰狞的外观特征。

奇特的倒鸥翼形，便于缩短起落架长度和改善左右下视视野，与带有巨大整流罩的固定式起落架共同构成 Ju 87最典型的特征，外形凶狠，令人印象深刻。在最初设计时，Ju 87采用双垂尾设计，但在试飞中发生了坠机事故，修改为单垂尾，并在主翼下面加装俯冲减速板。Ju 87最初仅在右翼安装一挺 MG17型7.92毫米机枪，后来在左翼也配备了一挺同型机枪，另外在座舱后部还有一挺 MG15型7.92毫米活动机枪，用于后方自卫。Ju 87可以在机腹挂架上携带一枚500公斤炸弹，采用铰接式设计，在投弹时挂架向前运动，在与机身呈90度时才释放炸弹，以避免炸弹下落时与螺旋桨相撞。后来在左右两翼还增设了四座小型挂架，各挂载一枚50公斤炸弹，此时机腹挂架仅能挂载一枚250公斤炸弹。在仅有一名乘员的情况下，Ju 87还能携带一枚1000公斤炸弹。

Ju 87的首架原型机于1935年9月17日试飞，当时安装的英国罗伊尔－罗伊斯公司的引擎，功率640马力，后来更换为同功率的 DB210C 型引擎。在所有参与竞争的机型中，亨克尔公司的 He 118最为先进，采用流线形机身和椭圆形机翼，可收放式起落架，速度较快，但俯冲性能不佳，乌德特在驾驶 He 118原型机时意外坠机，跳伞逃生，而 Ju 87虽然平飞速度慢，但能轻松完成大角度俯冲，获得青睐，最后在1936年7月赢得了竞争，成为德国空军武库中最有力的武器之一。

■ 在初步试飞后发现 Ju 87V1 的双垂尾设计不利于实施大角度俯冲，因此在后续的原型机上改为单垂尾。

■ 在 Ju 87 串列式座舱后部安装有一挺 MG17 型 7.92 毫米机枪，用于后方自卫，后期型号更换为高射速的 MG81Z 型双联机枪。

■ Ju 87型机腹下方的炸弹挂架特写照片，采用 H 型铰接式设计，投弹时向前转动90度，避免炸弹与螺旋桨碰撞。Ju 87型可在机腹挂载一枚250公斤炸弹，另在主翼下方挂载4枚50公斤炸弹。

型号发展

1936年底，容克公司开始制造初期量产型 Ju 87A，包括10架预生产型。Ju 87A 型配备680马力 Jumo210D 型引擎和三叶可变距螺旋桨，机首下方散热器较小且呈矩形，座舱盖横向翻转开启，仅在右翼配有机枪，最大速度320公里／小时，俯冲速度550公里／小时。为了防止飞行员在俯冲时发生“黑视”，无法操纵，Ju 87A 还配有自动拉升装置，在危险高度将飞机自动拉起，但为了保证轰炸精度，很多飞行员并不愿意采用这一装置。Ju 87A 到1938年夏停产时共制造了262架，部分 Ju 87A 被送往秃鹰军团接受实战检验。

根据西班牙战场的经验教训，容克公司在1937年夏季对 Ju 87A 型进行改良，推出了 Ju 87B 型，这也是战争初期德国空军装备数量最多的俯冲轰炸机型号。B 型换装了 Jumo211 型引擎，功率达1200马力，并采用燃料喷注技术，此外对机首、机身、起落架整流罩都进行了修改。随着动力的增强，Ju 87B 的速度、载弹量均有提升，平飞速度达到390公里／小时，俯冲速度为600公里／小时，载弹量可达1000公斤。Ju 87B 在两翼均安装了 MG17型机枪，后座自卫机枪为 MG15型。Ju 87B 于1938年10月下线，至1940年10月生产线关闭，共制造了923架，并有热带型、装甲强化型以及滑撬起落架型等多种改型。在实战中，Ju 87B 俯冲时的尖啸给人留下了深刻印象，这声音来源于起落架整流罩上的小型风轮，后来考虑到对速度的影响，取消了风轮，改为在挂载的炸弹上加装被称为“耶利哥喇叭”的小型风笛。

Ju 87B 虽然在战争初期大红大紫，但也存在腿短的毛病，480升的燃油载量使其航程仅为500 ~ 800公里，尤其在执行反舰任务时力不从心，为此容克公司在1940年开发了 Ju 87B 的增程型 Ju 87R，可在翼下挂载两个300升可抛式副油箱，使燃油载量增加到1080升，航程达1250公里，但

早期生产的 Ju 87A 型具有大型起落架整流罩和较小的矩形散热器进气道，制造数量较少，在战争爆发前就已经停产。

Ju 87B 型是根据西班牙内战的经验改进而成，是二战初期德国空军的主力俯冲轰炸机型号，主要改进在于增加动力，修改了起落架整流罩和机首散热器的外形，强化武备。

Ju 87B 型安装的 Jumo211D 型引擎，后期型号更换为功率更大的 Jumo211J 型，注意机腹下方的炸弹挂架。

针对 Ju 87B 型航程不足的缺陷，容克公司开发了增程型 Ju 87R 型，可在翼下挂载副油箱以增加燃油搭载量，增加航程。

■ Ju 87C 型是为齐柏林伯爵级航母开发的舰载型，采用折叠机翼和海上作战的相关设备，后因为航母计划流产，少量 Ju 87C 型改为普通陆上型号服役。

■ Ju 87D 型是全系列中产量最大的型号，因为引擎功率提高，性能明显提升，可搭载1800公斤炸弹，航程超过1500公里。

满载燃油时仅能携带一枚250公斤炸弹，而且没有任何装甲防护，极为脆弱。Ju 87R 在1941年10月停产前共制造了972架。

Ju 87C 型是1937年8月开始研制的舰载型，预计装备“齐柏林伯爵”号航母，以 Ju 87B 为基础，可携带两个300升副油箱，航程达1600公里。为了适应航母起降和海上作战，Ju 87C 安装了弹射器配适器和着舰钩，机翼可折叠，还携带了充气式救生筏，起落架可以抛弃便于海上迫降，机身和机翼配有应急气囊，使机身能够在平静的海面上漂浮三天。Ju 87C 原计划订购129架，但因为航母计划流产而取消制造，大约只有10架完成。

鉴于 Ju 87B 在不列颠战役中的惨重损失，德国空军在1941年6月要求容克公司对 Ju 87进行彻底改进，从而诞生了 Ju 87D 型，于1942年3月投产，是 Ju 87系列中产量最大、综合性能最好的型号，衍生出8种子型号。Ju 87D 采用功率1400马力的 Jumo211J 型引擎，对机身外形进行了流线形处理，机首散热器明显缩小，座舱盖和起落架整流罩也进行了重新设计，减少飞行阻力。Ju 87D 加强了装甲防护，载弹量提高到1800公斤，后座自卫机枪改为 MG81Z 型7.92毫米双联机枪。Ju 87D 的燃油载量增至800升，加挂两个300升副油箱时航程可达1535公里。Ju 87D 的改型包括热带型、鱼雷攻击型、夜间攻击型等，其中 D-5是全系列中性能最优良的型号，更换了新型主翼，改善飞行性能，去除减速板，改用四片特殊副翼减速，起落架为可抛弃式，强化座舱装甲，前射武器改为2门 MG151型20毫米机炮。从1942年春季至1944年秋季，Ju 87D 型总共制造了3639架。

Ju 87G 型问世于1943年，是为了对付苏军装甲集群而专门设计的反坦克攻击型，以 D 型为基础，在两翼下各挂载一个 BK3.7型37毫米机炮吊舱，每门炮携带6发钨芯穿甲弹，具有很强的反装甲能力。由于机炮吊舱大幅增加了重量，Ju 87G 拆除了俯冲减速装置、炸弹挂架和高空供氧设备，但机动性仍明显恶化，需要高超的操作技巧和有效的护航。Ju 87G 因为翼下长长的炮管而被德军士兵称为“大炮鸟”，更因为“斯图卡”王牌鲁德尔的战绩而出名，大约制造了230架。

除了上述主要型号外，Ju 87还发展出其他几种型号，包括双用途型 Ju 87E 型，能够兼用为俯冲轰炸机和鱼雷轰炸机；教练型 Ju 87H，将原型

■ Ju 87G 型是以 Ju 87D 为基础开发的反坦克攻击机，在主翼下挂载两门 BK3.7型37毫米机炮，对坦克极具杀伤力，被称为“大炮鸟”。

■ 在容克公司车间内组装完毕，即将下线的 Ju 87，作为德国空军唯一的主力俯冲轰炸机，Ju 87的生产持续到1944年8月。

上后向的无线电员席改为前向的教员席，并配有两套操纵系统；出口型 Ju 87K，以 A 型为基础设计。从1936年底至1944年8月停产，Ju 87各型号总共制造了约6500架。

作战历程

德国空军第一支装备 Ju 87的部队是第162轰炸机联队，而这种飞机的首次战斗发生在西班牙。早在1936年8月就有一架 Ju 87原型机被秘密送往西班牙，而在随后三年中，少量 Ju 87A/B 型被编入秃鹰军团，通过实战检验性能、积累经验。当时德军对这种新型飞机采取高度保密措施，西班牙人被禁止靠近 Ju 87，而且战争结束后也没有一架飞机被留给佛朗哥部队。到1939年8月时，德国空军已经组建了9个俯冲轰炸机大队，装备348架 Ju 87，其中300架为 B 型。在1939年8月15日的一次战前演练中，第76俯冲轰炸机联队的13架 Ju 87因为地面雾霭的影响，发生集体坠地事故，26名机组成员殒命，但这一悲剧并未影响到"斯图卡"在随后战役中的表现。

在波兰战役打响时，德国空军有366架 Ju 87整装待发。9月1日凌晨，来自第1俯冲轰炸机联队的一个三机编队对迪尔沙铁桥附近的波军目标进行了精确轰炸，这是二战德国空军的首次攻击行动，而在同日，第2俯冲轰炸机联队的 Ju 87取得了德国空军在二战中的首次空战胜利。在整个战役期间，Ju 87表现出强悍的战斗力，赢得了恐怖的名声，在9月中旬的布祖拉河战役中，第51、76、77联队的 Ju 87投弹388吨，迫使大批波军部队丧失斗志，举旗投降。有31架 Ju 87在波兰战役中被击落。

在1940年春季的挪威战役中，Ju 87主要用于打击英法海军舰艇和运输船队，其精确轰炸能力深深地震撼了对手，包括1艘巡洋舰、4艘驱逐舰在内的许多盟军舰船都被 Ju 87送下海底，验证了"斯图卡"在反舰作战中的威力。在5月爆发的西欧战役中，Ju 87的声望达到顶峰，在德军掌握制空权后，大量 Ju 87肆无忌惮地横行于战场上空，或根据地面部队指示对敌军据点实施精确轰炸，或对战线后方的敌军纵队、交通枢纽或炮兵阵地进行打击，在战役高潮时期，每架 Ju 87平均每天要出击达九次之多！法军士兵被这些"呼

■ 1937年在秃鹰军团中服役的 Ju 87A 型俯冲轰炸机，正在地面进行引擎维护，近处一名地勤兵在检查500公斤航空炸弹，注意起落架整流罩上的"红猪"标志。

■ 1939年9月波兰战役期间，一个 Ju 87三机编队从机场起飞，前往空袭波军目标，每架飞机仅在机腹下挂载一枚500公斤炸弹。"斯图卡"在波兰战役期间赢得了恐怖的名声。

■ 隶属于StG 77联队的一架Ju 87B在进行机翼机枪的校射，摄于1940年不列颠战役期间，在这次战役中Ju 87在英军战斗机的打击下损失惨重。

■ 1941年在北非海岸上空飞行的Ju 87R型双机编队，在北非及地中海战区，Ju 87表现极为突出，无论对海攻击，还是对地支援，都取得了辉煌的战果。

啸的死神”吓得蜷缩在战壕中，失去抵抗能力。不过，在随后的不列颠战役中，Ju 87蒙受了惨痛的损失，较慢的速度使它们沦为英军战斗机最易捕获的猎物，在8月上旬的十天内就有59架被击落，33架被击伤，超过130名机组成员阵亡，Ju 87被迫退出了对英轰炸的主要行动，主要用于攻击沿海目标和反舰任务，在战役期间Ju 87击沉了6艘军舰、14艘商船，严重破坏了7座机场和3座雷达站，在地面上击毁敌机49架。

北非及地中海是另一个让Ju 87大放异彩的战场，1940年12月，第3俯冲轰炸机联队的80架Ju 87进驻西西里岛，并在次年1月对马耳他近海活动的英军舰船展开攻击，最主要的成就是重创了英军航母“光辉”号。在1941年春季的巴尔干战役中，斯图卡在陆地和海洋两方面都取得了丰硕战果，在4月23/24日两天内就击沉了23艘希腊舰船，而在5月的克里特战役中更让英国地中海舰队失去了1艘巡洋舰和5艘驱逐舰！在北非战场上，Ju 87的有力支援也是隆美尔非洲军团节节胜利的关键因素，并且奋战于北非战役的始终。

在1941年6月开始的“巴巴罗萨”行动中，约290架Ju 87投入了对苏军的首轮打击，使用集束炸弹猛烈轰炸苏军机场，摧毁了大量敌机，随后又转入积极的对地支援行动中，对苏军集结地、交通线和坚固据点展开高强度的攻击，为地面部队的开进扫清障碍。在对喀琅施塔得军港的空袭中，Ju 87击沉了以“马拉”号战列舰为首的大批苏军舰艇。至1941年底，Ju 87始终作为重要的支援力量活跃于前线上空，第77俯冲轰炸机联队的战绩表足以说明Ju 87在1941年东线战役中的作用：在半年内该部击毁了2401台车辆、234辆坦克和21列火车，摧毁了92处炮兵阵地，损失飞机25架，而在整个“巴巴罗萨”行动中，总计约有150架Ju 87被击落。

在1942年中，Ju 87对于德军来说依旧是极具价值的武器，在塞瓦斯托波尔战役中，第77俯冲轰炸机联队出动7708架次，投弹3537吨，有效

■ StG 77联队第7中队指挥官奥托·施密特上尉（左）和他的机组成员一道庆祝自己完成了个人的第500次飞行任务，摄于1942年8月22日东线某野战机场。

Ju 87型俯冲轰炸机主要型号侧视图

Ju 87A-1型俯冲轰炸机“29.4”，秃鹰军团J/88大队第5中队，1938年2月。

Ju 87B-2/Trop型俯冲轰炸机“T6+DP”，第2俯冲轰炸机联队第6中队，1941年夏季。

Ju 87D-3型俯冲轰炸机“L1+BB”，第5俯冲轰炸机联队第1大队本部小队，1943年2月。

Ju 87G-2型对地攻击机 第2对地攻击机联队长 汉斯 · 乌尔里希－鲁德尔上校座机 1945年5月。

软化了要塞的防御力量。约有150架Ju 87参加了斯大林格勒战役，战役高潮阶段，平均每天要出击500架次，给苏军造成严重损失。在1943年7月的库尔斯克战役中，Ju 87作为战场主角进行了最后的谢幕演出，特别是配备强力火炮的Ju 87G型在反装甲作战中表现抢眼，但损失也十分惊人，到战役结束时东线能够作战的Ju 87仅有187架，在德军丧失制空权的情况下，Ju 87已经很难自由行动了。1943年10月，所有俯冲轰炸机联队都改编为对地攻击机联队，Ju 87也逐渐被Fw 190F/G型战斗轰炸机所取代。在战争最后两年中，剩余的Ju 87依然作为对地攻击机从事有限的作战行动，它们大多改为夜间出击，仅有鲁德尔所在的部队是例外，依然敢于昼间出动。到1945年1月底，一线部队中仅存170架Ju 87，而且缺油少弹，难以有所作为。

容克 Ju 87型俯冲轰炸机主要型号性能一览

机型	Ju 87B型	Ju 87D型	Ju 87G型
服役时间	1938年	1942年	1943年
主尺寸	13.8×11×4.23米	15×11.5×3.9米	15×11.5×3.9米
主翼面积	31.9平方米	33.69平方米	33.69平方米
空重/全重	3205公斤/4320公斤	3900公斤/6600公斤	4400公斤/6600公斤
动力装置	Jumo211D×1	Jumo211J×1	Jumo211J×1
输出功率	1200马力	1400马力	1400马力
最高速度	390公里/小时	410公里/小时	314公里/小时
实用升限	8200米	9000米	7500米
续航距离	500～800公里	1535公里	1000公里
武备	7.92毫米×3	7.92毫米×4或20毫米×2、7.92毫米×2	37毫米×2、7.92毫米×2
载弹量	1000公斤	1800公斤	——
乘员	2人	2人	2人

亨舍尔 Hs 129型对地攻击机 Henschel Hs129 Ground-attack Aircraft

通过秃鹰军团在西班牙的战斗，德国空军注意到低空炸射对打击地面敌军的士气具有明显效果，因此萌生研制专用对地攻击机的想法。1937年春，航空部下达了设计一种单座双发轻型攻击机的指示，要求座舱和引擎具有装甲保护，足以防御轻武器射击，能够使用枪炮和炸弹进行低空攻击，为了避免与其他机型争夺有限的引擎供应量，特别要求采用非主流的低功率发动机。有四家公司参与竞标，但只有福克－沃尔夫和亨舍尔制造出样机，前者基于Fw 189型侦察机略作改进，而后者则是全新设计的Hs 129，均在1939年初首飞，初步测试表明，两者都存在动力不足、操纵困难、视野狭窄的问题，只是Hs 129更小更廉价，才以微弱优势胜出，于1940年6月开始量产，但为了提升其性能，亨舍尔公司没有停止改进的步伐。

Hs 129是德国空军历史上设计最奇特的飞机之一，采用单座双发下单翼单垂尾布局，全金属机身截面为罕见的三角形，以减少阻力和正面受弹面积，座舱非常靠近机首，尖尖的机鼻具有很大的倾斜角度，以提供良好的前方俯视视野。前缘平直的梯形下单翼与发动机短舱为整体铸造，并且包裹着5毫米钢板，以加强防护力。Hs 129

■ Hs 129型攻击机机首正面特写，绘有步兵突击章的图案，射击瞄准具被置于舱外，从图中飞行员的身材可以看出座舱的窄小。

极为重视防护，整个机首和座舱都覆盖着6～12毫米钢板，使飞行员置身于一个“装甲澡盆”中，风挡也采用75毫米防弹玻璃。在两翼和机身内部设有三个自封油箱，可容纳610升燃油。值得一提的，Hs 129尺寸很小，翼面面积甚至比单发的Ju 87还小，可能是最小的双发军用机。Hs 129的固定武器为2门MG/FF型20毫米机炮和2挺MG17型7.92毫米机枪，机炮位于机身两侧靠前位置，

■ 作为德国空军唯一专门研发的对地攻击机，Hs 129结构简单坚固，机身要害部位敷设防护装甲，可以配备多种类型的对地攻击武器，具有极强的反装甲能力，获得了“坦克开罐器”的绰号。

■ 在服役过程中，Hs 129一直在强化火力，上图为地勤人员为MK103型30毫米机炮装弹，下图为四联装7.92毫米机枪吊舱。

机枪位于翼根，在机腹还能携带4枚50公斤炸弹。总体来说，Hs 129结构简单而坚固，防御性能出色，火力适中，但存在明显的缺陷，一是座舱极为狭窄，飞行员几乎连转身都很困难，操纵很不舒适，由于空间有限，瞄准具和部分仪表甚至被布置在座舱之外！二是动力不足，最初采用的阿格斯As410型12缸直列空冷发动机功率仅有456马力，时速354公里，使得Hs 129操控困难，无法做大幅机动。配备As410引擎的首批14架量产型被称为Hs 129A，交给部队试用后评价不高。

法国战役的胜利为Hs 129带来了转机，德国人在搜罗战利品时发现法制格诺姆－罗恩14M型星形空冷发动机功率达700马力，非常适合Hs 129，亨舍尔公司在1941年初着手为它更换心脏，将发动机舱由箱形改为圆柱形，同时针对A型暴露出的问题修改了翼型，扩大翼面面积，尖锐的机首改为圆滑外形，扩大风挡面积，采用整体式正面风挡，以改善视野，机炮更换为高初速的MG151型20毫米机炮，而且所有枪炮都置于机身前部两侧。改进后的机型被称为Hs 129B−1，性能终于让军方感到满意，于1941年12月投产，次年5月投入东线战场服役。实战表明，Hs 129B−1并不完全适应战场环境，首先战场弥漫的沙尘令引擎故障频发，其次武器威力不足，难以造成有效杀伤，特别是对装甲目标，前线部队纷纷加以改装，增挂MK101型30毫米机炮吊舱、四联机枪吊舱和各型炸弹挂架，强化打击能力。

根据前线反馈，亨舍尔公司在1942年夏季推出了Hs 129B−2型，增加了沙尘过滤器，提高引擎可靠性，同时提供了多种火力强化方案，在机腹下增加武器吊舱，配备MK103型30毫米机炮或BK3.7型37毫米机炮，增强了对苏军坦克的杀伤力，还可以携带多种规格的炸弹，使其成为真正的坦克杀手，B−2型也是Hs 129各型号中生产数量最多的。然而，德国空军并不满足，在1944年初提出为Hs 129配备75毫米反坦克炮的要求，由此产生了可怖的Hs 129B−3型，撤除2门20毫米机炮，在机腹增加一个可抛弃式大型吊舱，内置一门BK7.5型75毫米反坦克炮，机身中部的鼓形弹舱内备弹12～16发，几乎对任何类型的苏军坦克

■ Hs 129B−3型安装一门BK7.5型75毫米反坦克炮，对任何坦克都是一击致命，但对飞机性能影响很大，下图为火炮安装示意图。

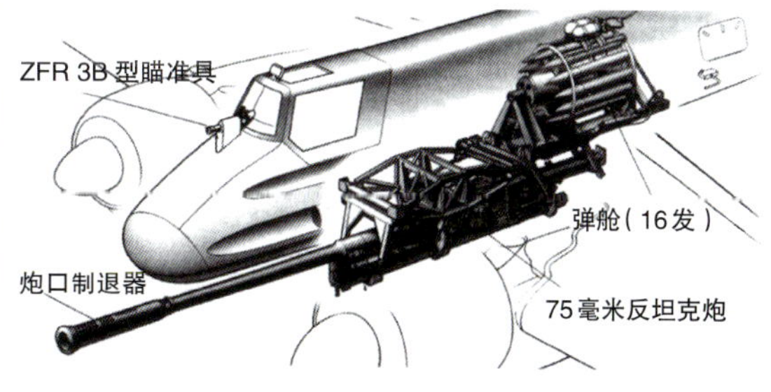

■ 表现Hs 129B-2型双机编队向地面实施猛烈突击的航空画。

都有一击致命的效果。为了减少炮口焰对飞行员的影响，在炮口加装了特殊的制退器，使炮管长度达到6米。不过，B-3型的机动性和操纵性都明显下降，最终只完成了23架。亨舍尔公司还计划研发Hs 129C型，更换更强的引擎，在机腹两侧增设MK103型30毫米机炮，在机身后部两侧增加2挺MG17型遥控后射机枪，载弹量可达1000公斤，但没有实现。

1942年3月，首批Hs 129B型配备给第1对地攻击机联队第1大队，5月间加入苏联南线战场，以中队为单位执行对地支援任务，取得了令人瞩目的战果，飞行员们对这种新型飞机爱恨交加，在诟病其操纵性低劣的同时又对其火力和防护赞不绝口，而步兵则对其由衷地喜爱，称之为“坦克开罐器”！实战证明，Hs 129的确是一件非常有效的反坦克利器，由于数量稀少，德军高层命令只有在防线被突破时才能出动Hs 129担当救火队员的角色。在1943年库尔斯克战役中，Hs 129进行了自己的巅峰表演，四个中队约60架Hs 129参加战斗，大部分为配备MK103型机炮的B-2型，它们协同其他战机击毁了数以千计的苏军坦克，最突出的战例是7月5日，16架Hs 129在战斗机掩护下轮番突击，在一小时内击毁80辆苏军坦克，自身无一损失，成功化解了德军侧翼的危机。不过，在战役中有48架Hs 129被击落。在持续的战斗中，Hs 129部队中产生了不少坦克杀手，战绩最高的是第9对地攻击机联队的鲁道夫·海因茨－鲁弗尔上尉(Rudolf-Heinz Ruffer)，在300次出击中击毁坦克80辆。在战争后期，由于德军丧失制空权，缺乏保护的Hs 129往往难以施展拳脚，承受着很高的战损率，但仍然坚持战斗到战争结束。除了东线战场外，Hs 129在北非及西线也有少量作战行动。

Hs 129是二战时期德国空军最好的反坦克攻击机，被认为是后来美国A-10攻击机的鼻祖，也是战争中后期前线最急需的机型，但是它的实际产量却非常低，从1940年6月至1944年9月停产，制造了865架，这要归咎于德国航空业的管理混乱和亨舍尔公司产能不足。

■ 一架属于SG 1联队的Hs 129B-2型对地攻击机，注意机身中部的步兵突击章图案和垂尾上的坦克击毁标志。

亨舍尔Hs 129B-2型对地攻击机性能数据

机型	双发单座单翼对地攻击机
装备时间	1942年
主尺寸	翼展14.2米、全长9.75米、高3.25米
主翼面积	29平方米
空重/全重	4020公斤/5250公斤
动力装置	格诺姆－罗恩14M星型14缸空冷发动机×2
输出功率	700马力×2
最高速度	407公里/小时
实用升限	9000米
爬升率	486米/分钟
续航距离	690公里
武备	7.92毫米MG17型机枪×2 20毫米MG151型机炮×2 30毫米MK101或MK103型机炮×1 250公斤炸弹×1或50公斤炸弹×4
乘员	1人

喷气式轰炸机

阿拉多 Ar 234型喷气式轰炸机"闪电" Arado Ar 234 Jet Bomber Blitz

德国空军不仅在世界上最早装备了喷气式战斗机，也率先列装了第一种实用的喷气式轰炸机，这就是阿拉多 Ar 234型，但这种飞机最初是作为纯粹的侦察机设计的。1940年秋，航空部提出喷气式高速侦察机研发项目，要求航程达到2156公里。阿拉多公司是唯一做出回应的厂商，提交了 E370方案，采用常规气动布局，配备两台 BMW003型涡喷发动机，后改为 Jumo004型，设计时速可达830公里，航程为1995公里，该方案的特殊之处是没有安装常规起落架，起飞时被置于一台分离式三轮滑车上，降落时则依靠机腹及机翼下的三条滑撬，以减轻重量，增加燃油载量，提高航程。

尽管 E370的航程未能达到军方要求，但米尔希元帅对此项目很感兴趣，授权建造原型机，官方编号为 Ar 234。由于引擎交付迟缓，首架原型机迟至1943年7月30日首飞，在测试中表现出良好的操纵性，时速达到650公里以上，但引擎运行不够稳定，曾发生起火事故，导致坠机。阿拉多公司建造了8架无起落架的原型机，后来统称为 Ar 234A 型。军方始终对其特殊的起降方式表示担忧，而且测试表明起飞滑车使用不便。阿拉多公司于1944年初着手改进，为 Ar 234安装常规起落架，为此加宽了中部机身和翼展，同时还考虑到充当轰炸机的能力，增加外置挂架和自卫武器，最终形成了 Ar 234B 型，于1944年3月12日首飞，并成为 Ar 234型的基本量产型，于1944年9月服役。

■ Ar 234A 型没有安装起落架，利用可抛式三轮滑车起飞（上图），降落时则依靠机腹和机翼下的三条滑橇（下图），这种起降方式并不可靠，因此在 Ar 234B 型上改为常规的轮式起落架。

Ar 234型为双发单座上单翼单垂尾布局，近似圆柱形的机身首部是一个卵形全透明单人座舱，具有良好的前视和两侧视野，但几乎看不到后方。一对平直的梯形上单翼下对称安装两个发动机吊舱，总体构型非常简洁。B 型采用前三点式起落

■ 战后被美军缴获的 Ar 234B 型，采用上单翼双发单垂尾布局，前三点式起落架，总体设计简洁。作为历史上第一种实用的喷气式轰炸机，Ar 234型与 Me 262型喷气式战斗机一样具有开创意义。

■ 1945年战争结束后，一名美军军官准备进入 Ar 234B 型的座舱内体验一下，这种飞机的单人座舱配有全透明玻璃风挡。

■ Ar 234B 型没有内置弹舱，只能在机腹中央和两侧发动机舱下方的挂架上携带炸弹，下图是 Ar 234 型进行俯冲投弹的珍贵照片。

架，并且配有增压座舱，起飞时可在翼下加挂助推火箭，减少滑跑距离。作为轰炸机，Ar 234B 型因为机身空间大部被油箱占据，无法设置弹舱，只能在机身外挂载武器，可在机腹中央的半埋式挂架上携带一枚1000公斤炸弹，在发动机吊舱下各有一个挂架，可挂载500公斤炸弹，总载弹量为1500公斤。Ar 234B 型还在机身后部加装了2门 MG151 型20毫米机炮，向后方射击，飞行员通过安装在座舱顶部的一个后视潜望镜瞄准，这个装置源自坦克使用的潜望镜。不过，实战证明这种自卫武器系统效能不佳，前线部队多将其拆除，以减轻重量。对于 Ar 234来说，速度就是最好的防御手段，可以摆脱任何盟军战斗机的追击，不过 Jumo004型引擎可靠性低，在运行10小时后就需维护或更换。从1944年夏季至战争结束，约210架 Ar 234B 型被制造出来，包括轰炸型和侦察型。

从1943年夏季开始，阿拉多公司就计划开发配置四台喷气引擎的新改型，即 Ar 234C，在主翼下吊装4台 BMW003型引擎，有成对并列安装和四发独立安装两种方案，最后确定为前者，时速可达882公里，载弹量比 B 型提高一倍，于1944年2月4日完成首飞，这是世界上第一架四发喷气式轰炸机。Ar 234C 型有多达8种子型号，包括侦察型、轰炸型、双座型以及夜战型等。C 型于1945年2月量产，德国空军下达了高达3800架的订单，但最后只完成了大约20～30架，几乎没有参加实战。此外，Ar 234型还有其他改型计划，比如双座轰炸机 Ar 234D 型、重型战斗机 Ar 234E 型和夜间战斗机

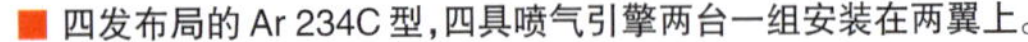

■ 四发布局的 Ar 234C 型，四具喷气引擎两台一组安装在两翼上。

■ 这幅画作表现了1945年3月间，KG 76联队的Ar 234B型轰炸机在Me 262型战斗机的掩护下对莱茵河上至关重要的雷马根大桥实施轰炸的场面，这是史上首次喷气式战机的协同作战。

Ar 234P型，但都停留于构想。

1944年夏季，少量Ar 234A型作为高速侦察机被投入前线。8月2日，7号原型机对法国境内的盟军占领区进行了历史上首次喷气飞机的侦察行动，后来还曾深入英国上空进行侦察。凭借出色的速度，Ar 234能够轻松突破盟军的空防体系，是战争末期能够在敌占区自由行动的少数德军飞机之一。Ar 234B型于1944年秋季服役，唯一装备这种新锐战机的部队是第76轰炸机联队，于6月间就开始换装工作，由于很多飞行员不适应高速的喷气机，在训练中事故频频，直到年底才形成战斗力，于12月24日执行了首次喷气飞机的轰炸行动。第76联队在1945年初实施了少量攻击行动，而最著名的行动是3月间对雷马根大桥的轰炸，该部的40架Ar 234B在Me 262的配合下实施了多次攻击，但未能取得显著战果，但这是历史上喷气战机的首次协同作战。1945年4月，一架Ar 234对英国进行了高空侦察，这是二战中德军飞机最后一次飞临英国上空。由于数量稀少，服役过晚，Ar 234和Me 262一样未能产生重大影响。

■ 战后来自英国皇家空军的技术人员在对缴获的Ar 234B型进行测试飞行前的检查，盟国方面对这种新型轰炸机充满兴趣。

阿拉多Ar 234B型喷气式轰炸机性能数据

机型	双发单座单翼喷气式轰炸机
装备时间	1944年
主尺寸	翼展14.41米、全长12.63米、高4.3米
主翼面积	26.4平方米
空重／全重	5200公斤／9850公斤
动力装置	Jumo004B-1型涡喷发动机 ×2
引擎推力	900公斤 ×2
最高速度	742公里／小时
实用升限	10000米
爬升率	600米／分钟
续航距离	2200公里
武备	20毫米MG151型机炮 ×2 1500公斤炸弹
乘员	1人

德国空军其他轰炸机、攻击机研发型号列表（1933 ~ 1945）

飞机型号	研发时间	机 型	基本性能
道尼尔 Do 19	1936年	四发十座单翼重型轰炸机	时速315公里/小时，航程1600公里， 武备7.92毫米 ×2、20毫米 ×2，载弹量1600公斤
道尼尔 Do 23	1934年	双发四座单翼中型轰炸机	时速260公里/小时，航程1500公里， 武备7.92毫米 ×3，载弹量1000公斤
菲泽勒 Fi 98	1934年	单发单座双翼俯冲轰炸机	时速295公里/小时，航程470公里， 武备7.92毫米 ×2，载弹量200公斤
菲泽勒 Fi 167	1938年	单发双座双翼舰载雷击机	时速325公里/小时，航程1300公里， 武备7.92毫米 ×2，载弹量1000公斤
福克－沃尔夫 Fw 191	1939年	双发四座单翼重型轰炸机	时速620公里/小时，航程3600公里，武备20毫米 ×2、 13毫米 ×4、7.92毫米 ×4，载弹量4200公斤
亨克尔 He 45	1931年	单发双座双翼轻型轰炸机	时速290公里/小时，航程1200公里， 武备7.92毫米 ×2，载弹量300公斤
亨克尔 He 50	1931年	单发双座双翼俯冲轰炸机	时速235公里/小时，航程1000公里， 武备7.92毫米 ×1，载弹量250公斤
亨克尔 He 277	1942年	四发七座单翼重型轰炸机	时速570公里/小时，航程6000公里，武备20毫米 ×8、 13毫米 ×4，载弹量3000公斤
亨克尔 He 343	1944年	四发双座单翼喷气轰炸机	时速910公里/小时，航程2800公里，载弹量3000公斤
亨舍尔 Hs 127	1935年	双发三座单翼中型轰炸机	时速353公里/小时，航程 不明，载弹量1500公斤
亨舍尔 Hs 128/130	1939年	三发三座单翼侦察轰炸机	时速610公里/小时，航程2995公里，武备 不明
亨舍尔 Hs 132	1943年	单发单座单翼喷气俯冲轰炸机	时速780公里/小时，航程1120公里，载弹量500公斤
容克 Ju 86	1934年	双发双座单翼中型轰炸机	时速420公里/小时，航程1580公里， 武备7.92毫米 ×3，载弹量1000公斤
容克 Ju 89	1936年	四发五座单翼重型轰炸机	时速386公里/小时，航程2980公里， 武备7.92毫米 ×2、20毫米 ×2，载弹量1600公斤
容克 Ju 187	1940年	单发双座单翼俯冲轰炸机	时速400公里/小时，航程 不明， 武备13毫米 ×1、20毫米 ×3，载弹量1200公斤
容克 Ju 287	1944年	四发双座单翼喷气轰炸机	时速555公里/小时，航程1570公里， 武备13毫米 ×2，载弹量4000公斤
容克 Ju 288	1940年	双发四座单翼中型轰炸机	时速620公里/小时，航程2700公里，武备15毫米 ×1、 13毫米 ×4，载弹量3000公斤
容克 Ju 290	1942年	四发九座单翼重型轰炸机	时速440公里/小时，航程3840公里，武备20毫米 ×6、 13毫米 ×2，载弹量3000公斤
容克 Ju 390	1943年	六发十座单翼重型轰炸机	时速505公里/小时，航程9700公里，武备20毫米 ×3、 13毫米 ×4，载弹量不明
容克 Ju 488	1944年	四发三座单翼重型轰炸机	时速690公里/小时，航程3395公里，武备20毫米 ×2、 13毫米 ×2，载弹量5000公斤
容克 EF 132	1944年	六发五座单翼喷气轰炸机	时速930公里/小时，航程3500公里， 武备20毫米 ×2，载弹量5000公斤
梅塞施密特 Bf 162	1935年	双发三座单翼中型轰炸机	时速480公里/小时，航程782公里， 武备7.92毫米 ×1，载弹量1000公斤
梅塞施密特 Me 264	1940年	四发八座单翼重型轰炸机	时速560公里/小时，航程15000公里，武备20毫米 ×2、 13毫米 ×4，载弹量3000公斤

附录 II：二战德国空军的航空机枪和机炮

■ He 111型轰炸机的机组成员在操作机首的MG15型7.92毫米机枪，使用150发鞍形弹鼓供弹，MG15型是德军轰炸机的标准武器。

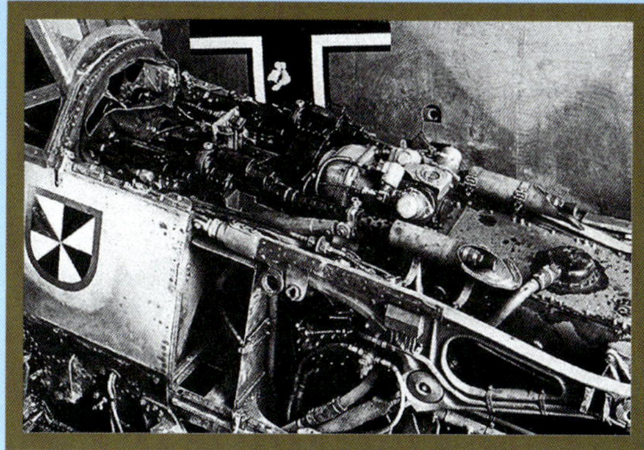

■ Bf 109E 型战斗机引擎上方安装两挺MG17型7.92毫米机枪，这种武器是战争初期德国空军战斗机的标准前射机枪。

在1933年至1945年间，德国空军列装了多种型号、口径各异的航空机枪、机炮作为飞机的进攻武器和防御武器。为了达到最佳的杀伤效果，这些枪炮的口径不断增大，威力越来越强，甚至将某些口径超过30毫米的大口径火炮也搬到了飞机上。对战斗机、攻击机来说，机载枪炮主要作为固定式前射武器布置在机翼、翼根、引擎中轴和引擎整流罩上部，有时需要安装射击协调器，也有以枪炮吊舱的方式加装在飞机上；对于轰炸机、侦察机、运输机来说，机载枪炮主要作为活动式防御武器安装在机身各处，比如座舱或吊舱内的活动枪架上，有人操纵炮塔或无人遥控炮塔内。

在战争爆发时，德国空军主要的机载武器是MG15、MG17型7.92毫米机枪和MG/FF型20毫米机炮。MG15/17型机枪均是莱茵金属公司的产品，MG15设计于20年代，30年代初期列装，是当时德国空军轰炸机、侦察机的标准防御武器，以活动机枪形式安装在飞机上，使用75发弹鼓供弹，尽管在1940年底之后就被性能更好的机枪取代，但其生产和使用一直持续到战争末期，至1944年1月，官方产量是17648挺。MG17型机枪于1936年列装，是德军战斗机的标准固定前射武器，射速略高于MG15，采用500发弹链供弹，广泛装备各种作战飞机，产量达24271挺。1937年以后，德国空军认识到小口径机枪难以给大型飞机造成足够的损伤，于是以瑞士厄利孔公司的FF型20毫米机关炮为基础开发了MG/FF型机炮，采用60发或90发弹鼓供弹，装备Bf 109、Bf 110等战斗机和部分轰炸机。不过，MG/FF并不是一件理想的武器，射速低、初速慢、备弹少，弹道性能与MG17型机枪差异明显，使得战斗机难以发挥两种武器的集火优势，尺寸较大，不适合安装在引擎中轴位置。尽管如此，MG/FF型机炮仍然在战争初期赋予了德军战斗机优于对手的火力优势，当时欧洲各国战斗机仍以7.7 ~ 12.7毫米机枪为主要武器。

在1940年底之后，德国空军对机载武器进行了升级，提高火力，以摧毁愈加坚固的敌军目标。MG15型机枪逐渐被高射速的MG81型7.92毫米机枪和大威力的MG131型13毫米机枪所取代。

■ 虽然MG/FF型20毫米机炮的性能并不理想，但在战争前期仍普遍装备德军战机，图为Fw 190型战斗机主翼外侧的MG/FF型机炮。

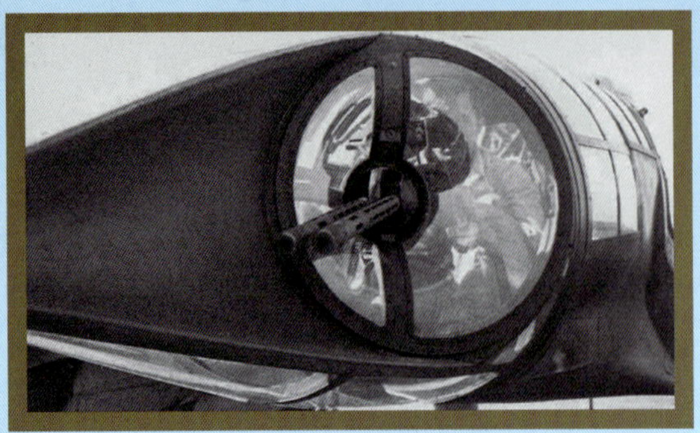
■ Fw 189型侦察机座舱后部安装的MG81Z型7.92毫米双管机枪。

MG81是毛瑟公司以著名的MG34型通用机枪为基础开发的，1940年列装，重量比MG15略轻，使用弹链供弹，虽然初速稍低，但射速高达1600发/分钟，双管型的MG81Z达到3200发/分钟，能够提供极为密集的防御火力，从而取代MG15成为战争中后期德军飞机的标准防御武器。但是，7.92毫米枪弹杀伤力偏弱，大口径机枪成为德国空军的必然选择，这就是1940年装备的MG131型13毫米机枪，由莱茵金属公司研制，使用弹链供弹，13毫米枪弹的重量是7.92毫米枪弹的三倍，但具有相近的初速和弹道性能，MG131的尺寸又与MG17型接近，这使得MG131既能作为防御武器取代MG15，也能作为进攻武器替换MG17，性能与美军著名的勃朗宁M2型12.7毫米机枪相当。

毛瑟公司在1940年也推出了MG151/15型15毫米机枪，拥有比MG131型更高的初速，但射速较低，重量较大，因此没有普遍装备部队，只是作为MG/FF型机炮的短期替代品安装在Bf 109F型上。毛瑟公司在1941年将其口径扩大，产生了MG151/20型20毫米机炮，15毫米机枪仅需要更换枪管和少许改动就能改为20毫米机炮，其性能十分出色，拥有比MG/FF更高的初速、更好的精度和更远的射程，而且配发特殊的爆破榴弹，强化了杀伤力，尺寸上也适合安装在引擎中轴。MG151/20型机炮一经问世，迅速取代了MG/FF成为德国空军制式机炮，广泛装备各型作战飞机。

然而，随着1942年B-17、兰开斯特等英美四发重型轰炸机出现在德国上空，MG151/20型机炮的威力也不能让德国空军满意了，测试表明20毫米炮弹需要命中18～20发才能击落一架四发重轰，而要摧毁B-17更需25发炮弹之多！于是，德国军工部门着手研发更大威力的30毫米机炮，以应对新的威胁。1943年，莱茵金属公司完成了MK101型30毫米机炮的研制，其设计目标是在盟军轰炸机自卫机枪射程外摧毁目标，这种武器具有高初速、大威力、精度优良的特点，但是射速偏低，过于沉重，不适合安装在轻型战斗机上，限制了装备规模，仅配备少量重型战斗机。此外，MK101型机炮能在300米距离上击穿75毫米装甲，也被Hs 129等对地攻击机作为反坦克武器使用。针对MK101的缺点，莱茵金属公司进行了改进，制成了MK103型，采取电击发方式，提高了射速，减轻了重量，供弹方式由弹匣改为弹链，增加了弹药携带量，虽然初速降低，总体性能十分出色，也被Hs 129用于对地攻击。但是，MK103的重量对于Bf 109等单发战斗机来说依然较大，仅有少量Fw 190A/F型战

■ Fw 190型战斗机挂载的双联MG151/20型20毫米机炮吊舱。

■ Hs 129型攻击机机腹下方的MK103型30毫米机炮在装填弹药。

斗机在机翼下吊挂MK103型机炮吊舱，用于反轰炸机或反坦克作战。很快，在MK103基础上又发展出MK108型，炮管截短，虽然初速较低、射程较近，但重量更轻，结构更紧凑，射速更高，只需4发炮弹就能摧毁一架B-17，即使单发战斗机也能配备1～2门MK108，从而获得更强的攻击力，因此MK108成为战争末期德国空军的主力机炮，装备了多种型号的作战飞机。

除了常规的20、30毫米机炮，德国空军还列装了BK系列大口径机炮，包括BK3.7、BK5和BK7.5等几种型号，作为截杀重轰炸机和地面装甲目标的杀手锏。BK3.7由Flak18型37毫米高射炮改进而成，BK5以陆军的KwK39型50毫米坦克炮为基础，BK7.5则是陆军PaK40型75毫米反坦克炮的机载型号，它们都具有一击必杀的威力，但同时都存在重量体积过大、后坐力强、携弹量少的缺点，对飞机的飞行性能影响很大，所以只有少量装备。

■ MK108型30毫米机炮因为重量较轻、结构紧凑、杀伤力大而成为战争后期德国空军战斗机的标准武器。

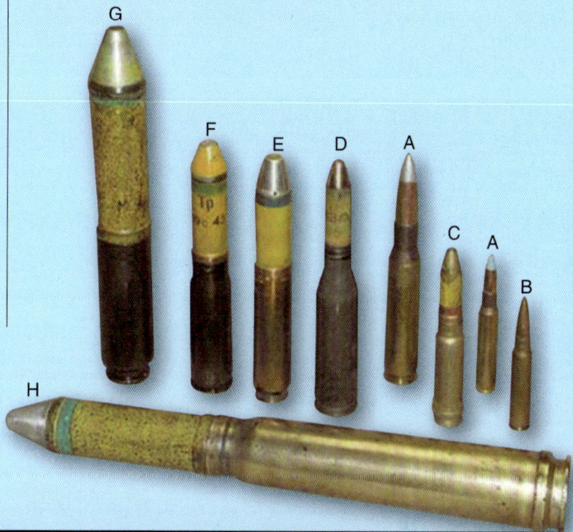

■ 德国空军机载武器的弹药尺寸对比：A、美军7.62毫米和12.7毫米机枪子弹 B、MG17型7.92毫米机枪子弹 C、MG131型13毫米机枪子弹 D、MG151/15型15毫米机枪子弹 E、MG/FF型20毫米机炮炮弹 F、MG151/20型20毫米机炮炮弹 G、MK108型30毫米机炮炮弹 H、MK101/103型30毫米机炮炮弹。

二战德国空军航空机枪／机炮主要型号性能一览

型号	口径	重量	弹丸重量	初速	射速	备注
MG15	7.92毫米	8.1公斤	11.5克	755米／秒	1000发／分	战争初期标准活动防御机枪
MG17	7.92毫米	12.6公斤	11.5克	855米／秒	1200发／分	战争初期战斗机标准制式机枪
MG81	7.92毫米	6.5公斤	11.5克	790米／秒	1600发／分	战争中期以后活动防御机枪
MG131	13毫米	16.6公斤	34克	750米／秒	900发／分	兼用为活动机枪和固定机枪
MG151/15	15毫米	42.7公斤	57克	960米／秒	740发／分	短期过渡型，后发展为MG151/20型
MG/FF	20毫米	26.3公斤	134克	700米／秒	540发／分	兼用为固定前射机炮和斜射炮
MG151/20	20毫米	42.5公斤	92克	800米／秒	750发／分	战争中期以后标准制式机炮
MK101	30毫米	179公斤	330克	960米／秒	250发／分	初期型30毫米机炮，少量装备
MK103	30毫米	145公斤	330克	920米／秒	420发／分	MK101型的轻量化改型
MK108	30毫米	58公斤	330克	540米／秒	650发／分	战争后期主力型号机炮
BK3.7	37毫米	295公斤	380克	1170米／秒	160发／分	Flak18型37毫米高射炮的机载型
BK5	50毫米	540公斤	1100克	960米／秒	45发／分	KwK39型50毫米坦克炮的机载型
BK7.5	75毫米	705公斤	1180克	930米／秒	40发／分	Pak40型75毫米反坦克炮的机载型

侦察机、巡逻机篇

Aufklärungsgeschwader

空中侦察是军用飞机最早也是最基本的作战任务，侦察机的产生早于其他类型的作战飞机。在德国空军中，虽然很多战斗机、轰炸机都衍生出侦察改型，但专业侦察机的研发也受到重视，在战前及战争期间列装了多种型号、性能各异的侦察机。德军侦察机按照作战出发基地区分，可分为以陆地机场为基地的陆基侦察机和以海岸基地为依托或由舰船搭载的海基侦察机，后者主要是能在水面起降的水上飞机；按照航程和作战范围的广度区分为远程侦察机和近程战术侦察机。当然，侦察机的作战行动并不限于窥探敌情，它们往往会携带各种武器和装备，从事对地支援、校射、联络、运输、海上巡逻与搜救、反潜、反舰、布雷等多种任务，是名符其实的战场多面手。

海基侦察机

阿拉多 Ar 196型舰载水上侦察机 Arado Ar 196 Shipboard Reconnaissance

1933年，德国海军开始为其大中型水面战舰寻求一种舰载侦察机。负责航空器开发的航空部最初选择了亨克尔 He 60型双翼水上侦察机，但性能不佳，其后续机型 He 114型也因为海上操纵性低劣而被海军拒绝。航空部于1936年10月下达了开发新型舰载水上侦察机的指令，唯一的硬性要求是必须采用 BMW132型空冷发动机，并提交双浮舟和单浮舟两种方案，道尼尔、哥达、福克－沃尔夫和阿拉多四家公司参与竞标。在所有参选方案中，只有阿拉多为单翼机，而其他均为保守的双翼机，这使阿拉多的设计获得了优于对手的出色性能，脱颖而出，官方编号为 Ar 196，在1937年获准建造4架原型机。航空部还授权福克－沃尔夫也建造4架 Fw 62的原型机，作为后备，但在一番对比后，Ar 196全面压倒了 Fw 62，毫无悬念地在1938年底作为德国海军的标准舰载侦察机列装部队。

1937年试飞的 Ar 196V1 号原型机，该机在竞争中击败了 Fw 62。

Ar 196为单发双座下单翼单垂尾布局，使用功率947马力的 BMW132K 型9缸星形空冷发动机驱动，串列双座座舱配备大型多框架透明座舱盖，视野良好。根据航空部的要求，Ar 196最初制造了两种型号，采用双浮舟的 Ar 196A 型和采用单浮舟的Ar 196B型，两者性能相差无几，后来从稳定性考虑选择A型作为量产型。在1938年至1939年制造的20架A-1型仅在座舱后部装备一挺MG15型7.92毫米机枪作为自卫武器，主要由舰船搭载。1939年底，更重的Ar 196A-2型开始取代A-1成为主力生产型号，除了装备舰艇外，空军的海上飞行部队也开始列装。A-2型的武备大为强化，在主翼上安装2门MG/FF型20毫米机炮，在引擎罩上部另有1挺MG17型7.92毫米机枪，在翼下还能挂载2枚50公斤炸弹，具备相当的攻击能力。1940年12月投产的A-4型加强了机身结构，更新了无线电设备和螺旋桨。1943年问世的A-5是最后一种量产型，更换了无线电和座舱设备，后部自卫机枪改为MG81Z型7.92毫米双联机枪。阿拉多公司还计划设计Ar 196C型，采用更具流线形特征的新机身，但项目在1941年被取消。从1937年至1944年8月，Ar 196各型号总共制造了541架，其中526架为量产型。

Ar 196是二战中性能最优秀的水上侦察机之一，无论在空中，还是在海上都操纵自如，受到飞行员的高度赞誉，能够执行多种任务。由于机动性良好且有较强的武备，Ar 196甚至可以进行空中格斗，在实战中也确实出现过Ar 196成功拦截英军轰炸机的战例。除了作为舰载侦察机伴随战舰行动外，Ar 196在岸基飞行部队中也表现颇佳，在海上巡逻和反潜任务中非常称职，最突出的例子就是在1940年5月5日，两架Ar 196在其他飞机配合下，在卡特加特海峡俘获了英军“海豹”号潜艇。除了德国海空军外，保加利亚和芬兰也少量装备Ar 196，后者曾经利用它良好的操纵性运载突击队员，进行隐秘的敌后渗透行动。

■ 除了作为舰载机外，Ar 196也是德国空军海航部队的主力装备之一，图为第706海岸警备大队的Ar 196机群，摄于1941年丹麦。

■ 自从1938年列装后，Ar 196型就是德国海军舰船的标准侦察机，下图为一架Ar 196型水上侦察机从重巡洋舰“欧根亲王”号上弹射起飞，德国海军大型舰船在出海作战时，德国空军第196舰载飞行大队都会为其提供Ar 196型侦察机和飞行员，随舰出海。

阿拉多 Ar 196A-2型舰载水上侦察机性能数据

机型	单发双座单翼双浮舟水上侦察机
装备时间	1939年
主尺寸	翼展12.4米、全长11米、高4.45米
主翼面积	28.4平方米
空重／全重	3990公斤/3720公斤
动力装置	BMW132K型9缸星形空冷发动机 ×1
输出功率	947马力
最高速度	311公里／小时
实用升限	7010米
爬升率	300米／分钟
续航距离	1080公里
武备	20毫米MG/FF型机炮 ×2 7.92毫米MG17型机枪 ×1 7.92毫米MG15型机枪 ×1 50公斤炸弹 ×2
乘员	2人

布洛姆－福斯 BV 138型水上侦察机“海龙” Blohm & Voss BV 138 Reconnaissance Seedrache

BV 138是布洛姆－福斯公司在1936年为德国空军研发的远程水上侦察机，也是该公司第一种采用飞船造型的水上飞机，设计者为首席工程师英格特－理查德·沃格尔。BV 138最初计划使用两台1000马力引擎驱动，后来因为发动机研发拖沓而改为罕见的三发布局，引擎型号为Jumo205C型柴油发动机，功率650马力，因为油耗低，柴油引擎比传统的汽油引擎能够提供更大的续航力。BV 138的首架原型机于1937年7月15日首飞，但结果并不乐观，在机体结构、引擎、飞行稳定性和武器布置方面都暴露出问题，在经过长时间的改进后，才于1940年10月服役。

BV 138的外观十分独特，采用船形机身、三发驱动、双尾撑结构，机身侧面轮廓非常像一只鞋，因此获得绰号“飞鞋”。在机身正上方是安装中央引擎的发动机舱，另外两台引擎位于梯形上单翼的短舱内，中央引擎的位置略高于两侧引擎。两翼的发动机舱向后延伸成一对长长的尾撑，在末端形成双垂尾，之间以水平翼面连接。在两翼下还设有一对小型浮舟，加强在海面起降的稳定性。BV 138在机身前后有两个独立的动力炮塔，各装一门MG151型20毫米机炮，在中央发动机舱正后方的炮位上还有一挺MG131型13毫米机枪，还能在机身侧面加装1～3挺MG15型7.92毫米机枪，可以挂载6枚50公斤炸弹或4枚150公斤深水炸弹，其宽敞的内部空间必要时还能搭载10名乘客。

BV 138最初的生产型号是A型，产量很少，主要用于测试，少量A型曾参加了挪威战役，并作为水上运输机被部署在比斯开湾沿岸基地。A型性能欠佳，在1940年10月后逐渐被改良的B型所取代，后者采用880马力的Jumo205D型引擎，加强了武备，性能大为改善。在B型基础上又发展出C型，于1941年3月服役，强化了机身结构，

1937年夏季在波罗的海进行海试的BV 138型水上侦察机。

BV 138的发动机布局非常独特，中央引擎位于机身正上方，两侧引擎置于主翼之上，注意驾驶舱前方的半球形动力炮塔，内装一门MG151型20毫米机炮。下图为机首炮塔特写，注意机首侧面有B&V公司的标记和部队徽记。

并且将中央引擎的螺旋桨由三叶更换为四叶，成为产量最多的型号。在1942年至1943年间，少量BV 138C型被改装为特殊的扫雷型BV 138MS，拆除全部武器，加装一个环绕机身的大型消磁线圈，用于扫除磁性水雷，被称为“捕鼠者”。

BV 138是德国空军在二战中最主要的远程海上侦察机，从1938年至1943年总共制造了297架，其中C型227架。在战争中，BV 138主要部署在法国比斯卡湾沿岸和挪威，对大西洋和北冰洋的盟军航运进行侦察、监视，尤其是通往苏联的北极航线。在北方海域的行动中，BV 138表现十分出色，它们依靠潜艇的海上补给进行长时间的巡逻，创造过持续三周的巡航记录，在行动中还曾与盟军飞机发生空战，可以确认击落“卡塔琳娜”和“布伦海姆”各一架。除了依托海岸基地行动外，BV 138还能由水上飞机供应舰搭载，弹射起飞。除了大西洋和北冰洋外，在波罗的海、黑海和地中海都留下了BV 138的航迹。1945年5月1日，一架BV 138冒着苏军的炮火从柏林湖强行起飞，带着希特勒的遗嘱和10名伤员逃离即将陷落的帝国首都，平安抵达哥本哈根，这是BV 138在战争中的最后一次行动。

布洛姆－福斯 BV 138B 型水上侦察机性能数据

机型	三发五座单翼水上侦察机
装备时间	1940年
主尺寸	翼展27米、全长19.9米、高6.6米
主翼面积	111.9平方米
空重 / 全重	8100公斤 /14700公斤
动力装置	Jumo205D 型柴油发动机 ×3
输出功率	880马力 ×3
最高速度	275公里 / 小时
实用升限	5000米
爬升率	220米 / 分钟
续航距离	5000公里
武备	20毫米 MG151 型机炮 ×2 13毫米 MG131 型机枪 ×1 7.92毫米 MG15 型机枪 ×3 50公斤炸弹 ×6或150公斤深弹 ×4
乘员	5人（C型6人）+10名乘客

■ BV 138型是德国空军最主要的远程海上侦察机，左上图是一架 BV 138在执行远程巡逻任务时接受潜艇补给，右上图是绰号“捕鼠者”的 BV 138MS 扫雷型，其大型消磁线圈用于清除磁性水雷，下图是由“布萨德”号水上飞机供应舰搭载的3架 BV 138型侦察机。

道尼尔 Do 18型水上侦察机 Dornier Do 18 Maritime Reconnaissance

1934年，道尼尔公司开始设计一款新型双发水上飞机以替代Do 16型，官方编号为Do 18，与它的前辈一样，为军民两用机型。Do 18继承了Do 16的基本特征，船形机身采用道尼尔传统的双断阶船底外形，其中第二断阶处呈尖锐的刀锋状，并配有小型舵面，利于水中机动。全金属外壳机身内部分为七个水密隔舱，可在两个舱进水的情况下保持不沉和稳定。机身侧面安装一对稳定鳍，如短小的飞翼，即能增加水上稳定性，还能在飞行时提供额外的升力。一对宽大的主翼呈伞形结构安装于机身上方，位于中线的发动机舱在主翼之上，采用推拉式动力布局，两台Jumo205型600马力柴油发动机串列布置其中，驱动前后两具螺旋桨。发动机舱、主翼通过一个坚固的片状支柱与机身连为一体，发动机舱的外形以及与主翼、支柱的结合部都采用符合气动特征的流线外形，减少阻力。座舱为封闭式，机组成员为四人。

Do 18的原型机于1935年3月15日首飞，同年民用型Do 18E型开始交付汉莎航空，投入南大西洋航线的运营，曾多次打破飞行记录，包括1938年3月在英国与巴西之间创造了不着陆直线飞行8391公里的水上飞机飞行记录。1936年，军用型Do 18D型作为水上侦察机加入德国空军服役，在机首和机身后部各设一个敞开式炮位，安装2挺MG15型7.92毫米机枪，并在机翼下挂载2枚50公斤炸弹，制造了79架。Do 18D型机动性不足，武备薄弱，通常只用于观测任务，德国空军计划用BV 138取而代之，但后者研制进度缓慢，因此只能继续改进Do 18，产生了G型，对机身外形进行优化，起飞时可以使用助推火箭，换装880马力的Jumo205D型引擎，机首炮位换装MG131型13毫米机枪一挺，机身后部炮位配备封闭式动力炮塔，安装MG151型20毫米机炮一门，G型在1940年夏初停产前制造了62架，此外还有22架带有两套操纵系统的教练型Do 18H。连同民用型在内，Do 18各型总产量为170架。

■ 停放在陆上的Do 18型水上侦察机，注意船形机身前部和后部各有一个敞开式炮位，各配备1挺7.92毫米机枪作为自卫武器。

当二战爆发时，Do 18已经略显过时，但却是德国空军唯一一种远程水上飞机。62架Do 18装备了6个海岸飞行中队，在北海方向执行侦察任务，

■ Do 18是战争爆发时德国空军唯一的远程水上侦察机，1942年以后退出一线行动。该机采用推拉式动力布局，两台引擎串列布置于机身上方的发动机舱内。

在1940年后，部分中队转移到挪威的基地从事海上巡逻。但是，这种速度缓慢、行动笨拙的飞机在战斗中非常脆弱，而且动力不足，在BV 138服役后被逐渐转用于训练和海空搜救，到1941年夏季，仅剩一个中队还在使用Do 18，同年8月，最后一架Do 18G型退出一线行动，但剩余的飞机从事后方勤务直至战争结束。值得一提的是，Do 18型还是二战中第一架被英军飞机击落的德军飞机，1939年9月26日，一个Do 18三机编队被来自“皇家方舟”号航母的“贼鸥”式战斗机发现，其中一架被击伤迫降，随即被英军驱逐舰“索马里人”号击沉。

道尼尔 Do 18D 型水上侦察机性能数据

机型	双发四座单翼水上侦察机
装备时间	1936年
主尺寸	翼展23.7米、全长19.23米、高5.32米
主翼面积	98平方米
空重 / 全重	6680公斤 /8500公斤
动力装置	Jumo205C 型柴油发动机 ×2 （G 型：Jumo205D 型柴油发动机）
输出功率	605马力（G 型：880马力）×3
最高速度	250公里 / 小时（G 型：267公里 / 小时）
实用升限	4350米
爬升率	133米 / 分钟
续航距离	3500公里
武备	7.92毫米 MG15型机枪 ×2 G 型：20毫米 MG151型机炮 ×1 13毫米 MG131型机枪 ×1 50公斤炸弹 ×2
乘员	4人

海基侦察机

道尼尔 Do 24型水上侦察机 Dornier Do 24 Maritime Reconnaissance

Do 24是1937年道尼尔公司根据荷兰海军的要求设计的一款远程水上侦察机，计划部署于远东的东印度群岛。Do 24的外形和基本结构与Do 16、Do 18非常相似，船形机身、伞形高单翼和舷侧的稳定鳍都被继承下来，最大的不同是动力布局和机尾构造。Do 24采用三发推进，三个发动机短舱并排布置于机翼中段，机尾十分粗壮并且为双垂尾结构。在机首、机身中部和机尾各设一个自卫炮塔，安装机枪或机炮，机组成员为6人。Do 24型的首架原型机于1937年7月3日首飞，在战争爆发前，道尼尔公司制造了12架Do 24K型，荷兰又购买了另外48架的特许生产权。Do 24K安装了美制莱特R-1820型星形空冷发动机，功率1000马力，在机首和机尾炮塔内各装一挺7.9毫米勃朗宁机枪，在中部炮塔内装一门20毫米索罗通机炮。在德国入侵荷兰前，已经有25架Do 24K被派往远东，后来参与了同日军的战斗。

由于德国空军已经选定BV 138作为新型远程水上侦察机，对Do 24兴趣不大。道尼尔公司制造了两架供德军使用的原型机，安装Jumo205型引擎，装备德制武器，参加了挪威战役。1940年5月德军占领荷兰后，缴获了3架完成的Do 24K和超过20架半成品以及全套生产线，决定继续生产这种飞机，称为Do 24N，将机载设备更换为德国产品，首尾机枪改为MG15型，但中部机炮为缴

■ Do 24最初是为荷兰海军研制的，在荷兰投降后其生产线被德军缴获并继续生产，供德国空军使用。

■ 这幅照片显示了Do 24的引擎布局及前部、中部炮塔的位置。

获的法制 Hs404型20毫米机炮，完成了11架。在库存的美制发动机耗尽后，德国人为Do 24换装了BMW Bramo323R-2型星形空冷发动机，称为Do 24T型，后期制造的T型将中部机炮更换为MG151型20毫米机炮，并可以携带12枚50公斤炸弹，也改装过携带消磁线圈的扫雷型。大部分Do 24T都是在荷兰、法国的占领区制造的，产量大约为207架，加上K、N等型号，总产量为279架。

Do 24在德国空军中主要作为海上搜救飞机使用，较高的巡航速度、优良的海上适航性和宽阔的内部空间使它非常适合这类任务，最令人印象深刻的是，Do 24坚固耐用，具有很高的抗损性，能够在高海况下行动，在挪威海域的某次搜救行动中，一架Do 24在风浪中失去了整个机尾和部分后机身，多处隔舱进水，仍然带着幸存者返回基地。在战争期间，Do 24活跃于各个战场，从北冰洋到大西洋，从黑海到地中海，据称被其营救的人员达到12000人！在执行搜救任务之外，Do 24还常常担负运输、补给、护航、侦察甚至轰炸任务。在1943年3月，在解冻后的泥泞使得陆基飞机无法起降的情况下，部署在黑海的22架Do 24T向孤立的库班桥头堡运送了1000吨物资，

■ 加装消磁线圈的扫雷型 Do 24MS 型，这种型号只改装了两架。

道尼尔 Do 24T 型水上侦察机性能数据

机型	三发六座单翼水上侦察机
装备时间	1940年
主尺寸	翼展27米、全长22米、高5.9米
主翼面积	108平方米
空重 / 全重	13470公斤 /18400公斤
动力装置	BMW Bramo323R-2型9缸星形空冷发动机 ×3
输出功率	1000马力 ×3
最高速度	341公里 / 小时
实用升限	7500米
续航距离	4700公里
武备	7.92毫米 MG15型机枪 ×2 20毫米 MG151型机炮 ×1 50公斤炸弹 ×12
乘员	6人

并运出大量伤员。诸如此类的行动表明Do 24是一款性能优良的机型，它长久的生命力也证明了这一点，西班牙人在1944年6月购买了12架Do 24T，一直服役到1970年方才退役。

亨克尔 He 115型多用途水上飞机 Heinkel He 115 General Purpose Seaplane

在德国空军列装的各种型号的浮舟型水上飞机中，性能最优秀的莫过于亨克尔He 115，这种坚固可靠的双发水上飞机具备多方面的能力，战场适应性强，不仅在德国空军中服役，还被挪威、瑞典、芬兰甚至英国所使用。1935年7月，航空部提出研制一型双发通用水上飞机，能够兼顾侦察、轰炸和布雷等任务，参选型号包括亨克尔公司的He 115和汉堡公司的Ha 140。He 115的原型机于1937年8月首飞，在对比测试中性能明显优于竞争对手，于1938年3月被德国空军选中。

■ 1937年试飞的 He 115V1 号原型机，以优良的性能赢得订单。

He 115的设计可谓中规中矩、朴实无华，采用传统的双发双浮舟中单翼单垂尾布局，全金属承力蒙皮结构，机身纤细修长，具有宽大的主翼和水平尾翼，中单翼的内段厚重，平面呈矩形，

至外段迅速变薄，所有操纵面上都有较宽的襟翼。在主翼上对称布置两个发动机短舱，安装两台BMW132K型星形空冷发动机，功率960马力，在发动机短舱下方安装两个单断阶式浮舟，通过一系列垂直或斜向支柱和张线与机身牢固连接。He 115的机组成员为三人，在最初设计中各自拥有独立座舱，在机首由多块透明风挡构成一个视野开阔的舱室，领航员兼轰炸瞄准手位于其中，他还负责操纵机鼻半球形炮塔内的一挺MG15型7.92毫米机枪，飞行员座舱位于主翼前缘之前，而无线电员座舱在主翼后缘位置，并配有另一挺MG15型机枪，作为后方自卫武器。在后来的改进中，飞行员座舱和无线电员座舱连为一体，形成一个狭长的温室形座舱，机首延长，座舱外形也更加流畅。无线电员另有一套简单的操纵系统，可在必要时接替驾驶。除了两挺机枪外，He 115机身中段设有一个可容纳3枚250公斤炸弹的弹舱，在翼下挂架上还能再挂载两枚同型炸弹，执行雷击任务时可携带一枚800公斤航空鱼雷，作为布雷飞机时能则携带1 ~ 2枚水雷。

He 115的最初量产型为A型，1939年1月列装，还分别向挪威和瑞典出口了6架和12架。1940年初，改良的B型开始下线，增加了燃油载量和武器搭载能力，能够挂载2枚500公斤炸弹，加装航空照相机，部分飞机的浮舟结构进行了加固，并安装了冰刀式底缘，便于在冰封雪冻的北极海域行动。He 115结构坚固，操纵性能优良，唯一令人不满的是火力贫弱，仅有两挺机枪。亨克尔公司在1940年初开发了火力强化的He 115C型，机鼻的MG15型机枪更换为MG151型15毫米机枪，在发动机短舱后部加装两挺MG17型机枪，向后方射击，但它们几乎无法瞄准，射线固定，很容易被避开。在战争中后期，大部分He 115都更新了武备，后部自卫机枪改为MG81Z型，在机首下方偏左位置加装一个突出部，内置一门MG151型20毫米机炮，机鼻处的MG15型机枪被保留下来。亨克尔公司还力图进一步提升He 115的性能，为其换装1600马力BMW801A型引擎，时速由327公里提高到380公里，机鼻机枪换为MG81型，机首左下方为1门MG151型20毫米机炮，座舱重新布置，增加第四名机组成员，在后部座舱和机腹位置各配备一座MG81Z型机枪，这就是He 115D，仅有一架。He 115的生产在1940年底就停止了，各型产量在138 ~ 223架之间，主要为B型。有资料称鉴于He 115服役表现优良，

■ 亨克尔公司在1939年底停产He 115，将生产线移交威悉飞机制造厂，新生产的飞机强化了结构，增加燃油载量，被称为He 115B型，图为1940年初He 115B在进行海试。

■ 上图为He 115型的正面特写照片，可见主翼内段非常厚重。下图为机首半球形炮塔特写，装有一挺MG15型7.92毫米机枪。

■ He 115型机首座舱内景，可见领航员兼轰炸瞄准手以俯卧姿态操纵机首机枪，机首的大面积风挡提供了良好的视野。

■ 一架He 115型在挂载鱼雷，在执行侦察任务的同时He 115型还客串鱼雷轰炸机的角色，并且颇为称职。

■ 在岸边整齐列队的He 115型机群，属于空军某海岸警备大队。

■ 在海上飞行的He 115C三机编队。在德国空军列装的水上飞机中，He 115是性能最佳的一款，一直是空军海航部队的主力装备。

德国空军在1943年曾重启生产线，又制造了141架He 115E型，类似于C型，但更新了武备。

He 115装备了11个海航中队，在战争爆发后主要作为布雷飞机使用，对英国及法国港口进行夜间布雷，这类行动一直持续到1940年底，最高峰时有80架He 115参与作战。1941年后，部分He 115中队转移到挪威北部的基地，执行海上侦察和反舰任务，在得到合用的航空鱼雷后，它们也充当鱼雷轰炸机的角色，在对北极航线的绞杀中有所表现，在1942年7月对PQ-17船队的拦截中，He 115至少实施了一次成功的鱼雷攻击，击沉了一艘货船。尽管数量不多，He 115总能出色地完成赋予的作战任务，并且一直服役到战争结束。值得注意的是，1940年4月有3架挪威海军的He 115在德军入侵之际飞往苏格兰，英国人为其换装英制装备后纳为己有，将它们派往地中海作战，这说明He 115的性能得到了敌对双方的共同信赖。

亨克尔He 115B型多用途水上飞机性能数据

机型	双发三座单翼双浮舟水上飞机
装备时间	1940年
主尺寸	翼展22.28米、全长17.3米、高6.6米
主翼面积	87.5平方米
空重 / 全重	5290公斤 /10400公斤
动力装置	BMW 132K型9缸星形空冷发动机 ×2
输出功率	960马力 ×2
最高速度	327公里 / 小时
实用升限	5500米
续航距离	3350公里
武备	7.92毫米MG15型机枪 ×2 250公斤炸弹 ×5或800公斤鱼雷 ×1或 920公斤水雷 ×1
乘员	3人

陆基侦察机

亨克尔 He 46型侦察机 Heinkel He 46 Reconnaissance

1931年，亨克尔公司应军方的要求，为未来的德国空军设计一种近距战术侦察机和空地联络机，以配合陆军的作战行动，官方编号为He 46。在初期设计阶段，He 46采用传统的单发双座双翼布局，上主翼略长，并有10度的后掠角，水平尾翼位置较高，并有尾撑加固，敞开式座舱，固定式主起落架，但机尾不设尾轮，而是一个小型尾撬。He 46的原型机于1931年底首飞，当时使用的引擎是特许生产的布里斯托尔－木星450马力发动机，飞行性能优良。在随后的改进中，较短的下主翼因为妨碍观察员的视野而被拆除，上主翼翼展加宽2.5米，翼面面积增加22%，通过支柱和张线与机身连接，使He 46变为一架伞形单翼机，引擎也更换为西门子SAM22B型9缸星形空冷发动机，功率650马力，在后部观察员坐席安装一挺MG15型7.92毫米机枪。

■ He 46型是德国空军创建初期侦察机部队的主力机型。

亨克尔 He 46C 型近程侦察机性能数据

机型	单发双座单翼侦察机
装备时间	1933年
主尺寸	翼展14米、全长9.5米、高3.4米
主翼面积	32.2平方米
空重／全重	1765公斤／2300公斤
动力装置	西门子SAM22B型9缸星形空冷发动机 ×1
输出功率	650马力 ×1
最高速度	250公里／小时
实用升限	6000米
续航距离	1000公里
武备	7.92毫米MG15型机枪 ×1 10公斤炸弹 ×20
乘员	2人

He 46于1933年开始量产并装备部队，主要的生产型号为He 46C型，相比原型机增加了武器搭载能力，可以携带一部航空照相机或在机腹挂载20枚10公斤炸弹，具备一定的对地攻击能力。从1933年至1936年，有478架He 46交付德国空军，装备了几乎所有侦察机中队，另有18架出口保加利亚。在1938年，大约20架He 46被派往西班牙，供佛朗哥部队使用，匈牙利也从德国获得了少量He 46。从1938年开始，He 46逐渐被Hs 126所取代，至二战爆发时，尚有5个中队装备He 46，并参加了波兰战役，到1940年西线战役时，所有He 46都退居二线，转用于训练，但匈牙利空军的同型飞机参加了“巴巴罗萨”行动初期的作战。1943年初，兵力匮乏的德国空军将He 46重新投入一线作战，作为夜间轰炸机对苏军目标实施袭扰，作用有限。

陆基侦察机

亨舍尔 Hs 126型侦察机 Henschel Hs 126 Reconnaissance

在1933年He 46刚刚服役，德国空军就要求开发后续机型，亨舍尔公司设计了Hs 122，采用与He 46相似的单发双座伞形上单翼布局，具有全向视野、出色的低速性能和短距起降能力，原型机于1935年初首飞，尽管在试飞中表现不错，但空军认为它的最大速度不高，性能相比He 46无明显提升，拒绝采用。亨舍尔公司并不气馁，在Hs 122基础上继续改进，提出了Hs 126方案，继承了伞形上单翼结构，加长机身，修改主翼形状，采用悬臂式固定起落架。为了提高速度，Hs 126尝试了多种类型的引擎，包括BMW323型星形空冷发动机和Jumo210型直列液冷发动机等。新的原型机于1936年8月首飞，操纵灵活、性能出色，终于获得军方的肯定，于1937年开始量产。

最初投产的Hs 126A型配备BMW132D型引擎，双人串列座舱配有滑动式舱盖，但后部观察员座席通常呈敞开状态，配有一挺MG15型7.92毫米机枪，其下方的照相机舱内装有一部蔡司航空照相机，观察员还能手动操纵另一部相机进行拍照。在前机身右侧上部固定安装一挺MG17型7.92毫米机枪，由飞行员操纵。在执行对地攻击任务时可将照相机舱改为弹舱，挂载10枚10公斤炸弹，并在机腹左侧挂架上携带一枚50公斤炸弹。1938年6架Hs 126被派往西班牙参战，实战证明它们作为轻轰炸机和侦察机时非常称职，幸存的5架飞机后来留在西班牙，另有16架出口希腊。到1939年夏季，Hs 126已全面取代He 46成为德军侦察机部队的主力机型，同时改良的Hs 126B型也开始生产，更换了850马力的BMW-Bramo323型引擎，升级了无线电设备，并成为标准量产型。

1939年9月二战爆发时，275架Hs 126装备了10个侦察机大队，有13个Hs 126中队参加了波兰战役，被配属给陆军装甲部队和炮兵部队，担任空地联络、战场侦察和炮兵校射任务，还对波军目标实施了炸射。在1940年的西线战役中，Hs 126也表现活跃，在占领法国后，它还得到一项特殊的任务，部署在英吉利海峡沿岸，巡视海岸，阻止法国人乘船偷渡英国，至少有一架Hs 126因为过于接近英国海岸而被英军战斗机击落。到1940年时，Hs 126逐渐被性能更好的Fi 156和Fw 189所取代，其生产也于1941年初停止，总产量为913架。在新机型服役前，仍然有相当数量的Hs 126参与了北非及东线的战斗，直到1942年初才全面退出一线，在后方单位从事滑翔机拖曳任务。与He 46相似，Hs 126在战争后期被当作夜间轻型轰炸机使用，在东线及巴尔干战区执行夜间袭扰任务，直至战争结束。

■ Hs 126型于1937年取代He 46型成为德军侦察机部队的主力机型，直至1942年初被Fw 189型取代。

■ Hs 126型局部特写，注意后部坐席的MG15型7.92毫米机枪，在机身侧面还绘有三条辅助线，用于确定航空相机的拍摄角度。下图为Hs 126型进行编队飞行，注意其主翼外形。

亨舍尔Hs 126B型近程侦察机性能数据	
机型	单发双座单翼侦察机
装备时间	1937年
主尺寸	翼展14.5米、全长10.9米、高3.8米
主翼面积	32.2平方米
空重 / 全重	2030公斤 /3090公斤
动力装置	BMW-Bramo323型9缸星形空冷发动机 ×1
输出功率	850马力 ×1
最高速度	356公里 / 小时
实用升限	8500米
爬升率	550米 / 分钟
续航距离	998公里
武备	7.92毫米MG15型机枪 ×1 7.92毫米MG17型机枪 ×1 10公斤炸弹 ×10，50公斤炸弹 ×1
乘员	2人

陆基侦察机

菲泽勒 Fi 156型联络机"鹳" Fieseler Fi 156 Liaison Aircraft Storch

如果以飞机尺寸与名气做对比的话，Fi 156肯定是德国空军各类机型中最不成比例的，这种轻巧灵活的前线联络机以杰出的短距起降能力、广泛的多用途性、优秀的战场适应性和极高的可靠性而闻名于世，其性能优于战时盟军的任何同类机型，如同小精灵般出没于漫长的战线上，受到交战双方共同的高度赞誉。

1935年，着眼于未来作战中战场侦察、空地协同、通讯联络和弹着观测等任务的需求，航空部委托各航空公司设计一款轻型多用途前线勤务飞机，要求能够短距起降，乘员2～3人，运用最新的高升力襟翼／缝翼技术，并指定高可靠性的阿格斯As10型空冷发动机作为动力装置。巴伐利亚、杰贝尔和菲泽勒三家公司参与竞标，实力雄厚的巴伐利亚公司率先完成了Bf 163的原型机，而杰贝尔的Si 201因为采用动力后置的推进式布局被认为过于另类，提前出局，而菲泽勒于1936年初完成Fi 156的原型机，5月24日首飞，与Bf 163携手入围。在随后的对比测试中，Fi 156占据上风，由于采用可变仰俯角度的主翼结构，获得了优于对手的短距起降能力，凭借这一细节上的优势，最终战胜强敌，脱颖而出，获得了德国空军的订单，开创了航空史上的一段小小传奇。

Fi 156在机体设计上并无前卫之处，甚至有些原始简陋，但别有特色，其轻巧纤细的机身采用钢管骨架帆布蒙皮结构，串列双人座舱内只有简单的飞行仪表和无线电设备，配有一个宽度大于机身的全透明风挡，仿佛是一个扣在机身上的大玻璃盒子，座舱盖两侧突出于机身外侧，顶部也是透明的，这使得Fi 156具有非常良好的全向视野，便于观察情况。在座舱顶部通过铰接结构安装了一对大展弦比平直机翼，机翼骨架为木制，覆以帆布蒙皮，采用与机翼等长的固定式前缘缝翼和后缘襟翼，而

■ 1936年5月首飞的Fi 156原型机，以优异的短距起降能力击败了竞争对手Bf 163，开创了德国航空史上的一段传奇。

■ Fi 156机首特写照片，该机采用可靠的As10型空冷引擎，长长的主起落架让人联想到长腿的鹳鸟，座舱风挡向外突出，视野极佳。

且飞行员能够调节机翼仰俯角度，以适应不同的飞行状态，使得Fi 156的起飞和降落滑跑距离都非常短，通常情况下不超过45米，如果配合风向，甚至能在20米内完成上述动作，这在当时可谓独步天下的绝活了！Fi 156的机翼还有一个特别之处，就是能够像舰载机一样翻转90度后向后折叠，紧贴机身，以节省空间，便于存放和运输。Fi 156的主起落架非常长，以较大的倾斜角度安装于机身两侧，起落架支柱顶部基点位于主翼与座舱连接处，带有强力油压缓冲装置和刹车，能够承受较大的冲击，让Fi 156能在较粗糙的地面上起降，机轮还能换为滑撬，以适应冬季作战，机尾没有尾轮，而是一个小型尾撬。Fi 156的长脚让人联想起鹳

■ Fi 156型座舱特写照片，可见仪表盘设置较为简单，舱内设有两个座位，并预留了增加第三个座位的空间，在后期型上三坐席成为标准设计，以提高运载能力。

■ Fi 156型座舱后部的MG15型7.92毫米自卫机枪，可以携带四个双联弹鼓，但大多数情况下这种轻型飞机都无武装。

鸟，其绰号也由此而来。

Fi 156的动力来自一台240马力阿格斯As10C型倒V型8缸空冷发动机，运行稳定、故障率低，燃料由主翼内的两个74升油箱供给，必要时还能在机身座舱内增设一个205升油箱，增加航程。早期型有两个坐席，但座舱后部预留了第三个坐席的空间，这里也能用于搭载航空照相机等设备。在后期型上，三个座席作为标准配置被确定下来。作为轻型联络机，Fi 156通常不会执行攻击任务，对武备要求不高，尽管测试表明Fi 156有能力搭载3枚50公斤炸弹或一枚135公斤深弹，但大多数情况下都是无武装的，最多也就是在座舱后部加装一挺MG15型7.92毫米机枪。对Fi 156来说，小巧的体形和出色的低速飞行能力就是最好的防身手段，德国空军曾尝试用战斗机模拟攻击Fi 156，但两者巨大的速度差使战斗机很难捕捉到射击机会。

Fi 156有多种型号，预生产型Fi 156A型仅用于测试，此外还有安装活动式前缘缝翼的Fi 156B型，尽管具有较快的速度和更大的续航力，但军方并未采用，而作为民用型号完成，但未投产，最主要的量产型号为Fi 156C型，与A型相比在座舱后部增设一挺MG15型机枪。在服役后，德军注意到地面武器对Fi 156的威胁，为油箱、引擎等要害部位增加防弹钢板，导致重量上升，起降能力削弱，于是在Fi 156C-3型上更换了270马力As10P型引擎，提升动力，保持性能。Fi 156C型还有供北非使用的热带型。Fi 156D型是用于后送伤员的救护型，座舱后部被开辟为担架舱，能够容纳两副担架，Fi 156E是加装尾轮的改进型，仅有10架预生产型。Fi 256是在1943年间设计的五座放大型，制造了两架原型机。Fi 156于1937年底开始量产，很快就达到一周三架的生产速度，在1942年后，德军逐渐将Fi 156的生产线转移到法国和捷克斯洛伐克等占领区。Fi 156的生产一直持续到1945年初，总产量高达2867架，其中1908架为菲泽勒公司制造。

Fi 156的战斗生涯也是从西班牙战场开始的，首批下线的Fi 156A型就被分配给秃鹰军团试用，到1939年9月二战爆发时，Fi 156已经普遍装备德国空军各级单位，每个飞行大队都会配备1 ~ 2架用于联络，还有大量Fi 156被配属给陆军部队，从事侦察、联络、运输、校射等任务，航迹遍及欧洲及北非的各个战场，很多指挥官都有乘坐Fi 156巡视战场的习惯，比如“沙漠之狐”隆美尔元帅。真正令Fi 156名声大振的是1943年9月营救墨索里尼的“橡树”行动，一架Fi 156C-3在大萨索山的山顶空地降落，又在超载状态下成功起飞，带着墨索里尼和斯科尔兹内两个重量级人物脱离险境。1945年4月23日，航空女杰汉娜·莱契驾驶Fi 156搭载格莱姆空军元帅冒死飞进战火笼罩的柏林，接受希特勒的召见，她驾机在满目疮痍的勃兰登堡门附近降落，在会见结束后又载着元帅阁下逃离，完成了一次惊心动魄的飞行。除了上述行动外，Fi 156还是西线最后一架在空战中被击落的德军飞机，在战争结束前夕，一架美军L-4型联络机偶然遭遇一架Fi 156，美军飞行员用手枪向对手开火，将其击落，这也是二战中唯一一架被手枪击落的飞机。Fi 156不仅受到德军的喜爱，也被盟军视为一种极有价值的飞机，包括蒙哥马利元帅在内的多名盟军高级将领将缴获的Fi 156作为指挥机使用，至少有147架Fi 156在被俘后转入盟军部队服役。在战后，有多个国家继续制造、使用Fi 156，其生产在法国持续到1965年，以MS500型的名义制造了925架，1970年才从法国空军中退役。捷克在战后也制造了138架，称为K65。使用过Fi 156的国家达到23个，这从一个侧面也证明了其设计的优良。

菲泽勒 Fi 156C 型轻型联络 / 观测机性能数据

机型	单发双座单翼联络机
装备时间	1937年
主尺寸	翼展14.25米、全长9.9米、高3米
主翼面积	26平方米
空重 / 全重	860公斤 /1260公斤
动力装置	阿格斯As10C型倒V型8缸空冷发动机 ×1
输出功率	240马力 ×1
最高速度	175公里 / 小时
实用升限	4600米
爬升率	285米 / 分钟
续航距离	380公里
武备	7.92毫米MG15型机枪 ×1
乘员	2人

■ 1942年的东线南部战场上，一架Fi 156从德军装甲部队上空飞过。德军陆空部队中大量配置Fi 156作为联络 / 近距侦察机使用。

■ 1944年的东线战场上，德军士兵将伤员抬上一架Fi 156D型救护机。Fi 156拥有充裕的改装余地，可改装用于多种用途。

■ 在1943年9月12日的“橡树”行动中，一架Fi 156C在山顶降落，随后载着墨索里尼和斯科尔兹内完成了奇迹般的撤离。

■ 一架被英军缴获后继续使用的Fi 156，其性能受到盟军的赞赏。

福克－沃尔夫Fw 189型侦察机“猫头鹰” Focke-Wulf Fw 189 Reconnaissance Uhu

■ 1938年首飞的Fw 189V1号原型机，采用另类的双尾撑设计。

1937年2月，在Hs 126刚刚入役，德国空军就迫不及待地提出研发新型战术侦察机的要求，作为Hs 126的后续型号，要求能够搭乘三名成员，具有全向视野和良好的操纵性、机动性，采用900马力引擎驱动。有三家公司提交了设计方案，阿拉多的Ar 198是一种布局传统的单发三座高单翼飞机，在机身上下设有全透明观察舱；福克－沃尔夫的Fw 189则采取非传统的双发双尾撑结构，带有大面积透明风挡的成员座舱位于中央；布洛姆－福斯的BV 141造型最为怪异，采取非对称布局，成员座舱位于飞机中线右侧，而带有引擎和尾翼的机身置于中线左侧，因为过于前卫而被军方拒绝，虽然制造少量原型机，但从未批量制造。最后入围的Ar 198和Fw 189在1937年4月得到制造原型机的许可。航空部起初比较看好布局传统的Ar 198，但在试飞中发现其操纵性能较差。在1938年7月首飞的Fw 189在各方面都表现出极佳的性能，最后赢得了竞争。

Fw 189是谭克博士的另一个力作，虽然其双尾撑布局显得另类，但实际上设计思路仍较为传统，没有太多标新立异之处，整体采用金属机身承力蒙皮结构，短粗的成员座舱位于中央，两翼的发动机舱向后延伸成尾撑并构成双垂尾，垂尾之间以一段水平尾翼相连。在发动机舱内侧的主翼内段呈矩形，而主翼外段前缘后掠，后缘平直。主起落架采用H型双支柱结构，液压收放，在水平尾翼中央的后起落架也能向左收起。Fw 189的动力装置为两台阿格斯As410A倒V型12缸空冷发动机，功率460马力，运行稳定可靠，即使在东部前线的严寒中也能顺利启动，在单发驱动下Fw 189也能稳定飞行。油箱位于发动机舱后方的尾撑内，容积为110升，两侧各一个。

■ Fw 189型是谭克博士的又一杰作，虽然看似怪异，其实设计思路相当稳重，并不过于求新立异，通过巧妙的布局获得优良的性能，在装备部队后表现出色，广受好评。

■ 这幅从上方拍摄的照片显示出 Fw 189型造型独特的中央机身座舱，其前部类似于轰炸机的机首，而后部采用圆锥形结构。

■ Fw 189型机首的正面特写照片，可以清楚地观察到坐在右侧座席上的领航员，其前后左右都具有良好的观察视野。

■ Fw 189型座舱内部照片，从座舱中部向机首方向拍摄，近处是飞行机械师坐席，向前方可以观察到飞行员驾驶席。

■ Fw 189型机身后部锥形座舱的特写照片，可见由机械师操纵的MG15型7.92毫米机枪，后期型更换为双联装 MG81Z 型机枪。

位于飞机中央的成员座舱很有特点，其前部非常类似于德军轰炸机的机首，由大面积的树脂玻璃构成一个多框架结构透明座舱，飞行员坐在左侧，领航员坐在右侧位置，后者可以操纵位于机腹的照相机或用手动相机拍照，还可将座椅后转，操作机背炮塔内的机枪。座舱后部逐渐收窄变细，形成一个圆锥形座舱，机组的第三名成员飞行机械师就位于这里，不过他大多数时间里并不是处理机械故障，而是负责观察后方情况，操作锥体末端的机枪，或接替领航员操纵无线电。作为一架侦察机，Fw 189的武备可以说格外强劲，在主翼翼根处装有2挺MG17型7.92毫米机枪，在中央座舱前部、机背炮塔内和尾部锥体内各有一挺MG15型7.92毫米机枪，不过在量产型上取消了座舱前部机枪，在主翼外段有四个挂架，可以挂载4枚50公斤炸弹、化学毒剂布撒器、发烟筒等武备。

Fw 189有A、B、C、D等多种型号，其中A型为主要生产型，至少有四种子型号。A-1为基本型，装有4挺机枪；A-2将机背和座舱尾部的MG15型机枪换为高射速的MG81Z型双管机枪；A-3是带有两套操纵系统的双座教练型；A-4

■ 从左后方拍摄的 Fw 189，注意其机身座舱舱门的打开方式。

是轻型攻击机改型，将翼根机枪更换为MG151型20毫米机炮，在座舱、引擎和油箱各处增加装甲。至少有30架A-1被改装为夜间战斗机，在机首安装FuG212型雷达，将机背炮塔的机枪改为斜射炮系统，换装一挺MG151型15毫米机枪或一门同型20毫米机炮，还有部分A-1被改为要员专机，充当高级指挥官的座机。Fw 189B型是五座运输型，也有两套操纵系统，可以兼用训练，仅有少量制造。Fw 189C是对地攻击机型，双人座舱被施以大面积装甲防护，在机翼中段和机首配备2门20毫米机炮和4挺7.92毫米机枪，座舱后部为一座MG81Z型机枪，但在竞争中败给了Hs 129。Fw 189D是水上飞机型，Fw 189E/F型都是动力增强型，更换了功率更大的引擎，但均未投产。Fw 189于1940年开始量产，由于福克公司忙于Fw 190战斗机的制造，从1941年之后，Fw 189的主要生产线被转移到法国和捷克，在1944年1月停产前，总产量为864架。

Fw 189于1940年列装服役，从1941年开始取代Hs 126，到1942年时已经是德军前线近程侦察机部队的主力机型，主要在东线服役，并且通过良好的实战表现获得了部队的好评，被称为“飞行眼睛”。虽然Fw 189看起来似乎非常脆弱，但对于苏军战斗机来说它并不是一个容易猎取的目标，在遭到攻击时，Fw 189常常能够利用灵活的机动甩开对手，有时还能用自卫武器反击。不过，随着德国空军逐渐失去东线战场的制空权，Fw 189的损失也与日俱增，在1943年，Fw 189在90%的出击中至少被击中一次，以至于它们被撤离前线，用于在后方清剿游击队，到1944年时Fw 189已经很难进行有效的昼间战场侦察行动。除了德国空军外，保加利亚、罗马尼亚、匈牙利等国空军也使用过Fw 189。

■ 采用封闭式机身结构的Fw 189B型，为五座运输/教练型。

■ Fw 189从1941年开始成为德军主力近程侦察机，有“飞行眼睛”的绰号，除了执行侦察任务外，也用于运输和对地支援行动，下图为地勤人员在为Fw 189挂载50公斤炸弹，执行对地攻击任务。

福克-沃尔夫Fw 189A-2型战术侦察机性能数据

机型	双发三座单翼侦察机
装备时间	1940年
主尺寸	翼展18.4米、全长12.03米、高3.1米
主翼面积	38平方米
空重/全重	2830公斤/3950公斤
动力装置	阿格斯As410A型倒V型12缸空冷发动机 ×2
输出功率	460马力 ×2
最高速度	350公里/小时
实用升限	7300米
爬升率	500米/分钟
续航距离	670公里
武备	7.92毫米MG17型机枪 ×2 7.92毫米MG81Z型机枪 ×2 50公斤炸弹 ×4
乘员	3人

陆基侦察机

福克－沃尔夫 Fw 200型巡逻机"秃鹰" Focke-Wulf Fw 200 Patrol Aircraft Condor

1939年春季，当德国空军为了应付对英战争而建立海上作战部队时，竟发现没有一种飞机能够胜任远程海上巡逻、侦察和反舰任务，预计担负这一角色的He 177重型轰炸机研制进程屡屡受挫，短期内无法服役，当时唯一能够填补空白的权宜之计就是利用福克－沃尔夫Fw 200型远程客机改装适用的机型。

Fw 200是1936年初福克公司为赶超美国DC-3型客机而开发的四发大型客机，设计者是著名的谭克博士，其目标是制造一款能够不着陆飞越大西洋的远程客机，以取代Ju 52用于汉莎航空的洲际航线。Fw 200的原型机于1937年7月27日首飞，能够搭载4名机组成员和26名乘客，采用四发下单翼单垂尾布局，金属机身承力蒙皮结构，近乎圆柱形的机身十分修长匀称，机首圆钝，是典型的客机风格，驾驶舱风挡面积较小，在客舱两侧各有九个树脂玻璃舷窗，在一对大展弦比梯形下单翼上对称安装4台发动机，主翼内段水平，外段略有上反角。Fw 200最初的引擎型号是进口的美制惠特尼"大黄蜂"875马力空冷发动机，后来更换为BMW132型720马力空冷发动机，即特许生产的惠特尼发动机。

民用型Fw 200A于1937年交付使用，并且出口丹麦等国，是当时欧洲最好的四发远程客机。出于宣传目的，在航空部授意下，福克公司特别改装了一架Fw 200S型客机，用于创造飞行纪录。1938年8月10日，该机从柏林不着陆直飞纽约，耗时24小时56分，全程6558公里，回程时又将飞行时间缩短为19小时47分，创造了330公里／小时的快航纪录。同年11月28日，该机又完成了从柏林到东京长达13600公里的远程飞行（中间经停加油），耗时46小时18分。与此同时，Fw 200B型也开始投产，是换装850马力

■ 1938年8月10日，一架经过改装的Fw 200S型客机从柏林不着陆直飞美国纽约，创造了多项纪录。这是一次精心策划的宣传活动。

■ 除了作为汉莎航空的豪华客机外，Fw 200还充当政府要员专机，图为供希特勒乘坐的Fw 200型元首专机，机首绘有"秃鹰"图案。

BMW132D型引擎的运输机型，相比A型增加了载重能力。尽管屡创佳绩，但Fw 200造价昂贵，运营成本高，仅得到了汉莎航空的少量订单，出口业绩乏善可陈，德国空军对其也缺乏兴趣，在战争爆发时仅有两架Fw 200在空军中服役，其中一架是希特勒的元首专机，后来又有少数Fw

■ Fw 200型驾驶舱内景，设有正副两名驾驶员，以便在远程飞行中交替驾驶，这也是远程客机的标准配置。

200B作为运输机装备第105特别轰炸机联队，曾参加挪威战役。

Fw 200的远程飞行能力引起了日本海军的注意，委托福克公司以它为基础开发一型远程侦察机，谭克非常热心于此，他坚信这一设计迟早会被德国空军采纳。他利用Fw 200B型进行改进，在机身内增设油箱，使燃油载量增加60%，加装了重达2000公斤的军用设备，在增设的机背炮塔和机腹吊舱内配置3挺MG15型机枪作为

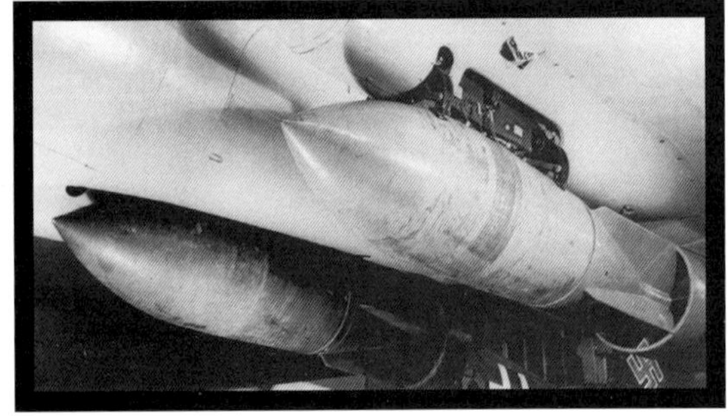

■ Fw 200型主翼挂架上挂载的两枚250公斤炸弹，最大载弹量超过2000公斤，后期经过改装后也可携带Hs293型遥控滑翔炸弹。

■ 一架Fw 200C型在行动中遇袭，带伤返航，注意机背上的自卫炮塔位置，其中前部炮塔为Fw19型动力炮塔。

■ Fw 200在战争爆发后引起德国空军的注意，被改装为远程海上巡逻机，图为KG 40联队装备的Fw 200C型，摄于1940年1月，注意机腹下方加装的狭长吊舱。

自卫武器。果不其然，1939年8月，急于寻求远程巡逻机的德国空军接受了谭克的方案，真正军用版的Fw 200C型于战争爆发后获准建造原型机，于1940年4月服役，并在战争中衍生出至少6种子型号。C型最突出的特征是在机腹偏右位置设置了一个狭长的保形吊舱，用于搭载武器。C型的武备得到加强，在机背前后的两座炮塔内和保形吊舱后端各装1挺MG15型机枪，在吊舱前端装有1门20毫米MG/FF型机炮和轰炸瞄准具，在吊舱中段设有弹舱，能够挂载250公斤炸弹，另外在主翼外段之下挂载4枚250公斤炸弹，也能携带300升副油箱。机组成员有5人，包括正副驾驶员和三名炮手，炮手还兼任导航、通信、观察等任务。

Fw 200C毕竟脱胎于民用客机，其设计初衷是用于轻载荷的客运飞行，结构不适合重载荷的军用飞行，较为脆弱，而且缺乏防护，除了驾驶舱，几乎没有防护装甲。谭克试图在1941年2月首飞的C-3型上改善上述缺陷，引擎更换为1200马力BMW-Bramo323型，并配以注水加力装置，机身结构得到强化，前部机背炮塔更换为Fw19型动力炮塔，并在机身后部两侧增加2挺MG15型机枪，外侧发动机吊舱下可挂载2枚500公斤炸弹，保形吊舱内可挂12枚50公斤炸弹，

加装新型轰炸瞄准具。不过，结构脆弱的问题仍然没有得到彻底解决。C-3的武备后来也有所变化，MG15型机枪更换为MG131型13毫米机枪，MG/FF型机炮更换为MG151型20毫米机炮等，机背前部炮塔的型号也有变更。在1942年改进的C-4型加装了FuG200型对海搜索雷达，具备了盲视轰炸能力，而在1943-44年间出现的C-6/8型用于搭载两枚Hs293型遥控炸弹，部分C-3/4型在改装后也能携带这种武器。

Fw 200于1940年夏季开始担负海上作战任务，第40轰炸机联队是唯一装备该型飞机的实战部队，最初被部署在挪威，从事北海方向的作战行动，法国战役结束后转移至波尔多，支援德国海军在大西洋上的战斗，尤其是潜艇破交战。Fw 200的任务非常明确，对爱尔兰以西的北大西洋中部实施侦察巡逻，搜寻盟军运输船队的踪迹，并向海军通报方位、航向、航速，便于潜艇进行拦截，必要时它们也可以主动发起攻击。不过该联队从未拥有足够数量的Fw 200去充分履行职责，待命出击的飞机不超过12架，每日最多只能出动6架进行巡航，因为Fw 200的产量非常低，从1940年至1944年2月停产，仅有252架

■ 5架隶属于KG 40联队的Fw 200C型远程巡逻机在机场列队待命，该部是德国空军唯一装备Fw 200的实战部队，主要在大西洋上执行侦察、巡逻和反舰任务，战绩突出，但损失也很惊人。

■ 在福克－沃尔夫工厂内组装的Fw 200C型，这种大型飞机耗时耗力，产量很低，很难满足前线作战的需要。

Fw 200C交付部队，即使算上A/B型，总产量也不过276架。现役飞机也受到结构问题的困扰，常因事故损失，第40联队进驻法国第一年中，至少有8架Fw 200在降落时因机体断裂而报销。

■ 这幅画作再现了大西洋之战中德军Fw 200型巡逻机编队对盟军运输船队实施空袭的场面，同时它们也受到由商船弹射的战斗机的攻击，Fw 200型在执行反舰船任务时面临诸多危险。

尽管如此，Fw 200在大西洋之战的初期阶段仍然不乏闪光之处，德国空军宣称，在1940年6月至1941年2月，有365000吨盟军船只被Fw 200击沉，同时也给潜艇部队提供了必要的支援，其中一个典型战例是在1940年10月26日，由本哈德·约佩中尉驾驶的Fw 200在爱尔兰外海发现并击伤了42000吨的邮轮“不列颠皇后”号，随后引导潜艇将其击沉，约佩中尉因此获得了骑士十字勋章，英国首

相丘吉尔称Fw 200是“大西洋上的灾星”。但是，从1941年夏季开始，Fw 200开始受到盟军飞机的威胁，部分商船加装了弹射器，能够起飞战斗机驱逐Fw 200，到1941年底，随着护航航母加入护航行动，Fw 200的战斗损失不断增加，其中在1942年8月14日损失的一架Fw 200是战争中第一架被美军击落的德军飞机，该机在冰岛附近巡航时被岛上的美军陆基战斗机击落。除了大西洋方向外，少数Fw 200也被派往挪威，参与对北极航线的截击行动。在1942年底，第40联队还抽调部分Fw 200前往东线，投入对斯大林格勒包围圈的空运行动。在1943年之后，随着盟军确立在大西洋上的海空优势，Fw 200面临的危险愈加严重，到1944年夏季德军失去了在法国海岸的基地后，Fw 200作为海上巡逻机的使命宣告结束，残余的飞机撤回德国，作为运输机服役至1945年5月。

福克-沃尔夫Fw200C-3型远程巡逻机性能数据

机型	四发六座单翼海上巡逻机
装备时间	1941年
主尺寸	翼展32.85米、全长23.45米、高6.3米
主翼面积	119.85平方米
空重/全重	17005公斤/24520公斤
动力装置	BMW Bramo323R型9缸星形空冷发动机×4
输出功率	1200马力×4
最高速度	360公里/小时
实用升限	6000米
续航距离	3560公里
续航时间	14小时
武备	20毫米MG151型机炮×1 13毫米MG131型机枪×5
载弹量	2100公斤
乘员	6人(作为运输机时可载30人)

德国空军其他侦察机、巡逻机研发型号列表(1933～1945)

飞机型号	研发时间	机型	基本性能
阿拉多Ar 95	1935年	单发双座双翼水上侦察机	时速310公里/小时，航程1100公里，武备7.92毫米×2，载弹量800公斤
阿拉多Ar 198	1937年	单发三座单翼战术侦察机	时速359公里/小时，航程1080公里，武备7.92毫米×3，载弹量200公斤
阿拉多Ar 231	1940年	单发单座单翼潜艇用水上侦察机	时速170公里/小时，航程500公里，武备无
布洛姆-福斯BV 141	1937年	单发三座单翼战术侦察机	时速438公里/小时，航程1900公里，武备7.92毫米×4，载弹量200公斤
布洛姆-福斯BV 142	1938年	四发五座单翼远程巡逻机	时速475公里/小时，航程3900公里，武备7.92毫米×5，载弹量400公斤
福克-沃尔夫Fw 62	1936年	单发双座双翼舰载水上侦察机	时速280公里/小时，航程900公里，武备7.92毫米×1，载弹量100公斤
福克-沃尔夫Fw 300	1941年	四发八座单翼远程侦察机	时速635公里/小时，航程9000公里，武备20毫米×12
亨克尔He 59	1930年	双发四座双翼水上侦察机	时速221公里/小时，航程942公里，武备7.92毫米×3，载弹量1000公斤
亨克尔He 60	1933年	单发双座双翼舰载水上侦察机	时速240公里/小时，航程826公里，武备7.92毫米×1
亨克尔He 114	1935年	单发双座双翼水上侦察机	时速335公里/小时，航程920公里，武备7.92毫米×1，载弹量100公斤
梅塞施密特Bf 163	1935年	单发双座单翼联络观测机	时速200公里/小时，航程400公里，武备无
梅塞施密特Me 261	1937年	双发七座单翼远程侦察机	时速620公里/小时，航程11000公里，武备不明
杰贝尔Si 201	1937年	单发双座单翼联络观测机	时速185公里/小时，航程450公里，武备无

附录 III：二战德国空军的航空炸弹及其他机载武器

对于轰炸机、俯冲轰炸机来说，航空炸弹才是最主要的攻击武器，而执行对地支援任务的战斗机、战斗轰炸机和攻击机也会频繁使用炸弹。德国空军装备了各种规格、种类多样的航空炸弹，最小型的航空炸弹仅有2公斤，而最大的可达2500公斤，使用较为普遍的是50、100、250、500和1000公斤的炸弹。德国空军以表示炸弹种类的字母缩写和表示炸弹重量的数字为航空炸弹命名，比如SC1000就是1000公斤的通用航空炸弹，德国空军主要装备以下几个类别的航空炸弹：

B：燃烧弹　　BC：爆破燃烧弹

BT：鱼雷型炸弹

PC：穿甲炸弹（装药量为弹重的20%）

SD：半穿甲破片炸弹（装药量为弹重的30%）

SC：通用炸弹（装药量为弹重的50%）

SB：高爆炸弹（装药量为弹重的75%）

在执行对海作战任务时，德军轰炸机还能够携带水雷（LM）和航空鱼雷（LT），其主要装备的空投水雷都是非触发引信沉底水雷，主要包括LMA型（全重550公斤、装药300公斤）、LMB型（全重960公斤、装药705公斤）和LMF型（全重1050公斤、装药290公斤），初期多使用磁性引信，后期混合使用水压、音响等引信。在战争前夕，德国空军并不重视航空鱼雷的开发，导致在整个战争期间都没有获得较为实用、性能可靠的航空鱼雷，1941年在挪威鱼雷基础上，并吸取意大利技术才研发出F5系列450毫米航空鱼雷，其中使用较多的是F5b型，重量800公斤，装药量180～250公斤，航速40节

■ 一架Fw 190型战斗机在机腹及主翼下挂载50公斤炸弹，这种轻型炸弹主要用于攻击地面软目标，适合各种机型挂载，使用普遍。

■ SC1800型航空炸弹，重达1800公斤，是德国空军装备的最重量级的航空炸弹之一，从图中士兵的身材对比可知其体量之大。

■ 一枚被误投至陆地上的德军空投水雷，在二战时期德军掌握了先进的水雷技术，其空投水雷均为非触发引信沉底水雷。

■ 挂载4枚航空鱼雷的 Do 217K 型轰炸机，德国空军在二战中一直缺乏性能可靠的航空鱼雷。为了弥补航空鱼雷的性能缺陷，德国空军开发了一种特殊的鱼雷型航空炸弹，下面这幅彩绘就是挂载BT400型鱼雷航弹的 Fw 190型战斗轰炸机。

时射程为2000米，此外德国空军也研制过口径533毫米，重量超过1000公斤的航空鱼雷，但均未达到实用化。作为航空鱼雷的替代品，德国空军开发了一种特殊的鱼雷型航空炸弹（BT），具有一个细长的截顶头锥，圆柱形弹体和锥形弹尾，配以三片大型尾翼，能够在投入水中后保持轨迹，直线航行一段距离，也可用于攻击地面目标，其相比鱼雷最大的优点在于工艺简单、成本低廉、易于制造，但实际使用并不普遍。

1942年，面对盟军重型轰炸机的威胁，德国空军开始寻求比机炮威力更大的机载武器，于1943年夏季开始装备空对空火箭，最早的型号是WGr21型210毫米火箭，它是由陆军的NbW42型210毫米六管火箭炮改进而来，初速320米／秒，全重（含发射管）112公斤，弹头重量41公斤，射程约1000米，使用定时引信起爆，杀伤半径可达30米，Bf 109、Fw 190等单发战斗机能够在翼下携带两具火箭发射管，而Bf 110、Me 410等双发战斗机能携带四具，WGr21型火箭虽然威力很大，命中一枚即可直接击毁目标，但是精度差，射速低，发射管造成很大的阻力，影响飞机性能，通常用于打乱美军轰炸机的阵形。1944年，一种轻巧的R4M型55毫米空对空火箭开始列装，它采用小直径固体燃料火箭发动机驱动，单发重量仅为3.85

■ 地勤人员为 Fw 190型战斗机挂装 WGr21型210毫米火箭。

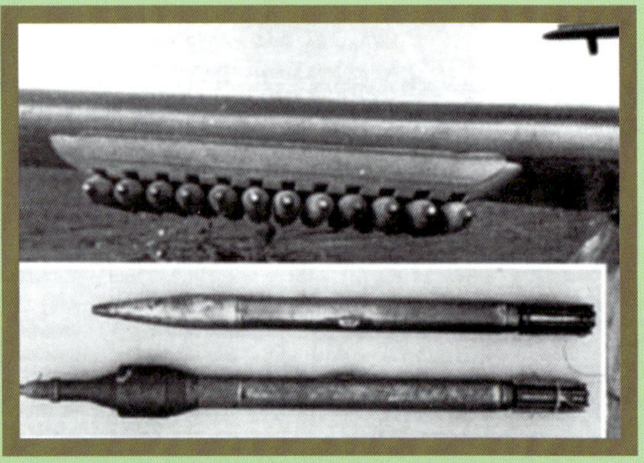

■ Me 262型喷气战斗机挂载的12联装 R4M 型55毫米火箭弹。

公斤，装药520克，弹尾装有放射状稳定翼，初速525米／秒，最大射程1500米，通过机翼下的多联木制发射架携带，一架Me 262战斗机可以挂载24枚R4M型火箭，在600米距离上连续发射，形成密集弹幕，杀伤效果明显提高，据说JV44中队有一半的战果是用这种火箭取得的。除了上述两种火箭外，德国空军还研发了其他几种类型的机载火箭，如向上方发射、攻击目标机腹的SG系列火箭，Ba 349使用的Hs217型火箭等。

战争后期，为了提高武器的命中精度，德国空军还率先开发和装备了早期机载制导武器，其中最著名的是遥控滑翔炸弹Hs293型和弗里茨－X型。Hs293的研制始于1940年，在SC500型通用炸弹基础上加装弹翼、尾翼、无线电收发装置和一台液体火箭发动机，全重1045公斤，投下后通过目视遥控，修正弹道，炸弹在火箭燃料耗尽后以无动力滑翔状态命中目标，最大射程可达16公里。弗里茨－X几乎与Hs293同时开始研发，是以PC1400型穿甲炸弹为基础，加装弹尾控制翼和无线电遥控装置，全重1570公斤，制导方式与Hs293相同，通常在距离目标5公里处投下，由于装有穿甲弹头，可以攻击装甲目标。这两种武器在战争后期都取得了相当的战果。此外，德国空军还开发了世界上最早的空对空导弹X－4型，这种武器于1943年6月立项，1945年初才具备实战能力，尚未来得及使用战争就结束了，据说已经制造了约1300枚，螺旋桨单发战斗机能够携带2枚，而喷气式战斗机可载4枚。X－4型导弹具有水滴形流线弹体，配有四片后掠弹翼和十字形尾翼，以一台液体火箭发动机为动力，采取有线制导方式，全重60公斤，速度325米／秒，射程1500～3500米，装有20公斤破片战斗部，配有声感应近炸引信，能够感知B－17的引擎噪音，在距离目标约7米处引爆。X－4型还有地面反坦克型，被视为战后空空导弹和反坦克导弹的鼻祖。

■ Hs293型遥控滑翔炸弹的实物照片，以SC500型航空炸弹为基础改装，是最早投入使用并取得战果的制导武器。

■ 今日保存在博物馆中的弗里茨－X型遥控滑翔炸弹，使用PC1400型穿甲炸弹改装，一枚即可重创一艘大型战舰。

■ 德国空军在战争末期研发的X－4型空空导弹，这是世界上第一种空空导弹，但未能投入实战。

■ Fw 190型战斗机在主翼下挂载两枚X－4型导弹的实例照片，这种新式武器直到1945年初才具备实战能力，没有发挥作用。

运输机、教练机、滑翔机篇

Transportgeschwader/Lehrgeschwader/Luftlandegeschwader

除了战斗机、轰炸机、侦察机等一线作战飞机外，德国空军还装备了运输机、教练机、滑翔机等机种，虽然它们并不具备很强的攻击性，在执行任务时也不如其他战机那样出尽风头，往往还要承受高昂的损失，但在从事空降作战、空运行动以及后方训练时，它们的作用却是不可替代的，有时甚至是决定战斗形势的关键性因素。

运 输 机

容克 Ju 52型运输机 Junkers Ju 52 Transport

在德国空军装备的各种飞机中，Ju 52型是在一线作战行动中最舍生忘死，损失率最高的机型了。作为德国空军的主力运输机，Ju 52扔过炸弹，投过伞兵，运过弹药给养，抢救过伤员，几乎每次都折损甚多，但当前线再度召唤，仍义无反顾，全力以赴。它的坚固耐用赢得了士兵们的信任，特别是对那些身陷重围的部队来说，这种三发飞机就是生存的希望。德军士兵亲切地称它为“善良的容克大婶”，而盟军士兵称之为“钢铁安妮”。

■ Ju 52型在最初设计时为一款单发货运飞机，但性能平平，未受到民航市场的青睐，后来修改为三发客机，随即走红，成为热销机型，上图为 Ju 52/1m 型的现代复制品，下图为 Ju 52/3m 型在飞行。

早在20世纪20年代，容克公司就以制造客机、运输机而驰名，Ju 52是该公司在1926年开始设计的一款单发货运飞机，1930年10月13日首飞，能够搭乘15～17名乘客，称为Ju 52/1m，由于销售业绩不佳，公司首席设计师岑德尔在1931年将其改进为三发客机，称为Ju 52/3m，于1932年4月首飞成功。新的Ju 52外形怪异，线条粗犷，采用三发下单翼常规气动布局，全金属结构，梯形悬臂式下单翼，在主翼和水平尾翼上均装有全幅式襟翼，机身横断面呈矩形，机身侧面及机翼翼面为容克公司传统的波纹铝板蒙皮，固定式起落架，机尾设有小型滑撬，无尾轮，在机首和两侧机翼上安装三台引擎，从开拓海外市场考虑，能够安装多种型号的发动机，因此深受各国航空公司的青睐。Ju 52/3m 马力大，安全性好，一经推出立即成为容克公司的拳头产品，远销海外，成为二战之前最优秀的民用客机之一，而汉莎航空更是采购了至少230架Ju 52作为标准客机，开通了前往世界各地的航线，其中包括需要飞越阿尔卑斯山的慕尼黑—罗马—米兰航线，Ju 52是同时代客机中唯一能飞这一航线的飞机。希特勒在竞选时曾乘坐Ju 52在德国各地进行演讲，纳粹当权后Ju 52也成为政府要员专机。

与战前研制的很多德国飞机一样，Ju 52也被考虑用于军事用途，在1934年衍生出第一个军用型号Ju 52/3mg3e型，被德国空军兼用为轰炸机和运输机，安装三台BMW132A型525马力星形空冷发动机，中部客舱被改为能容纳6枚100千克炸弹的弹舱或搭乘18名士兵的载员舱，在机背设一个机枪枪座，在机腹另有一个可伸缩的机枪塔，各装一挺MG15型7.92毫米机枪。容克公司在1934年至1935年间向德国空军交付了450架Ju 52/3mg3e型，最先装备该型飞机的部队是第152“兴登堡”轰炸机联队。1936年7月，Ju 52参与了首次军事行动，20架Ju 52将上万名佛朗哥部队从北非空运到西班牙，之后作为秃鹰军团初期的主力轰炸机投入到内战战场，但是由于速度慢、自卫火力弱，战斗损失很大，被证明并不适合担任轰炸任务，逐渐被Do 17、He 111等机型取代，而在德国国内，停止生产Ju 52轰炸型，之后仅作为运输机继续制造，并在1938年德奥合并及吞并苏台德区时用于空运部队。同时新的改型也出

■ 作为希特勒专机的Ju 52/3m型D-2600号客机在1934年纳粹党代表大会期间飞越纽伦堡上空。

■ Ju 52/3m型运输机的驾驶舱内景，正副驾驶员并排而坐。

■ Ju 52/3m军用型在机腹装有吊篮式机枪塔，安装一挺自卫机枪。

■ 加装浮舟的 Ju 52/3m 水上型，用于沿海地区的运输、搜救行动。

■ 正在投放伞兵的 Ju 52型三机编队，在战争初期德军的历次空降行动中 Ju 52型都是不可或缺的主角。

■ 在1941年5月的克里特岛空降战役中，德军伞兵和运输机部队都蒙受惨重损失，图为在岛上损毁的 Ju 52型运输机。

■ 在整个战争期间，Ju 52型始终是德军前线空运行动的主力，不仅运送人员、装备和补给，还会运来鲜活家禽，改善官兵伙食。

现了，Ju 52/3mg4e 用尾轮取代了尾撬。

1939年9月战争爆发时，德国空军装备的552架运输机中有547架是 Ju 52型，在波兰战役中损失了59架，但飞行2460架次，运送了19700名士兵和1600吨物资。到1940年春西线战役前夕，Ju 52的装备数量已经增加到573架，装备一个联队和七个独立大队，平均每个大队52架，还有少量安装双浮舟的水上型，新的 Ju 52/3mg5e 型能够选装机轮、浮舟和滑撬等多种起落装置，并换装830马力 BMW132T 型引擎。在4月的丹麦、挪威战役中，Ju 52运载伞兵对重要港口和机场发起突袭，并向前线运送增援部队和给养，总计空运了29000人、2300吨物资和26万加仑航空燃料，损失153架。在1940年5月对法国和低地国家的进攻中，Ju 52机群实施了大规模空降行动，将大批伞兵空投在比利时和荷兰的要塞、桥梁附近，损失167架。在1940年中，新的 g6e、g7e 型也先后投产，更新了无线电设备，取消了机腹机枪塔，在机身两侧各增加一挺 MG15型机枪。

德军运输机部队在1941年4月重新投入行动，在巴尔干战役中对科林斯地峡进行了空降突袭，而5月间的克里特岛战役对于 Ju 52来说则是一场灾难，参战的520架飞机中有174架被防空炮火击落或损毁，运输机部队和伞兵部队均元气大伤，以至德军此后再未进行大规模空降行动。战争初期的几次大型战役令 Ju 52损失惨重，到1941年6月“巴巴罗萨”行动开始时，德国空军仅有238架 Ju 52部署在东线，但是苏联糟糕的路况使许多前线部队更多地依赖空运获得补给，对 Ju 52的需求急剧增加。在1941年至1943年间，Ju 52的年产量由500架增加到887架，同时更多的改进型号也被开发出来，它们或安装了新型引擎，加强起落架强度，或升级了自卫武备，比如将机背枪座的 MG15型更换为 MG131型13毫米机枪，在驾驶舱上方增加一个半球形炮塔，安装一挺 MG15型机枪。

■ 北非战场是 Ju 52 的另一个坟场，图为在突尼斯损毁的 Ju 52 型。

东线战场上对德军空运能力的第一次重大考验是1942年初的迭米扬斯克战役。为解救被围的10万德军部队，大量 Ju 52投入空运补给行动，在三个月中运送了24000吨物资和15000名增援部队，后送伤员20000名，直至解围成功，为此付出262架飞机被击落的代价。但是，这次行动的成功使德军过高地估计了运输机部队的能力，当同年底德国第6集团军在斯大林格勒被围时，德军仍想故技重施，但最终无法挽救其覆灭的命运，为此损失了315架 Ju 52，整个东线当时只剩180架 Ju 52可用。此外，Ju 52还在1943年初向北非战场紧急空运物资和增援部队，在缺少空中掩护的情况下飞越地中海非常危险，到1943年5月非洲军全军覆灭，一共损失了432架运输机。在战争余下的时间里，德军运输机部队的实力始终没有恢复，在日益严重的损失下空运能力不断萎缩。尽管 Ju 52总产量达4835架，但到1945年战争结束时仅剩50架，损失率之高可见一般。容克公司在战争期间还发展了 Ju 52的后继型号 Ju 252和 Ju 325，前者安装三台1340马力 Jumo211F 型引擎，载员21人，制造了15架；后者安装三台1000马力 BMW Bramo323R 型引擎，配备一门20毫米机炮和2挺13毫米机枪，产量仅为33架。Ju 52的故事一直延续到战后，继续从事民用航空，法国和西班牙分别仿制了400架和170架，而在瑞士空军中服役的 Ju 52甚至使用到20世纪80年代初。

■ 德军士兵在清除积雪，帮助 Ju 52起飞，摄于1942年冬季东线某机场。在迭米扬斯克、斯大林格勒等空运行动中 Ju 52表现突出。

■ 几名德国士兵将伤员抬上一架罗马尼亚空军装备的 Ju 52型运输机，注意其上下对开的大型舱门、机身侧面和机背的自卫机枪。

容克 Ju 52/3mg7e 型运输机性能数据

机型	三发三座单翼中型运输机
装备时间	1940年
主尺寸	翼展29.25米、全长18.8米、高4.5米
主翼面积	110.5平方米
空重 / 全重	6560公斤 /10515公斤
动力装置	BMW 132T 型9缸星形空冷发动机 ×3
输出功率	830马力 ×3
最高速度	295公里 / 小时
实用升限	5500米
续航距离	1290公里
武备	7.92毫米 MG15型机枪 ×3
乘员	3名机组成员 +18名士兵

阿拉多 Ar 232型重型运输机“千足虫” Arado Ar 232 Heavy Transport Tausendfüssler

1939年底，航空部下达指示，研发一款运载能力更强的军用运输机以取代略显过时的Ju 52/3m。阿拉多和亨舍尔同台竞技，前者最终胜出，设计方案获得Ar 232的官方编号。与从民航机转型的Ju 52不同，Ar 232从一开始就作为军用运输机研制的，其外形相当怪异，采用双发高单翼双垂尾布局，短粗肥硕的箱形机身配以一对高单翼，机首呈圆钝的弹头型，覆以大面积风挡，机身后方上部延伸出一根细长的尾撑，连接水平尾翼和双垂尾。两侧主翼上对称安装两台1600马力BMW801型空冷发动机，配合与翼展等长的特殊襟翼，Ar 232能在起飞重量达16吨的情况下在200米以内起飞，如果使用助推火箭，滑跑距离还能缩短，对于一种大型飞机而言，这一性能令人吃惊!

■ 进行试飞中的Ar 232V2号原型机，该机是为替代Ju52/3m型而研发的，虽然模样古怪，但性能十分突出，在速度、运载力和战场适应性上均有提高，在设计上包含了很多现代军用运输机的特征。

Ar 232最具特色的地方是它的货舱和起落架，在机首驾驶舱后方是一个长6.6米、宽2.3米、高2米的大型货舱，可以装载比Ju 52多一倍的人员以及轻型车辆。与同时代其他运输机在侧面开设舱门不同，Ar 232在机身尾部创新性地设计了一个液压驱动、左右开合的蚌壳式舱门，并配以货舱跳板，极大提高了装卸速度。Ar 232采用前三点式起落架，但为了使装卸时机身尽量贴近地面，减少跳板坡度，在机腹下又加装了11对不可回收的小型机轮，以承载机身的重量，保持稳定，这一奇特设计使它获得了“千足虫”的绰号，实际使用证明这种设计非常实用，让Ar 232能够在粗糙或松软的地面起降，甚至能越过1.5米宽的沟渠！即使在主起

■ Ar 232型具有令人惊异的短距起降能力，上图为正在起降的Ar 232B型，下图为从左侧拍摄的Ar 232A型，注意其舷窗和机轮。

■ 安装四台发动机的 Ar 232B 型，比双发的 A 型运载能力更强。

落架损坏的情况下也能确保飞机安全起降。Ar 232 有四名机组成员，包括驾驶员、领航员、无线电员和装卸员，后三人还负责操作自卫武器，在机鼻和货舱舱门上方各装一挺 MG131 型 13 毫米机枪，在机首顶部另有一个旋转炮塔，装一门 MG151 型 20 毫米机炮，搭乘的步兵还能使用机枪通过货舱两侧的舷窗向外射击，最多可以架设 8 挺机枪。

Ar 232 的原型机于 1941 年 6 月首飞，飞行性能良好，但降落时前起落架折断，但机腹机轮在关键时刻体现出价值，保存了飞机。由于 BMW801 型引擎优先供应 Fw 190 的生产，航空部指示 Ar 232 更换引擎型号，改为 1200 马力 BMW-Bramo323R 型引擎，并采取四发布局，以保证动力，为此翼展加宽了 3 米，机身也有所延长，以调整重心，于 1942 年 5 月首飞。最初的双发型号为 Ar 232A 型，而四发型号为 Ar 232B 型。从性能上说，Ar 232 超越了 Ju 52，速度更快，装载能力更强，也更适合野战机场的简陋条件。但是，由于运输机的建造优先度很低，德国空军还有其他方案能取代 Ju 52，Ar 232 最终没有大批量生产，仅制造了 20 架，曾参加斯大林格勒空运，主要在东线从事某些特殊的空运行动，只有一架幸存至战后。虽然数量很少，Ar 232 在航空史上却具有特殊地位，它是第一架真正意义上的军用运输机，设计上包含了很多现代军用运输机的典型特征，如带有后部舱门和跳板的箱形货舱、高单翼高尾翼布局和成排的机腹机轮。

■ Ar 232B 型机首特写，注意其粗壮的主起落架和机腹下布置的 11 对小型机轮，这一设计提高了飞机对不同地面条件的适应能力。

阿拉多 Ar 232B 型重型运输机性能数据

机型	四发四座单翼重型运输机
装备时间	1942 年
主尺寸	翼展 33.5 米、全长 23.5 米、高 5.69 米
主翼面积	142.6 平方米
空重 / 全重	12780 公斤 /21150 公斤
动力装置	BMW Bramo323R 型 9 缸星形空冷发动机 ×4
输出功率	1200 马力 ×4
最高速度	340 公里 / 小时
实用升限	8000 米
续航距离	1060 公里
武备	20 毫米 MG151 型机炮 ×1 13 毫米 MG131 型机枪 ×2
乘员	4 名机组成员 +36 名士兵

布洛姆－福斯 BV 222型水上运输机“维京” Blohm & Voss BV 222 Heavy Flying Boat Wiking

BV 222源于1937年汉莎航空对跨大西洋大型客运飞船的需求，布洛姆－福斯力压亨克尔 He 220和道尼尔 Do 20等竞争对手，获得建造原型机的许可，于1940年9月7日首飞，但此时战争已经爆发，大西洋空中航线早已中断，于是BV 222作为重型运输机加入德国空军服役，是二战中体形最大的军用水上飞机，在载重量、航程、续航时间方面大大超过同时期各国的同类飞机。

BV 222采用长径比为8.5的细长船形机身，机腹为双断阶结构，机身十分高大，内部空间宽敞。一对翼展达46米的高置上单翼前缘对称安装六个发动机短舱，最初的引擎型号为BMW132型800马力空冷发动机，后来先后改为1000马力的BMW Bramo323型空冷发动机和Jumo207C型双冲程柴油发动机，主翼下的稳定浮舟设计很特别，从中线一分为二向两侧收入主翼中，以便在飞行时减少阻力。水平尾翼位置较高，在机身侧面开有成排的舷窗，并在右侧设有货舱舱门，机组成员达11～14人。由于体形巨大，BV 222的承载能力很强，能够搭载92名全副武装的士兵或72名躺在担架上的伤员，相当于5架Ju52，续航时间达到惊人的33小时，航程超过6000公里，而且能够接受潜艇的补给，也具有充当远程海上巡逻机的潜质。BV 222有A、B、C等几个型号，但最主要生产型是安装Jumo207C型引擎的C型，但所有型号加起来产量不过13架而已。BV 222最初没有任何武备，后来为了应付盟军战斗机的截击大量加装武备，在早期型号上机鼻处装有一挺MG81型7.92毫米机枪，在机身侧面安装另外四挺同型机枪，而在机背前后各有一个装有一门MG151型20毫米机炮的自卫炮塔，在后期制造的C型上，所有MG81型机枪都更换为MG131型13毫米机枪，在机首上部和两侧机翼上各设一个炮塔，安装3门MG151型20毫米机炮。

■ BV 222型的初期型号没有配备武器，后期型加装多门枪炮应对空中威胁，图为设在BV 222型主翼上的自卫炮塔，内装一门MG151型20毫米机炮。

1941年初，德国空军首先尝试使用BV 222在德国本土和挪威之间进行远程运输，收到良好效果，随后将其派往地中海战区，向非洲军空

■ 停靠在某港口锚地内的BV 222V3号原型机。作为二战中体形最大的军用水上飞机，BV 222具有很强的承载能力，但防护力差，生存力弱，在实战中易受损失。

运补给，还有部分BV 222部署到法国，对大西洋中部进行远程巡逻。无论执行何种任务，BV 222都受到盟军飞机的威胁，不断出现战斗损失，除了三架被盟军俘获外，其余飞机或被击毁，或被德军自行销毁。关于BV 222有一个很神秘的计划，在1945年4月，德军曾计划动用两架BV 222搭载希特勒、希姆莱等纳粹首脑以及大批物资，逃往格陵兰岛建立秘密基地，以图东山再起，称为“格陵兰行动”，但希特勒拒绝逃亡，计划流产。

布洛姆-福斯 BV 222C 型重型运输机性能数据

机型	六发单翼重型水上运输机
装备时间	1941年
主尺寸	翼展46米、全长37米、高10.9米
主翼面积	255平方米
空重 / 全重	30715公斤 /45683公斤
动力装置	Jumo207C 型直列柴油发动机 ×6
输出功率	1000马力 ×6
最高速度	390公里 / 小时
实用升限	7300米
续航距离	6100公里
武备	20毫米 MG151 型机炮 ×3 13毫米 MG131 型机枪 ×5
乘员	11 ～ 14名机组成员 +92名士兵

运 输 机

梅塞施密特 Bf 108型勤务机“台风” Messerschmitt Bf 108 General Purpose Aircraft Taifun

Bf 108是梅塞施密特为1934年第4届国际旅行飞机竞技大赛设计的比赛飞机，公司内部项目代号为M37。当时正处于事业低谷的梅塞施密特为了扭转乾坤，在Bf 108上大胆创新，运用了很多领先的新兴技术，该机为单发下单翼常规气动布局，采用当时罕见的全金属承力蒙皮结构，机翼安装了前缘缝翼和后缘襟翼，可收放式主起落架位于翼根部位，向外收起于主翼内，座舱也采用封闭式。Bf 108的原型机于1934年6月首飞，结果令人非常满意，飞行轻快平稳，操纵灵活，低空性能优良，维护简易。尽管Bf 108没有在比赛中夺魁，但其出色表现吸引了众多的目光，并在随后几年中创造了多项飞行记录，其中包括德国女飞行员埃利 · 本霍恩（Elly Beinhorn）驾驶昵称“台风”的Bf 108在一天内从柏林直飞君士坦丁堡，为了纪念这一事件，Bf 108以“台风”为绰号。

■ Bf 108可谓梅塞施密特的翻身之作，在设计上采用了很多创新设计，赢得了航空界的关注，与后来著名的Bf 109型战斗机也有很深的血缘关系，为后者奠定了成功的基础。

梅塞施密特 Bf 108B 型勤务机性能数据

机型	单发四座单翼通用勤务机
装备时间	1935年
主尺寸	翼展10.5米、全长8.3米、高2.3米
主翼面积	16平方米
空重 / 全重	806公斤 /1350公斤
动力装置	阿格斯 As10C 型空冷发动机 ×1
输出功率	240马力 ×1
最高速度	305公里 / 小时
实用升限	6200米
爬升率	312米 / 分钟
续航距离	1000公里
乘员	1名机组成员 +3名乘客

Bf 108的成功为梅塞施密特赢得了声望，更重要的是它的很多技术为后来的Bf 109型战斗机所继承。德国空军也非常欣赏Bf 108的性能，将其作为一款通用勤务飞机纳入装备体系，主要充当要员座机或联络机使用。初期生产的Bf 108A型安装希尔特HM8U型225马力空冷发动机或阿格斯As17型210马力空冷发动机，1935年投产的主要量产型Bf 108B型更换为阿格斯As10C型240马力发动机，并设四人座舱。Bf 108型曾出口保加利亚、罗马尼亚、日本、瑞士、苏联和南斯拉夫等多个国家，总产量为885架。战后，法国继续生产Bf 108，更换本国发动机，产量为285架。

运 输 机

杰贝尔 Si 204型运输/教练机 Siebel Si 204 Transport & Trainer

Si 204是杰贝尔公司在1938年为汉莎航空设计的一款10座双发轻型客机，在战争爆发后按照航空部的指示重新设计为轻型运输机和教练机，首架原型机于1940年5月25日首飞，1941年服役。Si 204为全金属机身，双发低单翼双垂尾布局，最初设计时采用客机风格的阶梯形机首，但在战时更改为轰炸机风格的无断阶式卵圆形透明机首，略有后掠的下单翼前缘对称布置两个发动机短舱，安装两台阿格斯 As411A 型590马力空冷发动机，两具主起落架位于发动机舱下方，水平尾翼略呈V形，两端配以垂直尾翼。Si 204由1～2名驾驶员操纵，机舱内可以容纳8名乘客或1650公斤的货物。由于杰贝尔公司在战时承担了 Ju 88的生产任务，只制造了15架 Si 204，绝大部分该型飞机都是在法国和捷克的工厂内制造的，至1945年1月，总共生产了1216架。战后 Si 204的军用型和民用型继续在法国和捷克生产，直至40年代末，产量在420架以上。在战争中，Si 204主要作为轻型运输机使用，在后方执行空运任务，也被某些飞行学校作为教练机用于仪表飞行训练。在1944年7月，有5架 Si 204曾被改装为夜间战斗机。1945年5月8日晚上8时，美军第474战斗机大队的 P-38战斗机声称在巴伐利亚上空击落一架 Si 204，这可能是在战争中被击落的最后一架德军飞机。

■ 1945年5月被遗弃的 Si 204，该机主要作为轻型运输机和教练机使用，其制造数量超过1200架。

杰贝尔 Si 204型轻型运输机性能数据

机型	双发十座单翼轻型运输机
装备时间	1941年
主尺寸	翼展21.33米、全长13米、高4.25米
主翼面积	46平方米
空重/全重	3950公斤/5600公斤
动力装置	阿格斯 As411A 型空冷发动机 ×2
引擎推力	590马力 ×2
最高速度	364公里/小时
实用升限	6400米
爬升率	360米/分钟
续航距离	1400公里
载重量	1650公斤
乘员	2名机组成员+8名乘客

运 输 机

梅塞施密特 Me321/323型重型运输机“巨人” Messerschmitt Me 321/323 Heavy Transport Gigant

1940年德军酝酿入侵英国的“海狮”计划时发觉海军缺乏船只将部队运过海峡，空军提出使用空运补充运力缺口，确保运兵规模，并提出研制一款重型运输滑翔机在短时间内强化空军的运输能力，得到批准。该项目被称为“大载量运输滑翔机”，代号为“华沙”，要求能够运载一辆中型坦克或一门配足弹药的88毫米高射炮及其牵引车，如果运送人员最多可载200名士兵。容克和梅塞施密特两家公司参与竞争，但前者的 Ju 322因为采用全木质结构，机体极为脆弱而早早出局，只剩下梅塞施密特独自完成设计，官方编号为 Me 263，后来改为 Me 321。虽然“海狮”计划后来取消，但 Me 321因为可观的载量而被保留下来继续开发。

Me 321是一个名副其实的庞然大物，翼展达到55米，最大起飞重量35吨，载重量高达23吨！机身采用滑翔机流行的钢管骨架布蒙皮结构，机首极为肥硕，由两扇从内侧开启、左右对开的大型舱门构成，高度达3.35米，内设跳板，人员和车辆进出货舱非常方便，机身向后逐渐收缩，形成一种头重尾轻的外观特点。一对非常宽大的主翼置于机身上部，副翼则为木制，机身下方安装四个机轮，在起飞后可以抛弃，降落则通过机腹上四条可收放的金属滑橇。Me 321最初仅设有一名驾驶员，但试飞表明操纵如此大的一架飞机非常费力，后来增加到三名成员，包括正副驾驶员和无线电员，还增设了伺服电机，协助操纵副翼，并配置了减速伞。单人驾驶的型号为Me 321A型，三人驾驶的型号为Me 321B型，后者还加装了4挺MG15型机枪作为自卫武器。

Me 321型的运载能力完全满足设计要求，货舱面积达100平方米，与德国铁路的标准货运车厢相当，这意味着只要火车能运的东西，它都能运送。Me 321的载重量是Ju 52的六倍，通过前部大型舱口，它能轻松地将一辆IV号坦克或大型半履带牵引车吞进肚内，搭载人员时货舱内增设一层甲板，构成双层结构，最多可容纳200名士兵及其全部装备，不过通常只装载120人，但也相当于一个整连的兵力了！Me 321的原型机于1941年2月25日首飞，当时德国空军几乎没有飞机能够拖动这个大家伙，只好使用同样正在测试的Ju 90型四发轰炸机客串牵引机，飞行性能良好，但最大的问题仍然是缺乏合适的牵引机，最后只能采用三架Bf 110来牵引，但危险性很大，在某次飞行中发生了空中相撞事故，造成4架飞机损毁，上百人丧生。为了解决这个问题，德国空军特意研制了He 111Z型双体飞机。在1941年5月至11月间有166架Me 321被制造出来。

■ 由一架He 111Z型双体飞机牵引的Me 321型运输机。最初德国空军使用3架Bf 110拖曳一架Me 321，但因为操纵难度大，危险性高，只能研发特殊的He 111Z来担负这一任务。

虽然Me 321型性能出色，但毕竟是滑翔机，牵引困难，只适合单程使用，限制了作战弹性，因此在投产后不久设计人员就考虑为其加装引擎，成为能够依靠自身动力飞行的纯粹运输机，这就是Me 323型。为了缓解德国国内引擎供应的压力，Me 323特意选择了缴获的法制格诺姆－罗恩14N型990马力空冷发动机，最初配备4台，发现动力不足，于是增加到6台。为了节省铝材和减轻重量，机翼改为木制骨架布蒙皮结构，并在翼下增加支撑臂。Me 323在机身下方安装了五对带有整流罩的机轮，通过刹车可在200米内停稳，起飞时需使用助推火箭。Me 323的货舱长11米、宽3米、高3.4米，足以装载一门150毫米重型榴弹炮及其牵引车或52个250升汽油桶，或130名士兵。Me 323机

■ Me 321型的翼展长达55米，货舱面积达100平方米，载重量达23吨，无论从哪个方面讲都堪称是一架“空中巨无霸”，是德国空军运载能力最强的运输机。

组配有5名成员，包括正副驾驶员、无线电员和两名机械师，有时还会增加两位炮手。Me 323加装了大量自卫武备，典型的配置是在两侧主翼上的炮塔内各装一门MG151型20毫米机炮，在机首、机背和机身侧面的枪座上安装7挺MG131型13毫米机枪。Me 323于1942年4月首飞，1943年服役，根据安装引擎型号和数量的不同，Me 323分为C、D、E、F等多种型号，在1942年至1944年间制造了213架，其中15架由Me 321直接改装而成。

Me 321/323是德国空军运载能力最强的运输机，也是二战中体形最大的陆基飞机。Me 321服役后于1941年8月投入东部前线，开始执行战场空运任务，为前线部队运送了大量给养，但在恶劣的环境下损耗极快，到1943年底因为损失过重，飞机数量不足，德国空军被迫解散了Me 321部队，剩余的飞机要么从事有去无回的单程补给任务，要么就地拆解，仅有少量改装为Me 323。Me 323服役后，德国空军特意组建了第323特别轰炸机联队，装备这型重型运输机，后来改称第5运输机联队，满编时拥有63架飞机。在1942年底北非战局恶化后，第5联队的主力被迅速部署在地中海战区，向非洲军运送了大批增援，Me 323因为体形庞大，主要用于运载火炮、坦克等重装备，在这一过程中因为盟军战斗机拦截损失很大。虽然Me 323火力不弱，但基于滑翔机结构的机身十分脆弱，不堪一击，生存力十分低下。少量Me 323也被派往东线，扮演救火队的角色。与Me 321的命运相仿，Me 323也承受着很高的战损率，到1944年夏季就已损失殆尽，第5运输机联队也就此解散。

■ 在1943年夏季的东部前线，一辆拖曳着105毫米轻型榴弹炮的半履带卡车通过机首跳板驶出Me 323的货舱，注意其机首左右对开的舱门结构。

梅塞施密特 Me 321/323型运输机性能一览

机型	Me 321B 型	Me 323D 型
服役时间	1941年	1942年
主尺寸	55×28.15×10.15米	55.2×28.2×10.15米
主翼面积	300平方米	300平方米
空重 / 全重	12400公斤 /34400公斤	27330公斤 /43000公斤
动力装置	——	GR14N×6
输出功率	——	990马力 ×2
最高速度	160公里 / 小时	285公里 / 小时
实用升限	——	4000米
续航距离	——	800 ~ 1100公里
武备	7.92毫米 ×4	13毫米 ×7，20毫米 ×2
载重量	23吨	12吨
乘员	3人	5 ~ 7人

■ 准备降落的Me 323型重型运输机，作为Me 321的动力版，Me 323在继承了巨大的载重能力的同时，具备了更好的机动作战能力，可以在前线与后方往返，而无动力版的Me 321型通常做单程飞行。

教 练 机

阿拉多 Ar 96型高级教练机 Arado Ar 96 Advanced Trainer

1936年，根据航空部对空军高级教练机的需求，阿拉多公司的工程师瓦尔特 · 布鲁姆设计了一款全金属结构单翼教练机，官方编号为 Ar 96，原型机于1938年首飞，1939年开始量产，列装服役，并成为二战期间德国空军标准的高级教练机，主要用于高级飞行训练、夜间飞行训练和仪表飞行训练。Ar 96采取单发双座下单翼单垂尾布局，机身截面呈椭圆形，可收放式起落架，外形简洁流畅，串列双座座舱较为突出，视野开阔。初期生产的 Ar 96A 型安装一台阿格斯 As10c 型240马力空冷发动机，主要量产型 Ar 96B 型则是一台阿格斯 As410型发动机，功率465马力，并且加长机身，携带更多的燃料。Ar 96起初多为无武装型，后来为了实施空中射击训练，部分 Ar 96B 在机首上方引擎罩右侧安装一挺 MG17型7.92毫米机枪，还有少量 Ar 96在后部坐席安装一挺 MG15型7.92毫米活动机枪，用于训练机枪射手。在战争期间，德国将 Ar 96的生产线转移到法国和捷克，从1939年至1945年总计制造了2891架，在法国的工厂里还发展出一种木制结构的衍生型 Ar 396。战后，Ar 96继续在法国和捷克生产，一直持续到1958年，使其最终产量达到约3500架。法国空军曾经为这种教练机加装武器，用于镇压阿尔及利亚反抗运动的行动中。

■ Ar 96型教练机双机编队，该机自1939年起一直作为德国空军标准的高级教练机服役至战争结束，其生产持续至50年代末。

阿拉多 Ar 96B 型高级教练机性能数据

机型	单发双座单翼高级教练机
装备时间	1939年
主尺寸	翼展11米、全长9.1米、高2.6米
主翼面积	17.1平方米
空重 / 全重	1295公斤 /1700公斤
动力装置	阿格斯 As410A 型12缸空冷发动机 ×1
输出功率	465马力 ×1
最高速度	330公里 / 小时
实用升限	7100米
续航距离	990公里
武备	7.92毫米 MG17型机枪 ×1
乘员	2人

教 练 机

比克尔 Bü 131型初级教练机“青年” Bücker Bü 131 Primary Trainer Jungmann

Bü 131是1932年成立的比克尔飞机公司设计制造的第一种飞机，其设计初衷是用于飞行运动、特技飞行与训练。Bü 131采用传统的单发双座双翼布局，机身为钢管骨架结构，前部机身为金属蒙皮，而后部机身为布蒙皮，机翼为木制骨架布蒙皮结构，有11度的后掠角，而且上下主翼可以互换，起落架为固定式，两个敞开式座舱一前一后布置于机身中部，油箱也位于机身内。Bü 131的原型机于1934年4月27日首飞，当时安装的引擎是希尔特 HM60R4缸直列式空冷发动机，

■ Bü 131型最初是作为运动飞机设计的，1935年后被德国空军接受作为初级教练机，并出口至多个国家。

功率80马力。同年，首批量产型Bü 131A型交付德意志航空运动协会，用于飞行训练，1935年后作为初级教练机被德国空军接受。换装希尔特HM504A-2型105马力发动机的Bü 131B型于1936年投产，成为主要量产型。整个战争期间，Bü 131一直在德国空军中执行训练任务，1942年底之后，部分该型飞机被作为轻型夜间攻击机使用。德国在战时将Bü 131的生产线转移到捷克布拉格，生产持续到战后的1949年，最终产量大约为5000架。除了德国空军外，芬兰、匈牙利、西班牙、瑞士和瑞典等国都曾使用过Bü 131型作为初级教练机，日本陆海军还分别引进了Bü 131的特许生产权，进行仿制，陆军型日产四式练习机制造了1037架，海军型九州二式练习机制造了217架。

比克尔 Bü 131B 型初级教练机性能数据	
机型	单发双座双翼初级教练机
装备时间	1936年
主尺寸	翼展7.4米、全长6.62米、高2.35米
主翼面积	13.5平方米
空重 / 全重	380公斤 /670公斤
动力装置	希尔特 HM504A-2型4缸直列空冷发动机 ×1
引擎推力	105马力 ×1
最高速度	183公里 / 小时
实用升限	4050米
爬升率	168米 / 分钟
续航距离	628公里
乘员	2人

教 练 机

比克尔 Bü 181型初级教练机“尖子” Bücker Bü 181 Primary Trainer Bestmann

Bü 181型是比克尔公司在1938年设计的一款轻型运动飞机，但最后被德国空军相中，作为标准初级教练机投产。Bü 181型采用单发下单翼常规布局，机身为混合结构，前部机身为钢管骨架金属蒙皮结构，后部机身为全木制结构，悬臂式下单翼前缘后掠、后缘平直，同样为全木制结构，但副翼、升降舵、方向舵等操纵面为木制骨架布蒙皮结构。Bü 181采用封闭式座舱和固定式起落架，并且两个坐席并列在座舱内。Bü 181使用的引擎有两种型号，包括希尔特HM504A-2型和HM500A型空冷发动机，功率105马力。Bü 181的原型机于1939年2月首飞，于1940年底作为初级教练机进入德国空军服役。比克尔公司在1943年底之前生产了373架装备HM504A-2型引擎的Bü 181A型，而其主要生产线在1942年之后就转移到荷兰的福克公司，有708架安装HM500A型引擎的Bü 181D型产自荷兰。此外瑞典也曾特许生产125架Bü 181D型。在战争期间，Bü 181型除了作为教练机外，还常常客串联络机、滑翔机牵引机或轻型运输机，甚至在机翼上安装数具“铁拳”（步兵反坦克火箭），临时改装为对地攻击机。

■ 1939年试飞的Bü 181原型机，后被德国空军采用为初级教练机。

比克尔 Bü 181A 型初级教练机性能数据	
机型	单发双座单翼初级教练机
装备时间	1940年
主尺寸	翼展10.6米、全长7.85米、高2.05米
主翼面积	13.5平方米
空重 / 全重	480公斤 /750公斤
动力装置	希尔特 HM504A-2型4缸直列空冷发动机 ×1
输出功率	105马力 ×1
最高速度	215公里 / 小时
实用升限	5000米
续航距离	800公里
乘员	2人

战后，捷克斯洛伐克利用德国人遗留的设备继续制造Bü 181，并且在50年代将生产线出售给埃及。Bü 181的总产量约3400架，在捷克空军和埃及空军中服役至50年代。

教练机

福克－沃尔夫Fw 56型高级教练机“猎鹰” Focke-Wulf Fw 56 Advanced Trainer Stösser

1933年，航空部提出研发一款高级战斗教练机，福克－沃尔夫公司在同年开始设计Fw 56，这是工程师谭克在公司内主持设计并命名的第一种飞机。原型机于1933年11月首飞，飞行品质优良，俯冲性能尤其出色，乌德特曾驾驶Fw 56初步尝试了俯冲轰炸技术，为德国空军日后发展俯冲轰炸机打下基础。作为高级教练机，Fw 56也有充当防空战斗机的潜质。Fw 56采用单发单座伞形高单翼布局，机身截面呈椭圆形，线条流畅，焊接钢管骨架结构，前部为金属蒙皮，安装一台阿格斯As10C型240马力空冷发动机，后部为帆布蒙皮，座舱为敞开式。一对木制伞形高单翼略有后掠，通过数根支撑臂与机身相连，可选择安装金属机翼。机尾设计极为特殊，由木材、金属和帆布材料混合构成，水平尾翼位于垂直尾翼之前，模样怪异。起落架为悬臂固定式，带有整流罩和液压刹车，机尾配有小型滑撬。Fw 56配有与同期战斗机相当的武备，在机首上部两侧安装两挺MG17型7.92毫米机枪，可携带3枚10公斤炸弹。1935年夏，Fw 56击败He 74和Ar 76被德国空军采用，并出口奥地利和匈牙利，还有供民间航空俱乐部使用的民用型号。Fw 56总产量约1000架，即使更先进的Ar 96列装后，Fw 56仍然在训练单位服役至1944年。

■ Fw 56型是谭克博士在福克－沃尔夫公司内设计的第一个作品。

福克－沃尔夫Fw 56型高级教练机性能数据

机型	单发单座单翼高级教练机
装备时间	1935年
主尺寸	翼展10.5米、全长7.7米、高3.55米
主翼面积	14平方米
空重／全重	695公斤 /995公斤
动力装置	阿格斯As10C型空冷发动机 ×1
输出功率	240马力 ×1
最高速度	278公里／小时
实用升限	6200米
续航距离	400公里
武备	7.92毫米MG17型机枪 ×2、10公斤炸弹 ×3
乘员	1人

滑翔机

DFS 230型突击滑翔机 DFS 230 Assault Transport Glider

德国在滑翔机设计方面具有悠久的传统，在两次世界大战之间滑翔机运动更是在德国广泛流行，蓬勃发展，为相关技术研究打下了坚实基础。德国军方对滑翔机的军事应用颇为重视，在1933年成立了德国滑翔机研究所（DFS），专门从事军用滑翔机的研发。1936年，通过对国外空降作战发展趋势的分析，德国空军认为有必要装备一款轻型滑翔机用于执行空降突袭任务。DFS在次年做出回应，由汉斯·雅各布（Hans Jacobs）领导的技术团队制造了DFS 230型突击滑翔机的原型机，通过军方测试，于1938年开始量产，装备部队，成为德国空军伞兵部队的制式滑翔机。

■ DFS 230采用箱形机身、钢管骨架蒙皮结构，成本低廉、易于生产，在战时被德军广泛采用，也深深影响了其他国家滑翔机的发展。

DFS 230型秉承滑翔机的传统布局，箱形机身截面近乎矩形，配以一对细长的高单翼，机身骨

■ DFS 230型机首驾驶舱内部照片，由于没有动力所以操纵面板也简单很多，只有一些基础的航空仪表。

架为焊接钢管，外覆亚麻布蒙皮，结构简单，成本低廉，便于大量制造。由于设计时考虑到生产教练型的需要，DFS 230机首的驾驶舱前后距离较大，预留了安装两套操纵系统的空间，驾驶席后方的机舱内能运载9名全副武装的伞兵，他们通过机身侧面的舱门出入飞机，如果拆除机舱座椅，DFS 230还能装载1200公斤货物。为了减轻重量，DFS 230采用双轮可抛式起落架，在机腹安装坚固的金属滑撬，用于降落。DFS 230主要由Ju 52牵引，但因为重量较轻，很多其他飞机，包括轻型侦察机都能实施牵引。

DFS 230的最初量产型为DFS 230A型，包括单座标准型和双座教练型，这也是德国伞兵部队在战争初期使用的主要型号，产量大约为500架。实战表明DFS 230A型存在着陆距离长，自卫火力弱的问题，于是DFS在1940年末着手改进，推出DFS 230B型，在机尾增加减速伞，使用摩擦系数更大且更坚固的重型滑撬，加强机身强度，缩短着陆距离，同时在驾驶舱后方的机背增设一个枪座，安装一挺MG15型7.92毫米活动机枪，既能用于空中自卫，也可用于地面战斗。前线部队还在部分DFS 230B型机首增加两挺MG34型7.92毫米机枪，强化火力。1941年后，DFS 230B型逐渐取代A型成为德军标准滑翔机，最终制造了1020架。DFS还开发了DFS 230C短距着陆型，在机首安装3枚反向喷射火箭，可使飞机在16米内停

■ 后期制造的DFS 230型在驾驶舱后方顶部增加一挺MG15型自卫机枪，前线部队还会在机首两侧加装MG34型机枪以强化火力。

■ 蜷缩在DFS 230型滑翔机内的伞兵，可见内部空间相当狭窄。

■ 搭乘DFS 230的士兵可以通过机体前后两侧的舱口离开飞机，也可以从驾驶舱上部舱口直接跳到地面上。

■ DFS 230型滑翔机重量较轻，即使单发飞机也能进行牵引，图为两架由Ju 87型俯冲轰炸机牵引的DFS 230。

■ 上图是一幅德国伞兵的著名宣传照片：在DFS 230着陆后，伞兵们从座舱内一跃而出，扑向既定目标。右图是从正面拍摄着陆状态的DFS 230，一名士兵操纵机首顶部的自卫机枪，可见机身宽度很窄，仅能容纳一人体宽。

DF 230A 轻型突击滑翔机性能数据

装备时间	1938年
主尺寸	翼展20.87米、全长11.24米、高2.74米
主翼面积	41.3平方米
空重 / 全重	770公斤 /2100公斤
最高速度	161公里 / 小时
下降速率	72米 / 分钟
武备	（B型）7.92毫米MG15型机枪 ×1 7.92毫米MG34型机枪 ×2
载重量	1200公斤
乘员	1名机组成员 +9名士兵

稳，还有放大的DFS 230F型，能够装载15名士兵或1750公斤物资，但均未量产。至1944年停产前，DFS 230的总产量为1603架。

DFS 230在战争前期参与了很多著名的空降作战行动，如突袭埃本·埃马尔要塞、空降科林斯地峡以及克里特岛战役。在1941年后，德军再未实施大规模空降战役，DFS 230主要作为运输滑翔机使用，为前线部队运送弹药、给养，尤其是那些被包围的孤立阵地。但是在1943年9月的“橡树”行动中，德军突击队乘坐12架DFS 230出其不意地突袭了墨索里尼的囚禁地，完成解救任务，让这种轻型滑翔机再度为世人所铭记。DFS 230的最后一次作战行动是在1945年3月23日夜间，6架滑翔机运载弹药飞入被围的布雷斯劳(Breslau)，支援守军作战。作为德国空军第一种军用滑翔机，DFS 230在战争前期发挥了巨大作用，也影响了其他国家军用滑翔机的发展。

■ DFS 230型参与了战争中的多次空降突袭行动，其中最著名的是1943年9月12日的“橡树”行动，下图为行动中一架DFS 230降落在山坡上，远处可见另外三架在目标旅馆附近着陆的滑翔机。

哥达 Go 242/244型运输滑翔机 Gotha Go 242/244 Transport Glider

1940年，航空部提出对新型军用滑翔机的技术要求，以取代现有的DFS 230，新机必须具有更大的承载能力和更好的飞行性能。哥达公司承担了这一任务，于1941年初完成了Go 242型滑翔机的原型机，并首飞成功，军方对该机性能表示满意，立即投入量产，于1942年列装，成为战争中后期德军主力滑翔机。

Go 242在机身结构上仍然是传统的钢管骨架外覆布蒙皮，但外形设计与DFS 230大相径庭，与Ar 232型运输机颇为相似，采用高单翼双尾撑布局。中央箱形机身截面呈方形，具有滑翔机的典型特征，机首驾驶舱配有大块玻璃风挡，视野良好，机舱两侧有多个舷窗，内部空间足以容纳21名全副武装的士兵或一辆轻型吉普，也能装载相等重量的货物，特别之处在于机身尾部能够通过铰接机构向上翻起，形成一个大型后部舱口，设有跳板，便于人员和装备快速出入机舱。机身下部设可抛式双轮起落架和两条可收放式滑撬，一对高单翼为木制骨架帆布蒙皮结构，由主翼中段向后延伸出两条尾撑，由一条较长的水平尾翼连接，并配以双垂尾。在机身后部、两侧及顶部安装4挺MG15型7.92毫米机枪用于自卫。Go 242通常由He 111牵引，在起飞时需借助4枚助推火箭，飞行能力优于DFS 230。最初量产的Go 242A型分为货运型和载员型，后者在机身侧面增设了额外的舱门。1942年投产的Go 242B型在机首下方加装可抛式前起落架，分为货运型、载员型和教练型，个别型号还加装了后部舱门。还有一种特殊的海上攻击型Go 242C型，采用船形机身，翼下加装稳定浮舟，货舱内可载一艘1200公斤的小型攻击艇，计划用于袭击斯卡帕湾海军基地，仅有少量制造，从未实际使用。Go 242总计制造了1528架。

■ 飞行中的Go 242型滑翔机，该机在布局上不同于传统滑翔机，与Ar 232型运输机倒是有几分相似，注意机腹下的机轮和滑橇。

■ Go 242型的机舱特写照片，机身尾部向上翻起，可见士兵们坐在机舱两侧的座椅上，这一设计十分方便人员、货物进出。

■ 两名Go 242型机组成员在起飞前检查拖曳索的安装情况，摄于1942年3月霍尔姆战役期间。

与Me 321的情况相似，设计人员在研制Go 242的同时也考虑对其进行动力化改装，成为真正的中型运输机，提高作战的灵活性，从而产生了Go 244。这种Go 242的动力版保持机身结构不变，将两个尾撑向前延伸形成两个发动机短舱，安装两台法制格诺姆－罗恩14M型700马力空冷发动

■ Go 244型实际上就是安装了引擎的Go 242型，使用缴获的法制发动机，在机身下方安装了前三点式固定起落架。

机，同时安装前三点式固定起落架。少量Go 244还尝试使用苏制M25A型750马力发动机和德制BMW132Z型660马力发动机，但表现都不及法制引擎。至1944年底，Go 244的总产量为174架，其中133架是利用现有的Go 242B型改装而成。

Go 242和Go 244均在1942年投入实战，在地中海、中东以及东线战场服役，从事战场运输任务，比较突出的行动是在1942年3月至5月间，81架Go 242向被围困的霍尔姆守军空运了大量补给和增援部队。Go 244因为动力不足，速度缓慢，极易受到盟军战斗机的攻击，在1942年底就被撤离前线，转用于伞兵训练单位，而Go 242则在一线坚持战斗直至1945年初，不过相比小一号的DFS 230，它的名气要小得多。

哥达 Go 242/244型运输滑翔机性能数据

机型	Go 242型	Go 244型
服役时间	1942年	1942年
主尺寸	24.5×15.8×4.4米	24.5×15.8×4.7米
主翼面积	64.4平方米	64.4平方米
空重 / 全重	3200公斤 /7100公斤	5100公斤 /7800公斤
动力装置	——	GR14M×2
输出功率	——	700马力 ×2
最高速度	240公里 / 小时	290公里 / 小时
实用升限	——	7500米
续航距离	——	600 ~ 740公里
武备	7.92毫米 ×4	7.92毫米 ×4
乘员	2名机组成员+21名士兵	

德国空军其他运输机、教练机、滑翔机研发型号一览（1933 ~ 1945）

飞机型号	研发时间	机 型	基本性能
阿拉多 Ar 76	1934年	单发单座单翼高级教练机	时速267公里 / 小时，航程470公里，武备7.92毫米 ×2
阿拉多 Ar 199	1938年	单发三座单翼水上教练机	时速260公里 / 小时，航程740公里，武备 无
布洛姆－福斯 Ha 139	1936年	四发五座单翼水上运输机	时速307公里 / 小时，航程4990公里，武备7.92毫米 ×4
布洛姆－福斯 BV 144	1940年	双发单翼中型运输机	时速470公里 / 小时，航程1550公里，武备 无
比克尔 Bü 133	1934年	单发单座双翼高级教练机	时速220公里 / 小时，航程500公里，武备 无
比克尔 Bü 180	1936年	单发双座单翼初级教练机	时速175公里 / 小时，航程650公里，武备 无
比克尔 Bü 182	1937年	单发单座单翼高级教练机	时速205公里 / 小时，航程850公里，武备 无
道尼尔 Do 26	1937年	四发四座单翼水上运输机	时速324公里 / 小时，航程7100公里，武备20毫米 ×1、7.92毫米 ×3
福克－沃尔夫 Fw 44	1932年	单发双座双翼教练机	时速185公里 / 小时，航程550公里，武备 无
福克－沃尔夫 Fw 58	1935年	双发四座单翼高级教练机	时速256公里 / 小时，航程676公里，武备7.92毫米 ×2
哥达 Go 145	1933年	单发双座双翼初级教练机	时速212公里 / 小时，航程630公里，武备 无
哥达 Ka 430	1942年	十二座单翼运输滑翔机	时速320公里 / 小时，武备13毫米 ×1
亨克尔 He 70	1932年	单发单翼轻型运输机	时速360公里 / 小时，航程2100公里，武备7.92毫米 ×1
亨克尔 He 72	1933年	单发单座双翼初级教练机	时速185公里 / 小时，航程475公里，武备 无
亨克尔 He 74	1933年	单发单座单翼高级教练机	时速280公里 / 小时，航程370公里，武备7.92毫米 ×1
容克 Ju 322	1940年	单翼重型滑翔运输机	时速 不明，武备7.92毫米 ×3
克莱姆 Kl 35	1934年	单发双座单翼教练机	时速212公里 / 小时，航程665公里，武备 无
杰贝尔 Fh 104	1934年	双发双座中型运输机	时速350公里 / 小时，航程920公里，武备 无

主要参考资料

[1]Gordon Williamson.Luftwaffe Handbook 1935–1945[M].UK:Sutton Publishing Limited,2006

[2]Chris McNab.Order of Battle:German Luftwaffe in WW II[M].London:Amber Book,2009

[3]Brain Davis.Uniforms and Insignia of The Luftwaffe[M].London:Arms and Armour Press,1991

[4]Werner Held.Fighter!Luftwaffe Fighter Planes and Pilots[M].UK:Prentice–Hall,1979

[5]Ricardo Recio Cardona.Blitzkrieg:Lighting War（1939–1941）[M].Madrid:Accion Press

[6]Stephen Thomas Previtera.Combat Badges of The Third Reich Vol 2 Luftwaffe[M].US:Winidore Press,2008

[7]Jean–Yves Nasse.Green Devils:German Paratroopers 1939–1945[M].Paris:Histoires & Collections,1997

[8]Raymond Toliver & Trevor Constable.Fighter Ace of The Luftwaffe[M].US:Schiffer Military History,1996

[9]Frank Mason & Michael Turner.Luftwaffe Aircraft[M].New York:Crescent Book,1986

[10]Von Hardesty.Red Phoenix:The Rise of Soviet Air Power 1941–1945[M].Washington:Smithsonian Institution Press,1982

[11]David Donald.Warplanes of The Luftwaffe[M].New York:Barnes & Noble Book,1994

[12]Ian Sumner.German Air Force 1914–1918[M].Oxford:Osprey Publishing,2005

[13]Robert F Stedman.Luftwaffe Air & Ground Crew 1939–1945[M].Oxford:Osprey Publishing,2002

[14] 星川武 編 . 図説ドイツ空軍全史 [M]. 東京：学習研究社 ,2007

[15] 渡部義之 編 . 図説ドイツ本土防空戦 [M]. 東京：学習研究社 ,2002

[16] 蒂佩尔斯基希 . 第二次世界大战 [M]. 赖铭传 . 北京：国防大学出版社，2001

[17] 利德尔 · 哈特 . 第二次世界大战战史 [M]. 纽先钟 . 上海：上海人民出版社，2002

[18] 江东 . 碧空响翼：世界著名军用机 [M]. 长沙：湖南出版社，1996

[19] 赵楚 编 . 纳粹空中武库：秘密档案中的超级武器与帝国兴衰 [M]. 上海：上海人民出版社，2007

[20] 李德顺 编 . 航空兵与空战 [M]. 北京：航空工业出版社，2007

创作团队简介

■ 崎峻文化公司，2002年创立于广西柳州，长期以来凭借 Gemini Publishing（双子座出版）的副品牌，深为全国军事历史爱好者所喜爱与熟知。在十多年的潜心耕耘与发展中，公司不但将最擅长的二战德军题材发挥到了极致，更是已经将出版领域拓展至泛海洋军事文化，及更加宽广的二战前与二战后世界军事历史纬度。在不断拓宽题材领域的同时，公司也会继续保持十多年来已经为广大读者所认可的编辑与排版风格，持续奉献具有高度赏读体验的作品。

■ 张瀚涛，1980年生于北京市，长于军人家庭，毕业于北京政法大学国际经济法专业，自幼酷爱军事和历史，阅读了大量军事历史类的书籍杂志，自2006年起为国内知名军事刊物合作供稿，充分发挥精通外语、熟悉军事历史知识的优势，翻译、发表了大量关于二战历史的文章，并出版了多部质量上乘的军事历史作品。

■ 唐茜，1979年生于广西柳州，毕业于广西师范大学旅游日语系，专业日语 N1级，从2007年起成为军事刊物的专职日语翻译，经验丰富，曾翻译了大量有关日本军事历史方面的文章、书籍，尤其擅长日本海军历史题材，参与过多部优秀作品的翻译制作。

■ 冯涛，1986年生于江西广丰，毕业于南昌大学德语系，从2007年起成为军事刊物的专职德语翻译，2009年起担任编辑，从事二战德军历史题材的翻译、编辑工作长达八年，翻译、编辑、发表了大量相关文章，著有多部优秀的作品。

—— 本书在制作过程中得到上述人士的鼎力支持和帮助，在此表示衷心感谢。